Vorwort

Das vorliegende Unterrichtswerk ist als **Arbeitsbuch** für Auszubildende im **Ausbildungsberuf Kaufmann/ Kauffrau für Büromanagement konzipiert**. Der vorliegende Band ist Bestandteil des umfassenden Europa-Programms **Büro 2.1**; es ermöglicht die Entwicklung einer beruflichen Handlungskompetenz zur Bearbeitung von Geschäfts- und Büroprozessen der kaufmännischen Abteilungen von Unternehmen der verschiedensten Wirtschaftsbereiche oder im öffentlichen Dienst.

Das Konzept des schon seit einigen Jahren eingeführten Arbeitsbuches bietet auch in vielen anderen kaufmännischen Bereichen die Möglichkeit, einen professionellen Umgang mit den Anwendungen Word und PowerPoint zu erlernen.

Das Deutsche Institut für Normung e. V. hat die **DIN 5008** nach 9 Jahren zum **1. März 2020** aktualisiert. Diese Aktualisierung des neuen Regelwerkes für die Geschäftskorrespondenz ist in der vorliegenden Auflage durchgängig und konsequent umgesetzt worden.

Die wichtigsten Neuerungen/Änderungen der DIN 5008 gibt es bei dem Geschäftsbriefvordruck – dem Anschriftfeld – den Protokollen – dem elektronischen Schriftverkehr – der Verwendung von bedingten/ geschützten Zeichen – der Genderbezeichnung.

Erweitert haben wir das Werk durch jeweils eine komplexe Aufgabe am Ende eines jeden Lernfeldes. Hier werden nochmals wichtige kaufmännische, praxisnahe Themen wie Lieferverzug, aber auch neue Entwicklungen, z. B. Zahlungsarten beim Online-Handel, inhaltlich für die Aufgabenstellungen verwendet.

Ergänzt wurde das Unterrichtswerk auch erstmals durch einen Anhang. Dieser beinhaltet Übersichten zu den DIN-Änderungen, die für Bearbeitungen in unserem Buch relevant sind sowie zu Shortcuts, Abkürzungen, Zahlengliederungen und Schreibweisen unter Berücksichtigung der aktualisierten DIN 5008.

Die vorliegende Neuauflage wurde aktualisiert und verbessert.

Sommer 2021

Autoren und Verlag

Exkurs Power Point

		Übungen in …				
Was wollen Sie üben?	**Erläuterung Erklärung**	**Lernfeld 1**	**Lernfeld 2**	**Lernfeld 3**	**Lernfeld 4**	**Lernfeld 5**
Technisch						
Zeichenformatierungen	31, 54, 58	30, 31, 37, 39, 41, 50 f., 55, 61	wird ab Kapitel 2 vorausgesetzt			
• Zahlen normgerecht	58 ff., 67		67			
• Symbole	38		70 f.			
Absatzformatierungen	26 ff.					
• normgerecht	26 f., 27	30, 31, 37, 55, 56, 61, 62 f.	wird ab Kapitel 2 vorausgesetzt			
• Tabulatoren	42 ff., 47	44 f., 46 f., 50 f., 56	wird ab Kapitel 2 vorausgesetzt			
• Aufzählungen und Nummerierungen	48 f.	49, 50 f., 55, 57, 62 f.	wird ab Kapitel 2 vorausgesetzt			
• Texteinzüge	52 ff.	55, 56, 62 f.	wird ab Kapitel 2 vorausgesetzt			
• Rahmen und Schattierung	28 f.	30, 31, 37, 39, 44 f., 46, 55, 61	wird ab Kapitel 2 vorausgesetzt			
Seitenformatierungen	58 ff.	61				
• Seitenränder/-rahmen	35, 36	39, 41, 62 f.	70 f., 75 f.	118 f.	141	
• Silbentrennung	26	30, 31, 39, 41, 56, 62 f.	wird ab Kapitel 2 vorausgesetzt			
• Kopf- und Fußzeile	29, 32	30, 31, 37, 39, 41, 61, 62 f.	72 f.	103, 118 f.	141	
• Fußnoten	33, 34	37, 39	69 f.			
• Spalten	40	41, 62 f.				
• Inhaltsverzeichnis	134				134	
• Grafische Elemente	38	39, 41, 46, 49, 50 f., 56, 61, 62 f.	wird ab Kapitel 2 vorausgesetzt			
Prüfungsrelevante Themen						
• Tabelle	66 f., 68, 69		68, 69 f. 70 f., 72 f., 75 f., 92 f.	101 f., 103, 123 f.	142	160, 165 f.
• Formular	74 f.		75 f.	123 f.	142	
• Online-Formular	77 ff.		80, 81 f., 95			
• Schnellbausteine	32, 59 f., 111 ff.	61		114 f., 116, 120 ff.		
• Flyer u. Ä.		62 f.		119	141	168, 176 f.
• Geschäftsbrief	87, 98 ff., 99, 104 ff.			101 f., 103, 109, 116, 118, 120 ff., 124	131, 132 f. 136, 138, 139, 143	162, 163 f., 167 f., 172
• Datenaustausch, -konvertierung, -sortierung, -filterung	169 ff., 173 f.					172, 175, 176 f.
• Serienbrief	150 ff.					160, 161, 162, 163 f., 165 f., 167 f., 172
Formulierung						
Geschäftsbriefe						
• Anfrage	108, 130				131	
• Angebot	110 f., 143 f.			109, 116, 118		
• Bestellung	135				136, 143	
• Auftragsbestätigung	120			120 ff., 124		
• Kaufvertragsstörungen	137 f., 140				138, 141	
• Sonstige Geschäftsbriefe						162, 163 f., 167 f., 172
Angebotsvergleich					142	
Interne Mitteilung	89		94			175
E-Mail	88		90, 93			176
Protokoll	83 f., 86		86, 87			
Checkliste			72 f.			
Power Point	10 ff.	20 f., 22 ff., 64	96	125	145 ff.	178
Anmerkung: Bei den Zahlen handelt es sich um Seitenzahlen.						

Handling und Gestaltungs-möglichkeiten

Seite 12

©WavebreakMediaMicro-fotolia.com

Planung und Durchführung einer Präsentation

Seite 10

©Stauke-fotolia.com

EXKURS POWERPOINT

Erstellen von Präsentationen

Seite 20

©Brian Jackson-fotolia.com

Hilfsmittel

Seite 17

©Robert Kueschke-fotolia.com

1 Planung und Durchführung einer Präsentation

1.1 Wann Sie PowerPoint einsetzen können

Wenn Sie in Ihrem Unternehmen eine größere Gruppe erreichen wollen, z. B. bei einer Fortbildung, für eine Produktvorstellung oder bei einem Fachvortrag u. Ä., bietet sich der Einsatz von PowerPoint an. Über einen Beamer werden die Inhalte einer PowerPoint-Präsentation über vorbereitete Folien auf eine Leinwand übertragen.

1.2 Wie Sie eine Präsentation gliedern sollten

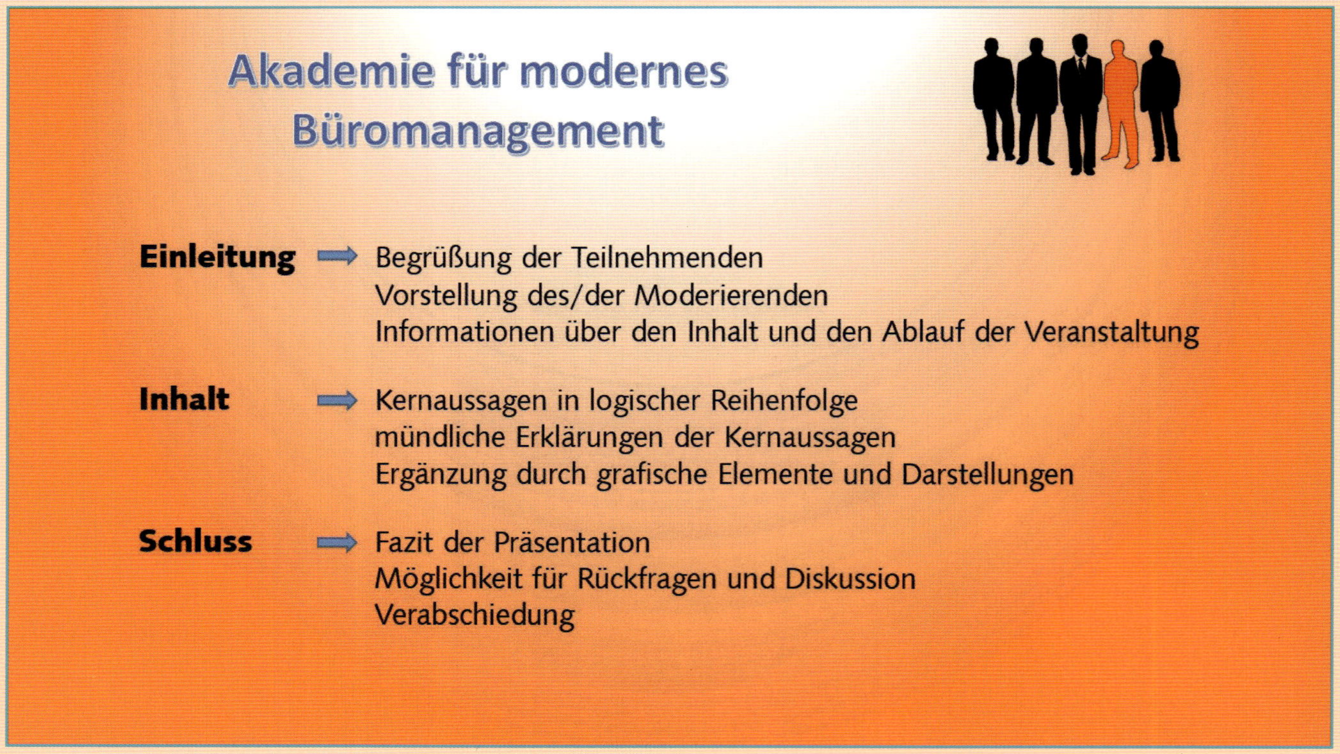

1.3 Wie Sie Ihre Präsentation vorbereiten

Treffen Sie für die Erstellung der Präsentation im Vorfeld einige Überlegungen, um den Erfolg Ihrer Präsentation zu gewährleisten: **Anlass – Ziele – Teilnehmende – Inhalte – Medieneinsatz**:

Überlegungen für die Ziele	Fragen, um die Ziele zu erreichen
• Vermittlung von Informationen • Anregung einer Diskussion • Darstellung von Ergebnissen • Vorbereitung einer Entscheidung	• Welche Informationen müssen die Teilnehmer*innen erhalten, damit das Ziel erreicht wird? • Wie kann das Thema den Teilnehmer*innen vermittelt werden? • Wie sollte der Aufbau inhaltlich erfolgen? • Welche Unterlagen erhalten die Teilnehmer*innen?

1.4 Kriterien für eine gute Präsentation

- **maximal 2 bis 3 Farben verwenden**
- **auf guten Kontrast (Hintergrund + Schrift) achten**
- **nicht zu viele Informationen auf einer Folie verarbeiten**
- **mehrere Folien einheitlich gestalten (= Wiedererkennungswert), z. B. Firmenlogo, Farben, Schriften, Hintergrund)**
- **Schriftgröße = Lesbarkeit beachten**

Beachten Sie bitte bei der Gestaltung der Folien die aufgeführten Punkte!

1.5 Hinweise für die Durchführung Ihrer Präsentation

- **Wie präsentiere ich mich?**
- **Wie präsentiere ich die Informationen?**
- **Wie kann ich die Aufmerksamkeit des Zuhörerkreises wecken und erhalten?**
- **Wen möchte ich ansprechen?**
- **Welche räumlichen Gegebenheiten müssen berücksichtigt werden?**

Freier Vortrag mit Karteikarten als „Gedächtnisstütze“

- **stimmliche und sprachliche Mittel nutzen**
- **visuelle Mittel einsetzen**
- **Pausen während des Vortrags einplanen**

Aufmerksamkeit wecken

- **Lineal einblenden**
  (rechte Maustaste – Kontextmenü)
- **Raster und Führungslinien anzeigen**
  (rechte Maustaste – Kontextmenü)
- **Nummerierung und Aufzählungspunkte nutzen**
  (Registerkarte Start – Absatz)
- **Foliennummern einfügen**
  (Registerkarte Einfügen – Text)

Hilfsmittel zur Gestaltung

- **Vermittlung der Informationen**
  (maximal 7 Argumente pro Folie verwenden)
- **Handzettel für die Teilnehmer*innen drucken**
  (Drucken – Ganzseitige Folien – Handzettel)

Übersichtlichkeit

2 Handling und Gestaltungsmöglichkeiten

2.1 Programm starten

Wählen Sie die **Registerkarte Datei – Leere Präsentation** oder wie im Kapitel 3.6 erläutert – mit Layout-Vorlagen arbeiten:

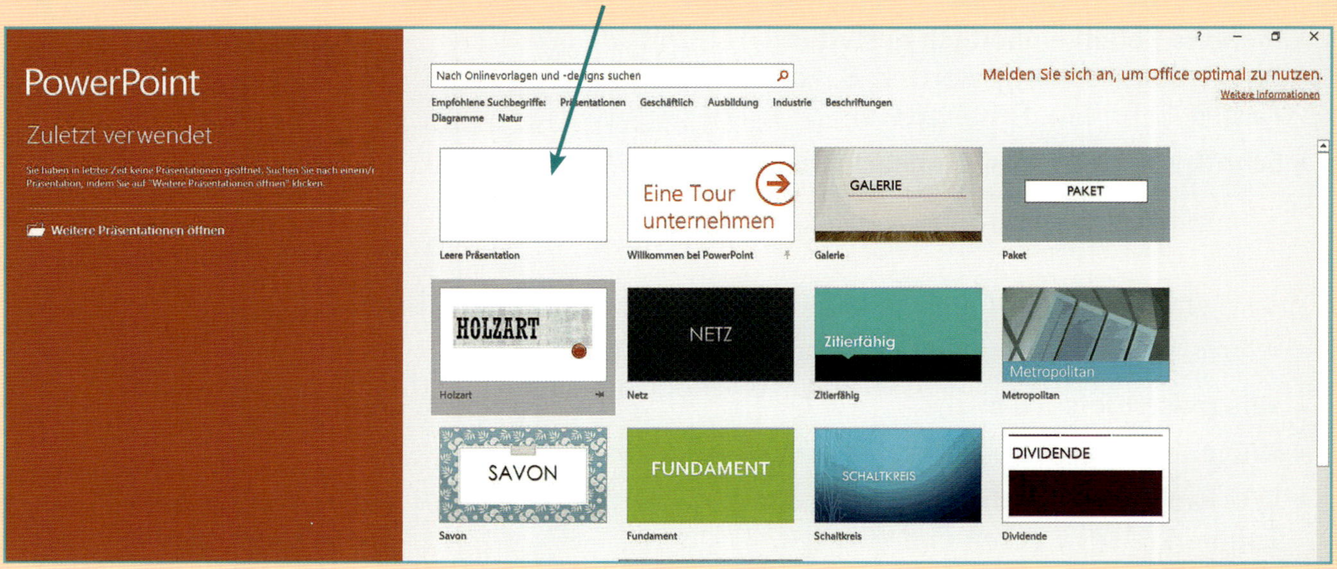

Sie können die vorgegebenen Textfelder für

Titel und

Untertitel

nutzen, indem Sie sich in die vorgegebenen Felder klicken und den Text erfassen. Wenn Sie Ihre Präsentation komplett frei gestalten möchten, klicken Sie diese Felder an und löschen Sie die vorgegebenen Textfelder.

2.2 Layout festlegen

Für die nachfolgenden Bearbeitungen verwenden Sie bitte eine komplett leere Folie (wie oben beschrieben). Erläuterungen für die Verwendung von vorgefertigten Layoutvorlagen erhalten Sie zu einem späteren Zeitpunkt.

Es ist vorteilhaft, zunächst ein **einheitliches Layout für alle Folien** festzulegen. Dazu gehören: **Hintergrundfarbe und -gestaltung der Folien, Firmenname und Logo, evtl. Fußzeilenbeschriftung und Foliennummern sowie sonstige Gestaltungen**. Haben Sie das Grundlayout bestimmt, können Sie die **Folie duplizieren,** damit sich das Layout für alle weiteren Folien verwenden lässt.

2.3 Hintergrund gestalten

Klicken Sie mit der rechten Maustaste in die leere Folie. Damit öffnen Sie das Kontextmenü, in welchem Sie **Hintergrund formatieren** finden:

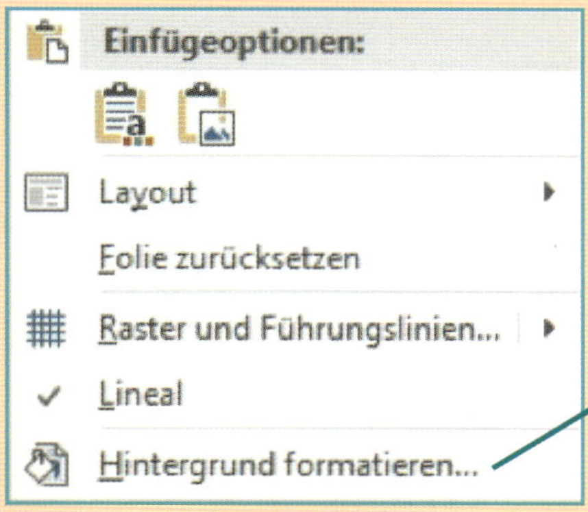

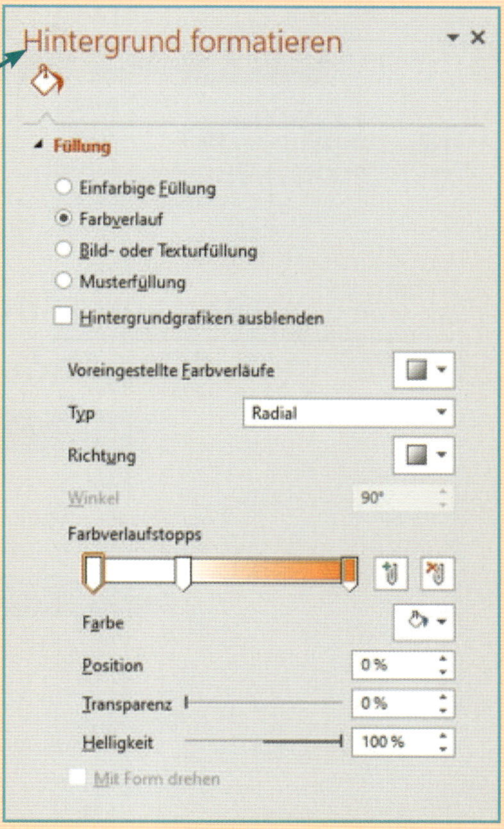

Sie können zwischen 4 Hauptgruppen zur Bearbeitung wählen. Hintergrundgrafiken können ausgeblendet werden.

Zudem finden Sie voreingestellte Farbverläufe, die Sie durch verschiedene Einstellungen verändern können. Informieren Sie sich über die Wirkungsweise aller Bearbeitungsmöglichkeiten.

In einer direkten Vorschau im Folienbereich werden Ihnen die ausgewählten Möglichkeiten und Veränderungen unmittelbar angezeigt.

2.4 Folie duplizieren

Klicken Sie mit der rechten Maustaste auf die Miniaturansicht und wählen Sie **Folie duplizieren**:

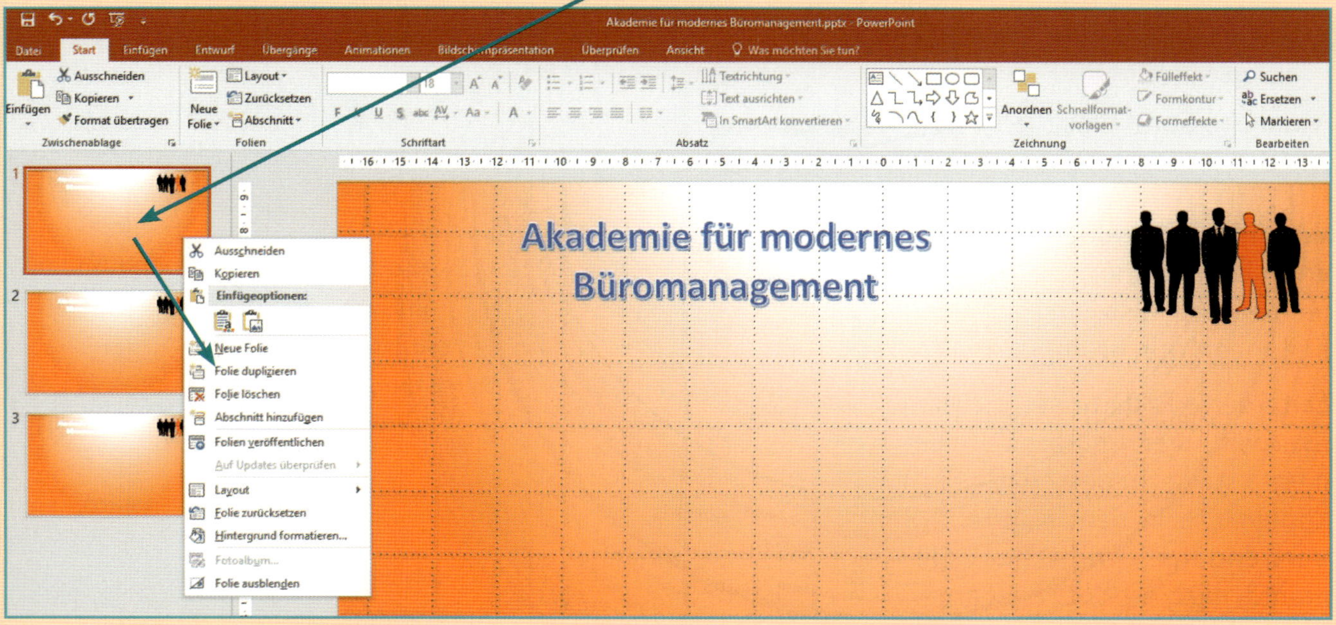

2.5 WordArt, Bilder, Onlinegrafiken einfügen[1]

Für den Firmennamen können Sie eine WordArt-Gestaltung **(Registerkarte Einfügen – Gruppe Text)** nutzen. Das Logo kann als Bild oder als Onlinegrafik **(Registerkarte Einfügen – Gruppe Bilder)** dargestellt werden.

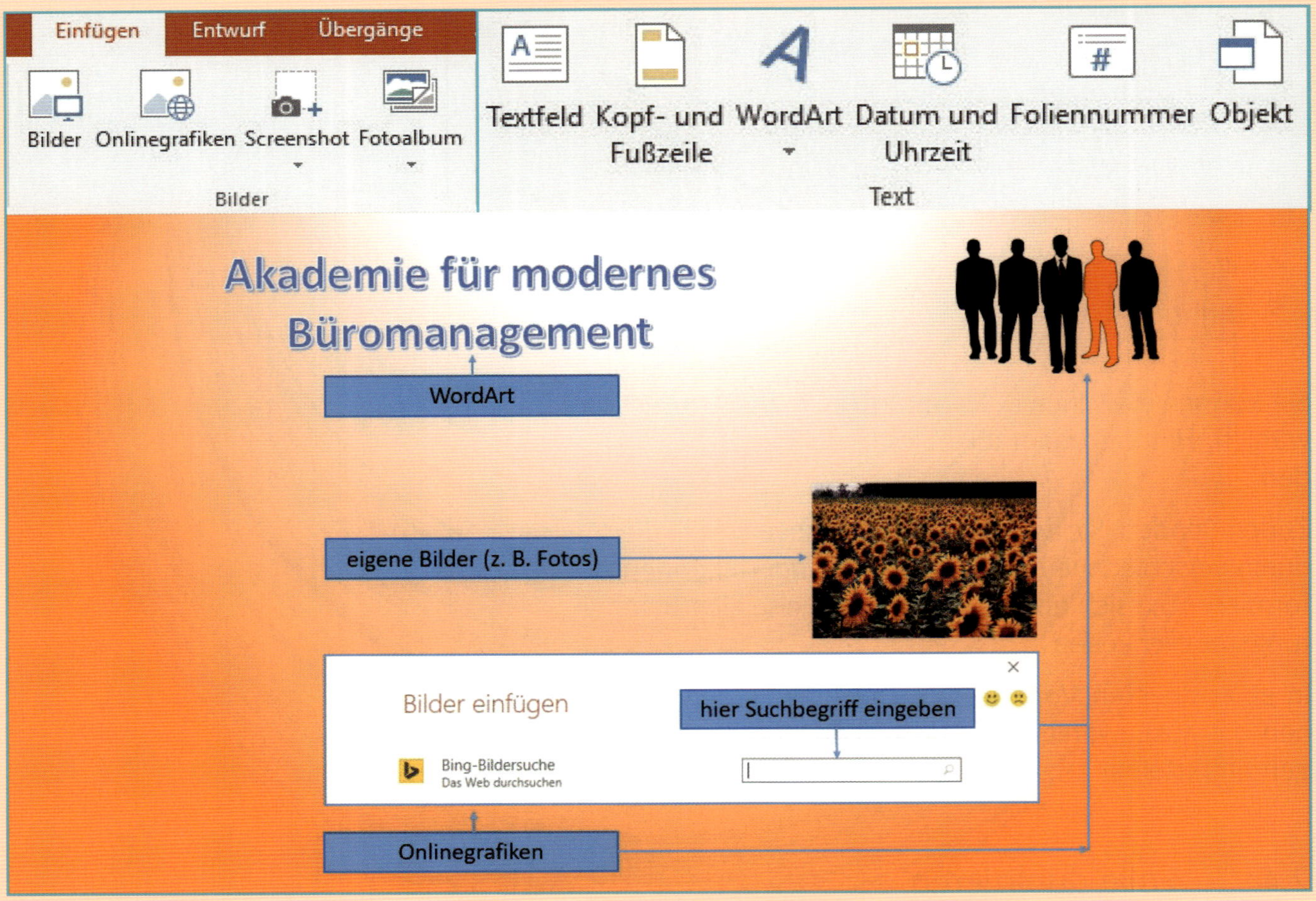

Kontextmenü

Mögliche Formatierungen

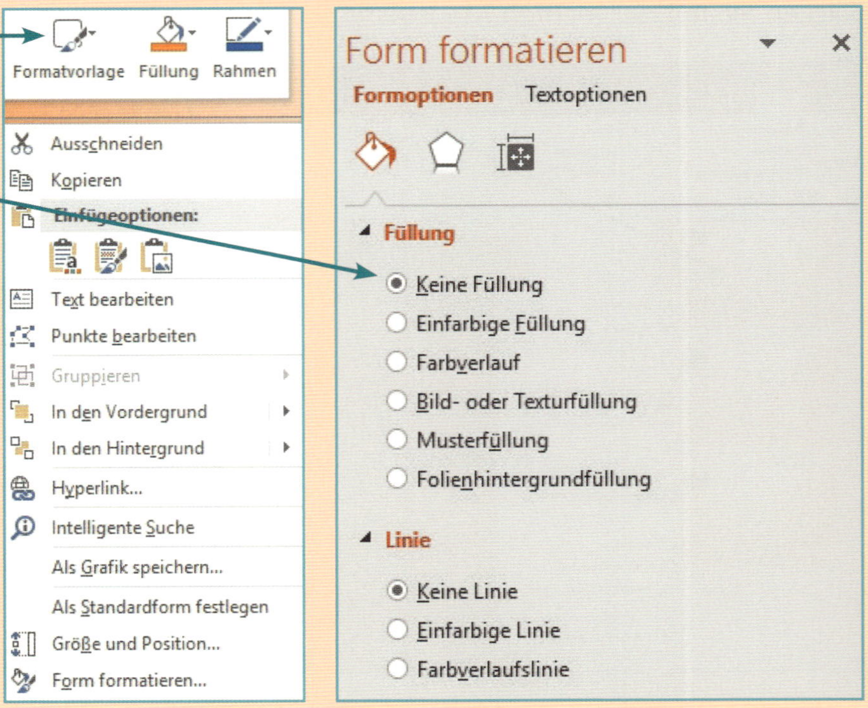

Wenn Sie ein grafisches Element anklicken, können Sie über die rechte Maustaste weitere Bearbeitungen durchführen.

Detaillierte Erklärungen zu allen Bearbeitungen grafischer Elemente sowie zu den Textfeldern können Sie in dem **Kapitel 1.3 Verwendung grafischer Elemente** nachlesen. Die Bearbeitung ist identisch.

[1] Microsoft hat in der Version 2016 die ClipArt-Galerie eingestellt. Sie können ClipArts aber über die Schaltfläche Onlinegrafiken mit der Suchmaschine Bing oder über die Google-Suche verwenden.

2.6 Textfelder einfügen

Über die **Registerkarte Einfügen – Gruppe Text – Textfeld** können Sie für die einzelnen Inhalte und deren Bereiche Textfelder erzeugen:

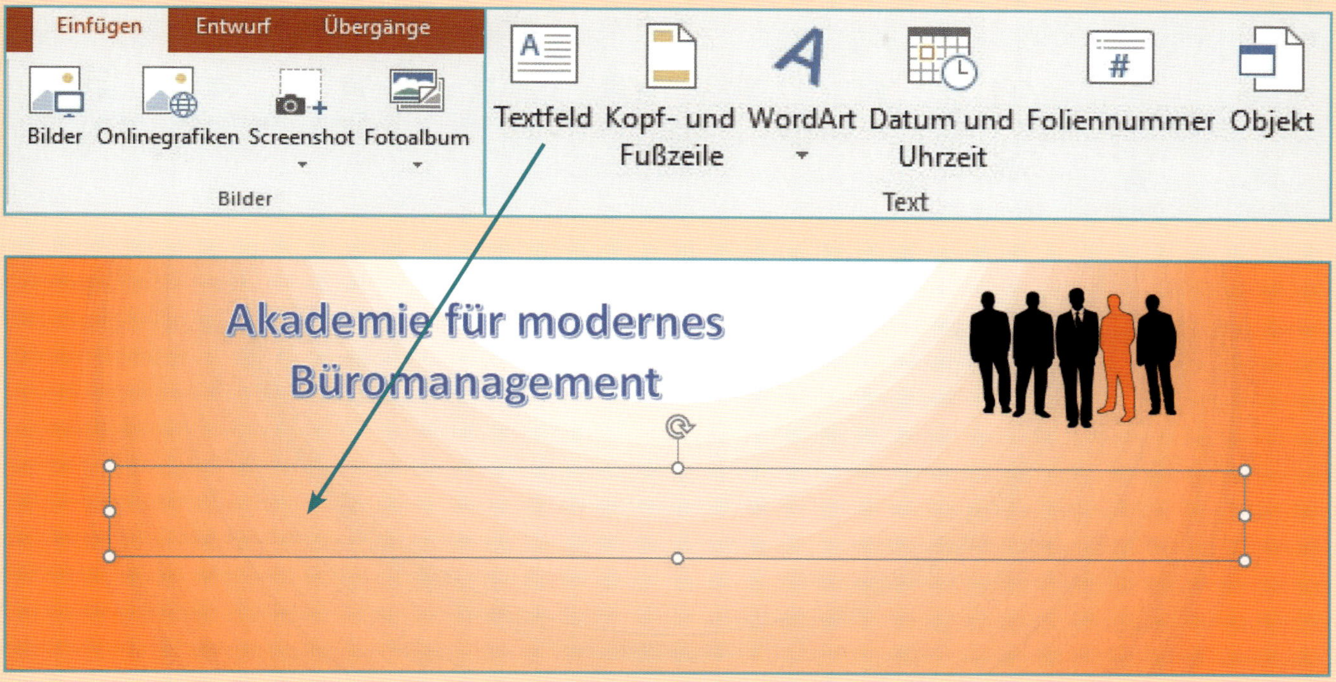

2.7 Objekte animieren

Um eine Präsentation interessant und lebhaft zu gestalten, können Sie einzelne Objekte in einer Folie durch besondere Effekte animieren.

Klicken Sie ein Objekt an und wählen Sie die **Registerkarte Animationen**. Haben Sie eine Animation gewählt, wird Ihnen diese unmittelbar als „Simulation" angezeigt. Probieren Sie die verschiedenen Möglichkeiten aus und verschaffen Sie sich somit einen Überblick, welche Animationen für Ihre Präsentation angebracht und sinnvoll erscheinen:

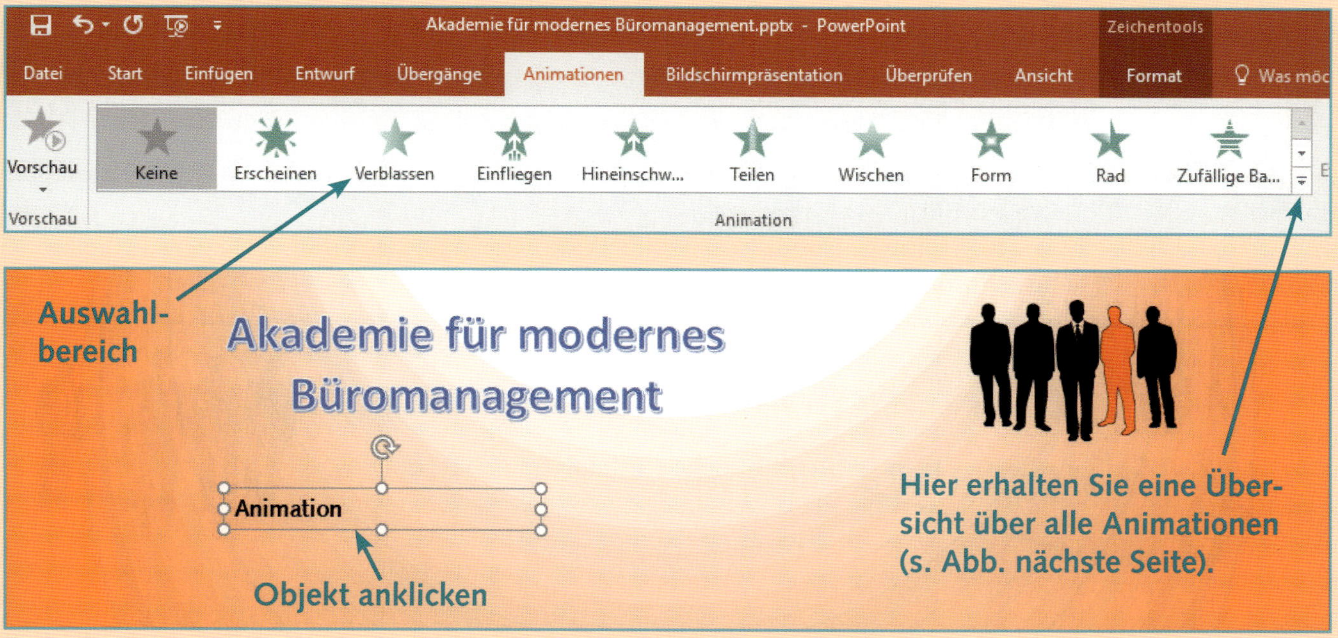

Verwenden Sie nicht zu viele Animationen. Das Betrachten der Präsentation und das Lesen und Aufnehmen der Informationen darf die Teilnehmer*innen nicht „überfordern".

Unterteilt sind die **Animationen** in **Keine – Eingang – Betont – Ausgang – Animationspfade**:

Ist ein Objekt animiert, wird es in der Folie mit einer Nummer gekennzeichnet (vgl. 1). Über die Schaltfläche **Effektoptionen** können Richtung des gewählten Effekts, die Erweiterung mit Sound, Anzeigedauer, Reihenfolge u. Ä. bestimmt werden:

Gewählt wurde für das Wort **Animation** die Variante **Teilen**. Informieren Sie sich bei den Effektoptionen über die weiteren Bearbeitungsmöglichkeiten.

3 Hilfsmittel

3.1 Lineal sowie Gitternetz- und Führungslinien aktivieren

Um eine genaue und professionelle Anordnung der einzelnen Folienelemente bzw. Textfelder zu ermöglichen, können Sie über die **Registerkarte Ansicht – Gruppe Anzeigen** das Lineal sowie die Gitternetz- und Führungslinien aktivieren:

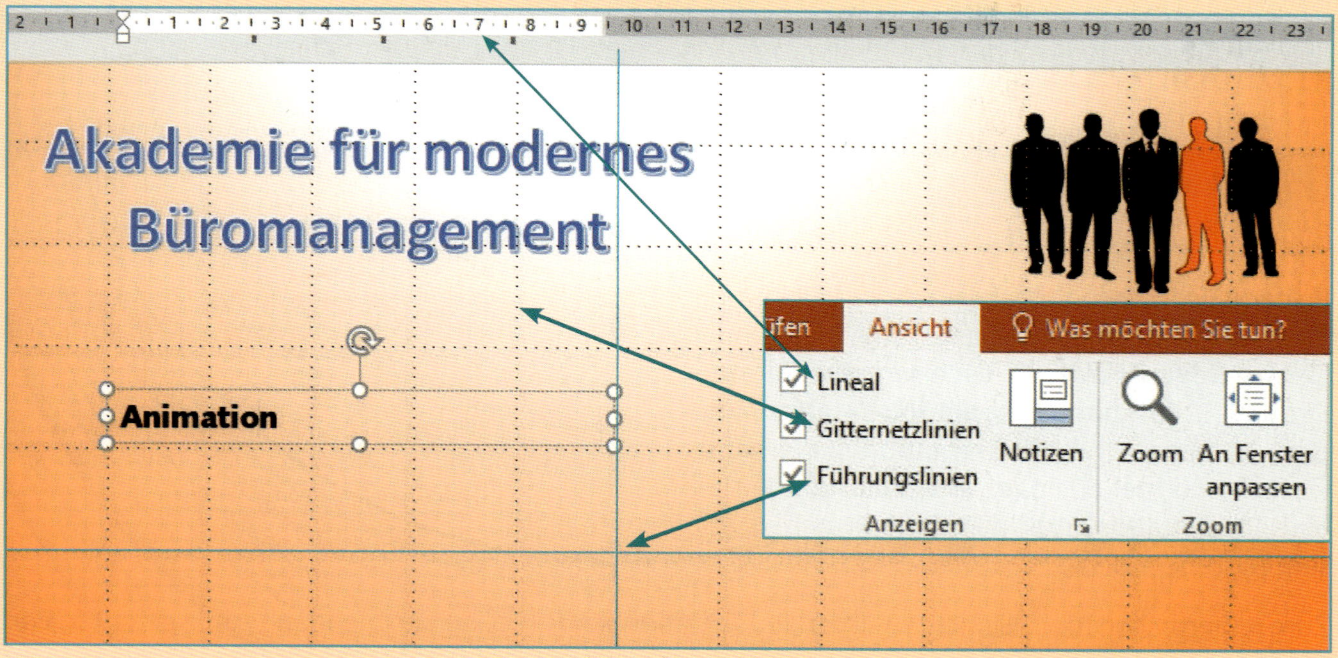

3.2 Präsentationsansichten und das Notizfeld verwenden

Über die **Registerkarte Ansicht – Gruppe Präsentationsansichten – Schaltfläche Normal** werden die Folien in Miniaturansicht angezeigt. Auch Gliederungsansicht, Foliensortierung etc. können Sie bei Ihrer Bearbeitung über die entsprechenden Schaltflächen nutzen.

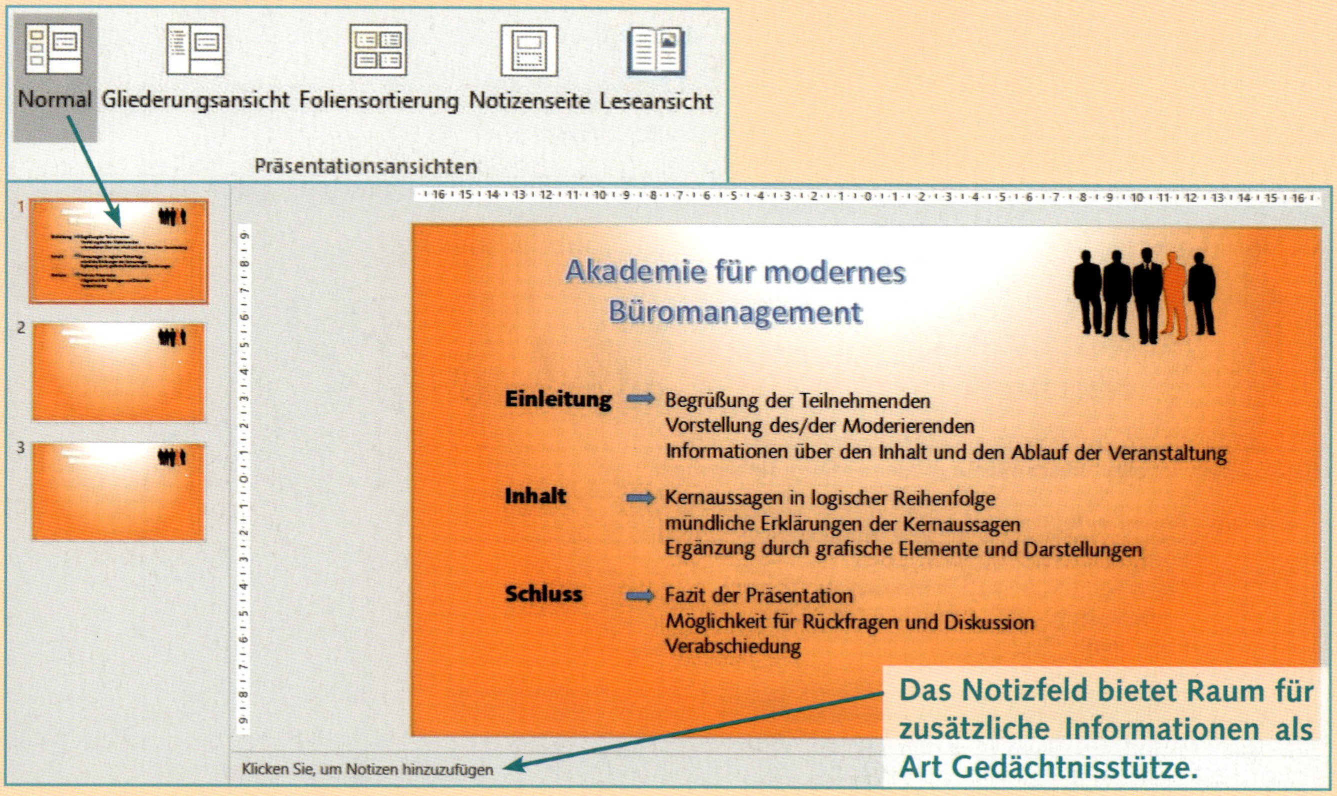

3.3 Mit unterschiedlichen Arbeitsansichten arbeiten

Für einen Schnellzugriff sind unterhalb des Notizfeldes in der Statusleiste unten rechts Schaltflächen für folgende Bearbeitungen vorgesehen:

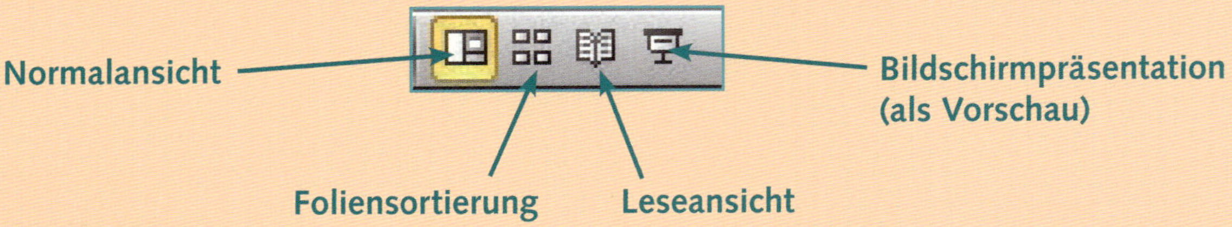

3.4 Den Ablauf einer Präsentation bearbeiten

Prüfen Sie, welche Bearbeitungsmöglichkeiten für Ihre Präsentation geeignet sind. Verwenden Sie die **Registerkarte Bildschirmpräsentation – Gruppe Bildschirmpräsentation starten,** um eine Vorschau Ihrer Präsentation zu erhalten (z. B. **Ab aktueller Folie**). Beenden können Sie eine Präsentation über das Kontextmenü „Präsentation beenden“.

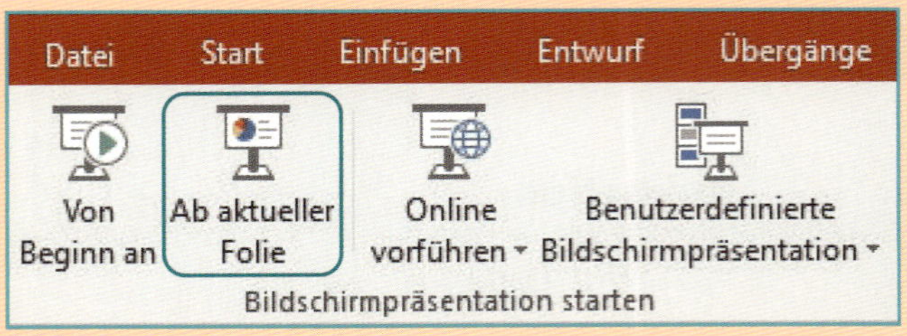

Zum Überprüfen und Einrichten Ihrer Präsentation (z. B. Folien ausblenden, Anzeigedauer von Animationen testen, Aufzeichnen von Präsentationen etc.) bieten die **Gruppen Einrichten** und **Bildschirme** verschiedene Bearbeitungsmöglichkeiten.

3.5 Mit Masterfolien arbeiten

Eine **Masterfolie** kann als **Vorlage** erstellt und genutzt werden. Alle Mitarbeiter*innen eines Unternehmens können für die Erstellung von Präsentationen auf die Masterfolie zugreifen und somit eine einheitliche Darstellung des Unternehmensdesigns gewährleisten.

Zunächst wird das Grunddesign wie in Kapitel 2 beschrieben festgelegt und erstellt.

Die Präsentationen werden in Power-Point standardmäßig mit dem Dateityp ***.pptx** gespeichert.

Als Vorlage wird die Präsentation mit dem Dateityp ***.potx** gespeichert.

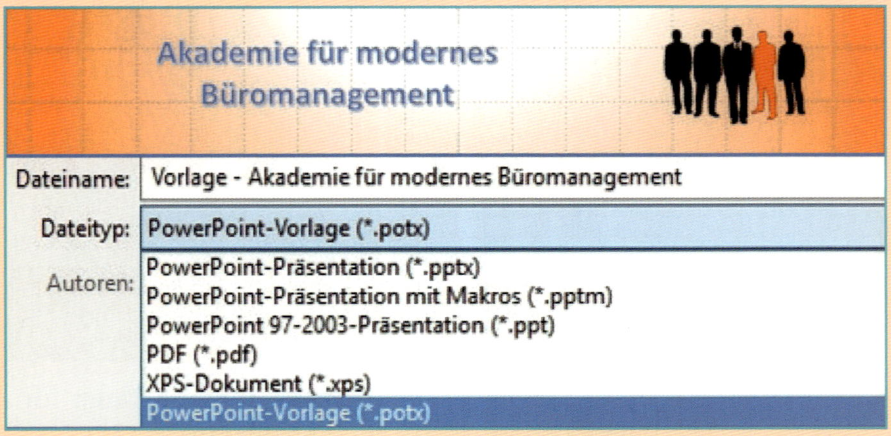

3.6 Mit Layoutvorlagen arbeiten

Microsoft stellt eine Vielzahl vorgefertigter Foliendesigns zur Verfügung. Möchten Sie auf eine solche Vorlage zugreifen, wählen Sie die **Registerkarte Datei – Neu**. Neben der Möglichkeit, eine leere Präsentation zu wählen, werden Ihnen hier Beispielvorlagen in einer Vorschau angezeigt. Wenn Sie weitere Layoutvorlagen wünschen, können Sie nach **Onlinevorlagen** suchen:

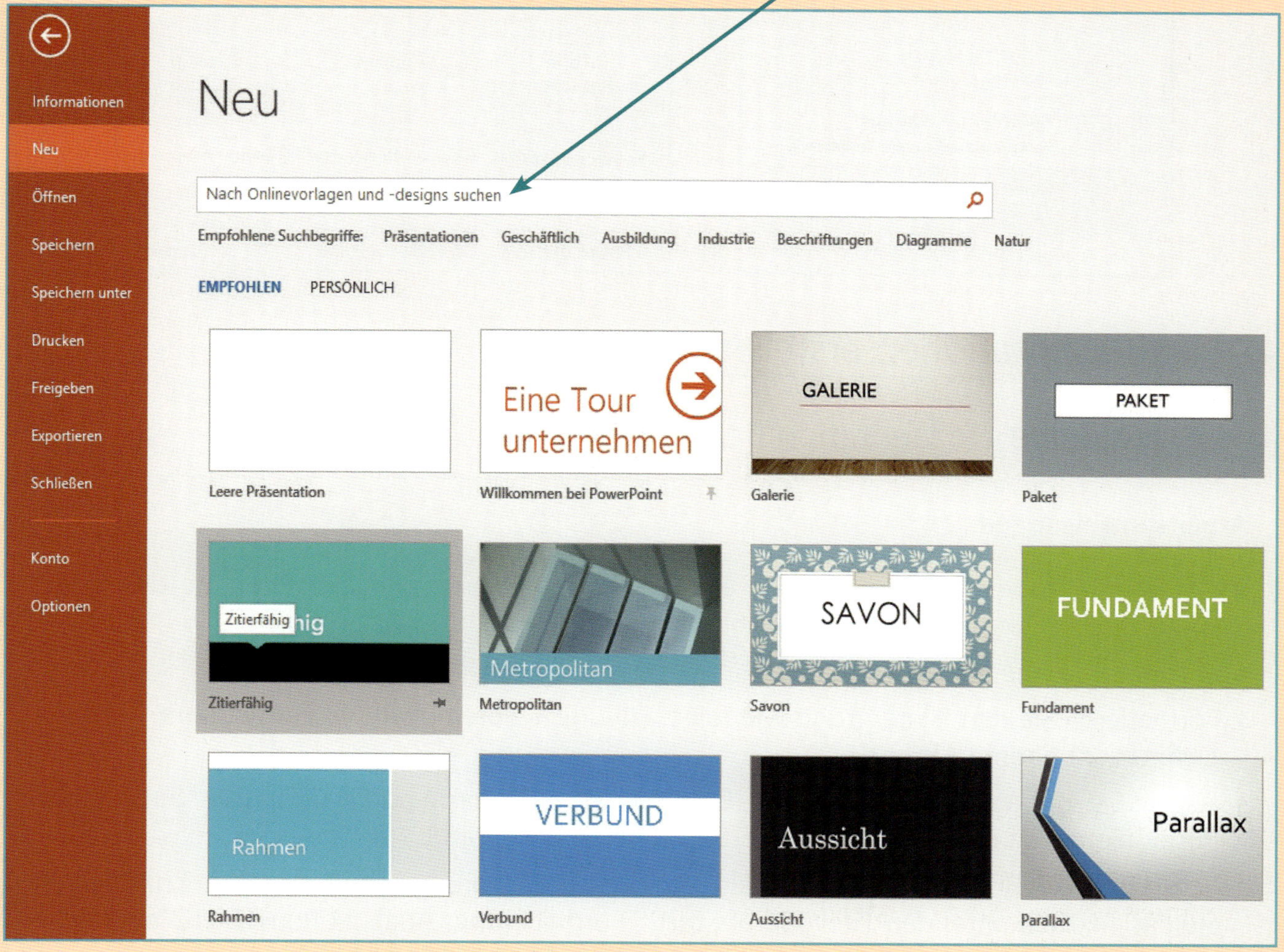

Während einer Bearbeitung können Sie jederzeit über die **Registerkarte Entwurf – Designs** das Aussehen Ihrer Präsentation ändern:

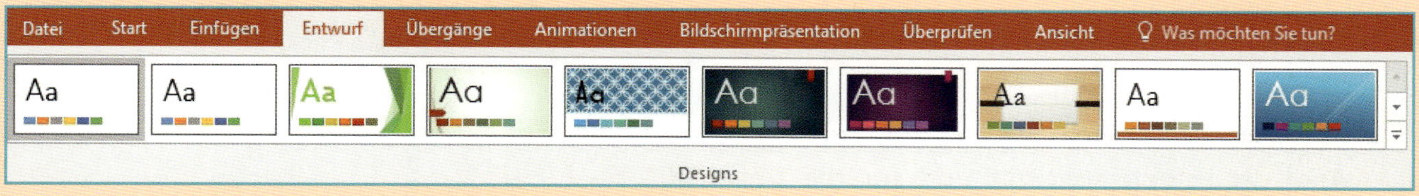

3.7 Folien und Handzettel drucken

Über **Datei – Drucken** können Sie die **Folien** drucken. Sie haben die Optionen alle Folien, eine Auswahl oder die aktuelle Folie zu drucken. Informieren Sie sich auch über weitere Optionen (Größe, Hoch- oder Querformat).

Bei dem Druck von Handzetteln können Sie die Anzahl der Folien pro Seite bestimmen.

Alle Folien drucken

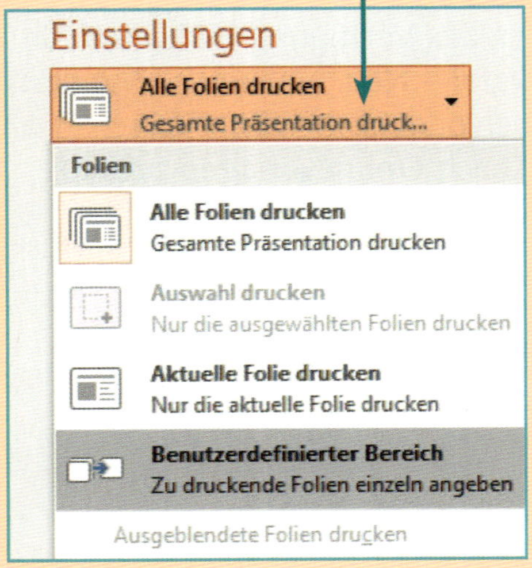

Handzettel drucken

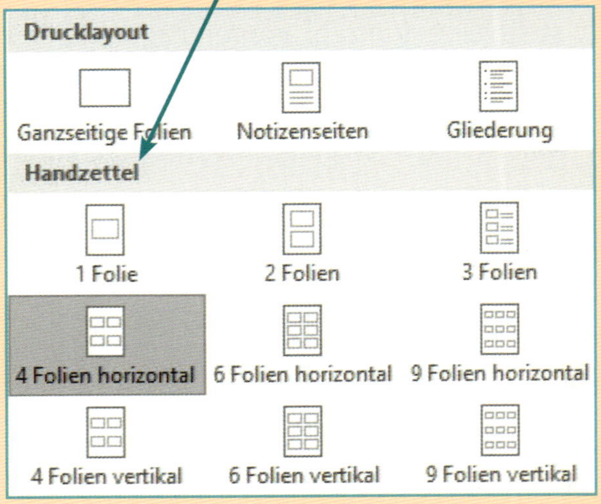

4 Präsentationen erstellen

4.1 Aufgabe „Präsentation Berufsstart"

Übung

Arbeitsanweisungen

- Öffnen Sie PowerPoint, wählen Sie eine leere Präsentation und aktivieren Sie das Lineal sowie die Führungs- und Gitternetzlinien.
- Entfernen Sie die vorgefertigten Textfelder für Titel und Untertitel.
- Formatieren Sie den Hintergrund wie folgt: **Füllung – Voreingestellte Farbverläufe – grün – Lichtakzent oben – Akzent 6**
- Fügen Sie mit WordArt den Titel „Berufsstart" ein. Form und Farbe nach Ihrer Wahl. Positionieren Sie die WordArt zentriert am oberen Folienrand.
- Erstellen Sie ein Textfeld mit dem Inhalt „Welchen Versicherungsschutz benötige ich?" Setzen Sie das Textfeld unter den Titel „Berufsstart". Formatierung: Arial, 24 Punkt, fett, zentriert.
- Erfassen Sie in der Fußzeile Ihren Vor- und Nachnamen in Arial, 16 Punkt, fett, schwarz. Duplizieren Sie anschließend die Folie dreimal.

Bearbeitung Folie 1:

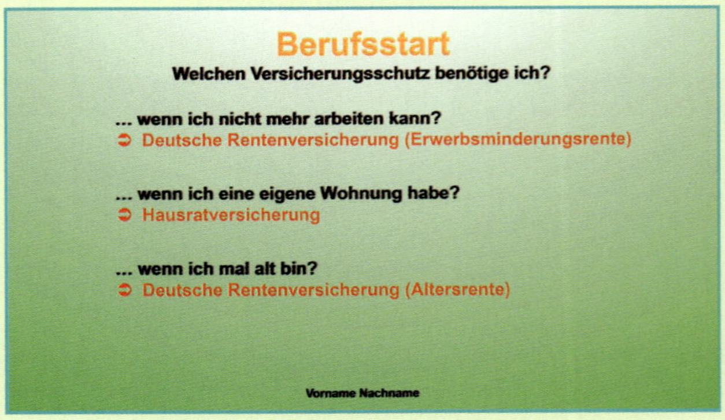

- Übernehmen Sie die Texte gemäß dem nebenstehenden Folienmuster.
- Verwenden Sie für die Fragen Schriftart Arial, 24 Punkt, schwarz und für die Versicherungsarten Arial, 24 pt, rot.
- Setzen Sie vor die Versicherungsarten ein Symbol[1] (Pfeil Ihrer Wahl) in rot, 24 Punkt.
- Animieren Sie die erste Frage mit dem Eingangseffekt „Springen". Der Pfeil mit der Versicherungsart soll den Effekt „Karo" erhalten. Wiederholen Sie diese Animation auch für die folgenden 2 Fragen und Versicherungsarten.
- Die Animationen sollen durch Klicken gesteuert werden; Dauer auf 02,50; Verzögerung 00,25.

[1] Symbole über Einfügen – Gruppe Symbole (z. B. Schriftart Wingdings) auswählen.

Bearbeitung Folie 2:

- Übernehmen Sie die Texte für Folie 2. Verwenden Sie Schriftart und Schriftgröße von Folie 1. Passen Sie die Farben nach nebenstehendem Muster an.
- Animieren Sie die Fragen mit einem Effekt Ihrer Wahl.
- Bearbeiten Sie die Symbole ☑ mit den dazugehörigen Texten mit dem **Effekt „Rad"**.

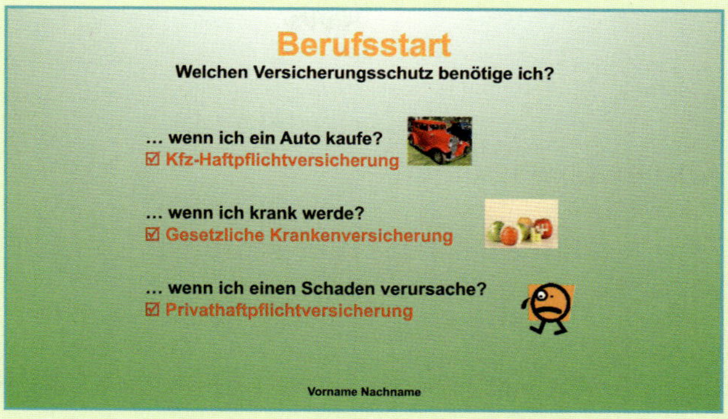

- Fügen Sie hinter jede Frage eine passendes grafisches Element ein und animieren Sie diese nach Ihren Vorstellungen. Geeignete Grafiken finden Sie im Ordner Dateien für Schüler_innen.
- Beachten Sie die **Reihenfolge der Animationen** lt. Muster:

  Zum Ändern der Reihenfolge von Animationen markieren Sie ein animiertes Objekt. Wählen Sie die **Registerkarte Animationen – Gruppe erweiterte Animationen – Animationsbereich**. Im rechten Bereich können die Animationen überarbeitet werden.

Bearbeitung Folie 3:

- Erfassen Sie den Text **„Ende"** als WordArt in Arial, 60 Punkt, rot.
- Animieren Sie die WordArt mit dem Effekt **„Drehen"** kombiniert mit dem Sound **„Applaus"**.

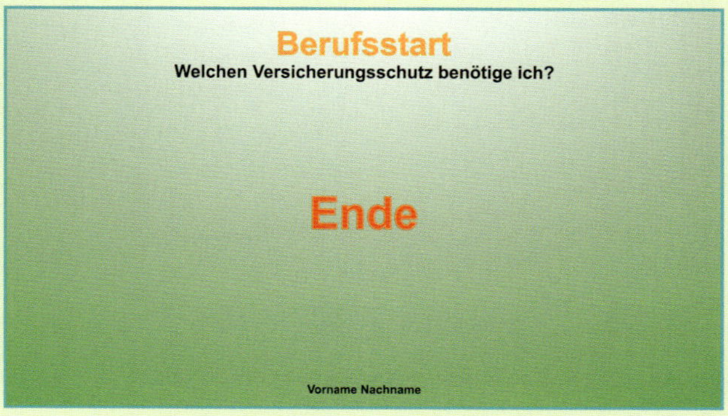

Abschließende Bearbeitungen:

- Überprüfen Sie die Präsentation über die Vorschau. Nehmen Sie eventuelle Korrekturen vor.
- Löschen Sie die leere **Folie 4**.
- Speichern Sie die Präsentation unter **Präsentation_Berufsstart_Name**.
- Fertigen Sie zum Schluss einen Handzetteldruck an:

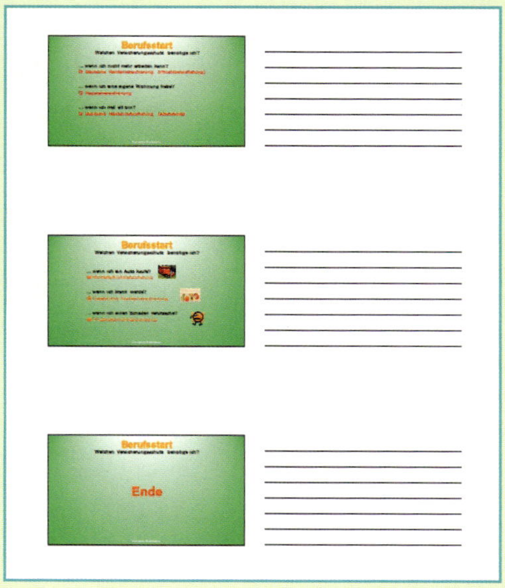

Hinweis:

- Vergleichen Sie Ihre Bearbeitung mit dem Lösungsvorschlag **Präsentation_Berufsstart** in dem Ordner **Exkurs PowerPoint**.
- Durch freie Aufgabenstellungen kann es zu Abweichungen kommen. Kontrollieren Sie die einzelnen Abläufe und die Umsetzung der Arbeitsanweisungen sowie die optische Gestaltung.

4.2 Aufgabe „Präsentation Stress“

Übung

Arbeitsanweisungen

Erstellen Sie eine neue PowerPoint-Präsentation und wählen Sie Layout, Farben, Animationen selbst aus.

Die Muster dienen zur Orientierung und als Bearbeitungshilfe. Beachten Sie die ergänzenden Hinweise.

Layoutvorlage mit den feststehenden Angaben und Gestaltungen zum Duplizieren:

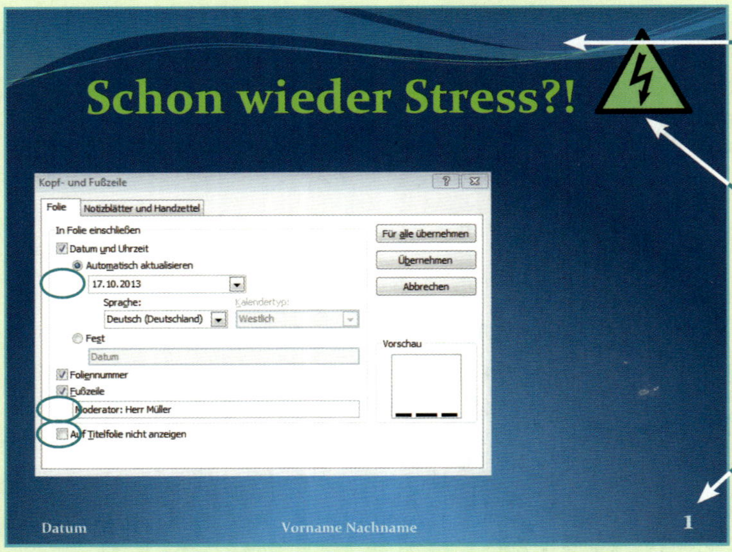

Die Hintergrundgestaltung mit einer Layoutvorlage einrichten

Grafik einfügen

Datum und Foliennummer automatisiert über Registerkarte Einfügen – Kopf-/Fußzeile erzeugen

Vorname Nachname im Feld Fußzeile ergänzen

Danach Folie duplizieren

Folie 1:

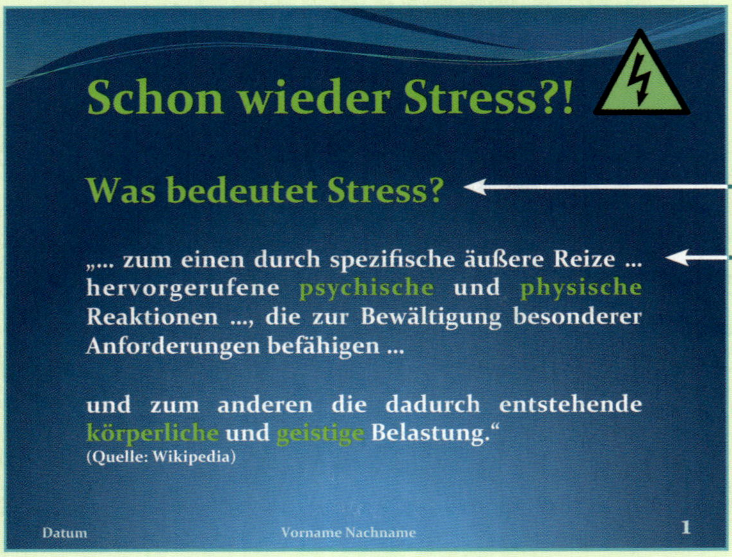

Überschrift animieren

Ein Textfeld für den gesamten Text verwenden

Textfeld komplett animieren

Folie 2:

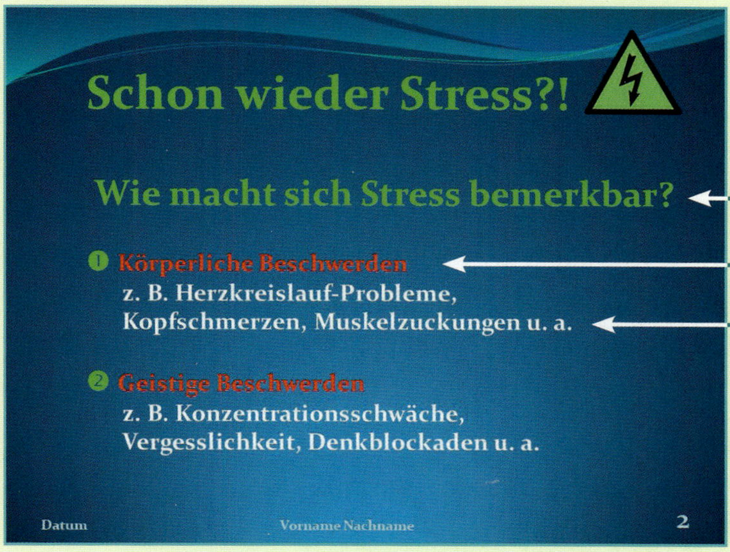

Überschrift animieren

Punkt 1 animieren

Text mit Beispielen separat animieren

Punkt 2 wie Punkt 1 animieren

Folie 3:

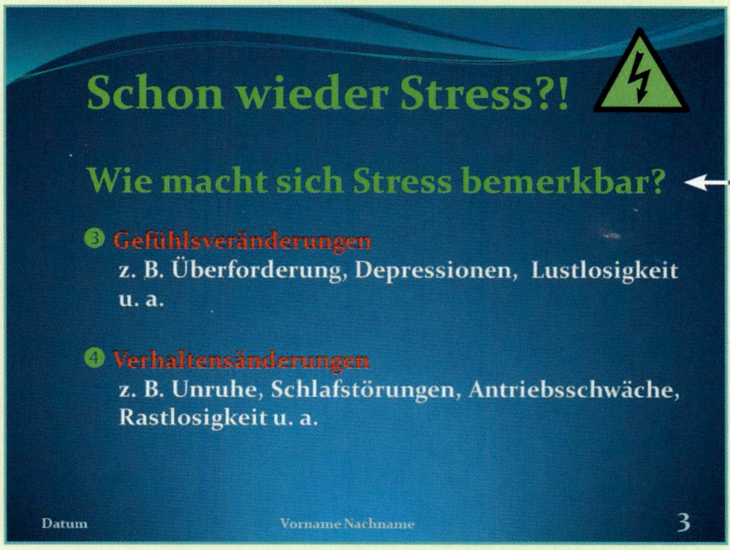

Überschrift animieren

Punkte 3 und 4 wie Punkte 1 und 2 animieren

Folie 4:

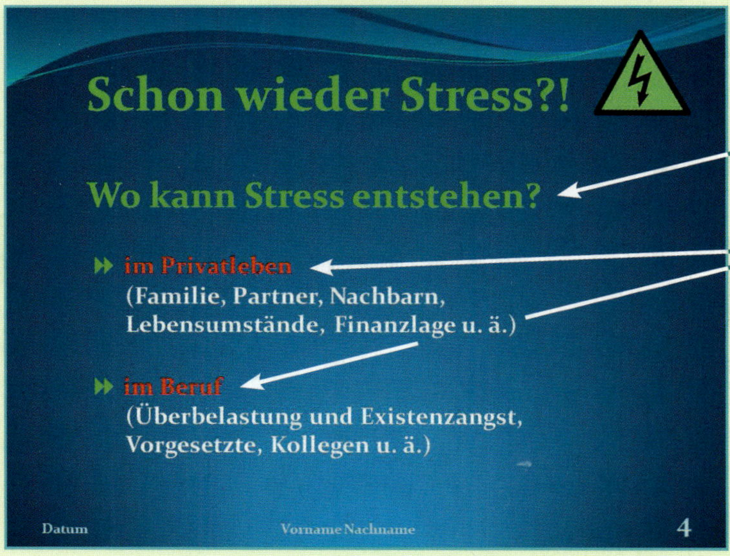

Überschrift animieren (wählen Sie eine andere Animation als in Folie 2 und 3)

Animieren Sie die roten Stichpunkte „im Privatleben“ und „im Beruf“ identisch. Die Klammertexte separat animieren.

Folie 5:

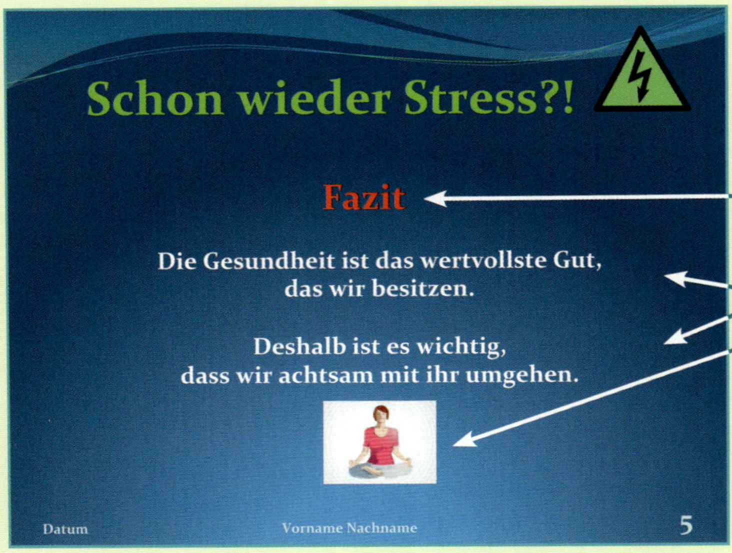

Animieren Sie den Text „Fazit" und verwenden Sie zusätzlich mit Sound „Glocken". Verändern Sie die Anzeigedauer angemessen.

Beide Sätze sowie die Grafik separat animieren. Die Grafik soll ebenfalls zusätzlich den Sound „Glocken" erhalten.

Eine Auswahl an Grafiken finden Sie im Ordner Dateien für Schüler_innen.

Richten Sie für alle Folien „Übergänge" Ihrer Wahl ein. Orientieren Sie sich hier:

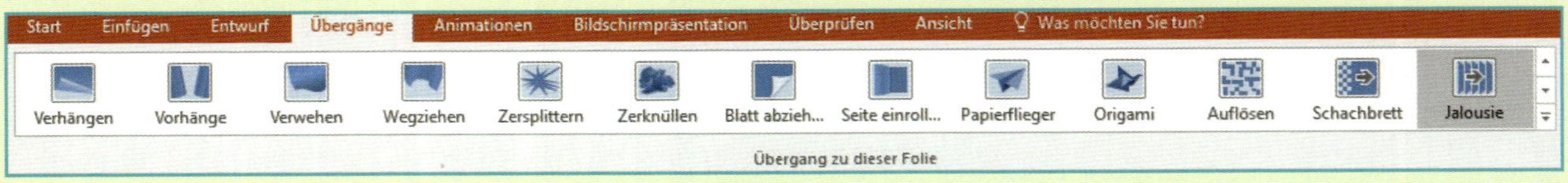

In der **Gruppe Anzeigedauer** finden Sie die Möglichkeit, die ausgewählte Funktion **Übergänge** für alle Folien zu übernehmen.

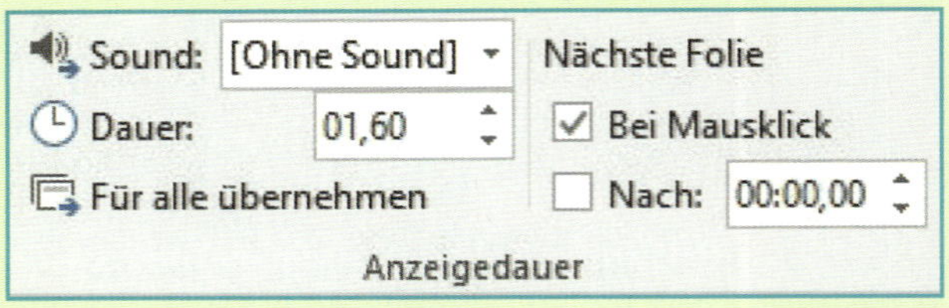

Speichern Sie die Präsentation unter **Präsentation_Stress_Name**.

Hinweis:

Vergleichen Sie Ihre Bearbeitung mit dem **Lösungsvorschlag Präsentation_Stress**.

Durch die relativ freien Bearbeitungen (Ihrer Wahl) kann es zu Abweichungen zwischen Ihrer Lösung und dem Lösungsvorschlag kommen. Kontrollieren Sie die einzelnen Abläufe und die Umsetzung der Arbeitsanweisungen sowie die optische Gestaltung.

Drucken Sie einen Handzettel aus. Dieser kann als Kopie an Teilnehmende verteilt werden oder er dient als Script für einen Vortrag.

Kapitel 1 ALLGEMEINES ZUR TEXTERFASSUNG/-GESTALTUNG

1 Allgemeines zur Texterfassung/-gestaltung

Was Sie in diesem Kapitel lernen

Information

- Erklärung des Begriffes Fließtext und abschließende Bearbeitungen nach DIN 5008
- Normgerechte Gestaltung von Absätzen
- Anwendung von Rahmenlinien und Füllfarben
- Kopf-/Fußzeilenbeschriftung

1.1 Fließtext, Absätze, Rahmen, Fußzeilen

1.1.1 Erläuterungen

1.1.1.1 Fließtext und abschließende Bearbeitungen nach DIN 5008

Registerkarte Start – Gruppe Absatz

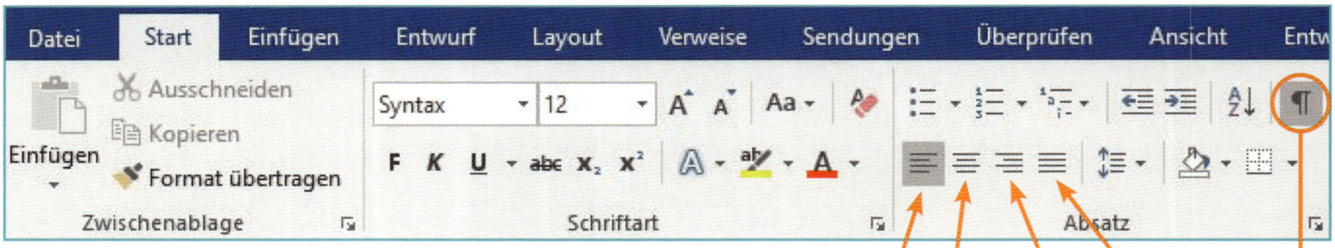

Klicken Sie auf das **Icon** ¶ , um Formatierungssymbole (z. B. Absatzmarken, Leerschritte u. Ä.) im Dokument sichtbar zu machen. Arbeiten Sie grundsätzlich mit dieser Einstellung.

Standardmäßig wird Text in Word **linksbündig** erfasst. Zur besonderen Gestaltung können einzelne Textbestandteile **zentriert** bzw. **rechtsbündig** dargestellt werden. Bei einem Fließtext erfolgt eine Überarbeitung durch die automatische Silbentrennung sowie den Blocksatz. Beachten Sie, dass Sie sowohl für den **Blocksatz** als auch für die anderen Textausrichtungen die entsprechenden Textpassagen **markieren** müssen.

Registerkarte Layout – Gruppe Seite einrichten

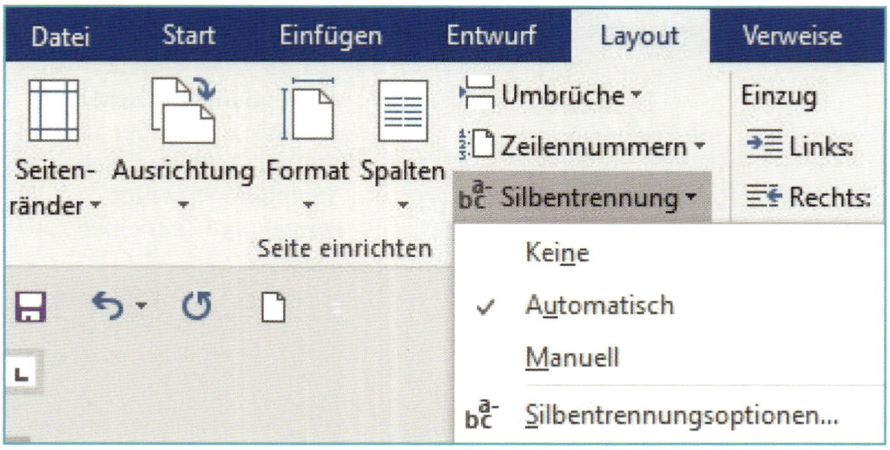

Fließtext vor Überarbeitung durch Silbentrennung und Blocksatz:

Ziele·der·Ausbildung¶
¶
Die·Wirtschaftsordnung·der·Bundesrepublik·Deutschland·(vgl.·Kap.·10)·gibt·jedem·die·
Möglichkeit,·frei·über·seine·Berufsausbildung·und·über·seine·Berufstätigkeit·zu·
entscheiden.¶
¶
Mit·einer·solchen·marktwirtschaftlichen·Ordnung·sind·Arbeitsplatzrisiken·und·Chancen·
wirtschaftlichen·Wohlstands·verbunden.·Die·Wahl·einer·Berufsausbildung·ist·ein·erster·
Schritt,·sich·für·die·zukünftigen·Ansprüche·des·Arbeitsmarktes·zu·qualifizieren.¶
¶
¶

Flatterrand

Der Zeilenumbruch wird automatisch (ohne Randausgleich) vorgenommen.

Fließtext nach Überarbeitung durch Silbentrennung und Blocksatz:

Ziele·der·Ausbildung¶
¶
Die· Wirtschaftsordnung· der· Bundesrepublik· Deutschland· (vgl.· Kap.· 10)· gibt· jedem· die·
Möglichkeit,· frei· über· seine· Berufsausbildung· und· über· seine· Berufstätigkeit· zu· entschei-
den.¶
¶
Mit· einer· solchen· marktwirtschaftlichen· Ordnung· sind· Arbeitsplatzrisiken· und· Chancen·
wirtschaftlichen· Wohlstands· verbunden.· Die· Wahl· einer· Berufsausbildung· ist· ein· erster·
Schritt,· sich·für·die·zukünftigen·Ansprüche·des·Arbeitsmarktes·zu·qualifizieren.¶
¶
¶

Randausgleich

Durch die automatische Silbentrennung und den Blocksatz erreichen alle Zeilen die gleiche Länge.

1.1.1.2 Normgerechte Gestaltung von Absätzen

DIN 5008

Fließtext, Silbentrennung, Blocksatz, Absatzgestaltung

Fließtext bedeutet, dass ein Text fortlaufend eingegeben wird, ohne am Zeilenende Silbentrennungen bzw. Returnschaltungen einzugeben. Absätze müssen berücksichtigt werden. Der so entstehende „Flatterrand" wird abschließend durch die automatische Silbentrennung und die Formatierung mit Blocksatz überarbeitet.

Absätze werden durch eine Leerzeile (= zweimal Return) zwischen den einzelnen Textpassagen erzeugt.

Wird durch die automatische Silbentrennung eine fehlerhafte oder unerwünschte Trennung vorgenommen, können Sie diese durch eine manuelle Zeilenschaltung (Shift + Return) manuell korrigieren. Siehe auch Anhang: Shortcuts. So sieht das Formatierungszeichen aus: ↵

Geben Sie die manuelle Zeilenschaltung am Zeilenende vor dem Textteil ein, der auf die nächste Zeile wechseln soll. Dadurch bleibt der gewünschte Randausgleich durch den Blocksatz erhalten.

Beispiel	Ergebnis
Beispiel:·¶ *¶* *Geben·Sie·die·bedingte·Returnschaltung·am·Ze-¶* *ilenende·vor·dem·Textteil·ein,·der·auf·die·...¶*	*Ergebnis:·¶* *¶* *Geben·Sie·die·bedingte·Returnschaltung·am·↵* *Zeilenende·vor·dem·Textteil·ein,·der·auf·die·...¶*

In mehrzeiligen Haupt- und Zwischenüberschriften werden Wörter nicht getrennt.

1.1.1.3 Anwendung von Rahmenlinien und Füllfarbe

Öffnen Sie die Bearbeitungen zum Rahmen über das Icon (siehe Abb.). Hier können einzelne Rahmenlinien bzw. Konturrahmen oder auch komplett alle Linien aktiviert werden. Beachten Sie, dass die gewünschten Bereiche vorher markiert sein müssen. Zum Aktivieren einzelner Linien ist vorab die Cursorposition für die gewünschte Darstellung wichtig (Linie oberhalb/unterhalb des Cursors usw.).

Registerkarte Start – Gruppe Absatz

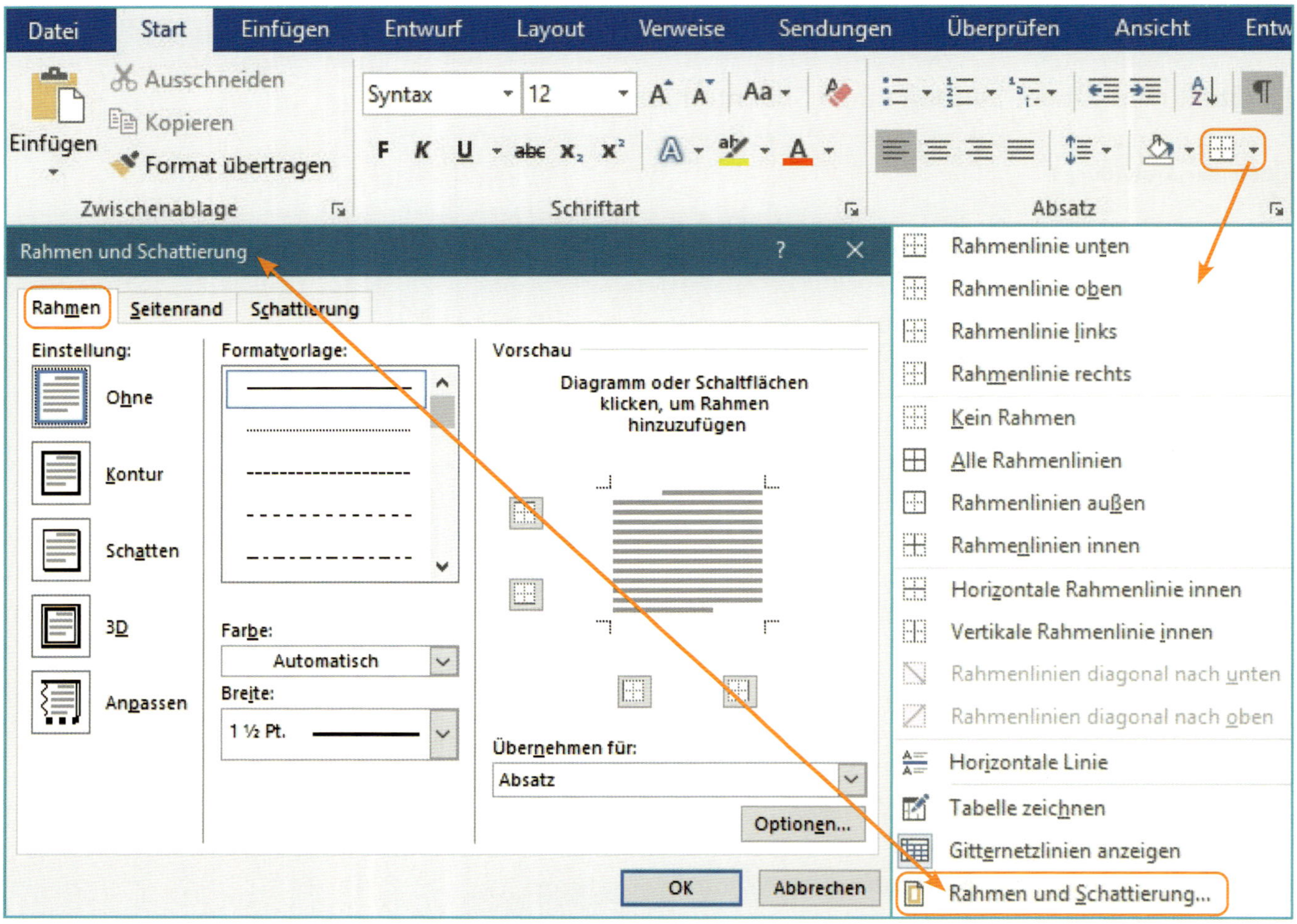

Über die Auswahl **Rahmen und Schattierung** ganz unten gelangen Sie in das Hauptmenü für die Rahmenbearbeitung. Hier finden Sie in der ersten Registerkarte **Rahmen** die Möglichkeiten, Rahmenart, Linienart und -stärke sowie Farben zu verändern. In der mittleren Registerkarte **Seitenrand** können Sie Ihr Dokument mit einem besonders gestalteten Außenrahmen versehen. In der Registerkarte **Schattierung** können Sie für gerahmte Textbereiche Füllfarben wählen.

Im rechten Bereich wird eine **Vorschau** der von Ihnen gewählten Gestaltungen gezeigt. Erst wenn Sie die Bearbeitungen über die **Schaltfläche OK** abschließen, werden die Bearbeitungen in Ihr Dokument übertragen.

Tipp: Sie können über die Einstellung **Ohne** alle Rahmengestaltungen löschen und durch Anklicken im Bereich **Vorschau** einzelne Linien aktivieren oder deaktivieren.

Mit einem Klick auf die **Registerkarte Schattierung** wird die Möglichkeit eröffnet, den Hintergrund in einem Rahmen mit einer **Füllfarbe** zu versehen. Informieren Sie sich auch über „Weitere Farben" (s. Abb.).

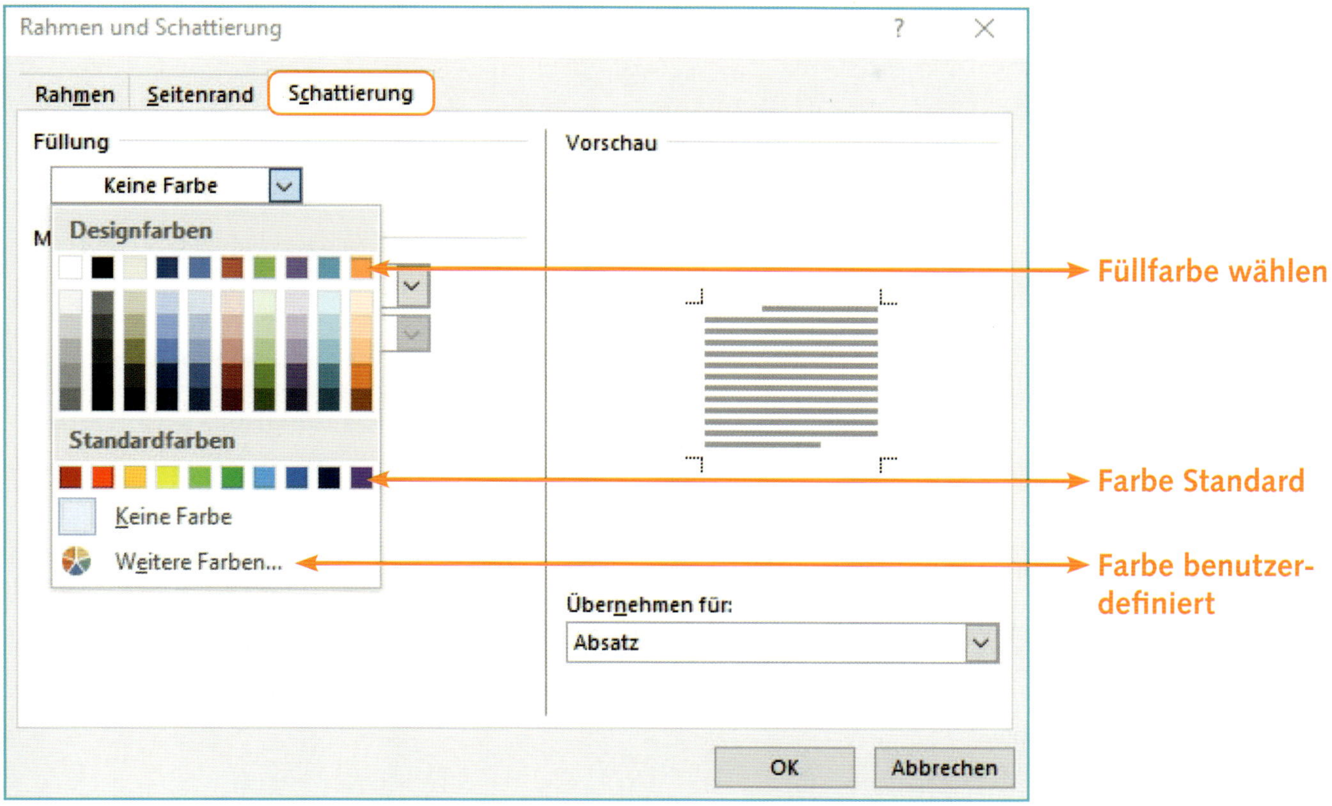

1.1.1.4 Kopf-/Fußzeilenbeschriftung

Kopf- und Fußzeilen beinhalten auf jeder Seite wiederkehrende Informationen zu einem Dokument. Über **Einfügen – Kopf-/Fußzeile** werden verschiedene Optionen für das Erfassen und Gestalten einer Fuß- bzw. Kopfzeile angezeigt. Wählen Sie für die Bearbeitung der Aufgabe **Duale Berufsausbildung den Bereich Fußzeile** und hier die oberste **Variante Leer**.

Registerkarte Einfügen – Gruppe Kopf- und Fußzeile

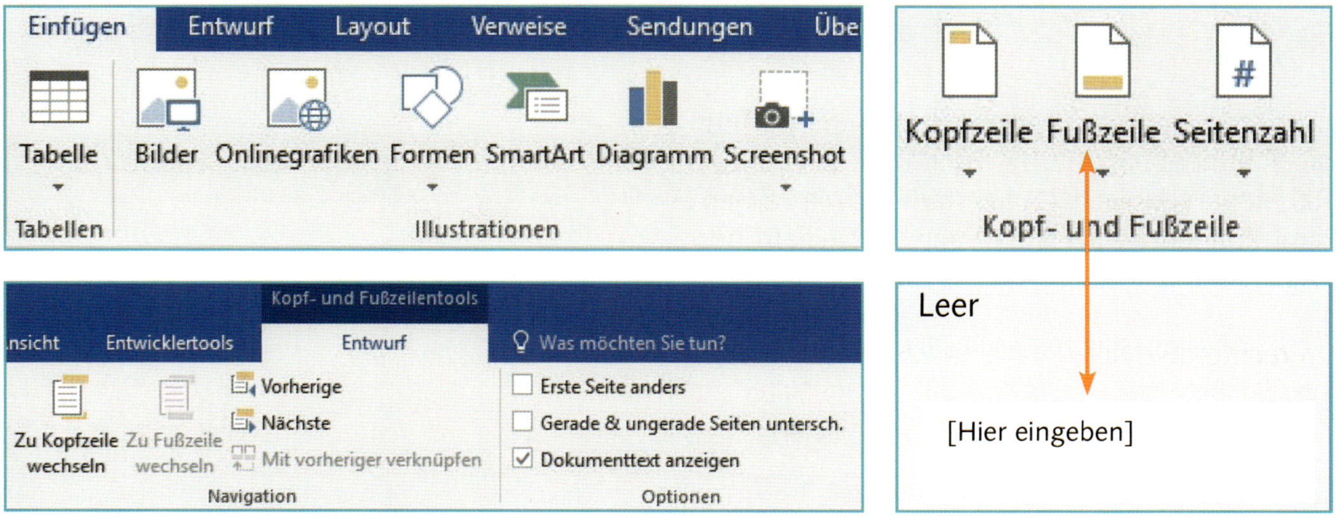

Tipp: Sie können Kopf- bzw. Fußzeilen unterschiedlich beschriften. Informieren Sie sich im Bereich der Kopf- und Fußzeilentools. Diese werden Ihnen angezeigt, wenn Sie eine Kopf- bzw. Fußzeile aktiviert haben.

1.1.2 Übungen

1.1.2.1 Aufgabe „Duale Berufsausbildung“

Übung

Arbeitsanweisungen

DIGITAL+

- Öffnen Sie die Datei **Duale_Berufsausbildung**. Sie finden die Datei im Ordner Dateien für Schüler_innen Kapitel 1.
- Führen Sie normgerechte Absatzgestaltungen durch.
- Verwenden Sie für den Text die Schriftart Calibri 14 Punkt, Schriftfarbe Schwarz.
- Gestalten Sie die Überschrift zentriert, Calibri 20 Punkt, fett, Schriftfarbe Schwarz.
- Heben Sie im ersten Absatz den Text **Berufsbildungsgesetz (BBiG)** durch die Schriftfarbe Rot und Fettdruck hervor.
- Gestalten Sie im zweiten Absatz den Text **in den beiden Lernorten Betrieb und Berufsschule** fett und kursiv.
- Verwenden Sie im letzten Absatz komplett eine graue Texthervorhebungsfarbe.
- Richten Sie nach dem letzten Absatz 3 freie Zeilen ein und erfassen Sie in der 4. Zeile Ihren Vor- und Nachnamen.
- Führen Sie die automatische Silbentrennung durch und formatieren Sie den gesamten Text in Blocksatz.
- Angaben für die Fußzeile:

  rechtsbündig den Titel des Textes sowie das heutige Datum } ***Angaben untereinander erfassen***
Calibri, 8 Punkt, fett
Rahmenlinie oberhalb
- Gestalten Sie die Überschrift **Duale Berufsausbildung** mit einem Konturrahmen.
- Speichern Sie die Datei unter **Duale_Berufsausbildung_Name**.

Checkliste für Ihre Bearbeitungen
☑ Text als Fließtext erfasst?
☑ Absatzgestaltung nach DIN 5008 durchgeführt?
☑ Automatische Silbentrennung aktiviert?
☑ Blocksatz eingestellt?
☑ Rechtschreibprüfung in Word genutzt?

1.1.2.2 Aufgabe „Ausbildungsrahmen“

Übung

Arbeitsanweisungen

- Öffnen Sie die Datei **Ausbildungsrahmen**.
- Korrigieren Sie alle nicht normgerechten Absatzgestaltungen.
- Führen Sie die Bearbeitungen Silbentrennung und Blocksatz durch.
- Gestalten Sie die Überschrift in Rot, Arial, 20 Punkt, rechtsbündig und fett.
- Fügen Sie unter der Überschrift eine gestrichelte Rahmenlinie (1,5 Punkt) in Rot ein.
- Den übrigen Text gestalten Sie in Arial, 15 Punkt und mit der Schriftfarbe Schwarz.
- Bearbeiten Sie die in Klammern gesetzten Texte mit Fettdruck.
- Im letzten Absatz übernehmen Sie die Formatierungen **fett, kursiv,** für den Text **Ausbildungsbetrieb**.
- Für die Begriffe **Ausbildungsplänen** und **Ausbildungsjahren** im letzten Absatz verwenden Sie die Formatierung **fett**.
- Angaben für die Fußzeile: } *Arial, 8 Punkt, fett*
  zentriert das heutige Datum } *Rahmenlinie oberhalb*
- Richten Sie nach dem letzten Textabschnitt 3 freie Zeilen ein und erfassen Sie in der 4. Zeile Ihren Vor- und Nachnamen.
- Unterlegen Sie den vorletzten Absatz mit einer Grauschattierung (25 %).
- Versehen Sie den Begriff **Ausbildungsberufsbild** im ersten Absatz mit einem Konturrahmen.
- Speichern Sie die Datei unter **Ausbildungsrahmen_Name**.

DIN 5008

Hervorhebungen

- ***Texte und Textteile können Sie durch Farbe, Texteffekte, Fettdruck, Kursivschrift usw. hervorheben. Vermeiden Sie in Serifenschriften[1] das Unterstreichen.***
- ***Werden Textteile hervorgehoben, dürfen nachfolgende Satzzeichen nicht einbezogen werden, es sei denn, sie gehören inhaltlich zum hervorzuhebenden Textteil.***

  Beispiel: ***Bitte beachten Sie**, dass …* ***Bitte nicht stören!***

  Hinweis: ***Klammern oder Anführungszeichen gehören nicht zu den Satzzeichen. Somit erhalten sie die gleiche Gestaltung/Hervorhebung wie die Texte, zu denen sie gehören.***

  Beispiel: ***… ist das „Berufsbildungsgesetz“ (BBiG) …***

[1] Es handelt sich um Schriften mit feinen Ausläufern am Ende der Buchstaben.

Was Sie in diesem Kapitel lernen

Information

- Erweiterte Fußzeilenbeschriftung (Dateiname + Pfad)
- Verwendung von Fußnoten
- Seitenformatierungen und Seitenränder
- Gestaltung von Seitenrändern

1.2 Fußzeilen, Fußnoten, Seitenformatierungen

1.2.1 Erläuterungen

1.2.1.1 Erweiterte Fußzeilenbeschriftung

Es ist sinnvoll, z. B. in der **Fußzeile automatisiert den Dateinamen + Pfad** einzufügen. Hierzu sind mehrere Schritte erforderlich:

Registerkarte Einfügen – Gruppe Text

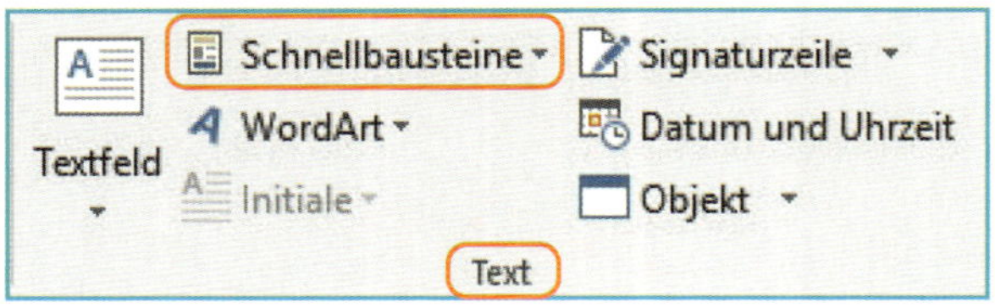

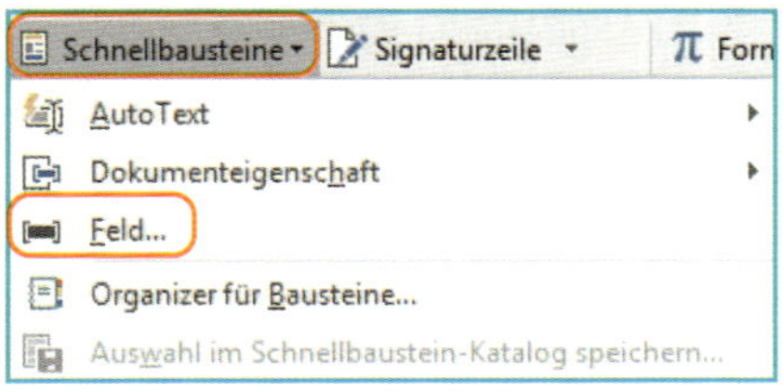

Cursor an der gewünschten Stelle für den Dateinamen + Pfad positionieren

Schnellbausteine – Feld aktivieren

Feld auswählen – Kategorien (alle) – FileName (= Dateiname) anklicken

Feldoptionen – Pfad zum Dateinamen hinzufügen

Bearbeitung über die Schaltfläche „OK" abschließen

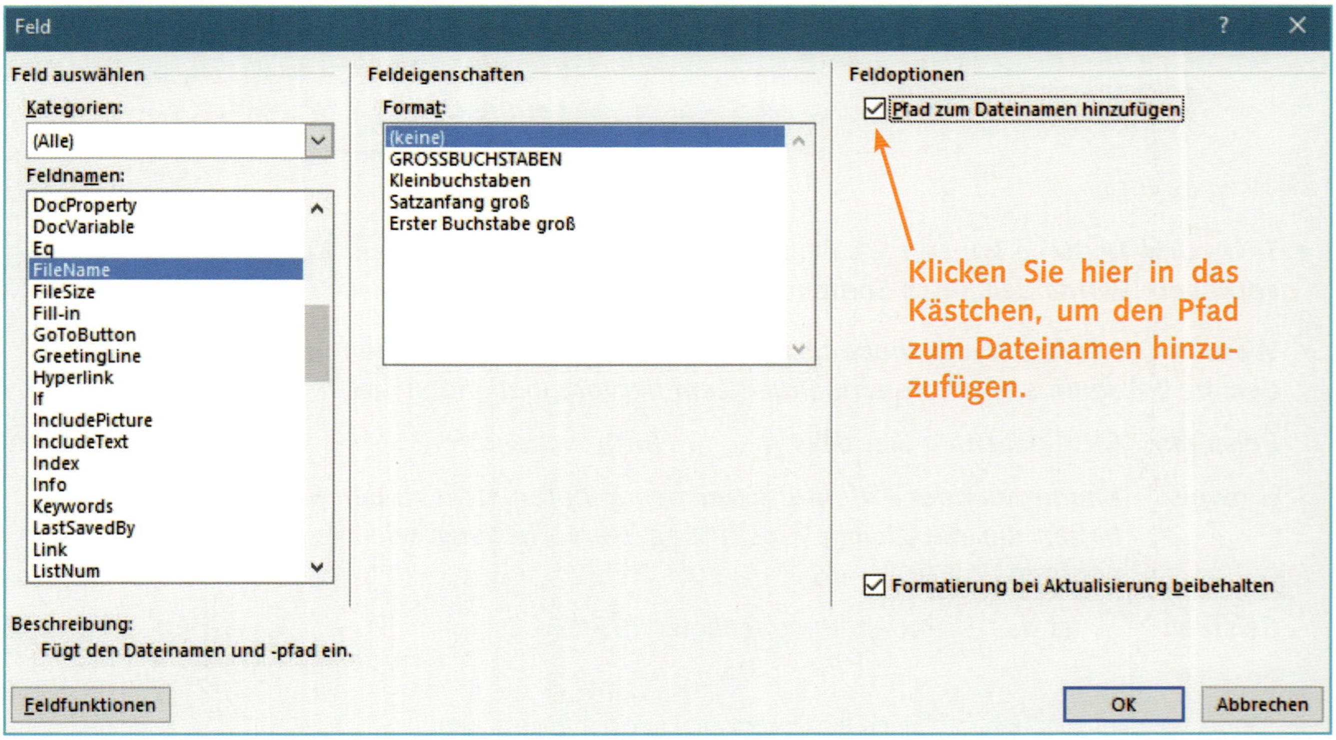

DIN 5008

Fußnoten

Eine Fußnote ist eine Anmerkung, die aus dem Fließtext herausgenommen wird, um die Lesbarkeit des Textes zu verbessern.

Das Fußnotenhinweiszeichen ist eine hochgestellte Zahl. Es wird ohne Leerschritt direkt an den Begriff oder (wenn sich die Fußnote auf einen ganzen Satz bezieht) an das schließende Satzzeichen angefügt. Die automatisch erzeugte Fußnote wird mit einem Strich vom Text abgegrenzt und in reduzierter Schriftgröße dargestellt.

Die Fußnote sollte mit einem Punkt abschließen. Bei sehr kurzen Fußnoten darf auf einen abschließenden Punkt verzichtet werden. Die Nummerierung der Fußnoten sollte über alle Seiten hinweg fortlaufend sein, es sei denn, im gesamten Text sind nicht mehr als drei Fußnoten enthalten. In diesem Fall darf auch mit Sonderzeichen (z. B. Sternchen) gearbeitet werden.

Notizen

1.2.1.2 Verwendung von Fußnoten

Registerkarte Verweise – Gruppe Fußnoten

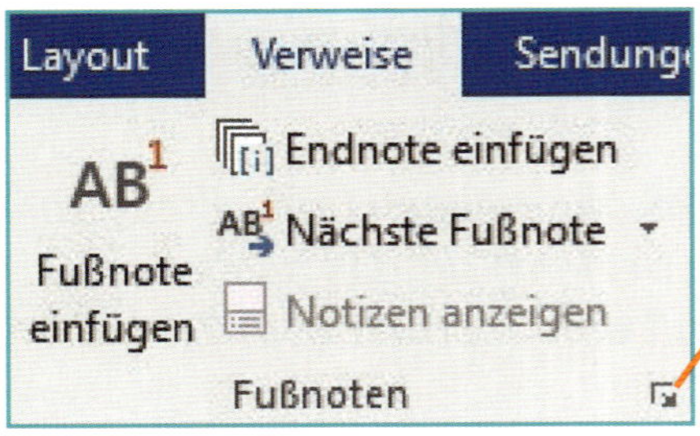

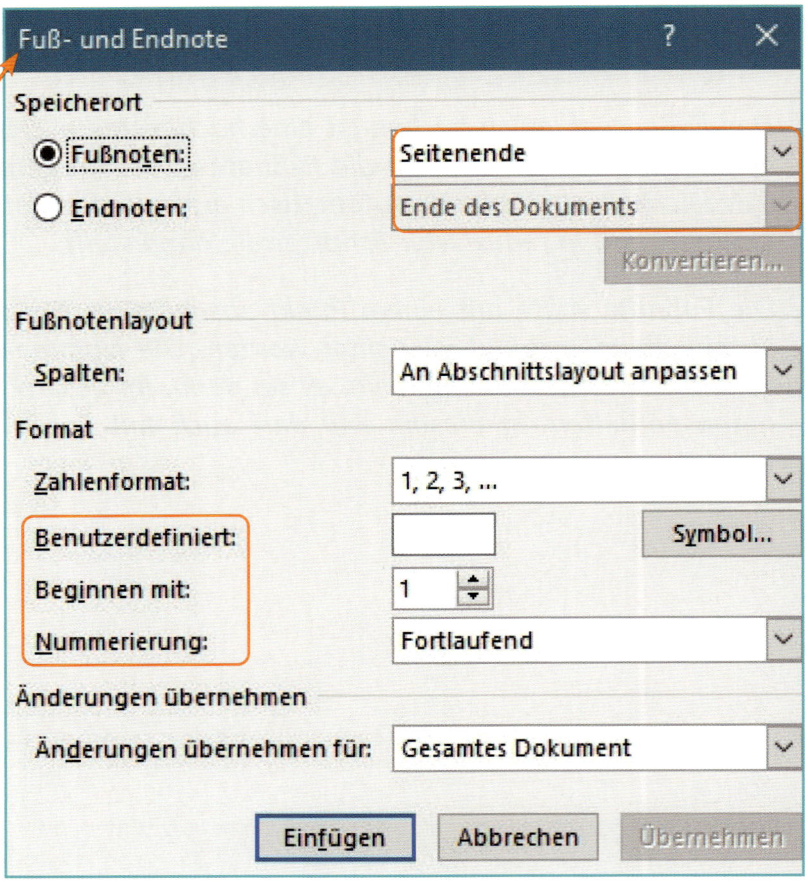

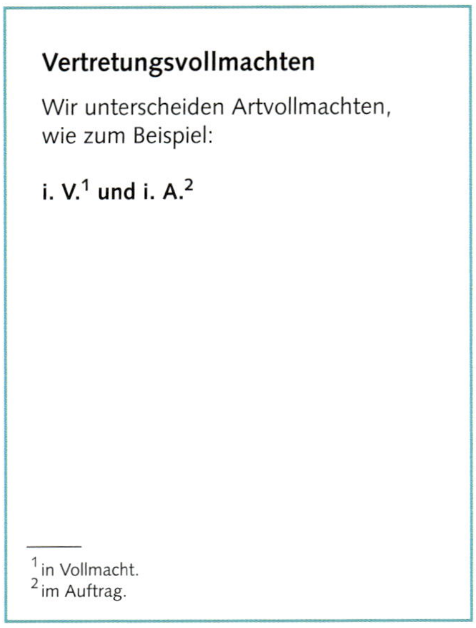

Vertretungsvollmachten

Wir unterscheiden Artvollmachten, wie zum Beispiel:

i. V.[1] und i. A.[2]

1 in Vollmacht.
2 im Auftrag.

Eine Fußnote in Word wird am Seitenende eines Dokumentes angeordnet.

Es sind folgende weitere Bearbeitungen möglich:

- Zahlenformat bestimmen
- Benutzerdefiniert
- Beginnen mit
- Nummerierung

Vergessen Sie nicht, die Einstellungen über die Schaltfläche **„Übernehmen"** zu bestätigen.

Notizen

1.2.1.3 Seitenformatierungen

Registerkarte Layout – Gruppe Seite einrichten

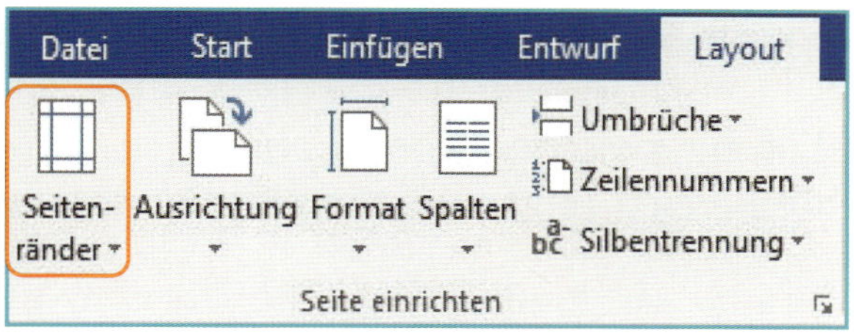

Zum Ändern von Seitenrändern und zur Auswahl des Papierformates wählen Sie die **Registerkarte Layout – Gruppe Seite einrichten**. Das Fenster Seitenränder zeigt Ihnen die zuletzt benutzten Einstellungen an. Über den unteren Punkt **benutzerdefinierte Seitenränder** gelangen Sie in das Bearbeitungsfenster **Seite einrichten**. Hier können Sie die Standardeinstellungen zu den Seitenrändern erkennen und dort auch benutzerdefinierte Seitenränder wählen.

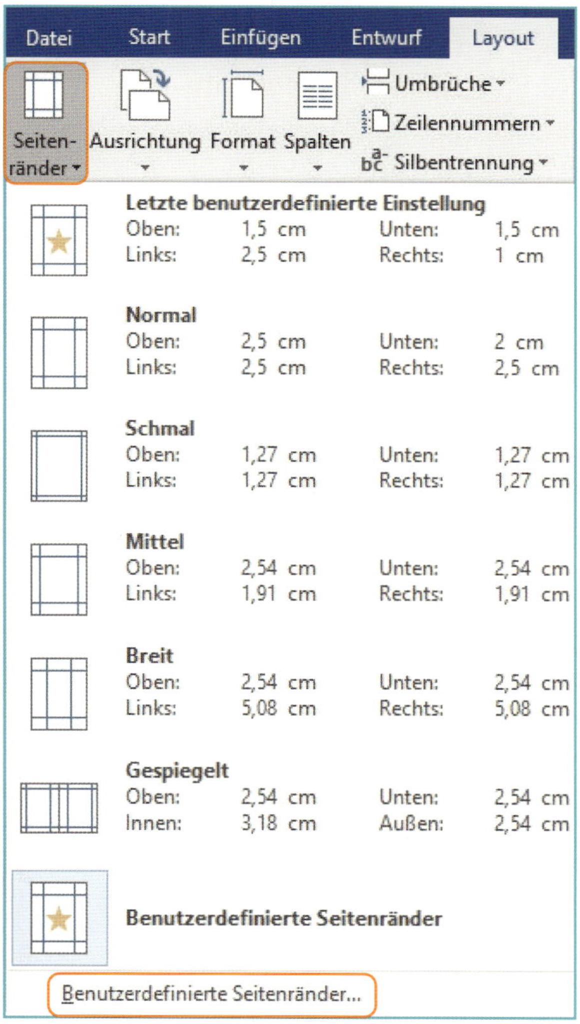

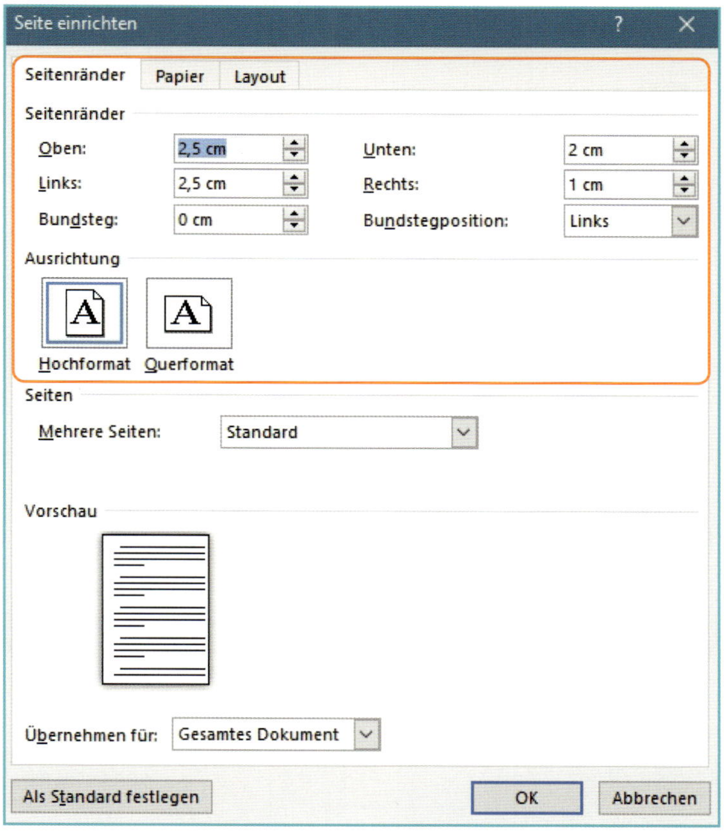

In dem Bearbeitungsfenster **Seite einrichten** finden Sie zusätzlich die Auswahl für die **Papierformate** im Hochformat bzw. Querformat.

■ 1.2.1.4 Gestaltung von Seitenrändern

Über die **Registerkarte Start – Gruppe Absatz – Rahmen und Schattierung** kann eine besondere Gestaltung der Seitenränder erfolgen (bereits auf Seite 28 zum Thema Rahmengestaltung und Füllfarben erwähnt). Wählen Sie dazu die mittlere Registerkarte **Seitenrand**.

Wie bei der Rahmengestaltung können Sie für die Gestaltung zwischen Konturrahmen, Linienarten, Linienfarben sowie Linienbreiten wählen. Der rechte Bereich zeigt Ihnen in einer Vorschau die gewählten Gestaltungen an.

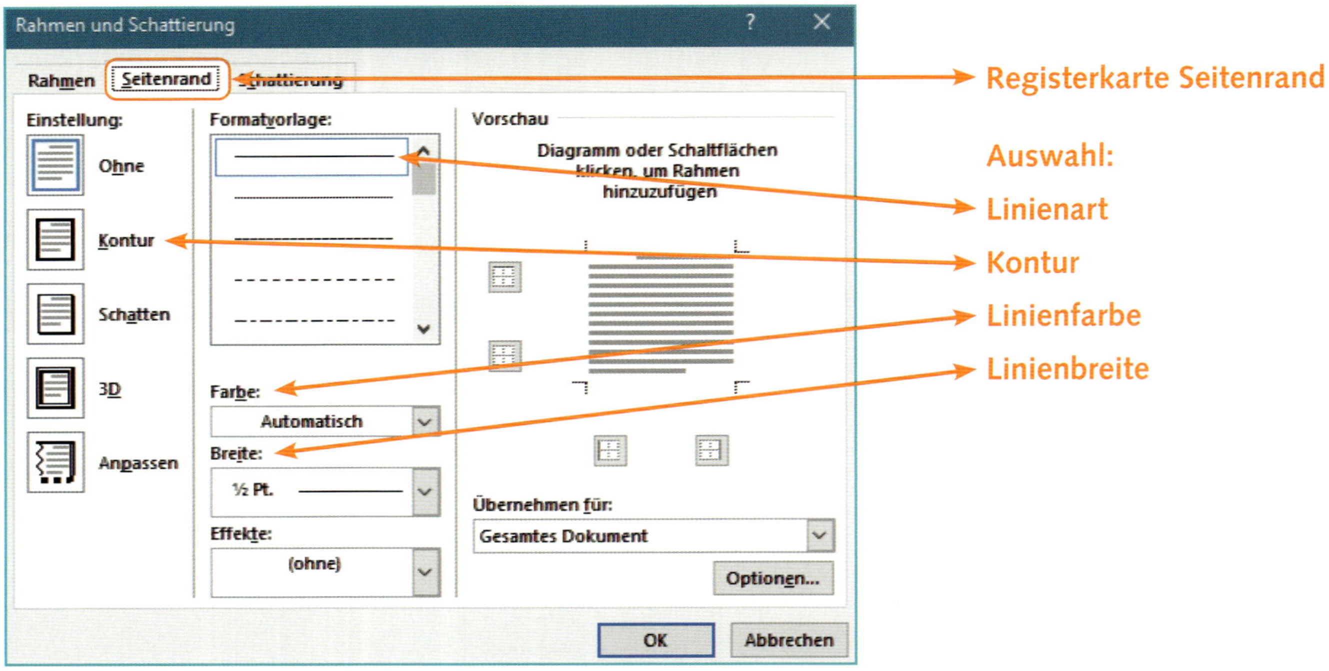

Für die Seitenrandgestaltung gibt es einen zusätzlichen Bereich mit Effekten. Diese wirken sich standardmäßig auf das komplette Dokument aus. Informieren Sie sich im Bereich **Übernehmen für**, inwieweit Sie die Auswirkung auf das komplette Dokument einschränken können.

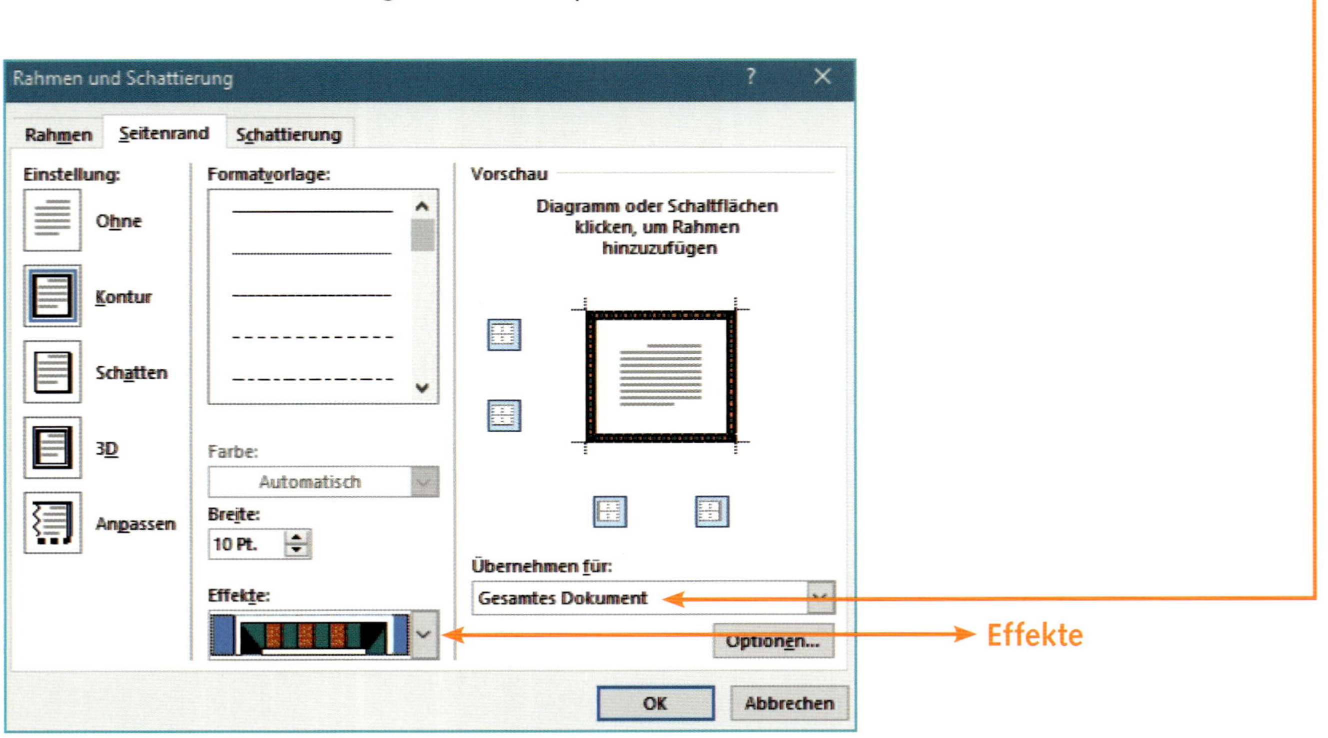

1.2.2 Aufgabe „Jugendarbeitsschutzgesetz“

Übung

Arbeitsanweisungen

- Öffnen Sie die Datei **Jugendarbeitsschutzgesetz**.
- Korrigieren Sie die Absatzgestaltung nach DIN 5008.
- Verändern Sie den rechten Seitenrand auf 1,5 cm.
- Verwenden Sie für den gesamten Text die Schriftart **Constantia** mit 12 Punkt. Gestalten Sie die Überschrift in 20 Punkt.
- Der Absatz mit der Überschrift soll eine schwarze Hintergrund-Schattierung erhalten und zentriert werden. **Hinweis**: Die Schriftfarbe wechselt durch diese Bearbeitung in eine weiße Farbe.
- Verändern Sie den **Zeilenabstand** auf 1,5. Gehen Sie dazu über Registerkarte **Start – Absatz**. Sie haben zwei Möglichkeiten, die Bearbeitung des Zeilenabstandes aufzurufen:

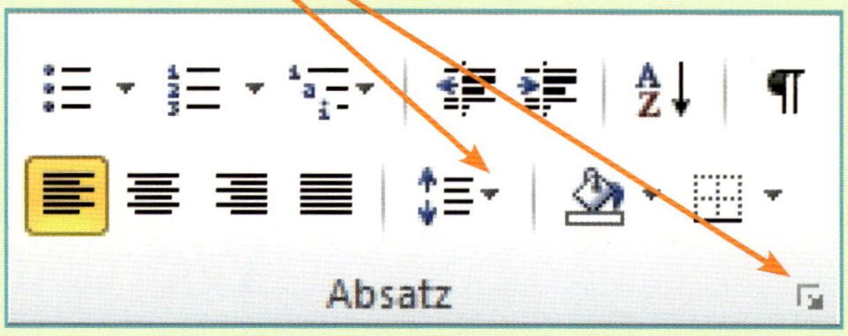

- Die Teilüberschrift **§ 8 Dauer der Arbeitszeit** versehen Sie mit Fettdruck und 14 Punkt.
- In dem Absatz (1) heben Sie den Text **nicht mehr als acht Stunden täglich** durch eine rote Schriftfarbe Ihrer Wahl und Fettdruck hervor.
- Im Absatz (2) gestalten Sie (normgerecht) den letzten Satz komplett kursiv.
- Angaben für die Fußzeile:

  linksbündig Nachname
  heutiges Datum
  – nach einem Absatz –
  Dateiname + Pfad (automatisiert)

  Angaben untereinander erfassen
  Constantia, 8 Punkt, fett
  gepunktete Rahmenlinie oberhalb

- Heben Sie im letzten Absatz den Text **85 Stunden** durch Fettdruck hervor und gestalten Sie diesen Absatz komplett kursiv.
- Fügen Sie in der Hauptüberschrift hinter **JArbSchG** ein Fußnotenhinweiszeichen ein. Die Fußnote soll am Seitenende erscheinen.
  Text der Fußnote: **JArbSchG = Jugendarbeitsschutzgesetz**.
- Erstellen Sie einen optisch ansprechenden Seitenrahmen für das Dokument.
- Führen Sie alle für einen Fließtext erforderlichen abschließenden Bearbeitungen durch.
- Speichern Sie die Datei unter **Jugendarbeitsschutzgesetz_Name**.

Was Sie in diesem Kapitel lernen

Information

- Bilder aus Dateien und Onlinegrafiken
- Symbole
- WordArt
- Formen und Textfelder

1.3 Verwendung grafischer Elemente

1.3.1 Erläuterungen

Registerkarte Einfügen – Gruppe Illustrationen – Text – Symbole

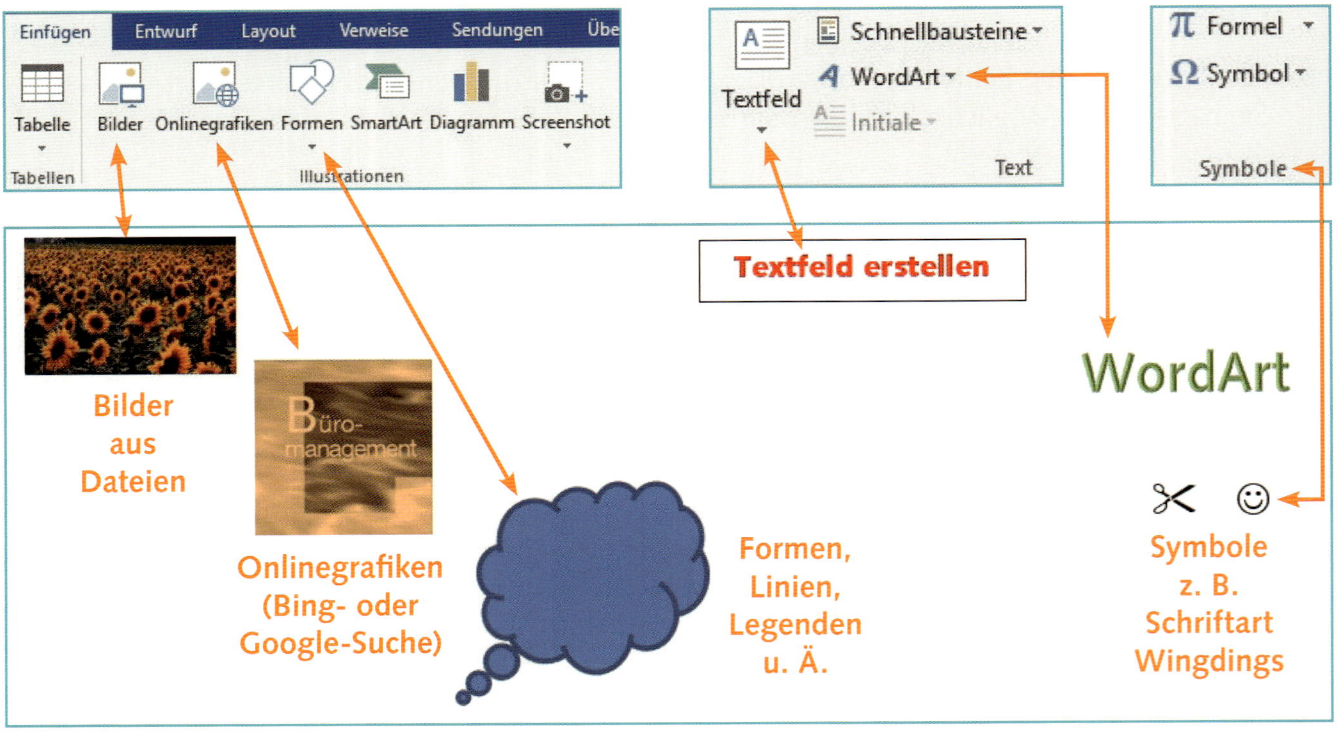

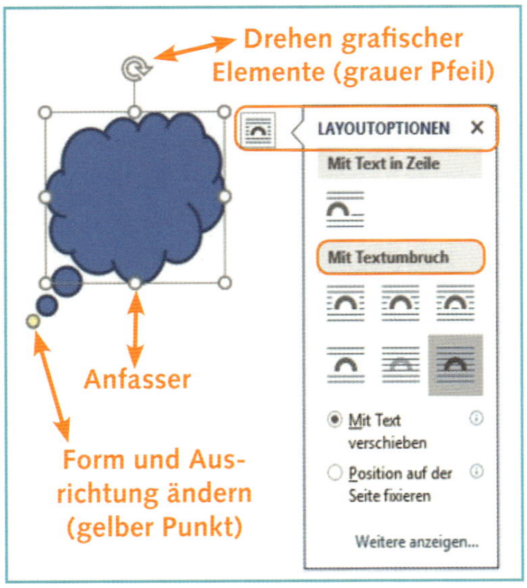

Mit sog. **Anfassern** können grafische Elemente in Größe und Proportion verändert werden. Um ein grafisches Element im Dokument an bestimmte Positionen zu bewegen, können Sie den **Textumbruch** nutzen. Leiten Sie diese Bearbeitung über die **Layoutoptionen** oder die **Bildtools** ein. Die Bildtools werden nach dem Aktivieren eines Elements automatisch in der Menüleiste (über den Registerkarten) angezeigt. Testen Sie die verschiedenen Einstellungen und Bearbeitungen.

Zusätzliche Bearbeitungsmöglichkeiten bei grafischen Elementen sind: Drehen, Form und Ausrichtung ändern.

Positionieren Sie beispielsweise zum Drehen den grauen Pfeil usw.

Für weitere Grafikbearbeitungen, z. B. Größe und Position, Farben, Rahmen usw. können Sie auch das **Kontextmenü** (Element aktivieren und die rechte Maustaste drücken) nutzen.

1.3.2 Aufgabe „Wege zur weiteren Qualifizierung"

Übung

DIGITAL+

Arbeitsanweisungen

- Öffnen Sie die Datei **Wege_zur_weiteren_Qualifizierung**.
- Überarbeiten Sie den Text nach folgenden Kriterien: **Fließtext (linksbündig) und normgerechte Absatzgestaltung.**
- Wandeln Sie die Überschrift in WordArt um (Layout, Farbe usw. nach freier Wahl).
- Gestalten Sie im ersten Absatz die Texte **Ergänzende berufliche Qualifizierungen** und **unumgänglich** mit Fettdruck.
- Ändern Sie die Schriftart in **Berlin Sans FB 12 Punkt**.
- Fügen Sie in den ersten Absatz ein **Bild oder eine Onlinegrafik (Formatierung Quadrat)** aus dem Bereich Informationsverarbeitung ein.
- Verwenden Sie für das Dokument einen Seitenrand Ihrer Wahl.
- Wählen Sie für den Text einen Zeilenabstand von 1,5.
- Setzen Sie im dritten Absatz die Textpassage **Informationen über das Weiterbildungsangebot** kursiv.
- Setzen Sie unter den Text das Symbol 👍 (linksbündig und in angemessener Schriftgröße).
- Passen Sie um den gesamten Text das grafische Element (Formen – Standardformen) **Gefaltete Ecke** an.
- Formatieren Sie die Form **Hinter den Text** und füllen Sie die Form mit einer **hellen Grünschattierung**.
- Fügen Sie im zweiten Absatz hinter den **Auslassungspunkten „…"** eine **Fußnote** ein. Die Fußnote soll am Seitenende angezeigt werden. **Fußnotentext: gekürzte Textpassage**
- Fügen Sie zur besseren Lesbarkeit hinter dem Fußnotentext eine Returnschaltung ein.
- Angaben für die Fußzeile (alles zentriert):

  Name
  heutiges Datum
  – nach einem Absatz –
  Dateiname + Pfad (automatisiert)

  } *Angaben untereinander erfassen*
  Berlin Sans FB, 8 Punkt, fett
  doppelte Rahmenlinie oberhalb

- Führen Sie einen Randausgleich durch Silbentrennung und Blocksatz durch.
- Speichern Sie die Bearbeitung unter **Wege_zur_weiteren_Qualifizierung_Name**.

Was Sie in diesem Kapitel lernen

Information

- Spalten setzen
- Spalten bearbeiten

1.4 Spaltenverarbeitung

1.4.1 Erläuterungen

Registerkarte Layout – Gruppe Seite einrichten – Spalten

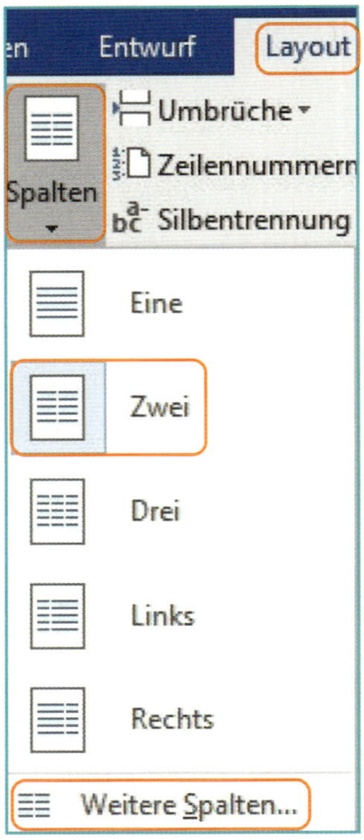

Die Bearbeitung wird durch den Vermerk „Abschnittswechsel (Fortlaufend)" gekennzeichnet.

Wenn Sie einen Text erfasst und die üblichen Bearbeitungen durchgeführt haben, schließen Sie die Texterfassung mit einer Absatzschaltung ab. Markieren Sie nun den Text, den Sie in Spalten setzen möchten.

Öffnen Sie anschließend die **Registerkarte Layout** und wählen Sie die Schaltfläche **Spalten**. Beispiel:

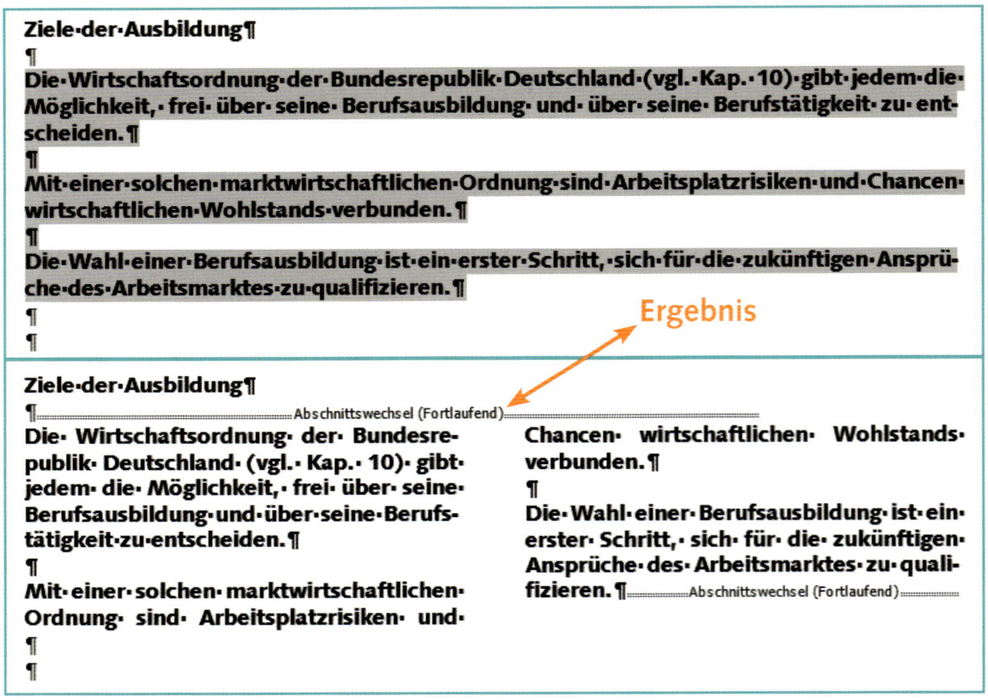
Ziele·der·Ausbildung¶
¶
Die·Wirtschaftsordnung·der·Bundesrepublik·Deutschland·(vgl.·Kap.·10)·gibt·jedem·die·Möglichkeit,·frei·über·seine·Berufsausbildung·und·über·seine·Berufstätigkeit·zu·entscheiden.¶
¶
Mit·einer·solchen·marktwirtschaftlichen·Ordnung·sind·Arbeitsplatzrisiken·und·Chancen·wirtschaftlichen·Wohlstands·verbunden.¶
¶
Die·Wahl·einer·Berufsausbildung·ist·ein·erster·Schritt,·sich·für·die·zukünftigen·Ansprüche·des·Arbeitsmarktes·zu·qualifizieren.¶
¶
¶

Ergebnis

Ziele·der·Ausbildung¶
¶ Abschnittswechsel (Fortlaufend)
Die·Wirtschaftsordnung·der·Bundesrepublik·Deutschland·(vgl.·Kap.·10)·gibt·jedem·die·Möglichkeit,·frei·über·seine·Berufsausbildung·und·über·seine·Berufstätigkeit·zu·entscheiden.¶
¶
Mit·einer·solchen·marktwirtschaftlichen·Ordnung·sind·Arbeitsplatzrisiken·und·Chancen·wirtschaftlichen·Wohlstands·verbunden.¶
¶
Die·Wahl·einer·Berufsausbildung·ist·ein·erster·Schritt,·sich·für·die·zukünftigen·Ansprüche·des·Arbeitsmarktes·zu·qualifizieren.¶ Abschnittswechsel (Fortlaufend)
¶
¶

Die Spaltendarstellung kann über **Weitere Spalten** zusätzlich wie folgt bearbeitet werden:

- **Linie zwischen den Spalten**
- **Spaltenbreite und Abstand zwischen den Spalten**
- **Gleiche Spaltenbreite**

Wenn Sie den **Spaltenumbruch** selbst bestimmen möchten, positionieren Sie den Cursor vor den Text, der in die nächste Spalte verschoben werden soll. Verwenden Sie dann die Tastenkombination **STRG + SHIFT + Return**.

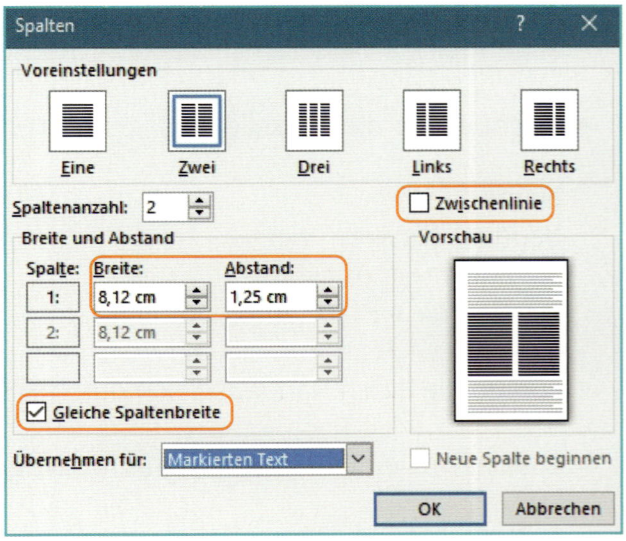

1.4.2 Aufgabe „Handlungskompetenzen“

Übung

Arbeitsanweisungen

- Öffnen Sie die Datei **Handlungskompetenzen**.
- Verändern Sie die **Seitenränder oben auf 2,5 cm** sowie **rechts, links und unten auf 2 cm**.
- Verwenden Sie für den gesamten Text einen **einzeiligen Zeilenabstand**.
- Führen Sie einen Randausgleich durch.
- Wandeln Sie die Überschrift in eine WordArt-Darstellung Ihrer Wahl (Farbe Rot) um. Zentrieren Sie die Überschrift.
- Formatieren Sie den Text in Arial, 12 Punkt.
- Markieren Sie den **zweiten Absatz** und setzen Sie diesen Text in **3 Spalten**. Verändern Sie die **Spaltenbreite auf 5 cm** und den **Abstand auf 0,5 cm**.
- **Zentrieren** Sie den Bereich von **Fachkompetenz** bis **Lernkompetenz** und verwenden Sie zusätzlich den **Fettdruck**. Ausnahme: Die Textpassage **verbunden jeweils mit** erhält **keinen Fettdruck**. Fügen Sie **rechts und links** neben dem zentrierten Text jeweils eine **Grafik (CD-Ordner Schülerdateien)** Ihrer Wahl ein. Achten Sie auf eine ansprechende Anordnung.
- Bearbeiten Sie den letzten Absatz wie folgt:
  - 2 Spalten einrichten
  - Schriftgröße 18 Punkt, Schriftfarbe Rot
  - manueller **Spaltenumbruch** ab **Demgegenüber ...**

Hinweis:
Sie können größere Textabstände in den Spalten durch manuelle Silbentrennungen oder durch Verändern des Spaltenabstandes ausgleichen.

- Fügen Sie ein Textfeld mit dem Inhalt **Wichtige Information** ein. Gestaltung wie folgt:
  - Text Arial, 14 Punkt, rot, fett, zentriert
  - Füllung blau
  - Rahmenlinie gestrichelt, rot, Linienstärke 1,5

Textfeld drehen
Textfeld formatieren:
„Textumbruch Quadrat“
Anordnung des Textfeldes:
rechts neben dem ersten Absatz

- Angaben für die Fußzeile:
  - dreigeteilte Fußzeile wählen **(Einfügen – Fußzeile – Leer (3 Spalten)**
  - links: Vorname Nachname
  - Mitte: aktualisierbares Datum
  - rechts: Dateiname
  - Linie oberhalb einfügen

Alle Angaben in Arial, 8 Punkt, fett

- Speichern Sie die Datei unter dem Namen **Handlungskompetenzen_Name**.

Was Sie in diesem Kapitel lernen

Information

- Arbeiten mit dem Tabulator
- Positionieren von Tabstopps
- Ausrichten von Tabstopps

1.5 Tabulator

1.5.1 Erläuterungen

Um Texte oder Zahlen innerhalb einer Zeile an einer bestimmten Position anzuordnen, ist der Einsatz des Tabulators sinnvoll. An den gewünschten Positionen werden Tabstopps gesetzt.

Standardmäßig bietet Word voreingestellte Stopps (1,25 cm) an.

Registerkarte Start – Gruppe Absatz

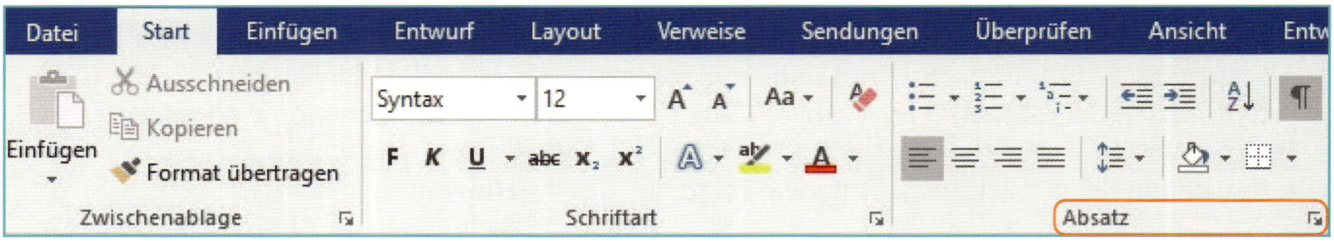

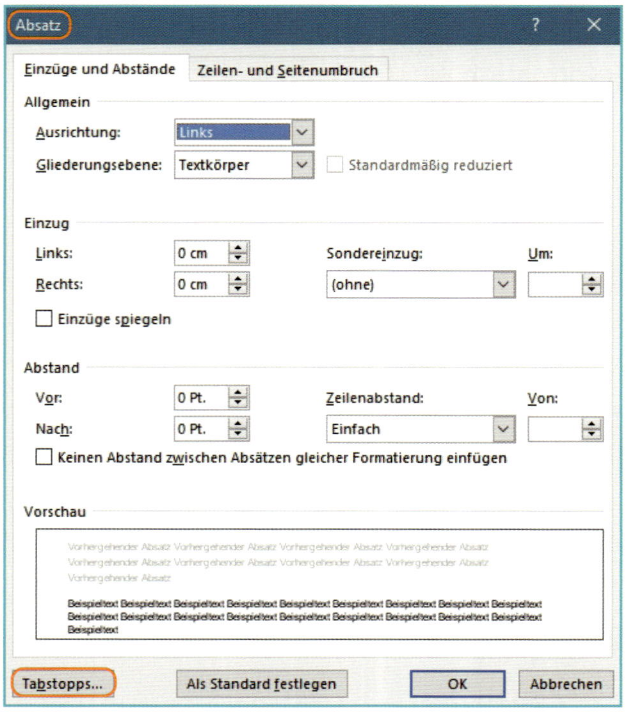

Setzen und Ausrichten von Tabstopps:

Tabstopp-Position eingeben

Ausrichtung wählen

Füllzeichen wählen

Festlegen und OK

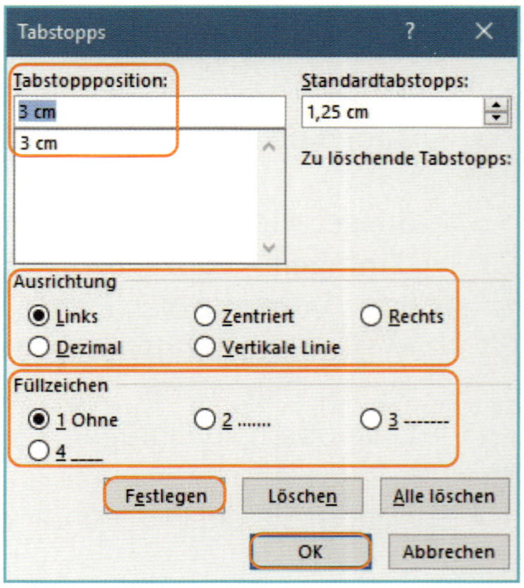

Der gesetzte Stopp wird im Lineal angezeigt:

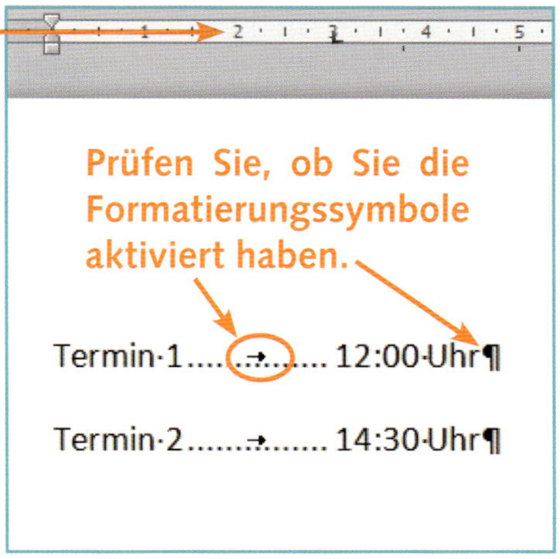

Über die **Tabulatortaste** (links neben dem Buchstaben „q") gelangt der Cursor an die gesetzte Tabstopp-Position:

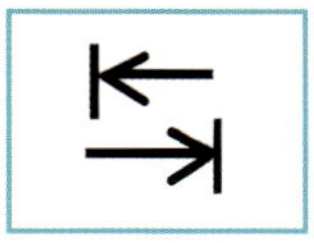

Im Dokument wird für die Tabulatoranwendung ein kleiner Pfeil als Sonderzeichen angezeigt.

Bearbeitungshinweis: Zunächst den Text „Termin 1" erfassen (ohne Leerschritt dahinter), dann die Tabulatortaste drücken. Der Cursor „springt" zur Position 3 cm, hier erfassen Sie nun die Uhrzeit. Ist die Eingabe in einer Zeile beendet, gelangen Sie mit Return an den Anfang der nächsten Zeile.

Es sind verschiedene Ausrichtungen (Wirkungsweisen) von Tabulatoren vorhanden:

linksbündig – zentriert – rechtsbündig – dezimal

Die dezimale Ausrichtung ist für das Erfassen von Beträgen (oder anderen dezimalen Darstellungen) gedacht. Die Tabstopp-Position stimmt hierbei mit der Kommastelle der dezimalen Darstellung überein.

Zusätzlich können über die vertikale Ausrichtung Linien zur Unterteilung innerhalb einer Tabelle eingefügt werden. Für jede Linie muss ein eigener Stopp (vertikal) gesetzt werden.

Hier ein Anwendungsbeispiel für Tabstopp-Ausrichtungen:

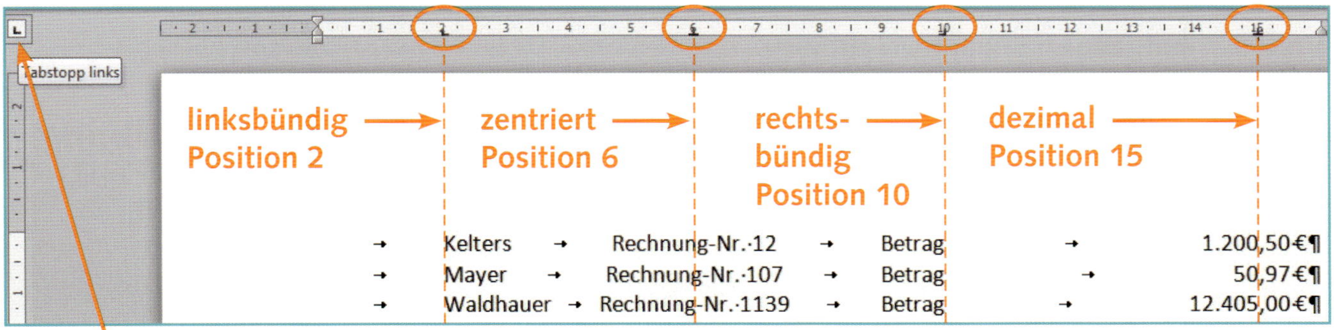

In dem Kästchen links neben dem Lineal befinden sich alle Tabstopp-Einstellungen. Mit der Maus können Sie in diesem Kästchen alle Ausrichtungen für den Tabulator wählen. In dem Beispiel oben ist „linksbündig" aktiviert, d. h. Sie können jetzt den ausgewählten Stopp mit der Maus durch Anklicken der entsprechenden Position sofort im Lineal setzen.

Denken Sie daran, eine mit Tabstopps erstellte Tabelle zu markieren, wenn Sie innerhalb dieser Tabelle Tabstopp-Positionen verändern oder löschen möchten.

Benötigen Sie innerhalb eines Dokumentes eine weitere Tabelle mit veränderten Tabstopp-Positionen und unterschiedlichen Wirkungsweisen, ist es sinnvoll, vorab alle vorhandenen Tabstopps zu löschen.

Notizen

Bei größeren Abständen zwischen zwei Tabstopps können Sie zur besseren Lesbarkeit sog. Füllzeichen einsetzen. Beachten Sie, dass die Füllzeichen – hier in unserem Beispiel – dem rechtsbündigen Stopp auf 9 cm zugeordnet sind. Damit wird die Lücke zwischen den beiden Tabstopppositionen „gefüllt“.

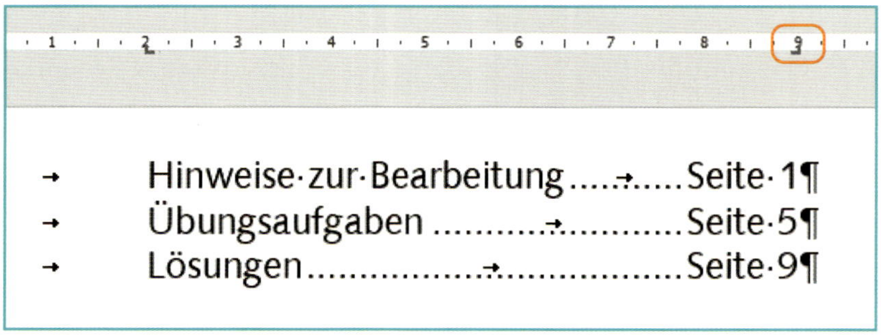

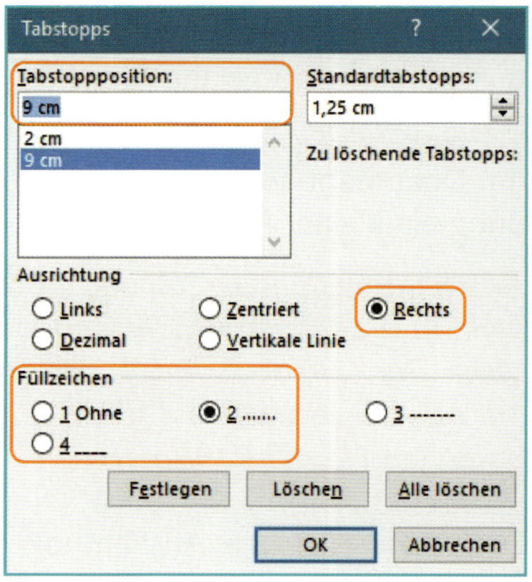

Die Füllzeichen müssen über das Menü gesetzt werden. Vergessen Sie nicht, die Einstellung über die Schaltfläche „Festlegen“ zu aktivieren.

1.5.2 Übungen

1.5.2.1 Aufgabe „Tabulator – Adressen“

Übung

Arbeitsanweisungen

- Erfassen Sie nachfolgende Aufstellung mithilfe von Tabulatoren. Verändern Sie den rechten Seitenrand auf 1 cm. Übernehmen Sie alle Gestaltungen sowie die vorgegebenen Tabstopp-Positionen und deren Ausrichtung. Schriftart/-größe nach Ihrer Wahl:

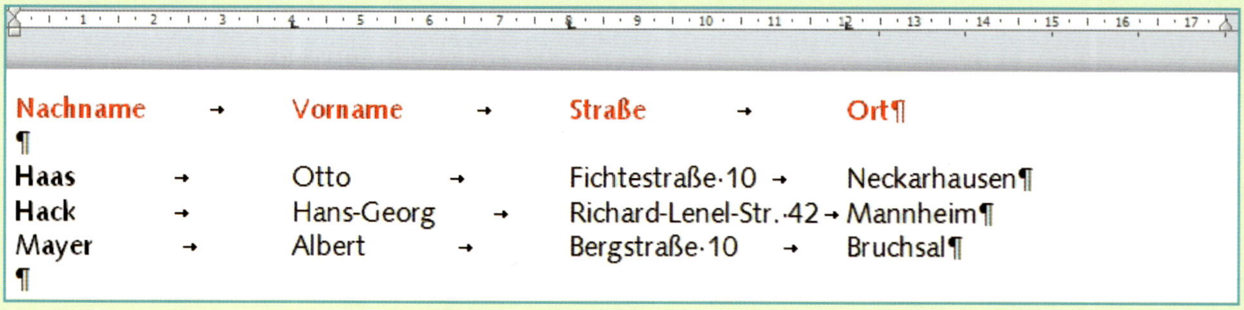

- Kopieren Sie die erstellte Tabelle und fügen Sie sie unter der ersten Tabelle ein. Erstellen Sie zwischen den beiden Tabellen eine durchgezogene Linie.
- Markieren Sie die Tabelle und verschieben Sie im Lineal mit gedrückter linken Maustaste die Tabstopp-Positionen gemäß nachfolgendem Muster. Schattieren Sie den Hintergrund in Grau, 25 %.

Übung

Arbeitsanweisungen (Fortsetzung)

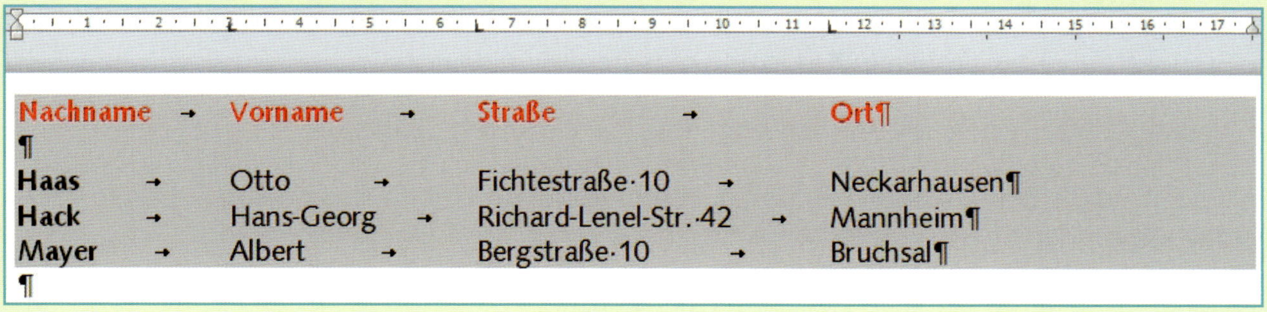

Nachname	Vorname	Straße	Ort
Haas	Otto	Fichtestraße 10	Neckarhausen
Hack	Hans-Georg	Richard-Lenel-Str. 42	Mannheim
Mayer	Albert	Bergstraße 10	Bruchsal

- Kopieren Sie die Tabelle erneut, fügen Sie sie unterhalb der zweiten Tabelle ein.
- Auch hier verwenden Sie bitte eine durchgezogene Linie zur Abtrennung.
- Bearbeiten Sie die Veränderungen gemäß nachfolgendem Muster. Wie Sie im Lineal erkennen können, sind zusätzlich vertikale Stopps eingefügt worden und die Überschriften **Vorname, Straße, Ort** sind mit der Ausrichtung **zentriert** verändert. Beachten Sie, dass Sie beim Verändern von Tabstopp-Positionen sowie deren Ausrichtung vorher den Bereich markieren müssen.

  Für die vertikalen Linien müssen auch Stopps gesetzt werden. Sie können dies sowohl über die Tabstopp-Einstellung links neben dem Lineal direkt als auch über das Menü vornehmen.

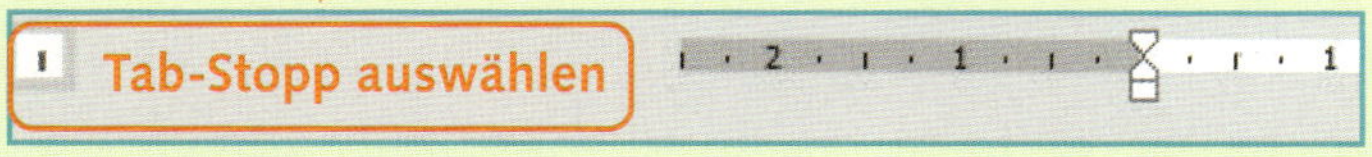

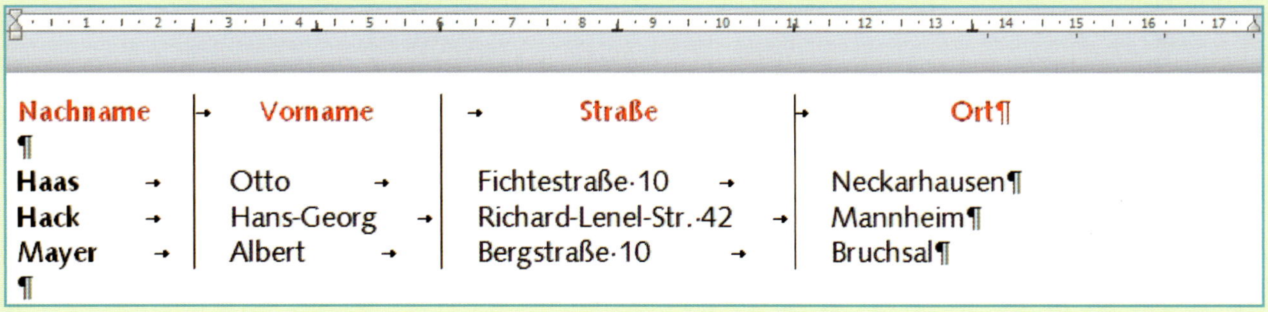

Nachname	Vorname	Straße	Ort
Haas	Otto	Fichtestraße 10	Neckarhausen
Hack	Hans-Georg	Richard-Lenel-Str. 42	Mannheim
Mayer	Albert	Bergstraße 10	Bruchsal

- Speichern Sie die Bearbeitung unter **Tabulator_Adressen_Name**.

Notizen

1.5.2.2 Aufgabe „Tabulator – Offene Posten"

Übung

Arbeitsanweisungen

- Erfassen Sie unten stehende Auflistung mithilfe des Tabulators.
- Verwenden Sie geeignete Ausrichtungen für die einzelnen Spalten.
- Setzen Sie die Beträge an den äußeren rechten Rand und fügen Sie von den Beträgen bis zur davorliegenden Spalte Füllzeichen ein.
- Geben Sie jeder Spalte eine passende Überschrift.
- Gestalten Sie die Überschriften nach Ihren Vorstellungen.
- Fügen Sie in die Tabelle eine Grafik oder ein Bild ein.
- Setzen Sie um die gesamte Bearbeitung einen farbigen, gestrichelten Rahmen. Farbe und Linienstärke nach Ihrer Wahl.
- Kopieren Sie die Aufstellung und fügen Sie sie unterhalb ein.

Rechnung	Nr. 12/00	Müller & Co.	12,34 €
Rechnung	Nr. 123/00	Heinrich OHG	764,45 €
Rechnung	Nr. 1 234/00	Gerd Sowade e. K.	1.356,56 €

- Fügen Sie nachträglich zwischen der ersten und zweiten Spalte und zwischen der zweiten und dritten Spalte vertikale Linien ein.
- Speichern Sie die ergänzte Bearbeitung unter **Tabulator_Offene_Posten_Name**.

1.5.2.3 Aufgabe „Tabulator – Preisliste"

Übung

Arbeitsanweisungen

- Erstellen Sie für die unten aufgeführten, geplanten Schulungsangebote der Wohntal GmbH eine übersichtliche Tabelle. Nutzen Sie geeignete Tabulatoren zur Anordnung der Schulungen und für die dazugehörigen Preisangaben.
- Wählen Sie Schriftart/-größe nach Ihren Vorstellungen.
- Fügen Sie die Grafik **Schriftzug der Wohntal GmbH.jpg** über der Preisliste ein.
- Geben Sie der Auflistung eine aussagekräftige Überschrift.
- Formatieren Sie die Bearbeitung in eine zweispaltige Darstellung um (Zeilenabstand 1,5).

Übung

Arbeitsanweisungen (Fortsetzung)

- Fügen Sie an einer Position Ihrer Wahl ein Textfeld ein. Formatierung: gestrichelter Rahmen, rot, 1,5 Punkt, Füllung gelb, Text „Weitere Schulungen auf Anfrage" (Schriftformatierung nach eigener Wahl).
- Verwenden Sie eine hellblaue Hintergrundfarbe für den Firmenschriftzug und die Tabellenüberschrift. Ergänzen Sie (einspaltig) unter der Tabelle **Bei allen Schulungen handelt es sich um eintägige Veranstaltungen.** Unterlegen Sie diese Zeile ebenfalls in Hellblau.
- Speichern Sie die Bearbeitung unter **Tabulator_Preisliste_Name**.

Inhalt der Auflistung:

Word 2016; 210,00

Excel 2016; 210,00

PowerPoint 2016; 190,00

Outlook 2016; 190,00

Hinweis: Alle Preise in Euro

Access 2016; 250,00

Frontpage 2016; 250,00

SAP-Schulung; 250,00

Branchenspezifische Buchhaltung; 250,00

Zusammenfassung zum Tabulator

Mögliche Ausrichtungen von Tabstopps: linksbündig, rechtsbündig, zentriert, dezimal

Bearbeitungswege zum Setzen von Tabstopps: Mit der Maus Stopps im Lineal setzen oder die Eingabe der Stopps über das Menü (Absatz – Tabstopps) vornehmen.

Zusätzliche Bearbeitungsmöglichkeiten: Vertikale Linien oder Füllzeichen zwischen zwei Stopps verwenden.

Verwendung des Dezimaltabulators: Wird hauptsächlich zum Anordnen von Beträgen genutzt.

Verschieben von Tabstopps in einer fertigen Bearbeitung: Die komplette Bearbeitung markieren, anschließend die entsprechenden Stopps im Lineal mit gedrückter Maustaste an die gewünschte Position verschieben.

Praktische Tipps:

Zum Löschen einzelner Stopps können Sie im Lineal die Tabstopps mit gedrückter Maustause nach oben „aus dem Bildschirm" herausschieben.

Zum Löschen mehrerer Tabstopps können Sie im Menü (Absatz – Tabstopps) die Schaltfläche „Alle löschen" verwenden.

Wenn Sie Tabstopps ergänzen möchten und die Eingabe über das Menü vornehmen, vergessen Sie nicht, die neuen Stopps über die entsprechende Schaltfläche „festzulegen".

Was Sie in diesem Kapitel lernen

Information

- Setzen und Formatieren von Aufzählungszeichen und Nummerierungen

1.6 Aufzählungszeichen und Nummerierungen

1.6.1 Erläuterungen

1.6.1.1 Aufzählungen

Registerkarte Start – Gruppe Absatz

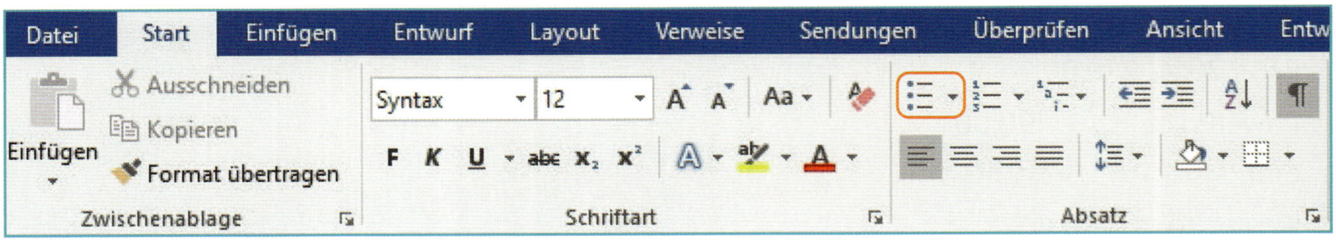

Per Mausklick auf den Auswahlpfeil werden Ihnen die verschiedenen Standardzeichen angezeigt. Über die Schaltfläche **Neues Aufzählungszeichen definieren** können Sie weitere Zeichen zufügen.

Erfassen Sie zunächst den Text komplett linksbündig – mit den normgerechten Absätzen.

Bitte·übersenden·Sie·uns·folgende·Unterlagen:¶
¶
die·Zeugniskopie·des·letzten·Schulabschlusses¶
einen·tabellarischen·Lebenslauf·mit·Lichtbild¶
den·beigefügten·Personalfragebogen¶
¶
Für·Rückfragen·stehen·wir·Ihnen·gern·zur·Verfügung.¶
¶
¶

Markieren Sie anschließend die Textpassage, die mit einem Aufzählungszeichen versehen werden soll. Wählen Sie dann das gewünschte Aufzählungszeichen aus.

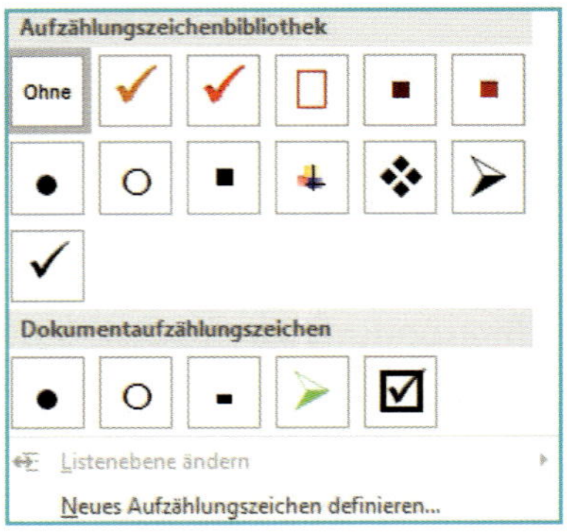

Bitte·übersenden·Sie·uns·folgende·Unterlagen:¶
¶
→ • → die·Zeugniskopie·des·letzten·Schulabschlusses¶
→ • → einen·tabellarischen·Lebenslauf·mit·Lichtbild¶
→ • → den·beigefügten·Personalfragebogen¶
¶
Für·Rückfragen·stehen·wir·Ihnen·gern·zur·Verfügung.¶
¶

Mit dem Einfügen der Aufzählungszeichen verschiebt sich die Textposition durch ein eingestelltes AutoFormat. Da diese Verschiebung nicht der DIN 5008 entspricht, holen Sie bitte die Textpassage durch Anklicken der Schaltfläche **Einzug verkleinern** wieder linksbündig zurück.

Bitte·übersenden·Sie·uns·folgende·Unterlagen:¶
¶
• → die·Zeugniskopie·des·letzten·Schulabschlusses¶
• → einen·tabellarischen·Lebenslauf·mit·Lichtbild¶
• → den·beigefügten·Personalfragebogen¶
¶
Für·Rückfragen·stehen·wir·Ihnen·gern·zur·Verfügung.¶
¶

Hier das korrigierte Ergebnis.

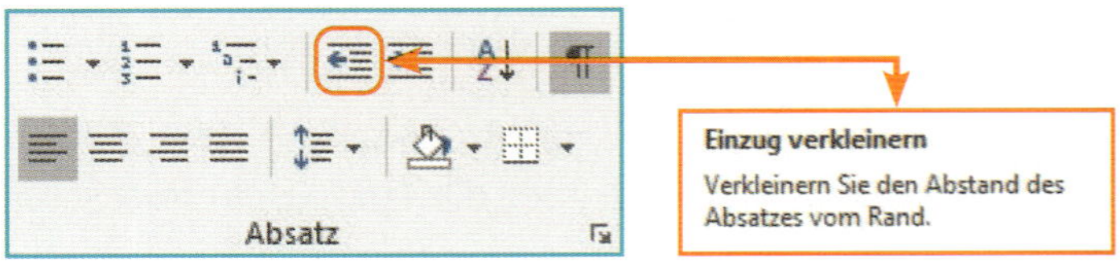

DIN 5008

Gestaltung von Aufzählungszeichen und Nummerierungen

Vor und nach Aufzählungszeichen bzw. Nummerierungen werden Absätze eingefügt. Die mit diesen Gliederungshilfen versehenen Textpassagen werden linksbündig erfasst oder zur weiteren Hervorhebung mithilfe von Texteinzügen auf Position 2,5 (= 2,5 cm) gebracht.

1.6.1.2 Nummerierungen

Anstelle von Aufzählungszeichen können Sie zur Gliederung von Textpassagen auch Nummerierungen verwenden.

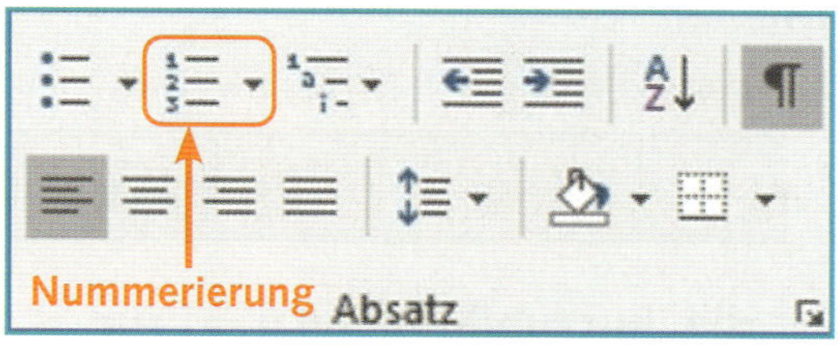

1.6.2 Übungen

1.6.2.1 Aufgabe „Aufzählungszeichen“

Übung

Arbeitsanweisungen

- Erstellen Sie die Übersicht **Der Ausbildungsvertrag verpflichtet** gemäß unten stehendem Muster.
- Schriftart/-größe/-farbe und Bild/Onlinegrafik nach eigener Wahl.
- Speichern Sie die Datei unter dem Namen **Aufzählungszeichen_Name**.

Muster

Der Ausbildungsvertrag verpflichtet

die Auszubildenden u. a. zur

- Lernpflicht
- Einhalt der Betriebsordnung
- Bewahrung von Betriebsgeheimnissen
- Befolgung von Anweisungen
- Ausbildungsnachweisführung (Berichtsheft)
- Teilnahme an Ausbildungsmaßnahmen
- Teilnahme am Berufsschulunterricht

die Ausbildenden u. a. zur

- qualifizierten Ausbildung
- Fürsorge
- Vergütung
- Freistellung für den Berufsschulunterricht
- Bereitstellung von Arbeitsmitteln
- Ausstellung eines Zeugnisses

Übung

Arbeitsanweisungen

- Öffnen Sie Ihre Datei **Aufzählungszeichen_Name** und tauschen Sie die Aufzählungszeichen durch Nummerierungen aus.
- Speichern Sie die Datei unter dem Namen **Nummerierungen_Name**.

Muster

Der Ausbildungsvertrag verpflichtet

die Auszubildenden u. a. zur

1. Lernpflicht
2. Einhalt der Betriebsordnung
3. Bewahrung von Betriebsgeheimnissen
4. Befolgung von Anweisungen
5. Ausbildungsnachweisführung (Berichtsheft)
6. Teilnahme an Ausbildungsmaßnahmen
7. Teilnahme am Berufsschulunterricht

die Ausbildenden u. a. zur

1. qualifizierten Ausbildung
2. Fürsorge
3. Vergütung
4. Freistellung für den Berufsschulunterricht
5. Bereitstellung von Arbeitsmitteln
6. Ausstellung eines Zeugnisses

1.6.2.2 Aufgabe „Gliederungshilfen"

Übung

Arbeitsanweisungen

- Erstellen Sie nachfolgende Zusammenfassung zu den Aufzählungszeichen und Nummerierungen.
- Übernehmen Sie dabei die vorgegebenen Formatierungen (Farben und Schriftgrößen können abweichen):
  - Schriftfarbe für alle Textteile und die Überschrift einheitlich gestalten
  - Überschrift in WordArt darstellen, mit farbiger Schattierung unterlegen
  - Zeilenabstand für die Auflistung 1,5
  - Abstand zwischen der Nummerierung und dem dazugehörigen Text 1,5 cm
  - passende Grafik einfügen und gemäß Muster anordnen
- Speichern Sie die fertige Bearbeitung unter **Gliederungshilfen_Name**.

DIGITAL+

Muster

Zusammenfassung
Aufzählungszeichen und Nummerierungen

a) Text linksbündig erfassen

b) Absätze beachten

c) zu bearbeitende Textpassagen markieren

d) Registerkarte Start – Absatz – Aufzählungszeichen oder Nummerierung wählen

e) Einzug verkleinern (d. h. linksbündig ausrichten)

f) Aufzählungszeichen verändern bzw. Nummerierungsart verändern (Kontextmenü)

g) Abstand zwischen Aufzählungszeichen/Nummerierungen verändern (Kontextmenü)

Bearbeitungshinweis: Wählen Sie zunächst eine Standardeinstellung zur Nummerierung bzw. Aufzählung. Wenn Sie den Bereich dann markieren, können Sie mit der rechten Maustaste im Kontextmenü die Bearbeitung verändern.

Notizen

Was Sie in diesem Kapitel lernen

Information

- Einsatz von Texteinzügen
- Verwendung von Sondereinzügen
- Hängende Einzüge in Verbindung mit Tabulatoren und Nummerierungen

1.7 Texteinzüge

1.7.1 Erläuterungen

1.7.1.1 Einzüge für einzelne Absätze

Registerkarte Start – Gruppe Absatz

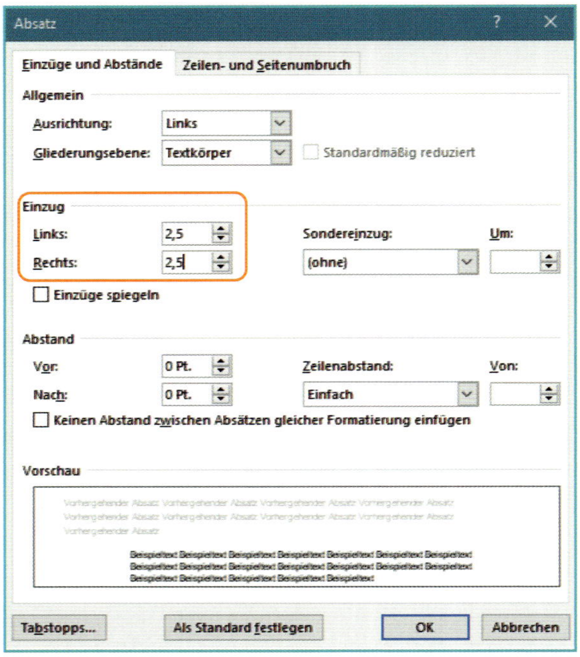

Duale Berufsausbildung

Den Zukunftsbezug Ihrer Ausbildung sichert der Staat durch Gesetze und Verordnungen. Grundlage einer einheitlich geordneten Berufsausbildung für die Bundesrepublik Deutschland ist das Berufsbildungsgesetz (BBiG).

→ Es sieht unter anderem vor, dass die Berufsausbildung in den beiden Lernorten Betrieb und Berufsschule stattfindet.

Das Berufsbildungsgesetz bestimmt, dass die Berufsausbildung dual, also an den zwei Lernorten Betrieb und Berufsschule, durchzuführen ist. Überwiegend praktisch und berufsbezogen wird nach den Vorgaben des Ausbildungsrahmenplans im Betrieb ausgebildet (siehe Ausbildungsordnung): überwiegend theoretisch, berufsbezogen und berufsübergreifend wird nach den Lehrplänen der Bundesländer in der Berufsschule unterrichtet.

Grundlage dieser Lehrpläne ist der von der Konferenz der Kultusminister erarbeitete Rahmenlehrplan (KMK-Rahmenlehrplan).

In dem Beispieltext ist der Einzug für den 2. Absatz auf 2,5 cm eingestellt.

Denken Sie daran, die Textpassage vorab zu markieren.

Tipp: Da es sich um ein Absatzformat handelt, können Sie zur Bearbeitung den Cursor in den entsprechenden Absatz setzen. Weiteres Markieren zur Formatierung eines einzelnen Absatzes ist damit nicht notwendig.

Notizen

1.7.1.2 Sondereinzug

1.7.1.2.1 Erste Zeile

Wählen Sie für **alle** Sondereinzüge die **Registerkarte Start – Absatz**:

Duale Berufsausbildung¶

¶
Den Zukunftsbezug Ihrer Ausbildung sichert der Staat durch Gesetze und Verordnungen. Grundlage einer einheitlich geordneten Berufsausbildung für die Bundesrepublik Deutschland ist das Berufsbildungsgesetz (BBiG).¶
¶
Es sieht unter anderem vor, dass die Berufsausbildung in den beiden Lernorten Betrieb und Berufsschule stattfindet.¶
¶
Das Berufsbildungsgesetz bestimmt, dass die Berufsausbildung dual, also an den zwei Lernorten Betrieb und Berufsschule, durchzuführen ist. Überwiegend praktisch und berufsbezogen wird nach den Vorgaben des Ausbildungsrahmenplans im Betrieb ausgebildet (siehe Ausbildungsordnung): überwiegend theoretisch, berufsbezogen und berufsübergreifend wird nach den Lehrplänen der Bundesländer in der Berufsschule unterrichtet.¶
¶
Grundlage dieser Lehrpläne ist der von der Konferenz der Kultusminister erarbeitete Rahmenlehrplan (KMK-Rahmenlehrplan).¶
¶
¶

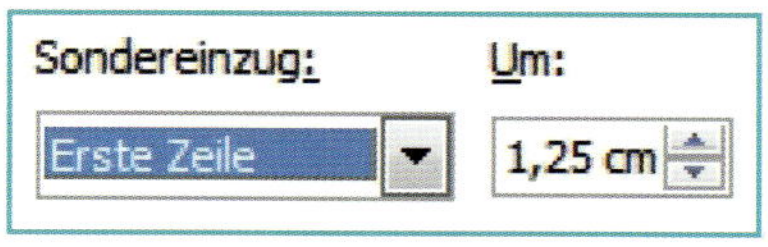

Die erste Zeile eines Absatzes wird über das Absatzformat **Sondereinzug: Erste Zeile** um die ausgewählte Zentimeterangabe nach links versetzt.

1.7.1.2.2 Hängend

Duale Berufsausbildung¶

¶
Den Zukunftsbezug Ihrer Ausbildung sichert der Staat durch Gesetze und Verordnungen. Grundlage einer einheitlich geordneten Berufsausbildung für die Bundesrepublik Deutschland ist das Berufsbildungsgesetz (BBiG).¶
¶
Es sieht unter anderem vor, dass die Berufsausbildung in den beiden Lernorten Betrieb und Berufsschule stattfindet.¶
¶
Das Berufsbildungsgesetz bestimmt, dass die Berufsausbildung dual, also an den zwei Lernorten Betrieb und Berufsschule, durchzuführen ist. Überwiegend praktisch und berufsbezogen wird nach den Vorgaben des Ausbildungsrahmenplans im Betrieb ausgebildet (siehe Ausbildungsordnung): überwiegend theoretisch, berufsbezogen und berufsübergreifend wird nach den Lehrplänen der Bundesländer in der Berufsschule unterrichtet.¶
¶
Grundlage dieser Lehrpläne ist der von der Konferenz der Kultusminister erarbeitete Rahmenlehrplan (KMK-Rahmenlehrplan).¶
¶
¶

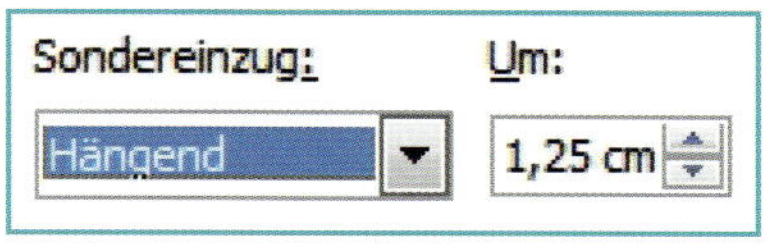

Die zweite Variante beim Sondereinzug ist die Einstellung **Hängend**.

Die erste Zeile des Absatzes bleibt linksbündig stehen, der Rest wird um die angegebene Zentimeterangabe nach rechts versetzt.

1.7.1.2.3 Hängend in Verbindung mit Tabulator und Nummerierungen

Duale Berufsausbildung¶

¶
1. → Den Zukunftsbezug Ihrer Ausbildung sichert der Staat durch Gesetze und Verordnungen. Grundlage einer einheitlich geordneten Berufsausbildung für die Bundesrepublik Deutschland ist das Berufsbildungsgesetz (BBiG).¶
¶
2. → Es sieht unter anderem vor, dass die Berufsausbildung in den beiden Lernorten Betrieb und Berufsschule stattfindet.¶
¶
3. → Das Berufsbildungsgesetz bestimmt, dass die Berufsausbildung dual, also an den zwei Lernorten Betrieb und Berufsschule, durchzuführen ist. Überwiegend praktisch und berufsbezogen wird nach den Vorgaben des Ausbildungsrahmenplans im Betrieb ausgebildet (siehe Ausbildungsordnung): überwiegend theoretisch, berufsbezogen und berufsübergreifend wird nach den Lehrplänen der Bundesländer in der Berufsschule unterrichtet.¶
¶
4. → Grundlage dieser Lehrpläne ist der von der Konferenz der Kultusminister erarbeitete Rahmenlehrplan (KMK-Rahmenlehrplan).¶
¶
¶

Standardeinstellungen bei der automatischen Nummerierung

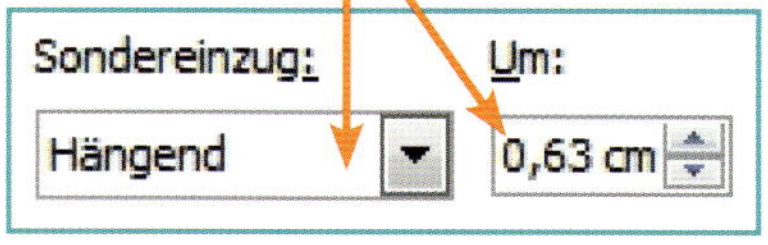

Wichtiger Hinweis

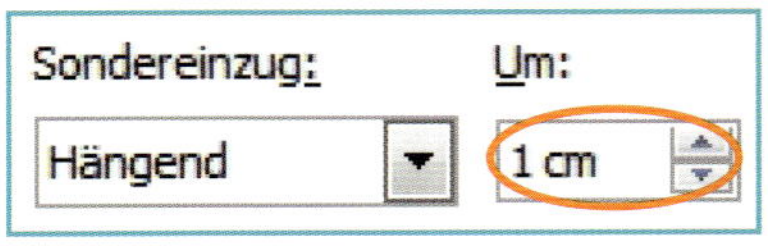

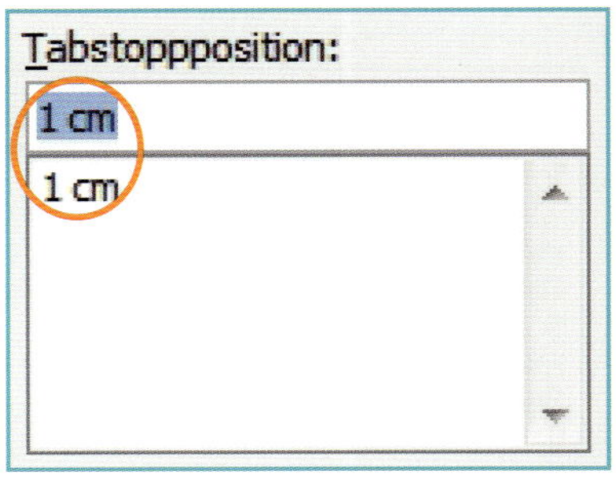

Wenn Sie den Standardabstand von 0,63 cm zum Beispiel auf 1 cm vergrößern möchten, beachten Sie unbedingt folgende Reihenfolge:

1. Text erfassen
2. Nummerieren
3. Einzug verkleinern
4. Text markieren
5. Start – Absatz – Sondereinzug „Hängend" um 1 cm
6. Schaltfläche Tabstopps wählen und Tabstopp-Position 1 cm eingeben

Soll der Abstand zwischen den Nummern und dem Text erneut verändert werden, starten Sie die Bearbeitung wieder ab Punkt 4.

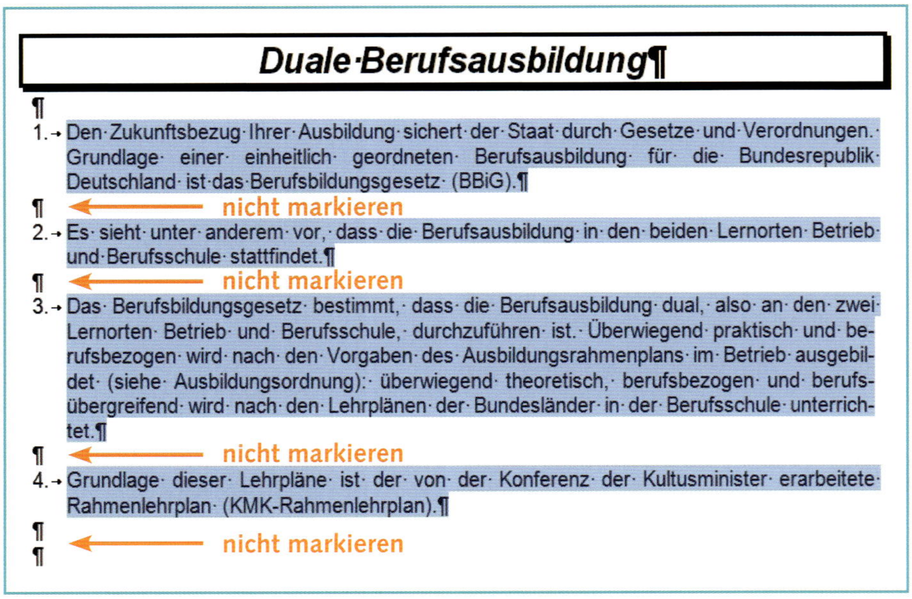
Duale·Berufsausbildung¶

¶
1.→Den·Zukunftsbezug·Ihrer·Ausbildung·sichert·der·Staat·durch·Gesetze·und·Verordnungen.·Grundlage· einer· einheitlich· geordneten· Berufsausbildung· für· die· Bundesrepublik·Deutschland·ist·das·Berufsbildungsgesetz·(BBiG).¶
¶ ← nicht markieren
2.→Es·sieht·unter·anderem·vor,·dass·die·Berufsausbildung·in·den·beiden·Lernorten·Betrieb·und·Berufsschule·stattfindet.¶
¶ ← nicht markieren
3.→Das·Berufsbildungsgesetz·bestimmt,·dass·die·Berufsausbildung·dual,·also·an·den·zwei·Lernorten·Betrieb·und·Berufsschule,·durchzuführen·ist.·Überwiegend·praktisch·und·berufsbezogen·wird·nach·den·Vorgaben·des·Ausbildungsrahmenplans·im·Betrieb·ausgebildet·(siehe·Ausbildungsordnung):·überwiegend·theoretisch,·berufsbezogen·und·berufsübergreifend·wird·nach·den·Lehrplänen·der·Bundesländer·in·der·Berufsschule·unterrichtet.¶
¶ ← nicht markieren
4.→Grundlage·dieser·Lehrpläne·ist·der·von·der·Konferenz·der·Kultusminister·erarbeitete·Rahmenlehrplan·(KMK-Rahmenlehrplan).¶
¶
¶ ← nicht markieren

Beim Ändern des Abstandes zwischen Nummerierung und Text müssen Sie den Text wie links vorgegeben markieren.

Die Absatzmarkierungen zwischen den einzelnen Textpassagen dürfen nicht markiert werden.

Hinweis:
Halten Sie beim Markieren die STRG-Taste gedrückt. Diese Markierart können Sie auch bei anderen Bearbeitungen zum Mehrfach-Markieren anwenden.

Arbeiten mit dem „Geschützten Leerzeichen"

Wenn Sie Ihre Texte mit Silbentrennung und Blocksatz bearbeitet haben, kann es zu „unerwünschten" Trennungen kommen. Beispiel:

Das Autohaus Müllers & Sohn KG in Bonn gewährt seinen Kund*innen ab sofort 10 %
Rabatt.

Das geschützte Leerzeichen verhindert, dass Angaben, die nach DIN 5008 nicht getrennt werden dürfen, nach der automatischen Silbentrennung auseinander gerissen werden. Dazu muss das „normale" Leerzeichen durch ein „geschütztes" Leerzeichen ersetzt werden. Verwenden Sie dazu die Tastenkombination **STRG + SHIFT + Leertaste**. In dem korrigierten Ergebnis erkennen Sie, an welchen Stellen (rote Darstellung und verändertes Formatierungssymbol) das geschützte Leerzeichen eingegeben werden muss:

Das Autohaus Müllers & Sohn KG in Bonn gewährt seinen Kund*innen ab sofort
10°%°Rabatt.

Siehe auch Anhang: Schreibweisen.

1.7.2 Übungen

1.7.2.1 Aufgabe „Ausbildungsrahmenplan – Aufzählungen“

Übung

Arbeitsanweisungen

- Öffnen Sie die Datei **Ausbildungsrahmenplan_Aufzählungen**.
- Gestalten Sie die Überschrift in Rot, 20 Punkt, fett.
- Formatieren Sie die Überschrift und den Text kursiv.
- Kopieren Sie den gesamten Text mit Überschrift und fügen Sie ihn nach einer normgerechten Absatzgestaltung unter den ersten Text ein.
- Führen Sie am oberen Text eine automatische Nummerierung für die drei Absätze durch. Achten Sie auf normgerechte Positionierung der Nummern.
- Verwenden Sie einen roten Rahmen mit doppelter Linie als Kontur für den gesamten oberen Text. Fügen Sie weitere Gestaltungen nach eigener Wahl ein.
- Bearbeiten Sie den zweiten Text wie folgt:

  – Überschrift und Text in blauer Farbe
  – Nummerierung der 3 Absätze (mit 1. beginnen)
  – Ändern des Abstandes zwischen Nummern und Text auf 1,5 cm
  – Konturrahmen ändern →
- Verändern Sie die Schriftart für den zweiten Text und heben Sie die kursive Darstellung auf.
- Formatieren Sie die Überschrift rechtsbündig, nicht fett und schattieren Sie diese Zeile in einer passenden Farbe.
- Kopieren Sie den zweiten Text inklusive der Überschrift und fügen Sie ihn unterhalb ein. Passen Sie die Nummerierung an (beginnend mit 1.) Verändern Sie den Abstand zwischen den Nummern und dem Text auf 1 cm.
- Speichern Sie die Bearbeitung unter dem Namen **Aufzählungen_Name**.

Notizen

1.7.2.2 Aufgabe „Auflistung Handlungskompetenzen"

Übung

Arbeitsanweisungen

- Erfassen und gestalten Sie unten aufgeführten Text.
- Stellen Sie vorab den **Sondereinzug Hängend** mit einem **Abstand von 5 cm** ein. Wenn Sie die linksbündigen Leitwörter erfasst haben, verwenden Sie die Tabulatortaste, um die Position 5 cm anzusteuern.
- Erfassen Sie die Texte zu den Leitwörtern als Fließtext, den Sie anschließend – wie gewohnt – mit Silbentrennung und Blocksatz überarbeiten.
- Gestalten Sie die Bearbeitung nach Ihren Vorstellungen optisch ansprechend. Fügen Sie z. B. passende grafische Elemente ein oder verwenden Sie farbige Schattierungen für Textpassagen usw.
- Speichern Sie Ihr Ergebnis unter **Auflistung_Handlungskompetenzen_Name**.

DIGITAL+

Aufgabentext

Drei wichtige Handlungskompetenzen

Fachkompetenz	bezeichnet die Bereitschaft und Fähigkeit, auf der Grundlage fachlichen Wissens und Könnens Aufgaben und Probleme zielorientiert, sachgerecht, methodengeleitet und selbstständig zu lösen und das Ergebnis zu beurteilen.
Selbstkompetenz	bezeichnet die Bereitschaft und Fähigkeit, als individuelle Persönlichkeit die Entwicklungschancen, Anforderungen und Einschränkungen in Familie, Beruf und öffentlichem Leben zu klären, zu durchdenken und zu beurteilen, eigene Begabungen zu entfalten sowie Lebenspläne zu fassen und fortzuentwickeln. Sie umfasst personale Eigenschaften wie Selbstständigkeit, Kritikfähigkeit, Selbstvertrauen, Zuverlässigkeit, Verantwortungs- und Pflichtbewusstsein. Zu ihr gehören insbesondere auch die Entwicklung durchdachter Wertvorstellungen und die selbstbestimmende Bindung an Werte.
Sozialkompetenz	bezeichnet die Bereitschaft und Fähigkeit, soziale Beziehungen zu leben und zu gestalten, Zuwendungen und Spannungen zu erfassen, zu verstehen sowie sich mit Anderen rational und verantwortungsbewusst auseinandersetzen und zu verständigen. Hierzu gehört insbesondere auch die Entwicklung sozialer Verantwortung und Solidarität.

1.7.2.3 Aufgabe „Power-Point-Vortrag“

Übung

Arbeitsanweisungen

- Gestalten Sie für den unten angegebenen Aufgabentext ein optisch ansprechendes Informationsblatt.
- Beachten Sie die DIN 5008 und alle für die Textverarbeitung erforderlichen Bearbeitungen.
- Verwenden Sie Aufzählungszeichen oder Nummerierungen für die aufgelisteten Grundsätze eines PowerPoint-Vortrages.
- Speichern Sie die Datei unter dem Namen **PowerPoint_Vortrag_Name**.

Aufgabentext

PowerPoint – Der Vortrag

Achten Sie bei Ihrem PowerPoint-Vortrag besonders auf Sprache, Stil und nutzen Sie stimmliche Mittel:

deutliche Aussprache und angemessene Lautstärke; Wechsel des Sprachtempos; Sprechpausen; Betonung bei wichtigen Informationen; kurz und knapp formulieren; Redezeit einhalten; Aktiv- statt Passivformulierungen und keine negativen Formulierungen verwenden; Erklärungen anhand von Beispielen geben.

Notizen

Was Sie in diesem Kapitel lernen

Information

- Beschriftung und Nummerierung mehrseitiger Dokumente
- Gestaltung nach DIN 5008
- automatische Seitennummerierung
- manueller Seitenumbruch

1.8 Mehrseitige Dokumente

1.8.1 Erläuterungen

1.8.1.1 Kennzeichnung und Nummerierung

DIN 5008

Längere Texte und mehrseitige Geschäftsbriefe

Grundsätzlich sind ein einheitliches Layout (z. B. Schriftart/-größe) und Zeilenabstände einzuhalten. Die festgelegte Standardschriftgröße darf für Überschriften sowie Kopf- und Fußzeilen verändert werden. Für Berichte, Facharbeiten u. Ä. können die Seitenzahlen sowohl in der Kopfzeile als auch in der Fußzeile erfolgen.

In mehrseitigen Geschäftsbriefen werden die Seitenzahlen vorzugsweise in der Fußzeile vorgenommen.

Bei mehrseitigen Geschäftsbriefen wird die Angabe **Seite 1 von 2** (rechtsbündig) in der Fußzeile als Seitennummerierung verwendet (auch auf Seite 1). Bei Dokumenten, bei denen Vorder- und Rückseite bedruckt werden, stehen die Angaben jeweils außen.

Die Seitenkennzeichnung muss mit mindestens einer Leerzeile von den Geschäftsangaben in der Fußzeile abgegrenzt werden (siehe Muster). Mit weiteren Folgeseiten ist entsprechend zu verfahren. Für die Seitenkennzeichnung ist die gleiche Schriftart/-größe zu benutzen, die auch für das übrige Schriftstück benutzt wird. Verwenden Sie keine weiteren Hervorhebungen.

Beispiel für die Gestaltung der Fußzeile:

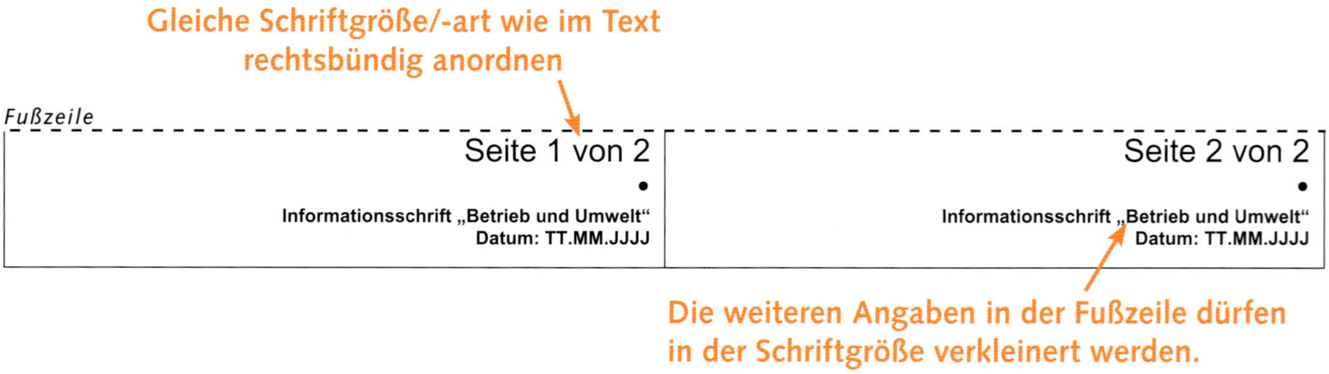

Die weiteren Angaben in der Fußzeile können auch linksbündig oder mehrspaltig gestaltet werden. Die hier gewählte Darstellung stellt die Umsetzung der normgerechten Gestaltung und Anordnung deutlicher dar.

Beispiel der Fußzeilenbeschriftung an einem 2-seitigen Schriftstück:

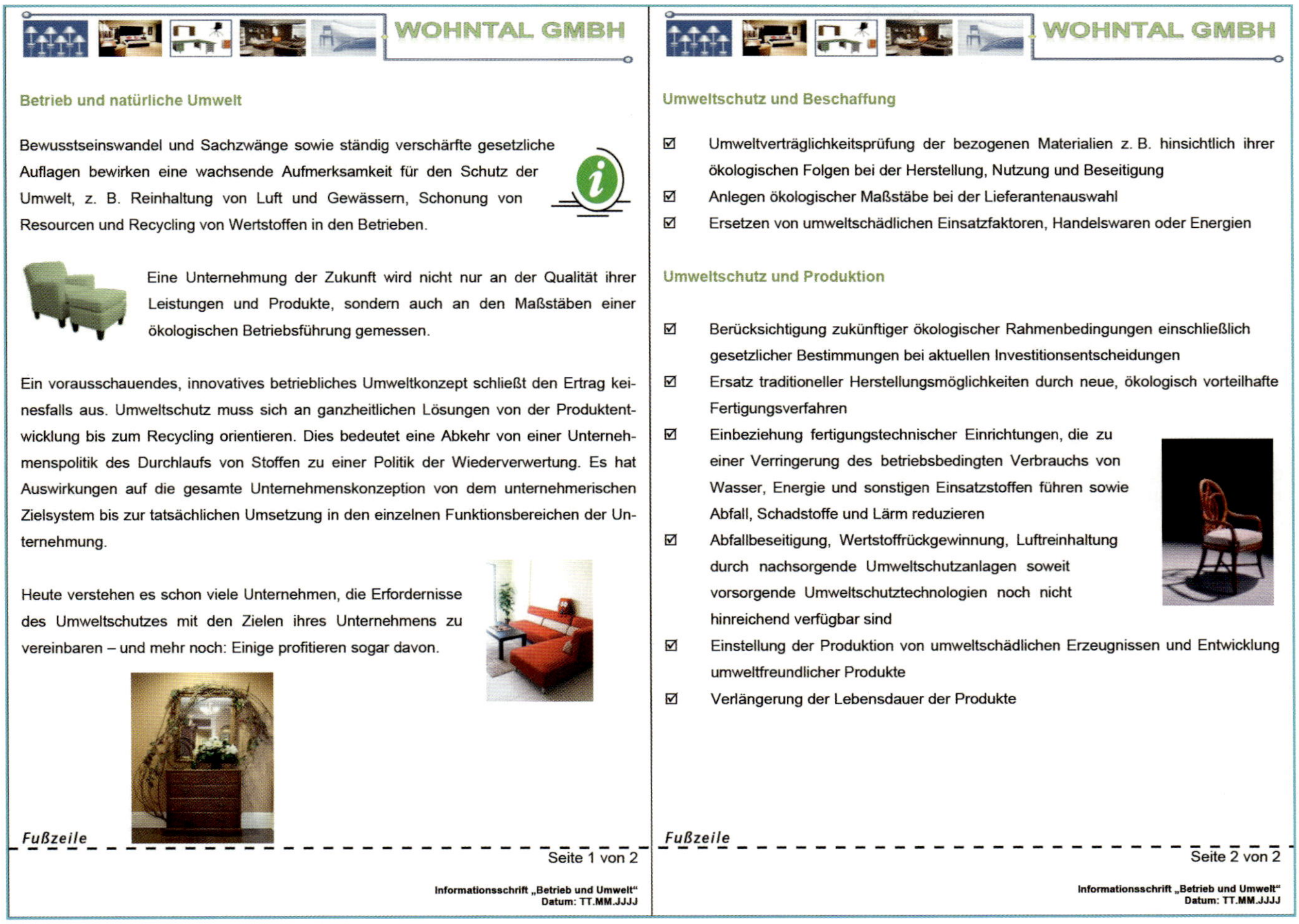

WOHNTAL GMBH

Betrieb und natürliche Umwelt

Bewusstseinswandel und Sachzwänge sowie ständig verschärfte gesetzliche Auflagen bewirken eine wachsende Aufmerksamkeit für den Schutz der Umwelt, z. B. Reinhaltung von Luft und Gewässern, Schonung von Resourcen und Recycling von Wertstoffen in den Betrieben.

Eine Unternehmung der Zukunft wird nicht nur an der Qualität ihrer Leistungen und Produkte, sondern auch an den Maßstäben einer ökologischen Betriebsführung gemessen.

Ein vorausschauendes, innovatives betriebliches Umweltkonzept schließt den Ertrag keinesfalls aus. Umweltschutz muss sich an ganzheitlichen Lösungen von der Produktentwicklung bis zum Recycling orientieren. Dies bedeutet eine Abkehr von einer Unternehmenspolitik des Durchlaufs von Stoffen zu einer Politik der Wiederverwertung. Es hat Auswirkungen auf die gesamte Unternehmenskonzeption von dem unternehmerischen Zielsystem bis zur tatsächlichen Umsetzung in den einzelnen Funktionsbereichen der Unternehmung.

Heute verstehen es schon viele Unternehmen, die Erfordernisse des Umweltschutzes mit den Zielen ihres Unternehmens zu vereinbaren – und mehr noch: Einige profitieren sogar davon.

Fußzeile

Seite 1 von 2

Informationsschrift „Betrieb und Umwelt“
Datum: TT.MM.JJJJ

WOHNTAL GMBH

Umweltschutz und Beschaffung

- ☑ Umweltverträglichkeitsprüfung der bezogenen Materialien z. B. hinsichtlich ihrer ökologischen Folgen bei der Herstellung, Nutzung und Beseitigung
- ☑ Anlegen ökologischer Maßstäbe bei der Lieferantenauswahl
- ☑ Ersetzen von umweltschädlichen Einsatzfaktoren, Handelswaren oder Energien

Umweltschutz und Produktion

- ☑ Berücksichtigung zukünftiger ökologischer Rahmenbedingungen einschließlich gesetzlicher Bestimmungen bei aktuellen Investitionsentscheidungen
- ☑ Ersatz traditioneller Herstellungsmöglichkeiten durch neue, ökologisch vorteilhafte Fertigungsverfahren
- ☑ Einbeziehung fertigungstechnischer Einrichtungen, die zu einer Verringerung des betriebsbedingten Verbrauchs von Wasser, Energie und sonstigen Einsatzstoffen führen sowie Abfall, Schadstoffe und Lärm reduzieren
- ☑ Abfallbeseitigung, Wertstoffrückgewinnung, Luftreinhaltung durch nachsorgende Umweltschutzanlagen soweit vorsorgende Umweltschutztechnologien noch nicht hinreichend verfügbar sind
- ☑ Einstellung der Produktion von umweltschädlichen Erzeugnissen und Entwicklung umweltfreundlicher Produkte
- ☑ Verlängerung der Lebensdauer der Produkte

Fußzeile

Seite 2 von 2

Informationsschrift „Betrieb und Umwelt“
Datum: TT.MM.JJJJ

Registerkarte Einfügen – Gruppe Text – Schnellbausteine - Feld

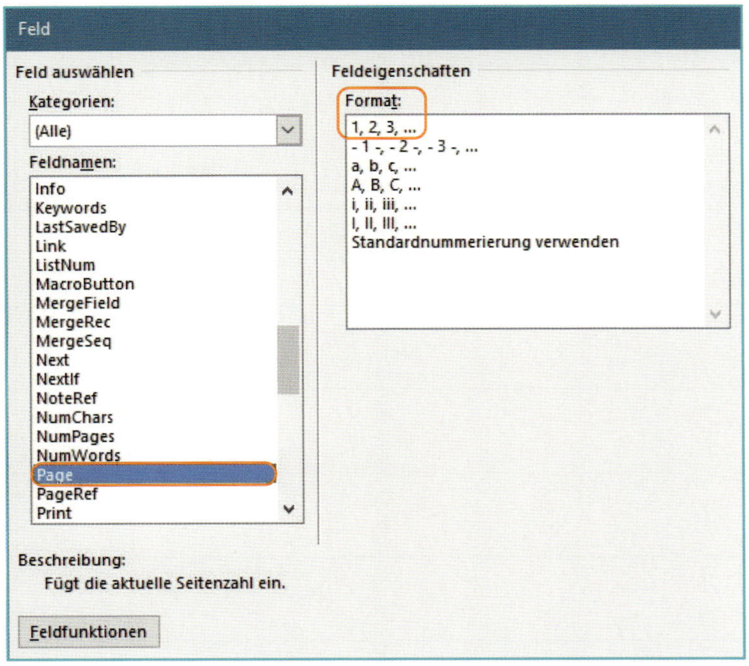

Für das automatisierte Einfügen von Seitenzahlen können Sie die Feldfunktionen nutzen.

„Seite“ und **„von“** erfassen Sie als Text in der Fußzeile.

Wählen Sie **Page** und das Zahlenformat für die aktuelle Seitenzahl.

Seite **1** von 2

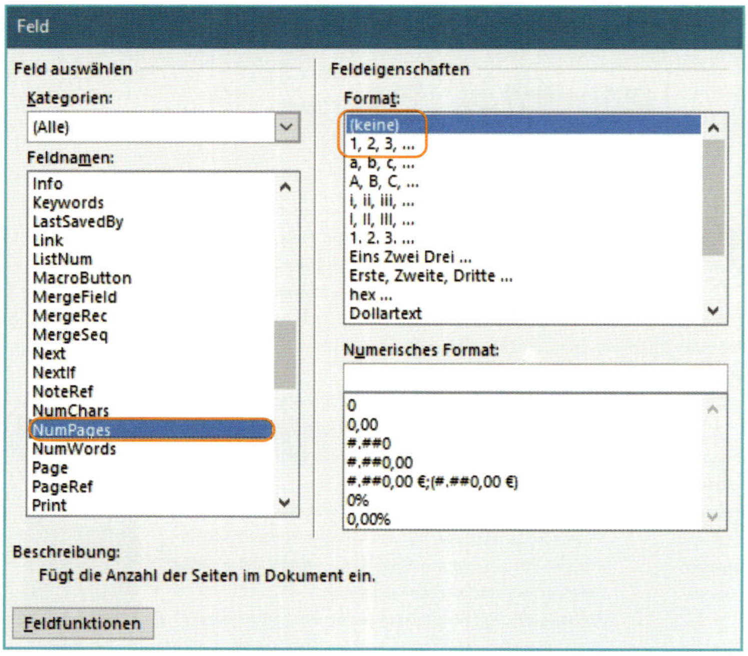

Wählen Sie **NumPages** und das Zahlenformat für die Gesamtseitenzahl:

Seite **1** von **2**

Die Seitenzahlen werden automatisch für alle Folgeseiten weitergeführt.

1.8.1.2 Manueller Seitenumbruch

Bei den eingestellten Seitenrändern führt Word automatisch einen Wechsel von einer Seite auf die nächste Seite durch, wenn der Platz im Dokument ausgenutzt ist.

Wenn Sie selbst den Seitenumbruch bestimmen möchten, verwenden Sie die Tastenkombination

STRG + Return

Formatierungssymbole aktivieren

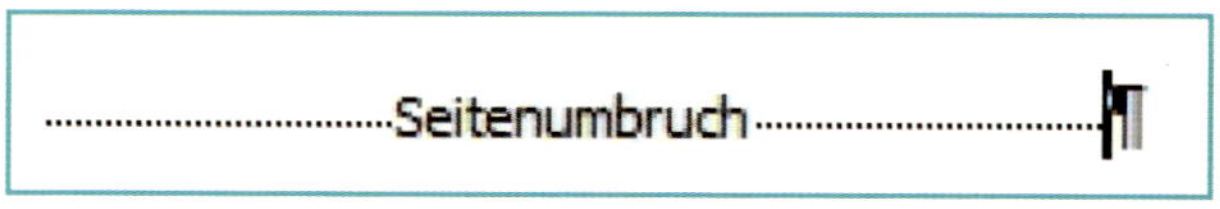

In Ihrem Dokument erhalten Sie einen entsprechenden Hinweis. Durch Markieren und Ausschneiden bzw. Entfernen dieses Vermerkes können Sie den Seitenumbruch zurücknehmen.

Notizen

1.8.2 Aufgabe „Bildschirm-Präsentationen"

Übung

Arbeitsanweisungen

- Öffnen Sie die Datei **Bildschirm-Präsentationen**.
- Führen Sie normgerechte Absatzgestaltungen sowie den erforderlichen Randausgleich durch.
- Verwenden Sie die **Schriftart Bookman Oldstyle, 12 Punkt, Zeilenabstand 1,5**.
- Formatieren Sie die Überschrift in Schriftgröße 18 Punkt, Fettdruck und zentriert.
- Erfassen Sie in der Kopfzeile den Text **Informationsschrift** und formatieren Sie diesen in der Schriftart Calibri, 36 Punkt, Weiß. Schattieren Sie diesen Absatz mit einem orangen Hintergrund.
- Führen Sie vor dem Absatz **Es ist möglich, Texte zu animieren** einen manuellen Seitenumbruch durch.
- Ergänzen Sie auf der 2. Seite die Überschrift **Bildschirm-Präsentationen**.
- In der Fußzeile erfassen Sie über die Funktion „Feld" Seite 1 von 2. Darunter **rechtsbündig**:

  Informationsschrift Bildschirm-Präsentationen
  Erstellt von (Namen einsetzen)
  Datum (aktualisierbar)
  } *Schriftgröße 8 Punkt, fett*

- Schattieren Sie die einzelnen Absätze in wechselnden Blautönen.
- Fügen Sie oberhalb der Fußzeile 4 passende Grafiken/Bilder ein.
- Gestalten Sie folgende Texte in Fettdruck:

  Seite 1, 1. Absatz: **präsentieren** und **vorstellen**
  Seite 1, 3. Absatz: **gute zielgruppenorientierte Präsentationen** und **positiven Ergebnis**
  Seite 1, 4. Absatz: **PowerPoint**
  Seite 1, 5. Absatz: **Beamer**

  Seite 2, 1. Absatz: **animieren**
  Seite 2, 3. Absatz: **einzelnen Folien plakativ**
  Seite 2, 4. Absatz: **große Schrift**

  Beachten Sie, dass Sie mithilfe der STRG-Taste mehrfach markieren können!

- Speichern Sie die Bearbeitung unter **Bildschirm_Präsentationen_Name**.

1.8.3 Aufgabe „Handout“

Situation

Sie sind Auszubildende*r in der Wohntal GmbH (Möbelfabrik, Fabrikausstellung, Einrichtungszentrum) in Bielefeld. Das Unternehmen hat 250 Mitarbeiter*innen, davon 18 Auszubildende.

Alle neuen Auszubildenden sollen im Rahmen einer Informationsveranstaltung begrüßt werden. Ihre Ausbildungsleiterin, Frau Hauk, erteilt Ihnen den Auftrag, für diese Veranstaltung ein Handout zu erstellen. Inhalt des Handouts ist die Wohntal GmbH, ihre Organisation sowie die Planung der ersten vier Ausbildungsmonate. Die „Neuen“ sollen schnell einen Überblick über ihren Ausbildungsbetrieb bekommen.

Übung

Arbeitsanweisungen

DIGITAL+

- Öffnen Sie in Word das Dokument **Handout**. Speichern Sie es unter dem Namen **Handout_Name** ab. Formatieren Sie Seitenränder benutzerdefiniert oben auf 4 cm und links, rechts und unten auf 2 cm.
- Schneiden Sie den Titel **Die Wohntal GmbH – Ihr neuer Ausbildungsbetrieb** aus und fügen Sie ihn in die Kopfzeile ein. Formatieren Sie ihn in Arial 18 Punkt, fett und zentriert.
- Formatieren Sie den gesamten Text in Arial, 14 Punkt, 1,5-zeilig ohne Anfang- und Endabstand.
- Die Überschriften erkennen Sie daran, dass sie **grün** sind. Stellen Sie diese in 16 Punkt, fett, dar. Die Überschriften erhalten eine **blaue** Farbe.
- Gestalten Sie die Absätze nach DIN 5008. Aktivieren Sie Blocksatz und automatische Silbentrennung.
- Unter der Überschrift **Die Gesamtaufgabe der Wohntal GmbH** nutzen Sie für die Teilaufgaben Texteinzüge. Links stehen die Satzanfänge mit „Zum Einkauf“, „Zum Lager“ und „Die Aufgaben des Verkaufs“ und rechts die Teilaufgaben.

Diese·Gesamtaufgabe·gliedert·sich·in·drei·Hauptaufgaben:·Einkaufen,·Lagern·und·Verkaufen.¶

¶

Zum·Einkauf· → gehören·die·Teilaufgaben·der·Warenbeschaffung·und·der·Warenannahme.¶

¶

Zum·Lager → gehören·die·Warenlagerung,·Warenpflege·und·die·Lagerbuchhaltung.·¶

¶

Die·Aufgaben·des·Verkaufs → sind·unter·anderem·die·Kommissionierung·und·Warenausgabe.¶

Übung

Arbeitsanweisungen (Fortsetzung)

- Nutzen Sie einen Seitenumbruch, damit die Überschrift **Die Formalziele der Wohntal GmbH** auf der zweiten Seite beginnt.

- Richten Sie unter dem ersten Absatz drei Spalten ein, die die Überschriften **wirtschaftliche Ziele, ökologische Ziele** und **soziale Ziele** in Fettschrift tragen. Der Text darunter wird in Schriftgröße 12 Punkt und einzeilig formatiert.

- Nach dem ersten Abschnitt sind die Ziele im Text beschrieben. Formulieren Sie die Ziele in Stichpunkten eigenständig und ordnen Sie diese der passenden Spaltenüberschrift zu. Den Text bis zur nächsten Überschrift löschen Sie.

- Nutzen Sie Spaltenumbrüche (Strg + Shift + Return), um die Inhalte der Spalten voneinander zu trennen. Wählen Sie für die Stichpunkte Aufzählungszeichen Ihrer Wahl. Achten Sie darauf, dass der Einzug durch Anklicken der Schaltfläche „Einzug verkleinern" in der korrekten Fluchtlinie erscheint.

- Mit einem Seitenumbruch setzen Sie die Überschrift **Die Organisationsstruktur der Wohntal GmbH** auf die Seite 3.

- Im letzten Absatz des Dokuments werden Ausprägungsmerkmale aufgeführt. Sortieren Sie diese den Kriterien **Äußere Erscheinung, Arbeitsverhalten** und **Sozialverhalten** zu. Nummerieren Sie die Kriterien mit Zahlen und die Ausprägungsmerkmale darunter mit Buchstaben. Richten Sie die untergeordneten Gliederungspunkte unter den oberen Gliederungspunkten aus:

Ausrichtung

Beobachtet·werden·diese·Kriterien·durch·Ausprägungsmerkmale:¶

¶

1.→Äußere·Erscheinung¶

a)→gepflegt¶

b)→freundlich¶

¶

2.→Arbeitsverhalten¶

- Fügen Sie an drei Stellen Ihrer Wahl geeignete Grafiken ein.

- Fügen Sie eine Fußzeile in Arial, 8 Punkt, fett ein:

  links: Dateiname
  rechts: Stand: ***heutiges Datum***

- Setzen Sie die Seitenkennzeichen für mehrseitige Dokumente mit mindestens einer Leerzeile von den übrigen Inhalten der Fußzeile ab.

- Speichern Sie Ihr Ergebnis.

1.9 Präsentation „Ausbildungsbeginn"

Situation

Sie sind als Auszubildende*r in der Wohntal GmbH (Möbelfabrik, Fabrikausstellung, Einrichtungszentrum) in Bielefeld beschäftigt. Das Unternehmen hat 250 Mitarbeiter*innen, davon 18 Auszubildende.

Alle neuen Auszubildenden sollen im Rahmen einer Informationsveranstaltung begrüßt werden. Ihre Ausbildungsleiterin, Frau Hauk, erteilt Ihnen den Auftrag, für diese Veranstaltung eine kurze PowerPoint-Präsentation zu erstellen.

Inhalte

- Begrüßung
- kurze Unternehmensvorstellung
- Erläuterung der dualen Berufsausbildung
- Ziele der Ausbildung
- Abschlussfolie

Bearbeitungshinweise zur Gestaltung

- Firmennamen und Logo
- Hintergrundgestaltung
- Fußzeilenbeschriftung (Datum linksbündig – Foliennummern rechtsbündig)
- angemessene Animationen
- Einsatz von grafischen Elementen
- Folienübergänge
- weitere Gestaltungen nach freier Wahl

Orientieren Sie sich an der hier abgebildeten Startfolie. Denken Sie an das Duplizieren Ihrer Startfolie.

Speichern Sie die Bearbeitung unter dem Namen **Präsentation_Ausbildungsbeginn_Name**.

Umfang: maximal 5 Folien

Information

Informationen zum Unternehmen

Auf zwei Ebenen mit insgesamt 12 000 m^2 Verkaufsfläche bietet die Wohntal GmbH ihrem Besucherkreis eine attraktive Auswahl moderner Wohnmöbel und das größte Büromöbelzentrum der Region.

Die Büromöbelprogramme werden selbst entwickelt und in modernen Produktionsstätten der Unternehmung gefertigt, während die Wohnmöbelprogramme von namhaften Herstellern, die hohen Qualitätsansprüchen genügen, fremdbezogen werden.

Die Verkaufshalle, die Produktionsstätte und ein Möbellager befinden sich in unterschiedlichen Hallen auf dem Betriebsgelände. Wohntal bietet die meisten Artikel zur Selbstbedienung an, stellt aber eine Kleinlastervermietung und einen Transportservice zum Selbsttransport preisgünstig zur Verfügung. Auf Wunsch werden die Möbel auch von Spezialisten fachgerecht gegen Berechnung montiert.

Formular

Seite 74

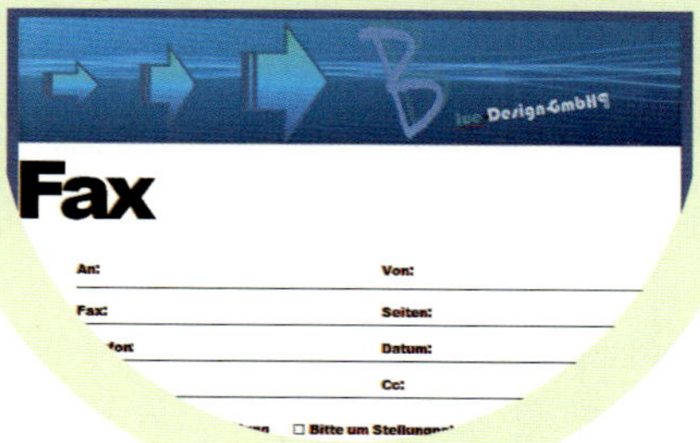

Tabelle

Seite 66

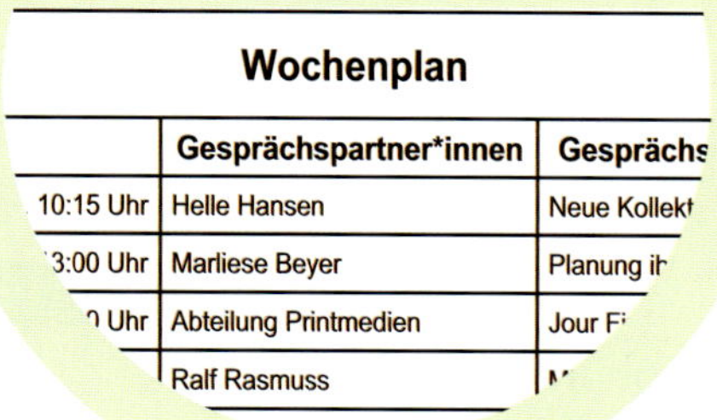

Kapitel 2
Tabelle
Formular
Protokoll
E-Mail

E-Mail

Seite 88

Protokoll

Seite 83

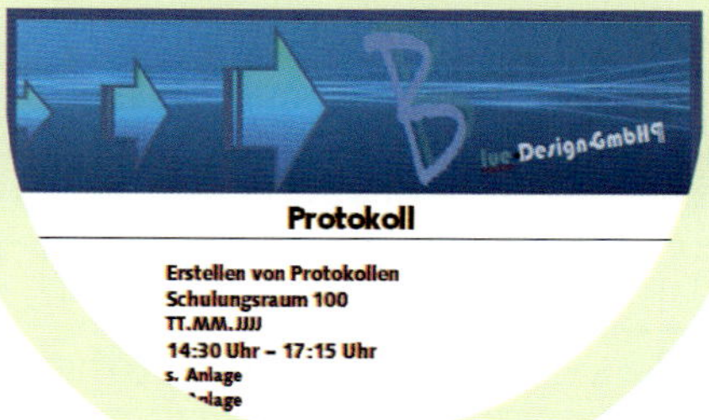

2 Tabelle, Formular, Protokoll und E-Mail

Was Sie in diesem Kapitel lernen

Information

- Grundsätzliches Erstellen und Formatieren einer Tabelle
- Gestaltung einer Tabelle gemäß den Empfehlungen der DIN 5008
- Schreibweisen von Datums- und Zeitangaben gemäß DIN 5008

2.1 Tabelle

2.1.1 Erläuterungen

Registerkarte Einfügen – Tabellen

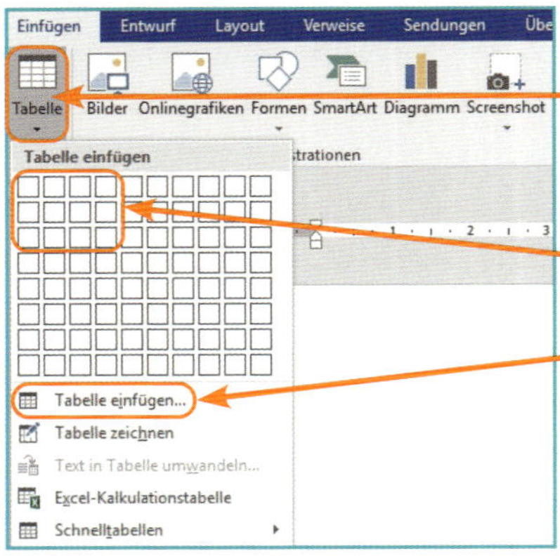

Klicken Sie auf das Tabellensymbol und bestimmen Sie anschließend mit der Maus die gewünschte Spalten- und Zeilenzahl (z. B. 4 Spalten, 3 Zeilen).

Wenn Sie das Menü wählen, erhalten Sie weitere Optionen für die Tabellenbearbeitung (siehe Abb. rechts).

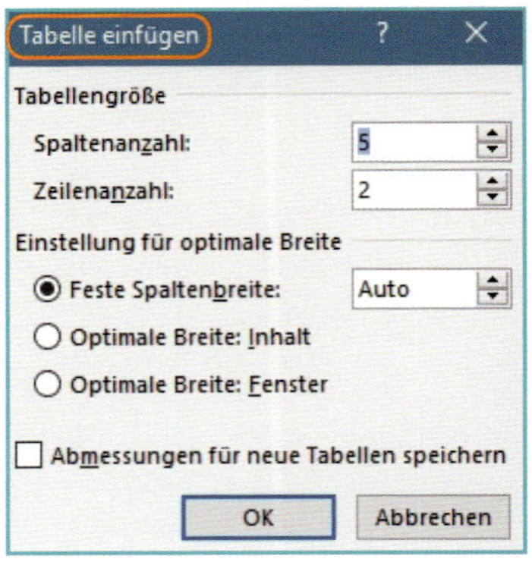

DIN 5008

Zusammenfassung zur Tabellengestaltung

Eine Tabelle besteht in der Regel aus einem Tabellenkopf mit der Gesamt-Tabellenüberschrift, Spaltenbezeichnungen sowie einer Vorspalte (= 1. Spalte) mit Zeilenbezeichnungen und Zellen für die Tabelleninhalte.

Die Überschrift und die Spaltenbezeichnungen sind horizontal und vertikal zu zentrieren. Die Zellen sind, sofern sie Text enthalten, linksbündig und, sofern sie Zahlen enthalten, rechtsbündig auszurichten.

Serifenschriften (z. B. Times New Roman) sind in Tabellen zu vermeiden.

Tabellen sind mit mindestens 1 Zeile Abstand nach oben und unten und zentriert anzuordnen.

Vorspalte = 1. Spalte — Tabellenüberschrift — Spaltenbezeichnungen — Zellinhalte

Spielergebnisse		
Verein	**Monat**	**Punkte**
DC Flinke Pfeile	September	10
Steeldarter MH	Oktober	11
1. DC Bullseye	Oktober	14

Markiervarianten von Tabellen mit dem Cursor		
⊞	gesamte Tabelle	Cursor links oberhalb der Tabelle positionieren und linke Maustaste betätigen
⇗	eine komplette Zeile	Cursor links vor der ZEILE positionieren und linke Maustaste betätigen
⬈	eine einzelne Zelle	Cursor links vor der ZELLE positionieren und linke Maustaste betätigen

2.1.2 Übungen

2.1.2.1 Aufgabe „Wochenplan 1“

Situation

Jan Hausmann, zuständig für die Printmedien in der Blue Design GmbH, bittet Sie, seine Termine für die laufende Woche in eine übersichtliche Form zu bringen. Er überreicht Ihnen zwei Haftnotizen, auf denen er verschiedene Termine vermerkt hat. Dafür sollen Sie sich mit der Schreibweise von Kalenderdaten beschäftigen und für Ihre Dokumente **immer** eine einheitliche und übersichtliche Schreibweise wählen. Damit Sie die Termine normgerecht in einen Wochenplan übertragen können, hat er Ihnen eine kleine Information über die DIN-gemäße Schreibweise von Kalenderdaten und Uhrzeiten dazugelegt. Er schlägt Ihnen die numerische Schreibweise vor.

Termin mit Helle Hansen wegen der neuen Kollektion am 8. Oktober 20.. um 10:15 Uhr

Gespräch mit Marliese Beyer am 07.10.20.., 13 Uhr, über die Planung ihrer Elternzeit

Jour Fix mit der gesamten Abteilung Printmedien am 9. Oktober 20.. um 10 Uhr

Wichtig! Mitarbeitergespräch mit Ralf Rasmuss. Er will am 06.10.20.. um 17:00 Uhr kommen.

DIN 5008

Kalenderdaten

Am bekanntesten ist die numerische, nationale Schreibweise. Sie darf in der Reihenfolge TT.MM.JJJJ (mit Punkt, ohne Leerzeichen) oder in der internationen Schreibweise JJJJ–MM–TT (mit Bindestrich, ohne Leerzeichen) verwendet werden. Die Jahreszahl wird ausschließlich vierstellig, der Monat und der Tag werden zweistellig angegeben. Beispiel: 04.12.20.. oder 20..-12-04

Für die alphanumerische Schreibweise gilt die Reihenfolge: Tag, Monat, Jahr. Die Jahreszahl ist vierstellig anzugeben, einstellige Tagesangaben enthalten keine führenden Nullen. Den Monat im Fließtext bitte nicht abkürzen. Beispiel: 4. Dezember 20..

Uhrzeiten

Bei Angaben der Uhrzeit sind die einzelnen Einheiten, Stunden von Minuten und Minuten von Sekunden durch einen Doppelpunkt voneinander zu trennen. Alle Einheiten werden mit zwei Ziffern angegeben. Die Uhrzeitangabe schließt immer mit dem Wort „Uhr“ ab.

Beispiel: 10:15 Uhr oder 02:10:10 Uhr
Ausnahme: Bei vollen Uhrzeiten darf die Zeit einstellig dargestellt werden. Beispiel: 4 Uhr
Achtung! Kalenderdaten und Uhrzeiten in einem Dokument immer einheitlich angeben!

Siehe auch Anhang Schreibweisen.

Übung

Arbeitsanweisungen

- Erstellen Sie einen Wochenplan in Form einer Tabelle. Entnehmen Sie die entsprechenden Daten den beiden Haftzetteln auf der vorangehenden Seite 67. Verwenden Sie als Schriftart Arial und – wenn nicht anders angegeben – die Schriftgröße 12.

- Vergeben Sie als Überschrift für die Tabelle den Titel **Wochenplan**. Formatieren Sie die Überschrift in 16 Punkt, horizontal zentriert (➔🡐) und fett.

- Verwenden Sie für die Spaltenbezeichnungen (Schriftgröße 14 Punkt) passende Leitwörter. Formatieren Sie alle Zellen normgerecht (vgl. DIN 5008: Zusammenfassung zur Tabellengestaltung auf S. 66).

Registerkarte Tabellentools – Layout – Gruppe Zellengröße

- Wenn Sie eine eingefügte Tabelle markieren, erscheint die **Registerkarte Tabellentools** im Menü. Hier können Sie Zellhöhe und Zellbreite sowie das AutoAnpassen (z. B. Inhalt automatisch anpassen) bestimmen.

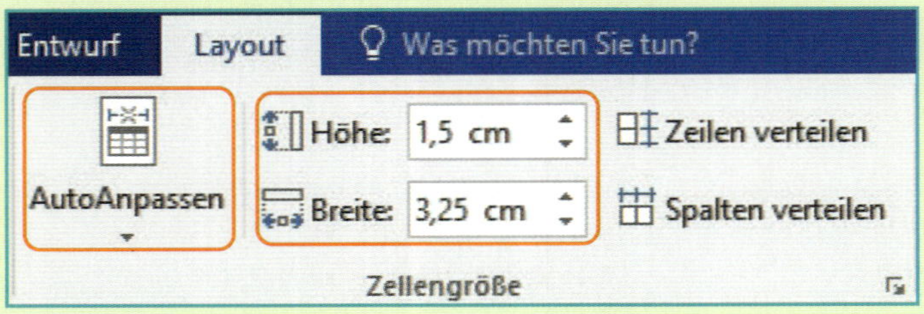

- Wählen Sie für die Tabellenüberschrift die Höhe 1,5 cm, für alle anderen Zeilen 0,8 cm.

- Passen Sie die Spaltenbreiten automatisch an den Inhalt an.

- Zentrieren Sie die Inhalte der gesamten Tabelle vertikal (🡑🡓). Dazu können Sie das Kontextmenü aktivieren: Tabelle markieren – rechte Maustaste – Tabelleneigenschaften – Registerkarte Zelle – Vertikale Ausrichtung: zentriert.

- Zentrieren Sie die Tabelle zwischen den Seitenrändern (➔🡐).
  - **Gesamte Tabelle markieren**
  - **Menü: Start**
  - **Absatz: zentrieren**

- Speichern Sie Ihre Bearbeitung unter **Wochenplan_1_Name**.

2.1.2.2 Aufgabe „Wochenplan 2“

Situation

Sie überreichen Herrn Hausmann den von Ihnen erstellten Wochenplan. Herr Hausmann ist mit dem Ergebnis recht zufrieden. Allerdings bittet er Sie, die Daten in chronologischer Reihenfolge zu sortieren (siehe Abbildung unten). Zusätzlich soll der Wochenplan noch „ein Gesicht bekommen“, d. h. Sie sollen ihn ansprechend gestalten.

Sie können die Sortierfunktion – nachdem Sie die zu sortierenden Zeilen (ohne Überschriften) markiert haben – über **Registerkarte Tabellentools – Layout – Gruppe Daten** aktivieren. Die Wahl der Spalte gibt an, nach welchem Kriterium (in unserer Tabelle oben wären möglich: Spalte 1: chronologisch; Spalte 2: alphabetisch usw.) Word sortiert.

Registerkarte Tabellentools – Layout – Gruppe Daten

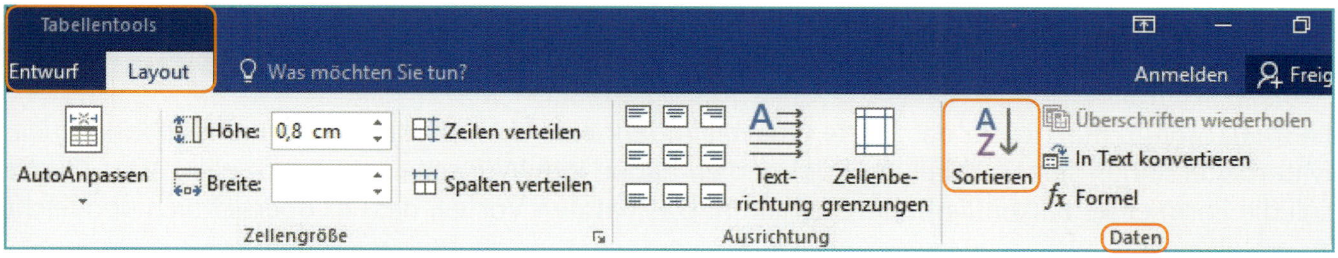

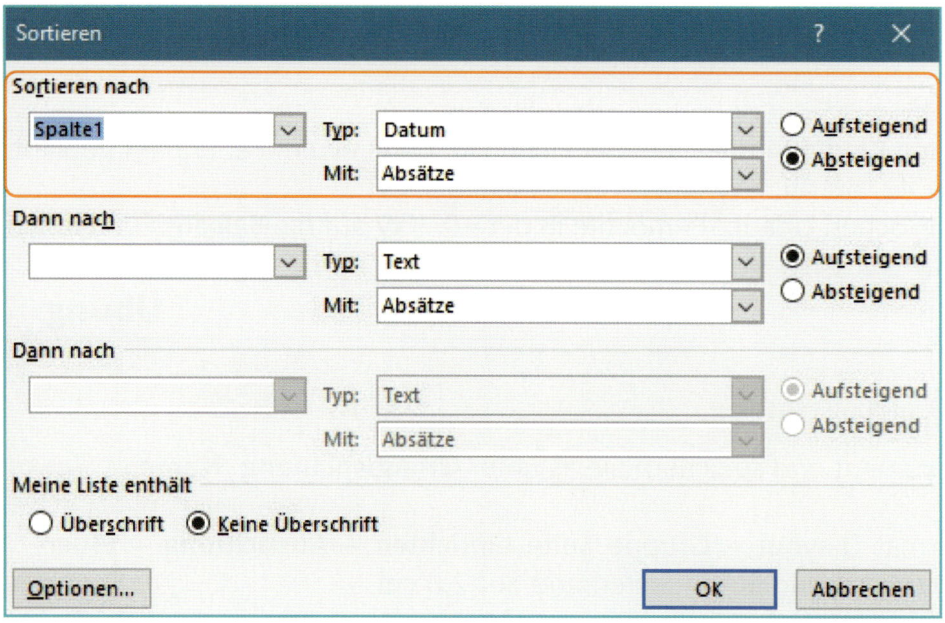

Übung

Arbeitsanweisungen

- Öffnen Sie die Bearbeitung **Wochenplan_1_Name** und speichern Sie diese Datei unter **Wochenplan_2_Name**.
- Sortieren Sie die Termine aufsteigend nach dem Datum (siehe Abbildung).

Sortieren
- Zeilen markieren
- Tabellentools – Layout
- Sortieren nach Spalte 1

- Fügen Sie aus dem Ordner Dateien für Schüler*innen die Bilddatei **Terminkalender** in die Zeile Tabellenüberschrift ein. Positionieren Sie die Grafik rechts oben in der Titelzeile.

DIGITAL+

Übung

Arbeitsanweisungen (Fortsetzung)

- Fügen Sie hinter der Tabellenüberschrift eine Fußnote ein. Die Fußnote soll **am Seitenende** angeordnet werden. Der Text lautet **Stand: *heutiges Datum***.
- Formatieren Sie die Datei ansprechend.
- Passen Sie die Tabellengröße nochmals an den Inhalt an.
- Speichern Sie Ihr Ergebnis.

2.1.2.3 Aufgabe „Urlaubsplanung"

Situation

Herr Hausmann möchte für das vierte Quartal im Jahr eine Urlaubsplanung vornehmen lassen. Die Mitarbeiter*innen seiner Abteilung Printmedien haben ihre Wünsche schon formuliert. Das Ganze soll die Form eines Balkendiagramms erhalten. Das hat den Vorteil, dass es übersichtlich und leicht zu erstellen ist.

Herr Hausmann überreicht Ihnen die Informationen der Mitarbeiter*innen:

- Frau Trost will von der 50. bis zur 51. KW in die Karibik fliegen.
- Herr Mierbach hat mit seinen Kindern in der 52. KW einen Urlaub in einem Ferienpark geplant. Zusätzlich besucht er in der 42. bis 45. KW einen Chinesischkurs.
- Herr Ludger hat noch drei Wochen Urlaub. Er möchte in der 40. KW auf die Balearen und in der 51. und 52. KW Ski fahren.

Übung

Arbeitsanweisungen

- Öffnen Sie ein neues Dokument und speichern Sie es unter **Urlaubsplanung_Name**.
- Wählen Sie das Querformat **(Layout – Gruppe Seite einrichten – Ausrichtung – Querformat)**. Ändern Sie den rechten und linken Seitenrand auf 2,0 cm.
- Erstellen Sie eine Tabelle mit 14 Spalten und 5 Zeilen.
- Verwenden Sie grundsätzlich die Schriftart Arial, die Schriftgröße passen Sie selbstständig an.
- Formatieren Sie die Spalten 2 bis 14 in **1,5 cm Breite**. Sehen Sie für die erste Spalte eine **Breite von 7,5 cm** vor. (Gehen Sie unbedingt in der angegebenen Reihenfolge vor!)

Übung

Arbeitsanweisungen (Fortsetzung)

- Markieren Sie die erste Zeile und verbinden Sie alle Zellen. Tragen Sie in der verbundenen Zelle die Tabellenüberschrift „Urlaubsplanung der Abteilung Printmedien – 4. Quartal" ein. Färben Sie den Hintergrund mit der Farbe **Rot, Akzent 2, heller 80 %** ein.

- Stellen Sie die **Zeilenhöhe** wie folgt ein: für die Tabellenüberschrift auf **2 cm**
  für alle anderen Zeilen auf **1 cm**

- Zentrieren Sie den Text vertikal.

- Verwenden Sie für die Spaltenbezeichnungen die Leitwörter: Mitarbeiter*innen, 40. KW, 41. KW, ... 52. KW.

- In die Vorspalte tragen Sie die Namen der Mitarbeiter*innen ein.

- Färben Sie den Hintergrund der Vorspalte und der Spaltenbezeichnungen in der Farbe **„Rot, Akzent 2, heller 60 %"** ein.

- Die Urlaubswünsche werden durch eine schattierte Zelle **Rot, Akzent 2, heller 25 %** markiert. Entnehmen Sie die entsprechenden Daten der Situation.

Beispiel:

Mitarbeiter*innen	40. KW	41. KW	42. KW
Frau Trost			
Herr Mierbach			☯
Herr Ludger	☼		

- Fügen Sie in die schattierten Urlaubswochen **Symbole** (Schriftfarbe: weiß) ein. Sie finden die Symbole unter der Schriftart **Wingdings** oder **Webdings**.

  – Verwenden Sie für die beiden Urlaubswochen von Frau Trost das **Symbol** ✈.
  – Sehen Sie für Herrn Mierbachs Urlaub mit seinen Kindern folgendes **Symbol** 👪 vor. Sein Chinesischkurs erhält das ☯-**Symbol**.
  – Herrn Ludger erhält in der 40. KW die Sonne (☼) und in der 51. und 52. KW die Schneeflocke (❄) als **Symbol**.
  – Zentrieren Sie alle Symbole horizontal (➔🡐).

- Formatieren Sie die Tabelle normgerecht und speichern Sie dann Ihr Ergebnis.

Notizen

2.1.2.4 Aufgabe „Checkliste“

Situation

Sie haben vor 4 Monaten Ihre Ausbildung in der Blue Design GmbH begonnen. Zusammen mit den anderen Auszubildenden haben Sie gestern in einem Brainstorming Tätigkeiten zusammengetragen, an die Sie unbedingt bei der Vorbereitung, Durchführung und Kontrolle einer Besprechung oder Sitzung denken müssen. Sie möchten daraus eine Checkliste erstellen. Die Pinnwand, auf der die einzelnen Tätigkeiten stehen, sehen Sie unten.

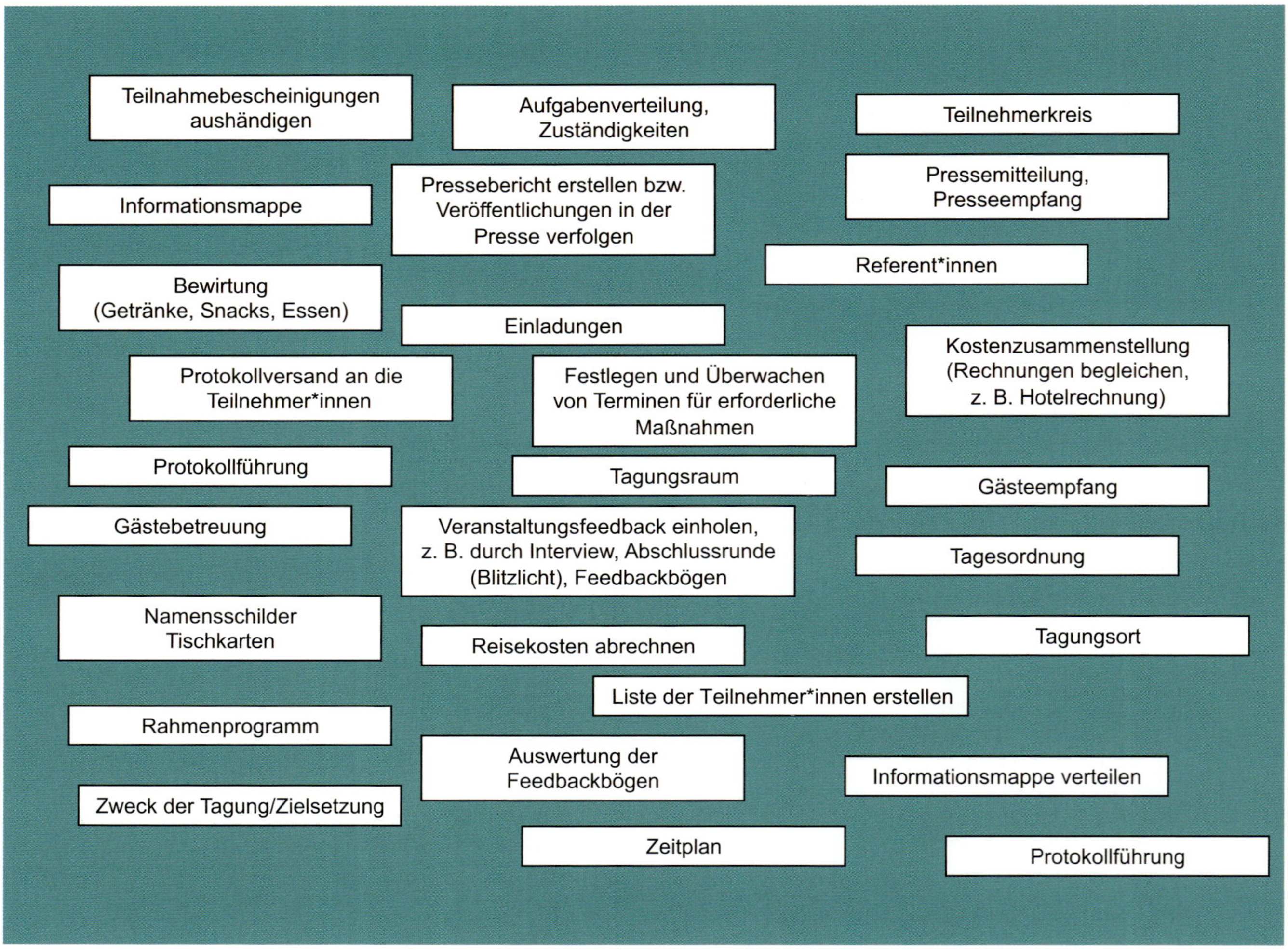

Übung

Arbeitsanweisungen

- Öffnen Sie in Word ein neues Dokument. Speichern Sie es unter dem Namen **Checkliste_ Name.**
- Erstellen Sie eine Checkliste in Form einer Tabelle (siehe Vorlage nächste Seite). Verwenden Sie dafür die Stichpunkte von der Pinnwand und ordnen Sie diese den einzelnen Bereichen

  – Vorbereitung
  – Durchführung und
  – Nachbereitung

  sinnvoll zu.

Übung

Arbeitsanweisungen (Fortsetzung)

Eigener Titel		
Vorbereitung einer Veranstaltung	erledigt	
	am	von
Durchführung einer Veranstaltung	erledigt	
	am	von
Nachbereitung einer Veranstaltung	erledigt	
	am	von

- Grundsätzlich verwenden Sie für die Tabelle Arial, Schriftgröße 12 Punkt.
- Vergeben Sie einen sinnvollen Titel. Formatieren Sie den Titel in 20 Punkt, horizontal zentriert (➔🡐) und fett.
- Verwenden Sie für die Spaltenbezeichnungen der 1. Spalte die Schriftgröße 14 Punkt. Formatieren Sie alle Zellen normgerecht (vgl. DIN 5008: Zusammenfassung zur Tabellengestaltung auf S. 66).
- Fügen Sie an geeigneter Stelle ein grafisches Element in die Tabelle ein.
- Arbeiten Sie mit Schattierungen, um die Checkliste übersichtlich zu gestalten.
- Fügen Sie eine Fußzeile in Arial, 8 Punkt, fett ein:
  - links: **Blue Design GmbH**
  - rechts: **Stand: heutiges Datum**
- Zentrieren Sie die Inhalte der gesamten Tabelle vertikal (🡑🡓).
- Speichern Sie Ihr Ergebnis.

DIGITAL+

Was Sie in diesem Kapitel lernen

Information

- Wesen und Einsatzmöglichkeiten für Formulare
- Grundsätzliches Erstellen und Formatieren eines Formulars
- Gestaltung eines Formulars unter Berücksichtigung der DIN 5008

2.2 Formular

2.2.1 Grundsätzliche Formulargestaltung

2.2.1.1 Erläuterungen

Laut Duden versteht man unter einem Formular einen „Vordruck zur Beantwortung bestimmter Fragen oder für bestimmte Angaben“[1]. Formulare machen die Arbeit einfacher und effizienter. Überall, wo sich im Unternehmen Geschäftsfälle ständig wiederholen, finden sie ihren Einsatz. Sie können als Vorlagen handschriftlich oder am PC (sogenannte Online-Formulare) ausgefüllt werden. Beispielhaft seien hier genannt:

Telefonate	➔	Telefonnotiz
Banküberweisungen	➔	Formular für eine Banküberweisung
Antworten	➔	Faxnotiz oder Abtrennabschnitt
Anmeldungen	➔	Anmeldeformular
Bestellungen	➔	Bestellformular

Grundsätzlich sollten Formulare so gestaltet sein, dass sie eine vollständige und eindeutige Auswahl der relevanten Daten vereinfachen und beschleunigen, Schreibarbeiten und Fehler reduzieren und eine gute Übersicht gewährleisten. Damit Ihr Formular diesen Ansprüchen genügt, sollten Sie sich vorher immer folgende Fragen stellen:

Frage	Ausgestaltung
Welchem Zweck dient mein Formular?	Beispiele: Abfrage von Daten, standardisierter Vertrag (z. B. Miet- oder Kaufvertrag), Antrag auf Mitgliedschaft
Sind alle notwendigen Angaben vorhanden?	Folgende Felder finden dabei häufig Berücksichtigung: – Absender – Empfänger – Themenangabe – Formularfelder – evtl. Formularfelder für Datum und Unterschrift
Folgt das Formular einer logischen Reihenfolge?	Ein Formular zu gestalten heißt, eine Geschichte zu erzählen. Man fängt vorne an und hört hinten auf. Dabei ist immer die Lesereihenfolge zu berücksichtigen.
Ist es auch für den Nicht-Sachkundigen verständlich?	Benutzen Sie eine klare und einfache Sprache. Verzichten Sie, wo möglich, auf Fachbegriffe.
Entspricht es in der Ausgestaltung der gewünschten Anwendung?	Beispiele: Format (z. B. Antwortkarten in A6), Farbe (z. B. Gelb – Signalfarbe), Versandart (z. B. portofrei für Antwortkarten) etc.

[1] http://www.duden.de/suchen/dudenonline/formular vom 07.04.2020

<table>
<tr><th>Frage</th><th>Ausgestaltung</th></tr>
<tr><td>Ist es schreibfreundlich, d. h. sind hand- bzw. maschinenschriftliche Eintragungen ohne Schwierigkeiten vorzunehmen?</td><td>
<ul>
<li>Für handschriftliche Eintragungen gibt es genügend Platz.</li>
<li>Leittexte und Leitwörter stehen in der oberen linken Ecke (OLE-Formatierung; siehe Beispiel) einer Zelle.</li>
</ul>
Vertikale → Ausrichtung: oben
<table>
<tr><td>Name, Vorname</td><td>Geburtsdatum</td></tr>
<tr><td>Straße, Hausnummer</td><td>PLZ, Wohnort</td></tr>
</table>
oder werden in Tabellenform (Leittexte oder Wörter in der linken, Eintragungen in der rechten Spalte) angeordnet (siehe Beispiel).
Vertikale → Ausrichtung: zentriert
<table>
<tr><td>Name:</td><td></td></tr>
<tr><td>Vorname:</td><td></td></tr>
</table>
Dabei müssen die Rahmenlinien nicht unbedingt dargestellt werden (siehe Beispiel). Sie können auch ausgeblendet werden.
Vertikale → Ausrichtung: unten
Name: ______________________
Vorname: ______________________
</td></tr>
</table>

DIN 5008

Gestaltung von Formularen

Die Gestaltungsregeln für Tabellen finden auch bei den Formularen Anwendung (vgl. Kap. 2.1).

2.2.1.2 Aufgabe „Poststelle-Fehlermeldung"

Situation

Sie arbeiten seit einiger Zeit in der Poststelle der Blue Design GmbH. Heute ist die Rechnung eines Lieferanten eingegangen. Das Post- und das Briefdatum weichen 8 Tage voneinander ab. Ihr Chef ist verärgert: „Jetzt können wir schon wieder einen Vermerk schreiben. Wenn wir ein Formular dafür hätten, ginge das viel schneller." Erstellen Sie für solche Situationen ein Formular.

Übung

Arbeitsanweisungen

- Öffnen Sie ein neues Dokument und speichern Sie es unter **Poststelle_Fehlermeldung_ Name**.
- Ändern Sie den linken Seitenrand auf 2,0 cm und den rechten Seitenrand auf 1,0 cm.
- Erstellen Sie eine Tabelle mit 3 Spalten und 7 Zeilen. Wenn nicht anders angegeben, verwenden Sie Arial, 11 Punkt.
- Deaktivieren Sie die Funktion **Automatische Größenänderung zulassen über das Kontextmenü – Tabelleneigenschaften – Registerkarte: Tabelle – Optionen**.

Übung

Arbeitsanweisungen (Fortsetzung)

- Verbinden Sie die drei Zellen in der oberen Zeile. Die Zeilenhöhe ist 2 cm. Fügen Sie die Grafik **Schriftzug_Blue_Design_GmbH.jpg** ein und passen Sie diese an die Zeilenhöhe an. Den Hintergrund der Zelle schattieren Sie blau (Farbe benutzerdefiniert: Farbmodell: RGB; Rot = 184, Grün = 204, Blau = 228).
- Klicken Sie jetzt auf die Grafik mit dem unschönen weißen Hintergrund. Unter **Bildtools – Format (Anpassen) – Neu einfärben – Transparente Farbe** tippen Sie mit dem Zauberstab auf den weißen Hintergrund der Grafik. Der Hintergrund wird transparent.
- Sehen Sie für Zeile 2 eine Zeilenhöhe von 1 cm vor. Verbinden Sie die Zellen und tragen Sie den Titel des Dokuments **Poststelle – Fehlermeldung** in 20 Punkt ein. Formatieren Sie die Zeile normgerecht.
- In Zeile 3 (Höhe: 1 cm) sowie in Zeile 4 (Höhe: 1 cm) verbinden Sie die ersten beiden Zellen der Zeilen. Schreiben Sie gemäß OLE-Formatierung in die obere verbundene Zelle: „Von: Poststelle" und in die untere „An:". Beides formatieren Sie fett. Rechts verbinden Sie die beiden Zellen der 3. und 4. Zeile und fügen ein thematisch passendes grafisches Element ein. (Passen Sie es in der Größe an!)
- Verbinden Sie die Zellen aus Zeile 5. Dort fügen Sie den Text ein:

  „Bei der
  ¶
  ☐ Anlagenkontrolle
  ☐ Datumskontrolle
  ¶
  ist eine Unstimmigkeit festgestellt worden."
- Verbinden Sie die Zellen aus Zeile 6. Dort fügen Sie ein: **Beschreibung der Unstimmigkeit** (Zeilenhöhe: 3 cm).
- Bearbeiten Sie die Zeile 7 (Höhe: 1 cm) gemäß der Ole-Formatierung:

  1. Zelle: **Bearbeitet durch** 2. Zelle: **Datum** 3. Zelle: **Unterschrift**
- Speichern Sie Ihr Ergebnis.

Notizen

2.2.2 Online-Formular

2.2.2.1 Erläuterungen

Übersicht über Steuerelemente

Das sogenannte **Online-Formular** lässt sich am PC ausfüllen. Sie kennen solche Formulare sicher aus dem Internet. Sie finden Verwendung, wenn Kund*innen z. B. Waren bestellen oder sich bei einem Unternehmen registrieren lassen. Für die Gestaltung dieser Formulare kennt Word verschiedene (Inhalts-)Steuerelemente, von denen vier zentrale vorgestellt werden. Sie finden die Steuerelemente unter der Registerkarte **Entwicklertools**.

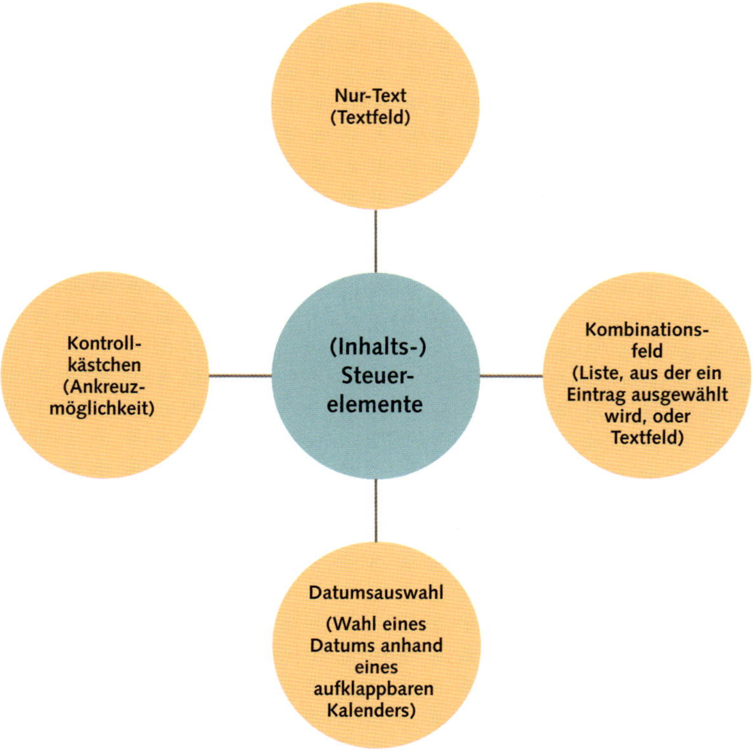

Entwicklertool nicht im Menüband?

Wird das Entwicklertool bei Ihnen nicht angezeigt?

Dann müssen Sie Ihr Menüband anpassen, um Formulare erstellen und bearbeiten zu können.

Gehen Sie auf **Datei – Optionen – Menüband anpassen** und aktivieren Sie die Hauptregisterkarte **Entwicklertools**. Bestätigen Sie Ihre Einstellung.

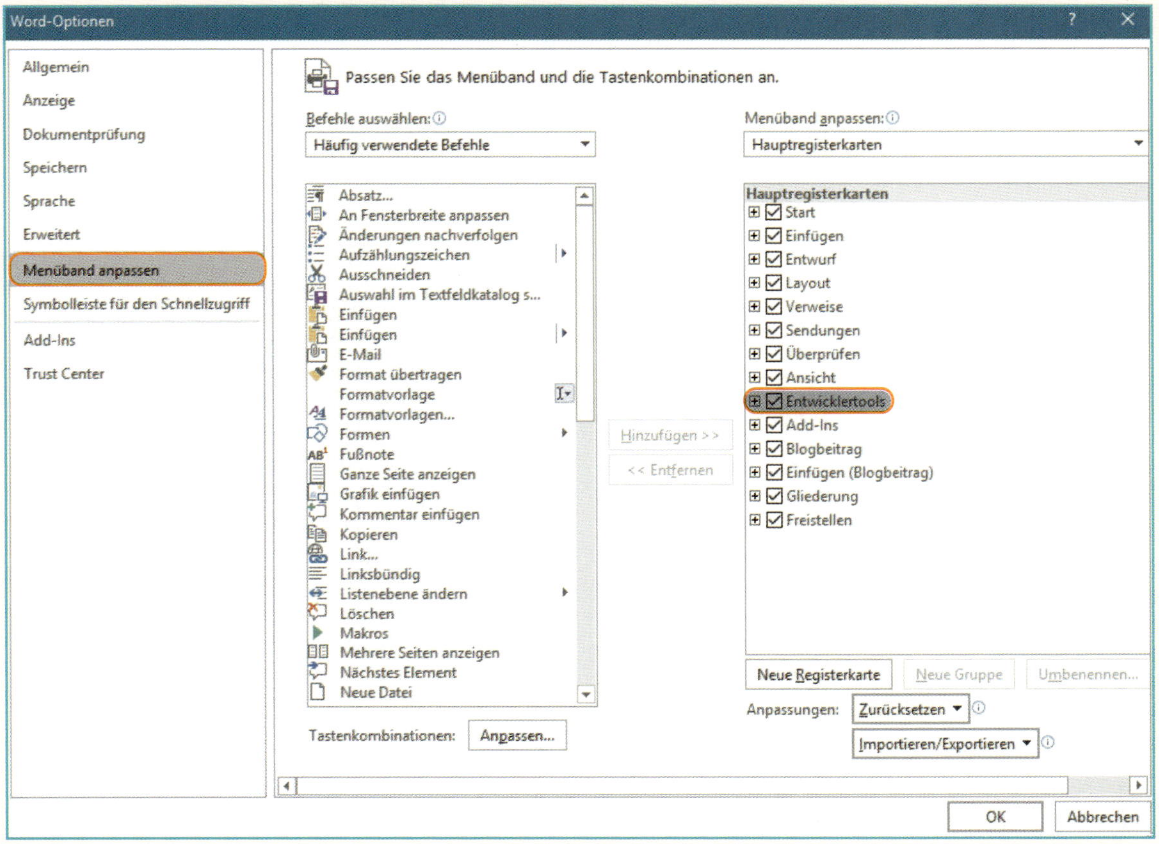

Allgemeine Bearbeitungsschritte, um Steuerelemente einzufügen

Schritt 1: Setzen Sie den Cursor an eine gewünschte Stelle im Dokument.

Schritt 2: Gehen Sie auf **Entwicklertools – Gruppe Steuerelemente** und wählen das entsprechende Steuerelement aus, z. B.:

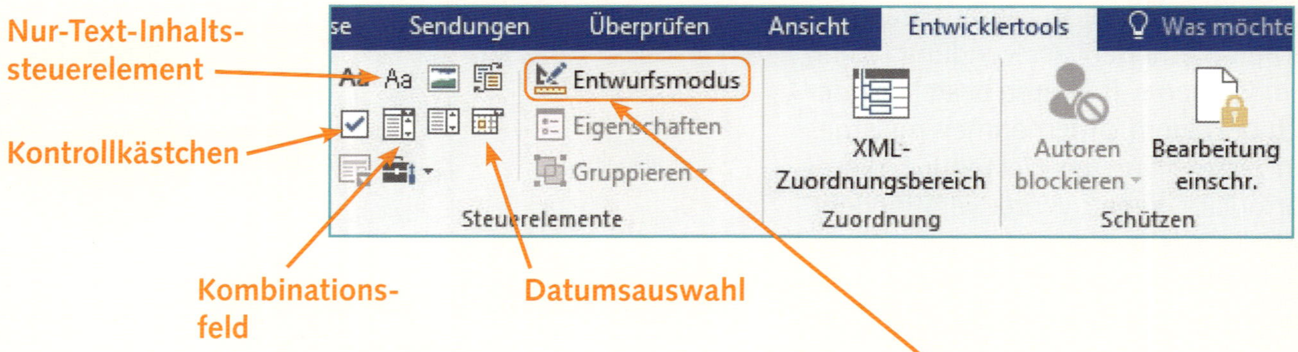

Schritt 3: Sie können das Element formatieren und anpassen, wenn Sie den **Entwurfsmodus** aktivieren.

Schritt 4: Aktivieren Sie unter **Entwicklertools – Gruppe Steuerelemente** das Symbol **Eigenschaften**. Es öffnet sich ein Dialogfeld. Hier können Sie die Eigenschaften Ihres Steuerelements bestimmen.

Unter Titel können Sie einen Titel eingeben, Sie müssen es aber nicht. Der Text erscheint im Beschriftungsfeld des Steuerelementes.

Beachten Sie auch die Möglichkeit, das Inhaltssteuerelement beim Bearbeiten des Inhaltes zu entfernen.

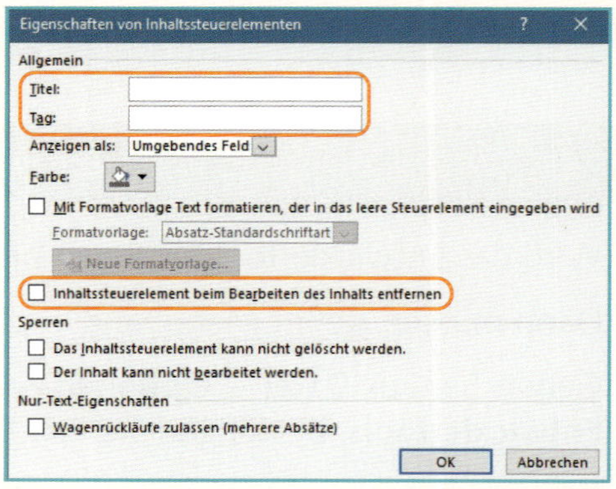

Beispiel für das Dialogfeld **Kombinationsfeld**:

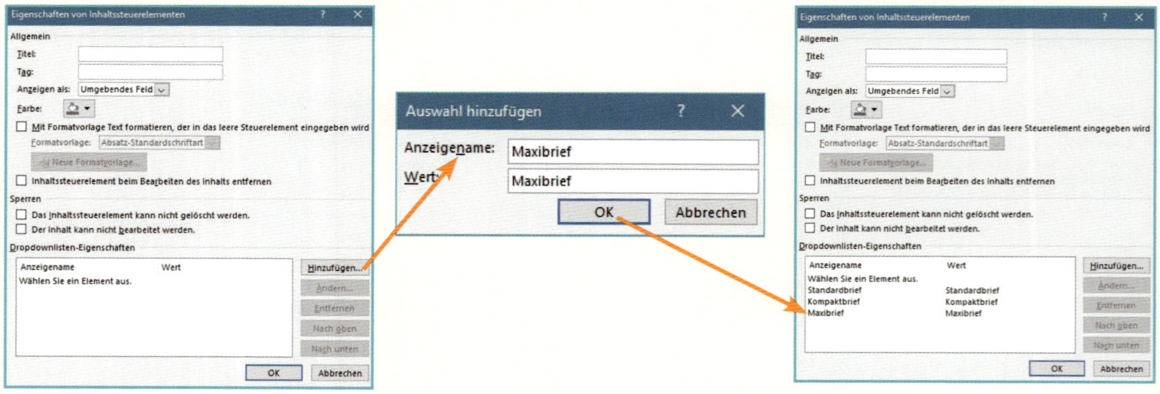

Um die Liste des Kombinationsfeldes zu füllen, klicken Sie auf den Button **Hinzufügen**. Es öffnet sich das Dialogfeld **Auswahl hinzufügen**. In **Anzeigename** geben Sie einen Listeneintrag ein, den Sie bestätigen. Wiederholen Sie den Schritt für alle Einträge.

Schritt 5: Deaktivieren Sie den **Entwurfsmodus** wieder **(Wichtig!)**.
Nur so können Sie Ihr Formular vor Veränderungen schützen, wenn es von den Anwender*innen genutzt wird.

Aktueller Status der Steuerelemente		
Nur-Text-Inhalts-Steuerelement	Entwurfsmodus	Klicken Sie hier, um Text einzugeben.
	leer	Klicken Sie hier, um Text einzugeben.
	ausgefüllt	Verkauf
Kombinationsfeld	Entwurfsmodus	Wählen Sie ein Element aus.
	leer	Wählen Sie ein Element aus.
	ausgefüllt	Wählen Sie ein Element aus. / Wählen Sie ein Element aus / Einkauf / Verkauf
Datumsauswahl	Entwurfsmodus	Klicken Sie hier, um ein Datum einzugeben.
	leer	Klicken Sie hier, um ein Datum einzugeben.
	ausgefüllt	20.11.20..
Kontrollkästchen	Entwurfsmodus	☐
	leer	☐
	ausgefüllt	☒

Registerkarte Entwicklertools – Gruppe Schützen

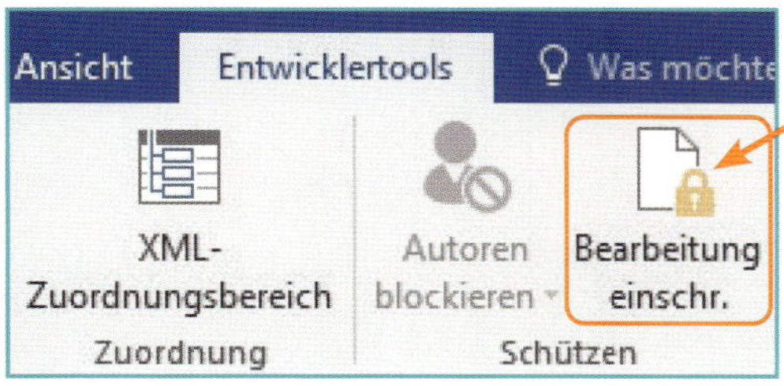

Geschützt wird ein Formular durch Aktivieren der Funktion ① **Bearbeitung einschränken**. Es öffnet sich am rechten Rand das Menü **Bearbeitung einschränken** ②. Aktivieren Sie die **Bearbeitungseinschränkungen** ③ und lassen Sie nur das **Ausfüllen von Formularen** ④ zu. Danach bestätigen Sie **Ja, Schutz jetzt anwenden** ⑤. In diesem Schritt können Sie Ihr Formular mit einem **Kennwort** ⑥ schützen, müssen es aber nicht.

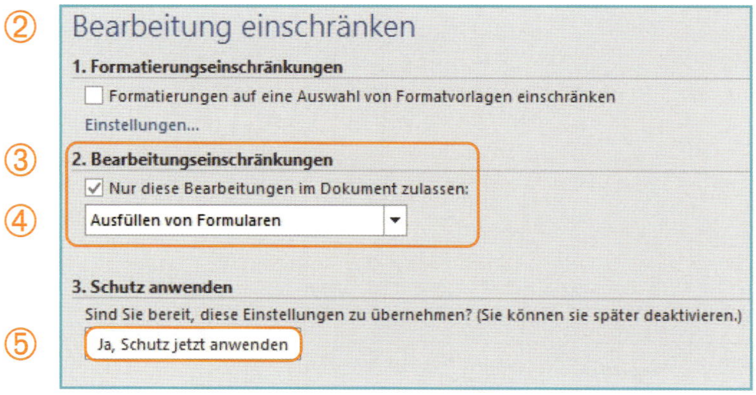

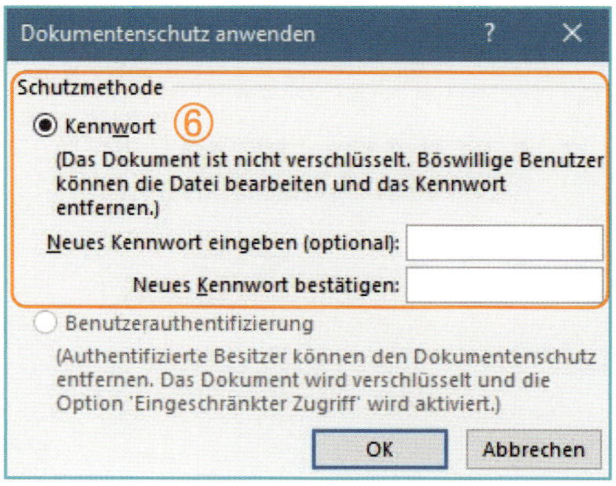

2.2.2.2 Übungen

2.2.2.2.1 Aufgabe „Telefonzentrale-Telefonnotiz"

Situation

Manchmal helfen Sie in der Telefonzentrale aus. Es kommt schon mal vor, dass Mitarbeiter*innen telefonisch nicht zu erreichen sind. Sie müssen dann notieren, wer wann angerufen hat und was er wollte. Ein Formular wäre da schon sehr hilfreich. Leider können Sie den PC in der Telefonzentrale nicht immer nutzen. Sie wollen deshalb das Formular so erstellen, dass es **sowohl handschriftlich als auch am PC** (als sogenanntes Online-Formular) auszufüllen ist.

Übung

Arbeitsanweisungen

- Öffnen Sie ein neues Dokument und speichern Sie es unter **Telefonzentrale_Telefonnotiz_Name**.
- Die Seitenränder verändern Sie rechts auf 1 cm.
- Erstellen Sie die Tabelle nach Vorlage (siehe unten)! Übernehmen Sie möglichst genau die angewandten Formatierungen.
- Verwenden Sie Arial, 11 Punkt.
- Schützen Sie das Dokument, damit es ausgefüllt werden kann (Bearbeitungshinweise zum Schutz eines Dokumentes siehe Seite 79).
- Speichern Sie Ihr Ergebnis.

DIGITAL+

Blue Design GmbH

Telefonnotiz			
Angenommen durch Abteilung	Telefonzentrale	Name	Klicken Sie hier, um Text einzugeben.
Für Abteilung	Wählen Sie ein Element aus.	Name	Klicken Sie hier, um Text einzugeben.
Datum des Anrufs	Klicken Sie hier, um ein Datum einzugeben.	Uhrzeit des Anrufs	Klicken Sie hier, um Text einzugeben.
Name des Anrufenden	Klicken Sie hier, um Text einzugeben.	Firma des Anrufenden	Klicken Sie hier, um Text einzugeben.
Telefonnr. des Anrufenden	Klicken Sie hier, um Text einzugeben.		
☐ hat angerufen	☐ ruft wieder an	☐ erbittet Rückruf	☐ hat zurückgerufen
Nachricht: Klicken Sie hier, um Text einzugeben.			
Datum	Klicken Sie hier, um ein Datum einzugeben.	Unterschrift	Klicken Sie hier, um Text einzugeben.

2.2.2.2.2 Aufgabe „Telefonzentrale-Telefonnotiz-ausgefüllt"

Situation

Die Telefonnotiz hat sich bewährt und wird in der Telefonzentrale eingesetzt. Heute nehmen Sie einen Anruf für Jan Hausmann aus dem Bereich Printmedien entgegen. Er ist in diesem Moment nicht an seinem Platz. Der Anrufende bittet um sofortigen Rückruf von Jan Hausmann, da er eine Sonderbestellung aufgeben möchte. Er gibt Ihnen seine Telefonnummer durch.

Übung

Arbeitsanweisungen

- Öffnen Sie das Dokument **Telefonzentrale_Telefonnotiz** und speichern Sie es unter **Telefonzentrale_Telefonnotiz_ausgefüllt_Name**.
- Füllen Sie das Formular zu der o. g. Situation aus und ergänzen Sie fehlende Angaben nach freier Wahl.
- Speichern Sie Ihr Ergebnis.

2.2.2.2.3 Aufgabe „Poststelle-Postaufkommen"

Situation

Herr Meister, Ihr Chef in der Poststelle, überlegt, wie er das anfallende Postvolumen der Blue Design GmbH am günstigsten versenden kann. Einige private Briefdienste scheinen ihre Leistungen günstiger als die Deutsche Post AG anzubieten. Herr Meister weiß allerdings, dass vor einem Wechsel des Lieferanten eine genaue Analyse des Postaufkommens stehen muss. Nur so kann er wirklich berechnen, ob sich ein Wechsel günstig auf die Kostensituation in der Poststelle auswirkt. Hilfreich wäre es, wenn jede Abteilung einen Monat lang täglich dokumentieren würde, welche Sendungen sie in die Ausgangspost gibt. Sie bekommen den Auftrag, ein entsprechendes Online-Formular zu erstellen.

Übung

Arbeitsanweisungen

- Öffnen Sie ein neues Dokument und speichern Sie es unter **Poststelle_Postaufkommen_Name**.
- Stellen Sie die Seitenränder auf oben: 1,5 cm; unten: 1,0 cm; links: 2,5 cm und rechts: 1,0 cm.
- Verwenden Sie Schriftart Arial, 11 Punkt (für die Steuerelemente 10 Punkt), wenn es nicht anders angegeben ist.
- Deaktivieren Sie die Tabellen-Funktion **Automatische Größenänderung zulassen**.
- Erstellen Sie die Tabelle nach Vorlage (siehe nächste Seite)!
- Übernehmen Sie möglichst genau die angewandten Formatierungen.
- Schützen Sie das Dokument, damit es ausgefüllt werden kann (Bearbeitungshinweise zum Schutz eines Dokumentes siehe Seite 79).
- Zentrieren Sie die gesamte Tabelle vertikal (🡅🡇).
- Speichern Sie Ihr Ergebnis.

Tabelle mit Arbeitsanweisungen

Blue Design GmbH Postaufkommen			
Abteilung: Wählen Sie ein Element aus.		**Datum:** Klicken Sie hier, um ein Datum einzugeben.	
Art der Postsendung		**Zusatzleistungen**	**Anzahl**
Briefe	**Standardbrief**	Einschreiben	Klicken Sie hier, um Text einzugeben.
		Einschreiben Eigenhändig	Klicken Sie hier, um Text einzugeben.
		Einschreiben mit Rückschein	Klicken Sie hier, um Text einzugeben.
		Einschreiben Einwurf	Klicken Sie hier, um Text einzugeben.
	Kompaktbrief	Einschreiben	Klicken Sie hier, um Text einzugeben.
		Einschreiben Eigenhändig	Klicken Sie hier, um Text einzugeben.
		Einschreiben mit Rückschein	Klicken Sie hier, um Text einzugeben.
		Einschreiben Einwurf	Klicken Sie hier, um Text einzugeben.
	Großbrief	Einschreiben	Klicken Sie hier, um Text einzugeben.
		Einschreiben Eigenhändig	Klicken Sie hier, um Text einzugeben.
		Einschreiben mit Rückschein	Klicken Sie hier, um Text einzugeben.
		Einschreiben Einwurf	Klicken Sie hier, um Text einzugeben.
	Maxibrief	Einschreiben	Klicken Sie hier, um Text einzugeben.
		Einschreiben Eigenhändig	Klicken Sie hier, um Text einzugeben.
		Einschreiben mit Rückschein	Klicken Sie hier, um Text einzugeben.
		Einschreiben Einwurf	Klicken Sie hier, um Text einzugeben.
Büchersendung			Klicken Sie hier, um Text einzugeben.
Warensendung			Klicken Sie hier, um Text einzugeben.
Päckchen			Klicken Sie hier, um Text einzugeben.
Pakete		Wählen Sie ein Element aus.	Klicken Sie hier, um Text einzugeben.
		Wählen Sie ein Element aus.	Klicken Sie hier, um Text einzugeben.
		Wählen Sie ein Element aus.	Klicken Sie hier, um Text einzugeben.
☐ **Heute haben wir keine Postsendungen verschickt!**			
Bearbeiter*in: Klicken Sie hier, um Text einzugeben.		**Unterschrift:**	

Schriftgröße: 20 Punkt

2,0 cm

1,0 cm

0,8 cm

Schriftgröße: 14 Punkt

Spaltenbreite: 1,5 cm

Spaltenbreite: 4,0 cm

Spaltenbreite: 6,0 cm

Spaltenbreite: 6,0 cm

1 cm

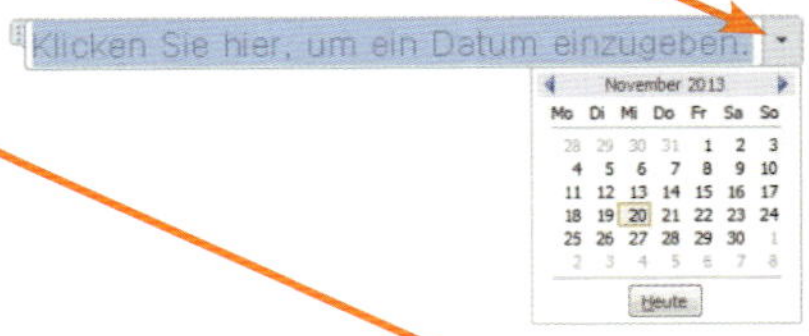

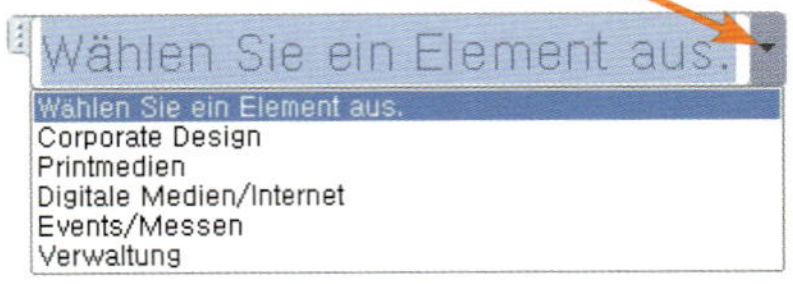

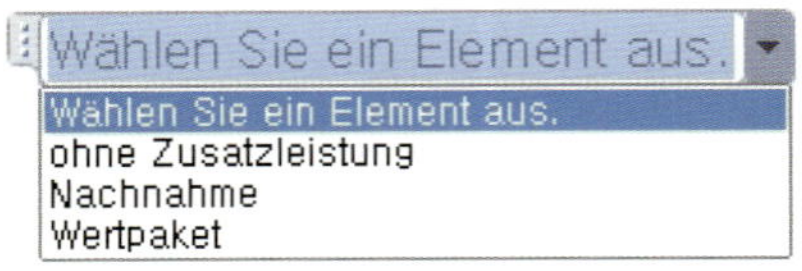

Was Sie in diesem Kapitel lernen

Information

- Funktionen des Protokolls und Protokollarten
- Aufbau eines Protokolls unter Berücksichtigung der DIN 5008
- Inhalte eines Protokolls

2.3 Protokoll

2.3.1 Erläuterungen

Die **Funktion des Protokolls** besteht darin, Ergebnisse und Maßnahmen einer Sitzung, Versammlung etc. schriftlich zusammenzufassen und zu dokumentieren. Im Gegensatz zur mündlichen Zusammenfassung erhöht das Protokoll den Verbindlichkeitscharakter und legt die Ergebnisse (z. B. Abstimmungsergebnisse, Aufgabenverteilungen und Termine) für alle Teilnehmer*innen bindend fest.

Aufbau eines Protokolls

Der Aufbau eines Protokolls ist nicht durch eine DIN-Vorschrift standardisiert. Trotzdem werden viele Richtlinien, die für das Verfassen von Geschäftsbriefen gelten, auch auf die Erstellung eines Protokolls übertragen. Auf der nächsten Seite finden Sie ein Beispiel, wie ein Protokoll aussehen kann. Dabei unterscheidet man den Protokollrahmen (Gestaltung des Kopfes und des Schlusses eines Protokolls) und Protokollinhalt.

Der Protokollrahmen zeigt im oberen Bereich den Aufbau des Protokolls und gibt Auskunft auf folgende Fragen:

• **Was**	**wurde verhandelt?**	**Thema**
• **Wo**	**wurde verhandelt?**	**Ort**
• **Wann**	**wurde verhandelt?**	**Datum und Zeit**
• **Wer**	**hat verhandelt?**	**Teilnehmer*innen**
• **Welche**	**TOPs[1] wurden abgehandelt?**	**Tagesordnung**

Zusätzlich bestätigen Sitzungsleiter*in und Protokollant*in mit ihrer Unterschrift im unteren Teil des Protokollrahmens die Richtigkeit des Protokolls. Ort und Tag geben Auskunft darüber, wann das Protokoll fertiggestellt wurde. Der Protokollrahmen schließt – je nach Bedarf – mit Angaben zu Anlagen und zum Verteiler, also demjenigen Kreis, der durch das Protokoll informiert wird, ab.

Inhalt eines Protokolls

Der Protokollinhalt gibt sachlich und genau den Ablauf einer Sitzung, Konferenz oder eines Meetings wieder. Wie ausführlich ein Protokoll den Verlauf einer Zusammenkunft erläutert, hängt vom Zweck des Protokolls ab. Dabei fasst in einem Extrem ein Ergebnisprotokoll nur die Anträge und Beschlüsse zusammen, während im anderen Extrem ein Wortprotokoll eine wörtliche Mitschrift des Geschehenen darstellt (vgl. Tabelle auf der nächsten Seite „Überblick über die Protokollarten").

[1] TOP = Tagesordnungspunkt

Grundsätzlich wird ein Protokoll im Präsens (in der Gegenwartsform) verfasst. Sachliche Darstellungen, Anträge und Beschlüsse stehen im Indikativ (in der Wirklichkeitsform), während Redebeiträge – als indirekte Rede – im Konjunktiv (in der Möglichkeitsform) formuliert werden.

Beispiel: Herr Tauber ist der Meinung, dass Befragungen eine Grundlage für Verbesserungen im Unternehmen seien.

Die einzelnen **T**ages**O**rdnungs**P**unkte können als TOP 1 etc. aufgeführt werden. Die genaue Gestaltung des Protokollrahmens und des Inhalts können Sie dem Musterprotokoll auf der übernächsten Seite entnehmen.

Überblick über die Protokollarten		
Protokollart	**Wiedergabe**	**Anträge/ Beschlüsse**
Ergebnisprotokoll (Beispiel: Abteilungsmeeting)	Verhandlungsergebnisse knapp zusammengefasst	sinngemäß wörtlich
Kurzprotokoll (Beispiel: Vorstandssitzung)	wesentliche Diskussionspunkte und Verhandlungsergebnisse knapp zusammengefasst	sinngemäß wörtlich
Verlaufsprotokoll (Beispiel: Vollversammlung)	zusammengefasste Redebeiträge und Äußerungen in der Reihenfolge der Verhandlung (nach dem Verlauf)	sinngemäß wörtlich
Wortlautprotokoll (Beispiel: Gerichtsverhandlung, Bundestagsdebatte)	alle Redebeiträge und Meinungsäußerungen (qua Stenogramm oder zustimmungspflichtiger Bandaufzeichnung).	wörtlich

Beispiel: Wiedergabe in den einzelnen Protokollarten		
Zitat aus einer Sitzung	Herr Tauber: Das ist doch wohl klar. Die Befragung der Mitarbeiter*innen ist ja schon gute Tradition in unserem Unternehmen und wird von der Belegschaft sehr befürwortet. Denn schließlich verbessern sich die Dinge ja immer nach einer solchen Befragung. Man weiß dann, was zu tun ist und wo es brennt. Herr Blau: Das freut mich, dass Sie da mit mir auf einer Wellenlänge sind. Ich dachte, dass wir für die Befragung grundsätzlich die gleiche Struktur wie im vorigen Jahr beibehalten. Wir werden – so ist mein Vorschlag – also wieder eine schriftliche Befragung durchführen. Sind Sie damit einverstanden?	
Protokollart	**Wiedergabe**	**Anträge/Beschlüsse**
Ergebnis-protokoll	–	Antrag: Es soll wieder eine schriftliche Befragung durchgeführt werden.
Kurz-protokoll	Herr Tauber ist der Meinung, dass Befragungen eine Grundlage für Verbesserungen im Unternehmen seien. Herr Blau stellt folgenden Antrag. ... *siehe rechts.*	... Es soll wieder eine schriftliche Befragung durchgeführt werden.
Verlaufs-protokoll	Herr Tauber bemerkt, dass die Befragung der Mitarbeiter*innen ja schon gute Tradition im Unternehmen sei und von der Belegschaft sehr befürwortet werde. Er ist der Meinung, dass Befragungen eine Grundlage für Verbesserungen im Unternehmen seien. Herr Blau stellt folgenden Antrag: ... *siehe rechts.*	... Es soll wieder eine schriftliche Befragung durchgeführt werden.
Wortlaut-protokoll	*genaue Übernahme des Zitats (s. o.)*	*genaue Übernahme des Zitats (s. o.)*

2.3.2 Übungen

2.3.2.1 Aufgabe „Ergebnisprotokoll"

Situation

Sie erstellen für die Auszubildende Freia Mertens ein Protokoll und haben auch als Protokollant*in an einer Sitzung zwischen der Geschäftsführung und dem Betriebsrat teilgenommen. Die Sitzung fand am heutigen Tag um 10:00 Uhr im Sitzungszimmer der Blue Design GmbH, Mannheim, statt und dauerte 30 Minuten. Sitzungsleiter war der Geschäftsführer Matthias Blau. Anwesend waren die beiden Betriebsräte Herr Ron Tauber und Frau Leila Kettel.

Herr Blau: Schön, dass Sie so schnell Zeit gefunden haben, um mit mir zusammen die alljährliche Befragung der Mitarbeiter*innen zu planen.

Herr Tauber: Das ist doch wohl klar. Die Befragung der Mitarbeiter*innen ist ja schon gute Tradition in unserem Unternehmen und wird von der Belegschaft sehr befürwortet. Denn schließlich verbessern sich die Dinge ja immer nach einer solchen Befragung. Man weiß dann, was zu tun ist und wo es brennt.

Herr Blau: Das freut mich, dass Sie da mit mir auf einer Wellenlänge sind. Ich dachte, dass wir für die Befragung grundsätzlich die gleiche Struktur wie im vorigen Jahr beibehalten. Wir werden – so ist mein Vorschlag – also wieder eine schriftliche Befragung durchführen. Sind Sie damit einverstanden?

Herr Tauber und Frau Kettel nicken.

Herr Blau: Und welchen Inhalt nehmen wir in unserer Befragung auf?

Frau Kettel: Auch da sollten wir auf die alten Fragen zurückgreifen. Das bietet den Vorteil, dass wir vergleichen können, was sich verbessert und was sich eventuell auch verschlechtert hat.

Herr Blau: Das ist eine gute Idee. Herr Tauber, können Sie mit einer solchen Entscheidung leben?

Herr Tauber: Auch ich halte das für eine gute Idee.
Da fällt mir aber auch noch eine andere Sache ein. Frau Marx, die für das Corporate Design zuständig ist, hat mich gestern angesprochen. Sie hat doch eine kleine Tochter und ihre Mutter wird im nächsten Jahr nicht mehr die Betreuung übernehmen können. Sie fände es toll, wenn sich in unserem Unternehmen – wie in vielen anderen modernen Unternehmen auch – ein Betriebskindergarten um die Betreuung des Nachwuchses kümmern würde. Wenn die Betreuung gesichert wäre, könnte sie sich sogar vorstellen, auf eine volle Stelle zu gehen. Das wäre doch in unserem Sinne, oder? Sollten wir eine solche Frage nicht mit in unseren Fragebogen aufnehmen?

Herr Blau: Das ist eine großartige Idee. Wir haben ja schon länger über eine solche Maßnahme nachgedacht. Und wenn wir genau wüssten, dass ein Betriebskindergarten von vielen Mitarbeiter*innen genutzt würde, würde einer schnellen Umsetzung ja auch nicht mehr viel im Weg stehen.

Frau Kettel: Ich bin auf jeden Fall damit einverstanden – auch wenn meine Kinder schon älter sind. (lacht)

Herr Blau: Schön, jetzt sollten wir nur noch überlegen, wer den Fragebogen erstellt.

Herr Tauber: Das mache ich. Wenn er fertig ist, werde ich Ihnen den Fragebogen per E-Mail zuschicken? Sollen wir uns dann in 30 Tagen treffen?

Herr Blau: Das ist eine gute Idee. Treffen wir uns zur gleichen Zeit im gleichen Raum?

Die beiden anderen nicken.

Herr Blau: Ich denke, dann haben wir alles. Herzlichen Dank für Ihre Mitarbeit und einen guten Arbeitstag noch.

Übung

Arbeitsanweisungen

- Öffnen Sie ein neues Dokument und speichern Sie es unter **Ergebnisprotokoll_Name**.
- Ändern Sie den rechten Seitenrand auf 1,0 cm.
- Erstellen Sie ein **Ergebnisprotokoll**. Nutzen Sie für die inhaltliche Ausgestaltung die Ausgangssituation auf der vorangegangenen Seite. Verwenden Sie für die formale Gestaltung die Tabellenfunktion und orientieren Sie sich an dem untenstehenden Musterprotokoll.
- Fügen Sie das Logo der Blue Design GmbH ein.
- Als Anlage führen Sie eine Liste der Teilnehmer*innen und eine Tagesordnung auf.
- Sie verschicken das Protokoll an alle Sitzungsteilnehmer*innen.
- Fügen Sie als **To-do-Liste** in der entsprechenden Spalte folgende Punkte ein:
  - **Arbeitsauftrag**
  - **Termin der nächsten Sitzung**
  - **Ort und Zeit**
- Speichern Sie Ihr Ergebnis.

Blue Design GmbH

Kurzprotokoll

Thema:	**Erstellen von Protokollen**
Ort:	**Schulungsraum 100**
Datum:	**17. November 20..**
Zeit:	**14:30 – 17:15 Uhr**
Teilnehmer*innen:	**s. Anlage**
Tagesordnung:	**s. Anlage**

¶

TOP 1: Erstellen von Protokollen	**Termine/Aktionen Ergebnisse**
Frau Breitenbacher teilt mit, dass Protokolle in den Gegenwartsformen (Präsens, Perfekt) abzufassen seien. Aussagen von Sitzungsteilnehmer*innen sollten im Konjunktiv wiedergegeben werden.	*Gegenwartsform und Konjunktiv*
Herr Meister weist darauf hin, dass ein Protokoll unterschrieben werden müsse, und zwar von dem/der Sitzungsleiter*in und von dem Protokollführer*in. Er ergänzt, dass auch Ort und Datum nicht fehlen dürften.	*Unterschriften von Sitzungsleiter*in und Protokollführer*in* *Ort und Datum*
Frau Breitenbacher und Herr Meister wünschen allen Protokollführer*innen viel Erfolg beim Erstellen von Protokollen.	
TOP 2: Diskussion	
Die Sitzungsteilnehmer*innen diskutieren die verschiedenen Protokollarten.	

¶
Düsseldorf, 18. November 20..
¶
¶

Breitenbacher		*Meister*
Sitzungsleiterin		Protokollführer

¶
Anlagen
Liste der Teilnehmer*innen
Tagesordnung
¶
Verteiler
alle Sitzungsteilnehmer*innen

Musterprotokoll

Protokollrahmen
Protokollkopf: Gestaltung als Tabelle mit 2 Spalten und 8 Zeilen

1. Spalte: Protokollinhalt

2. Spalte: To-do-Liste

Protokollrahmen
Unterschriftsbereich: Gestaltung als Tabelle mit 3 Spalten und 2 Zeilen

2.3.2.2 Aufgabe „Verlaufsprotokoll"

Übung

Arbeitsanweisungen

- Öffnen Sie ein neues Dokument und speichern Sie es unter **Verlaufsprotokoll_Name**.
- Ändern Sie den oberen Seitenrand auf 0,5 cm und den rechten Seitenrand auf 1,0 cm. Formatieren Sie den Text in Arial, 11 Punkt.
- Fügen Sie oberhalb das Logo der Blue Design GmbH ein (Formatierung **Mit Text in Zeile**).
- Erstellen Sie ein **Verlaufsprotokoll**. Nutzen Sie für die inhaltliche Ausgestaltung die Situation auf Seite 85. Denken Sie daran, die Redebeiträge im Konjunktiv zu verfassen.
- Führen Sie die Tagesordnung und die Sitzungsteilnehmer*innen im Protokollkopf auf.
- Die To-do-Liste soll die Punkte **Arbeitsauftrag, Termin der nächsten Sitzung** sowie **Ort und Zeit** enthalten.
- Sie wollen das Protokoll an alle Sitzungsteilnehmer*innen verschicken.
- Verfassen Sie das Protokoll auf einer Seite.
- Beachten Sie dazu den unten aufgeführten Hinweis zur DIN 5008.
- Speichern Sie Ihr Ergebnis.

DIGITAL+

DIN 5008

Schriftgröße in Geschäftsbriefen

Um eine bessere Lesbarkeit zu gewährleisten, sind in fortlaufendem Text zu kleine Schriftgrößen (unter 10 Punkt) zu vermeiden.

Notizen

Was Sie in diesem Kapitel lernen

Information

- Verfassen von E-Mails als Beispiel für interne Schreiben
- Aufbau einer E-Mail unter Berücksichtigung der DIN 5008
- Inhalte einer E-Mail

2.4 E-Mail

2.4.1 Erläuterungen

Situation

Sie haben für die Auszubildende Freia Mertens das Protokoll fertiggestellt und möchten dieses dem Geschäftsführer Matthias Blau über das Intranet als Anhang einer E-Mail zusenden. Erst mal müssen Sie sich über **Regeln** zum internen Schriftverkehr informieren. Auch haben Sie schon mal was von Netiquette (engl. „net“ = Netz und franz. „etiquette“ = Verhaltensregeln) gehört. Sie wissen, dass man unter Netiquette das angemessene und respektvolle Verhalten in der elektronischen Kommunikation versteht.

Bevor Sie also dem Geschäftsführer Matthias Blau die Datei zusenden, machen Sie sich fit im richtigen Umgang mit diesem Medium. Die Verhaltensregeln zum E-Mail-Verkehr (eine Rundmail der Geschäftsleitung) und die generellen Bearbeitungshinweise für interne Schreiben (Interne Mitteilung der Prokuristin Frau Katrin Breitenbacher an alle Auszubildenden) helfen Ihnen dabei.

Rundmail der Geschäftsleitung zum Thema:

Verhaltensregeln zum internen E-Mail-Verkehr[1]

- Verfassen Sie E-Mails im Stil von Geschäftsbriefen:
  - Anrede
  - Grußformel und
  - Unterschrift (Elektronische Signatur)

  sind im externen E-Mail-Verkehr selbstverständlich und höflich im internen E-Mail-Verkehr.
- Formulieren Sie den **Betreff aussagekräftig**.
- Verfassen Sie Ihre E-Mails **kurz** und **präzise**.
- Überprüfen Sie **Rechtschreibung** und **Grammatik**.
- Passen Sie Ihren **Schreibstil** den **Gepflogenheiten** des Unternehmens für den internen Schriftwechsel an.

[1] Vgl. z. B. *Vaske, H.* (2009), 14 Regeln für den E-Mail-Verkehr, in: Computerwoche, 12.08.2009, in: http://www.computerwoche.de/a/14-regeln-fuer-den-e-mail-verkehr,595979 vom 04.12.2013.

Interne Mitteilung

An:	alle Auszubildenden
Von:	Katrin Breitenbacher/Prokuristin
Thema:	Generelle Bearbeitungshinweise für interne Schreiben
Datum:	02.10.20..

Liebe Auszubildenden,

wir haben festgestellt, dass die Mitarbeiter*innen unseres Unternehmens die internen Schreiben nicht immer zufriedenstellend verfasst haben. Deshalb erhalten Sie einige Bearbeitungshinweise zum Gestalten von internen Schreiben:

Da es keine Regelungen in der DIN 5008 für interne Mitteilungen gibt, ist dies lediglich eine Festlegung für unser Unternehmen. Wir haben – ähnlich wie bei einem Protokoll – einen Bereich für Kopfangaben erstellt. Die Bezeichnung „Interne Mitteilung" ist als „Name des Schriftstücks" variabel und von dem Zweck bzw. den Inhalten der Mitteilung abhängig. Alternativen sind: Hausmitteilung, Rundschreiben, Aushang, Aktenvermerk u. Ä.

Verwenden Sie inhaltlich die Leitwörter **An – Von – Thema – Datum**.

Für den eigentlichen Text beachten Sie bitte folgende Bearbeitungen:

- **Texterfassung im Fließtext**
- **Überarbeitung des Textes mit Silbentrennung und Blocksatz**
- **normgerechte Absatzgestaltung**

Auf eine Anrede bzw. einen Gruß darf im internen Schriftverkehr verzichtet werden. Die Namen der Unterzeichnenden sind maschinenschriftlich mit ausreichendem Abstand (siehe unten) zu vermerken. Sollte eine Anlage mitgeschickt werden, muss auch der Anlagenvermerk – wie im Geschäftsbrief – angegeben werden.

Wir hoffen, dass Ihnen diese Angaben bei Ihren Bearbeitungen weiterhelfen.

Mit freundlichen Grüßen
•
• } mind. 3 Leerzeilen als Unterschriftsraum
•
Katrin Breitenbacher

2.4.2 Aufgabe „E-Mail zum Verlaufsprotokoll“

Übung

Arbeitsanweisungen

- Öffnen Sie ein neues Dokument und speichern Sie es unter **E-Mail_zum_Verlaufsprotokoll_Name**.
- Verwenden Sie Arial, Schriftgröße 11.
- Erstellen Sie folgende Maske mit den entsprechenden Formatierungen für die E-Mail:

Sie können eine E-Mail im Adressfeld an einen oder mehrere gemeinsame, gleichberechtigte Empfänger*innen adressieren.

Als Verteiler können Sie in die elektronischen Verteilerfelder Cc (sichtbar) und Bcc (unsichtbar) weitere Empfänger*innen eintragen.

An:	
Cc:	
Bcc:	
Betreff:	
Anhang:	

- Verwenden Sie als E-Mail-Adresse des Geschäftsführers **m.blau@bluedesign.de**.
- Fügen Sie das Verlaufsprotokoll als Anhang bei.
- Ihre E-Mail soll folgendes beinhalten:
  - Protokoll fertiggestellt
  - als Anhang beigefügt
  - Bitte, das Protokoll gegenzulesen
  - bei Bedarf Korrekturen
  - ansonsten unterschreiben
  - Kopie und Verteilung durch Sie
  - Telefonische Rückfragen möglich

¶
Mit freundlichen Grüßen
¶
Blue Design GmbH
¶
Freia Mertens
¶
Telefon: 0621 200103-0 Zentrale
Fax: 0621 200103-99
E-Mail: info@bluedesign.de
Internet: www.bluedesign.de
¶
Postanschrift: Heidelberger Landstraße 51, 68199 Mannheim
Geschäftsführer: Matthias Blau
Handelsregister: HRB 1255

Bitte übernehmen Sie gemäß DIN 5008 nebenstehenden Briefabschluss (mit dem Beispiel für die automatische Signatur des Unternehmens), der für E-Mails vorgesehen ist.

- Speichern Sie bitte Ihr Ergebnis.

2.4.3 Aufgabe „Schriftstücke und Dokumente verwalten"

Situation

Sie sind Auszubildende*r in der Blue Design GmbH, Mannheim, ein Unternehmen, das in der Werbung tätig ist. Das Unternehmen hat 200 Mitarbeiter*innen, davon 12 Auszubildende.

Sie sind zurzeit in der Abteilung Printmedien tätig. Unternehmen nutzen Printmedien meistens, um entweder eine direkte Werbebotschaft zu übertragen oder eine Übersicht über die eigene Produktpalette zu bieten. Printmedien, die von der Blue Design GmbH hergestellt werden, sind Flyer (zweiseitig bedrucktes Papiermedium), Folder (mehrseitig bedrucktes Papier) und umfangreiche Broschüren. Das individuelle Design, die eingesetzten Materialien (z. B. umweltfreundlich und ressourcenschonend) und die Kreativität in der Gestaltung (horizontale/vertikale Faltung, Prägung) sind maßgeblich Erfolgskriterien.

Die Abteilung Printmedien wird von Herrn Hausmann geleitet. Herr Hausmann hat Sie gebeten, eine Übersicht zur papierhaften Ablage zu erstellen. Sie sollen helfen, neuen Mitarbeiter*innen oder Auszubildenden die Registratur in dieser Abteilung zu erläutern. Da er die nächsten beiden Tage eine Kundin im Ruhrgebiet besucht, haben Sie ihm vorgeschlagen, dass Sie die tabellarische Übersicht für die papierhafte Ablage fertigstellen und ihm per E-Mail (j.hausmann@bluedesign.de) zuschicken. In der dazugehörigen E-Mail legen Sie ihm kurz die Idee zur Gestaltung der Tabelle dar.

Sie haben sich bereits einige Notizen gemacht, die Sie als Grundlage für die Gestaltung der Tabelle nutzen wollen.

Vorgefundene Schriftstücke der Abteilung Printmedien

- Werbung, unverlangte Angebote, Einladungen
- ausgehende Anfragen
- ausgehende Angebote
- eingehende Auftragsbestätigungen
- eingehende Angebote
- eingehende Anfragen
- ausgehende Bestellungen
- ausgehende Entwürfe für Aufträge (zur Diskussion der Entwürfe werden die Entwürfe ausgedruckt und mit Anmerkungen versehen)
- eingehende Bestellungen
- Fertige Flyer, Folder und Broschüren
- Auftragsbestätigungen an Kund*innen
- Eingangsrechnungen für Materialien (Kopie in Lieferantenordner)
- Preislisten, Kataloge der Lieferanten
- Ausgangsrechnungen für Aufträge (Kopie in den Ordner)
- Preisliste der Blue Design GmbH für Printmedien

Ablageorte

Die Abteilung Printmedien hat eine große Stammkundschaft, die persönlich von Mitarbeiter*innen betreut werden. Die zuständigen Mitarbeiter*innen bearbeiten die Aufträge von Kund*innen von der ersten Anfrage bis hin zur Rechnungserstellung. Die Unterlagen werden am Arbeitsplatz in Hängeregistraturen pro Kund*in gelagert. Ist ein Auftrag abgeschlossen, wird er in der Abteilungsablage in Stehordnern deponiert.

Die Abteilung ordnet ihre Stammkundschaft den Mitarbeiter*innen alphabetisch zu:

Frau Öztürk	Ordner mit den Anfangsbuchstaben A bis F
Herr Teller	Ordner mit den Anfangsbuchstaben G bis L
Herr Salecker	Ordner mit den Anfangsbuchstaben M bis R
Frau Salvagente	Ordner mit den Anfangsbuchstaben S bis Z

Benötigte Materialien (Papier, Druckfarben etc.) werden zentral von Frau Hochgreve besorgt. Auch hier gilt: erst Arbeitsplatzablage in Hängeregistraturen, nach Abschluss Ablage in Stehordnern in der Abteilungsablage.

Aufbewahrungsgründe für die Dokumente in der Abteilung Printmedien

Die Aufbewahrungsgründe basieren auf gesetzlichen und/oder betrieblichen Notwendigkeiten. Werbung o. Ä. wird **nicht aufgehoben. Tageswert** besitzen Schriftstücke wie Einladungen. **Prüfwert** weisen z. B. Preislisten oder Kataloge von Lieferanten auf. Die Abteilung Printmedien hat festgelegt, dass es sinnvoll ist, auch nicht zustande gekommene Handelsgeschäfte für Prüfzwecke bis zu einem Jahr am Arbeitsplatz aufzubewahren. **Gesetzeswert** besteht für Handelsbriefe (z. B. Anfragen und Angebote mit Auftragsfolge, Bestellungen) und Buchungsbelege (z. B. Rechnungen). Laut Gesetzgeber sind sie **6 Jahre** aufzuheben.

Sonstiges

Die erstellten Produkte (Flyer, Folder oder Broschüren) haben in der Regel Formate bis zu A4, sind aber auch in Übergrößen vorhanden. Sie werden je nach Größe stehend in Ordnern oder liegend in Schubladen aufbewahrt. Auch diese sind alphabetisch nach Kund*innen sortiert. Es hat sich als sinnvoll erwiesen, diese Produkte zwei Jahren aufzubewahren. Danach stehen sie nur noch in digitalisierter Form zur Verfügung.

Ein- und Ausgangsrechnungen werden als sachlich richtig abgezeichnet und in Kopie abgeheftet. Die Originale gehen weiter an die Abteilung Rechnungswesen.

Übung

Arbeitsanweisungen

1. Teil: Erstellen der Tabelle zur papierhaften Registratur

- Öffnen Sie in Word ein neues Dokument. Speichern Sie es unter dem Namen **Tabelle_Registratur_Name**.
- Formatieren Sie die Seitenränder **schmal**.
- Erstellen Sie eine Tabelle für die papierhafte Ablage in der Abteilung.
- Mögliche Spaltenbezeichnungen sind:
  - Dokumentenart
  - Ablageort
  - Aufbewahrungsgrund
  - Aufbewahrungsdauer

Übung

Arbeitsanweisungen (Fortsetzung)

- Mögliche Zeilenüberschriften sind
  - allgemeine Dokumente
  - Handelsgeschäfte mit Kund*innen
  - Produkte
  - Handelsgeschäfte mit Lieferanten
- Gestalten Sie die Tabelle nach DIN 5008. Aktivieren Sie die automatische Silbentrennung.
- Fügen Sie eine Fußzeile in Arial, 8 Punkt, fett ein:
  - links: Dateiname
  - rechts: bearbeitet durch *eigener Name*
- Speichern Sie Ihr Ergebnis.

2. Teil: Erstellen der Begleit-E-Mail

- Öffnen Sie ein neues Dokument und speichern Sie es unter **E-Mail_Registratur_Name.**
- Verwenden Sie Arial, Schriftgröße 11.
- Erstellen Sie mit der Tabellenfunktion die übliche Maske mit den Kriterien für eine E-Mail (An, Cc, Bcc, Betreff, Anhang).
- Fügen Sie die Datei **Tabelle_Registratur_Name** als Anhang bei.
- Ihre E-Mail soll folgendes beinhalten:
  - Übersicht über papierhafte Registratur fertiggestellt
  - als Anhang beigefügt
  - Bitte, die Tabelle gegenzulesen
  - Kurzbeschreibung und Begründung des Tabellenaufbaus
  - bei Bedarf Korrekturen
  - angemessene Schlussworte
- Beenden Sie die E-Mail – wie üblich – mit Gruß, Firmennamen, eigenem Namen und automatischer Signatur des Unternehmens.
- Fügen Sie in der Fußzeile den Dateinamen ein.
- Speichern Sie bitte Ihr Ergebnis.

2.5 Aufgabe zur Prüfungsvorbereitung „Betriebskindergarten“

Situation

Die letzte Befragung der Mitarbeiter*innen hat ergeben, dass sich 67 % der Mitarbeiter*innen für einen Betriebskindergarten ausgesprochen haben. In der letzten Sitzung haben der Geschäftsführer der Blue Design GmbH, Herr Blau, und die Mitglieder des Betriebsrates, Frau Kettel und Herr Tauber, entschieden, über einen Fragebogen die genauen Bedürfnisse und Wünsche der betroffenen Eltern sowie konkrete organisatorische Fragen zu klären.

Herr Tauber bittet Sie, eine interne Mitteilung an Herrn Blau und Frau Kettel zu schreiben, in der Sie über den Sachverhalt informieren. Den Fragebogen für die Mitarbeiter*innen entwerfen Sie nach seinen Anweisungen und fügen ihn der Mitteilung bei.

Informationen zum Aufbau und zur Gestaltung von internen Schreiben können Sie auf Seite 89 nachlesen.

Übung

Arbeitsanweisungen

1. Teil: Erstellen der internen Mitteilung

- Öffnen Sie ein neues Dokument und ändern Sie den rechten Seitenrand auf 1 cm. Speichern Sie das Dokument unter dem Namen **Interne_Mitteilung_Betriebskindergarten_Name**.

DIGITAL+

- Fügen Sie das Logo der Blue Design GmbH ein und positionieren Sie es im oberen Bereich des Dokumentes.
- Verwenden Sie für die Kopfangaben **An – Von – Thema – Datum** die Tabellenfunktion.
- Füllen Sie die Kopfangaben gemäß der Situationsbeschreibung vollständig aus. Beachten Sie, dass die Gleichstellungsbeauftragte der Blue Design GmbH, Frau Mallmanns, zum Empfängerkreis gehört.
- Berücksichtigen Sie beim Formulieren des Sachverhaltes folgende inhaltliche Aspekte:
  - Entwurf „Fragebogen Betriebskindergarten“ wird beigefügt
  - der Anteil der Mitarbeiter*innen für die Betreuung eines Kindes liegt bei ca. 400 EUR
  - für Geschwisterkinder ist eine Ermäßigung vorgesehen
  - die Höhe der Ermäßigung muss noch festgelegt werden
  - geplantes Zusatzangebot: Sporterziehung, Musikunterricht, Pflanzenkunde und Sprachunterricht
  - bei der Auswahl des Sprachangebotes sollen die Wünsche der Mitarbeiter*innen einfließen
  - bitten Sie um Durchsicht des Fragebogens und um Mitteilung von Ergänzungen bzw. Änderungswünschen bis zur nächsten Monatssitzung (Termin selbst bilden)

DIGITAL+

- Fügen Sie an geeigneter Stelle ein zum Thema passendes Bild oder eine Onlinegrafik ein.
- Erstellen Sie einen normgerechten Abschluss Ihrer internen Mitteilung mit Gruß, Namenswiederholung und Anlagenvermerk.
- Speichern Sie die komplette Bearbeitung erneut unter dem vorgegebenen Namen.

Übung

Arbeitsanweisungen (Fortsetzung)

2. Teil: Erstellen des Fragebogens

- Öffnen Sie die Datei **Fragebogen_Betriebskindergarten**.
- Verwenden Sie die Schriftart Arial, 10 Punkt, soweit nichts anderes angegeben.
- Fügen Sie über der Tabelle das Logo der Blue Design GmbH ein.
- Erstellen Sie zwischen dem Logo und den bereits vorhandenen Angaben in WordArt den Text **Fragebogen zum Betriebskindergarten**. Verwenden Sie eine blaue Farbe.
- Achten Sie auf normgerechte Absatzgestaltung.
- Fügen Sie an einer geeigneten Position ein passendes grafisches Element ein.
- Setzen Sie hinter die Angabe „Mitarbeiter*in:" ein geeignetes Formularfeld und hinter der Angabe „Abteilung:" ein Formularfeld für die Auswahlmöglichkeiten der Abteilungen: Corporate Design, Printmedien, Events/Messen, Digitale Medien/Internet, Verwaltung.
- Erfassen Sie nachfolgende Texte (in Fettdruck) in der **ersten Spalte**:

  Zeile 1: Besteht Interesse an der Einrichtung eines Betriebskindergartens?
  Zeile 2: Anzahl der zu betreuenden Kinder
  Zeile 3: Altersgruppe der zu betreuenden Kinder
  Zeile 4: Betreuungszeit
  Zeile 5: Verpflegungswunsch
  Zeile 6: Zusatzangebot
  Zeile 7: Besondere Anregungen/Wünsche
  Zeile 8: Datum, Unterschrift

- Verändern Sie für alle Zeilen die Zeilenhöhe auf 1,5 cm. Zentrieren Sie alle Zellen vertikal.
- Erfassen Sie in der ersten Zeile in Spalte 2 den Text ja und in Spalte 3 den Text nein. Vor beide Texte fügen Sie ein Ankreuzkästchen als Formularfeld ein und zentrieren Sie beide Zellen horizontal.
- Verbinden Sie in Zeile 2 Anzahl der zu betreuenden Kinder die Spalten 2 und 3 und fügen Sie ein geeignetes Formularfeld ein.
- Fügen Sie in den **Spalten 2 und 3** für folgende Zeilen Formularfelder (Ankreuzkästchen) ein:

  Zeile 3: Altersgruppe der zu betreuenden Kinder
  Zeile 4: Betreuungszeit
  Zeile 5: Verpflegungswunsch
  Zeile 6: Zusatzangebot

- Verbinden Sie in Zeile 7 und 8 die Spalten 2 und 3 und fügen Sie ein geeignetes Formularfeld ein.
- Schützen Sie das Formular und speichern Sie es mit den Änderungen.

2.6 Präsentation „Stressbewältigung"

Situation

In Ihrem Unternehmen, der Blue Design GmbH in Mannheim, wird sehr viel Wert auf ein gutes, angenehmes Betriebsklima und optimale Arbeitsbedingungen zur Förderung der Motivation gelegt. Wie überall auch in Ihrem Unternehmen das Thema **Stress** in aller Munde: Stress durch Überforderungen im privaten und beruflichen Umfeld. Körper und Psyche streiken, wenn man sich den Belastungen nicht mehr gewachsen fühlt. Meist sind es viele Faktoren aus mehreren Lebensbereichen, die zu einem gestörten Gleichgewicht führen.

Ihre Vorgesetzte, Frau Katrin Breitenbach, bittet Sie, mithilfe einer PowerPoint-Präsentation einige Vorschläge zur Stressbewältigung zusammenzustellen. Auf der Besprechung mit allen Mitarbeitenden im nächsten Monat sollen Sie die PowerPoint-Präsentation mit Ihren Vorschlägen zur Stressbewältigung vorstellen.

Inhalte

- Einführung ins Thema
- kurze Auflistung möglicher Stressfaktoren
  *(siehe Exkurs PowerPoint Aufgabe 2 **Präsentation Stress** Seite 22 ff.)*
- Vorschläge und Tipps zur Stressbewältigung
- **Mögliche Informationsquelle**: Broschüre der Barmer GEK, Berlin, www.barmer-gek.de/104282

Bearbeitungshinweise zur Gestaltung

DIGITAL+

- Firmennamen und Logo
- Hintergrundgestaltung
- Fußzeilenbeschriftung (Thema linksbündig – Datum zentriert – Foliennummern rechtsbündig)
- Einsatz von grafischen Elementen
- weitere Gestaltungen nach freier Wahl
- Folienübergänge
- angemessene Animationen
- jeweils 1 Leerfolie am Anfang und am Ende

DIGITAL+

Endbearbeitung

- Speichern Sie die Bearbeitung unter dem Namen **Präsentation_Stressbewältigung_Name**.
- **Umfang**: maximal 4 Folien
- Fertigen Sie einen einseitigen Handzetteldruck an.

Tipp

Um beim Präsentations-Start nicht „mit der Tür ins Haus zu fallen", kann eine „Leerfolie" an den Anfang gesetzt werden. Diese Leerfolie kann mit der Hintergrundfarbe der nachfolgenden Präsentation übereinstimmen, sollte aber ansonsten keine Bestandteile zur Firma bzw. zum Thema enthalten. Sie kann auch durch eine schwarze Farbe deutlich als „Leerfolie" gekennzeichnet sein. Auch an das Ende einer Präsentation kann eine solche „Leerfolie" angehängt werden.

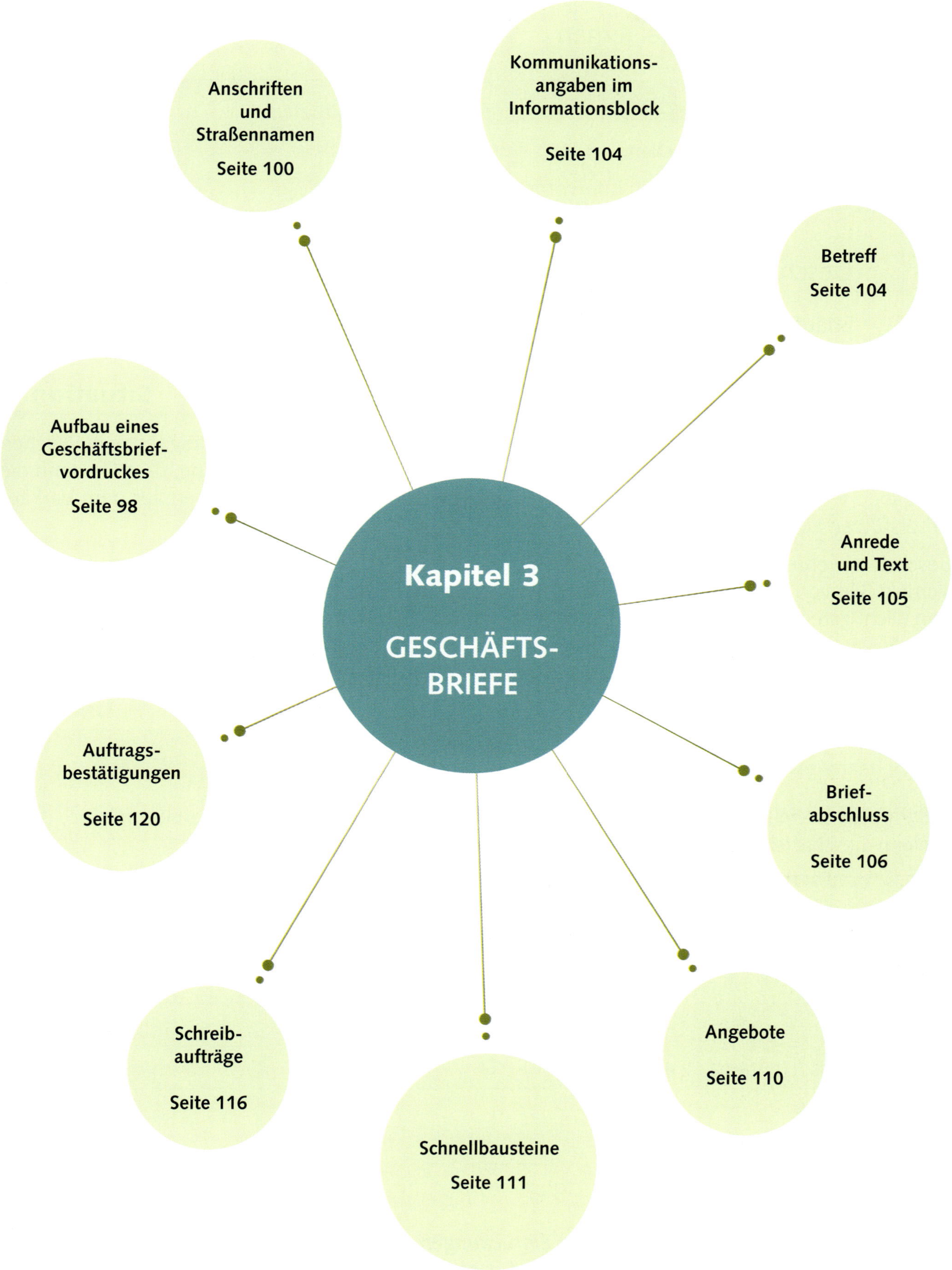
Kapitel 3
GESCHÄFTS-
BRIEFE
Aufbau eines
Geschäftsbrief-
vordruckes
Seite 98
Anschriften
und
Straßennamen
Seite 100
Kommunikations-
angaben im
Informationsblock
Seite 104
Betreff
Seite 104
Anrede
und Text
Seite 105
Brief-
abschluss
Seite 106
Angebote
Seite 110
Schnellbausteine
Seite 111
Schreib-
aufträge
Seite 116
Auftrags-
bestätigungen
Seite 120

3 Geschäftsbriefe

Was Sie in diesem Kapitel lernen

Information

- Schreibweisen von Straßennamen, Anschriften und Kontaktdaten
- Aufbau von Briefvordrucken
- Normgerechte Nutzung von Briefvordrucken

3.1 Geschäftsbriefvordruck

3.1.1 Erläuterungen

3.1.1.1 Briefkopf mit Firmenangaben

Situation

Sie sind als Auszubildende*r in der Abteilung Verkauf der Müngsten GmbH tätig. In zwei Wochen geht eine Kollegin in den Mutterschutz. Ihre Chefin, Frau Müller, möchte gerne, dass Sie dann die Aufgaben fertiggestellt haben und dass Sie die verbleibenden Mitarbeiter*innen aus dem Verkauf unterstützen können.

Besonders werden Kenntnisse zum Verfassen von Geschäftsbriefen von Ihnen verlangt. Damit Sie sich ein Bild von der neuen Aufgabe machen können, hat Frau Müller Ihnen einen Musterbrief mit den wichtigsten Bestandteile eines Geschäftsbriefs überreicht (siehe nächste Seite). Sie sollen zuerst eine Aufstellung der Bereiche und Tätigkeiten anfertigen, die Sie noch nicht kennen/können, die aber notwendig sind, um in Ihrer Abteilung Angebote, Auftragsbestätigungen usw. zu verfassen.

Übung

Arbeitsanweisungen

Sammeln Sie mithilfe der abgebildeten Checkliste die Dinge, die Sie noch lernen müssen, um einen Geschäftsbrief selbstständig erstellen zu können.

Checkliste	
❑	❑
❑	❑
❑	❑
❑	❑

DIN 5008

Einrückungen

In der Geschäftskorrespondenz dienen Einrückungen zur besonderen Hervorhebung von Textteilen. Achten Sie darauf, dass Sie vor und nach einer Einrückung jeweils eine Leerzeile einrichten. Sie können bei einer Einrückung die Textteile entweder zentrieren oder auf 2,5 cm verschieben. Zusätzlich dürfen Einrückungen durch Farbe und/oder Fettdruck gestaltet werden.

Musterbrief mit den wichtigsten Bestandteilen eines Geschäftsbriefes
(Geschäftsbriefvordruck, Form B, mit tiefgestelltem Anschriftenfeld)

Bürobedarf **Müngsten** GmbH

Kopfzeile mit Firmennamen und Logo

¶
¶
¶
¶
Müngsten GmbH ♦ Aggerstraße 7 ♦ 40474 Düsseldorf
Frau
Erika Liebermann
Hauptstraße 38
46149 Oberhausen
¶
¶

Ihr Zeichen:
Ihre Nachricht vom: TT.MM.JJJJ
¶
Unser Zeichen: mül
Unsere Nachricht vom:
Name: Frau Müller
¶
Telefon: 0211 7654-123
E-Mail: info@muengsten.de
Internet: www.buero-muengsten.de
¶
Datum: TT.MM.JJJJ

Infoblock[1]

Ihre Anfrage ← Betreff
¶
¶
Sehr geehrte Frau Liebermann,
¶
Ihr Interesse an unserem Sortiment freut uns sehr. Gern senden wir Ihnen ein Angebot über

Artikelnummer: 73 874, Artikelbezeichnung: Bürostuhl *Disposa*
Preis pro Stück: 179,00 EUR inkl. MwSt.
¶
Sie zahlen innerhalb von 30 Tagen. Bei vorzeitiger Zahlung innerhalb von 14 Tagen räumen wir Ihnen 3 % Skonto ein.
¶
Bitte erteilen Sie uns Ihren Auftrag.
¶

Anrede und Brieftext

Mit freundlichen Grüßen
¶
Bürobedarf Müngsten GmbH
¶
¶
¶
i. A. Müller

Briefabschluss

[1] Der Infoblock kann variabel gestaltet werden. Leitwörter können entfernt bzw. ergänzt werden. So können z. B. auch Leitwörter wie „Vorgangsnummer, Geschäftszeichen“ oder „Sachbearbeiter*in“ verwendet werden.

Die Angaben sollten mit Leerzeilen gruppiert werden.

HRB 2244 Amtsgericht Düsseldorf **USt-IdNr. DE 147 000 234**	**Geschäftsführer** **Dr. Robert Müngsten**	**Tel.: 0211 7654-0 Zentrale** **Telefax: 0211 7654-40** **Internet-Adresse:** **www.buero-muengsten.de**	**Volksbank Düsseldorf-Neuss e. G.** **IBAN DE99 3016 0213 2407 7254 28** **BIC GENODED1DNE**

mit Geschäftsangaben

3.1.1.2 Anschriftfeld

3.1.1.2.1 Aufbau von Anschriften

3.1.1.2.1.1 Erläuterungen

DIN 5008

Anschriften

Das Feld für Anschriften besteht aus zwei Bereichen:

- ***einer Zusatz- und Vermerkzone mit integrierter Rücksendeangabe (5 Zeilen) und***
- ***einer Anschriftzone (6 Zeilen)***

Zusatz- und Vermerkzone: Die ersten fünf Zeilen in Schriftgröße 8 (in Ausnahmefällen auch Schriftgröße 6) beinhalten an oberster Position die Rücksendeangaben und danach folgend postalische Zusätze und Vermerke. Die gesamte Zone ist ohne Leerzeile zur Anschrift zu positionieren.

Anschriftzone: Die darauffolgenden 6 Zeilen in Schriftgröße des Brieftextes (in der Regel 11 oder 12 Punkt, in Ausnahmefällen auch 10 Punkt) stehen für Empfängerbezeichnung, Postfach mit Nummer (Abholangabe) oder Straße und Hausnummer (Zustellangabe) sowie Postleitzahl und Bestimmungsort zur Verfügung.

Bei Platzmangel darf die jeweils andere Zone mitgenutzt werden.

Privatanschrift

Beispiel	Angaben von Absender*innen und Empfänger*innen	
5.		
4.		
3.		
2. Gabriele Knapp, Goethestraße 1, 46047 Oberhausen	einzeilige Rücksendeangaben der Absender*innen (Schriftgröße 8)	
1. Einschreiben	Postalische Zusätze und Vermerke	
1. Herrn Oberstaatsanwalt	Anrede/Berufsbezeichnung	
2. Prof. Dr. Hermann Seiler	Akademische Grade/Name	
3. Buchstraße 7	Postfach oder Straße und Hausnummer	kann sich verschieben
4. 46047 Oberhausen	Postleitzahl und Bestimmungsort	
5.		
6.		

Firmenanschrift

Beispiel	Angaben von Absender*innen und Empfänger*innen	
5.		
4.		
3.		
2. Gabriele Knapp, Goethestraße 1, 46047 Oberhausen	einzeilige Rücksendeangaben der Absender*innen (Schriftgröße 8)	
1. Eilbrief	Postalische Zusätze und Vermerke	
1. Bürobedarf Müngsten GmbH	Firmenbezeichnung	
2. Verkauf	evtl. Abteilung	
3. Frau Müller	evtl. Anrede/Akademische Grade/Name	kann sich verschieben
4. Aggerstraße 7	Postfach oder Straße und Hausnummer	
5. 40474 Düsseldorf	Postleitzahl und Bestimmungsort	
6.		

Information

Privatpost, die Sie an ein Unternehmen versenden, kennzeichnen Sie dadurch, dass Sie zuerst den Namen der Empfänger*innen und dann die Firmenbezeichnung schreiben. Dadurch machen Sie deutlich, dass der Brief ausschließlich von den Empfänger*innen geöffnet werden darf. Die Zusätze „Persönlich“ oder „Vertraulich“ sind nicht notwendig.

Musteranschriften[1]

Die Ziffern vor dem Zeilenanfang zeigen die jeweilige Position im Anschriftenfeld. Sie werden nicht mitgeschrieben.

5 4 3 2 Kim Soltau, Bremer Gasse 2, 27749 Delmenhorst 1 Einwurf-Einschreiben 1 Herrn Rechtsanwalt 2 Dr. Otto Freiherr von Bergheim 3 Schöneberger Ufer 22°//° W 54 4 10785 Berlin 5 6	5 4 3 2 Bürobedarf Müngsten GmbH, Aggerstraße 7, 40474 Düsseldorf 1 Express 1 Jacob & Söhne GmbH 2 Herrn E. Brückner M. A. 3 Josefshofer Straße 5 - 7 4 14197 Berlin 5 6
5 4 3 2 Finanzamt Wimersdorf, 10702 Berlin 1 Bei Umzug mit neuer Anschrift zurück! 1 Frau Melanie Schneider 2 Frau Laura Schneider-Vogt 3 Forckenbeckstraße 21 4 14199 Berlin 5 6	5 4 3 2 STANDARD-Werke AG, Postfach 40 96 37, 93054 Regensburg 1 vorab per Telefon 1 Lack- und Farbwerke 2 Dr. Anni Sendler AG 3 Abt. DM 412/16 4 Frau Dr. Gertrud Sandemann 5 Postfach 9 08 80 6 60448 Frankfurt

3.1.1.2.1.2 Übungsaufgabe „Anschriften“

Übung

Arbeitsanweisungen

- Öffnen Sie eine leere Datei und speichern Sie diese unter **Anschriften_Name**. Ordnen und gestalten Sie die Anschriften der nächsten Seite normgerecht.
- Verwenden Sie für die Gestaltung der Anschriftfelder die Tabellenfunktion in Word. Stellen Sie jeweils 2 Anschriften nebeneinander dar! Die Breite des Anschriftenfeldes beträgt 8,5 cm.

  Beispiel:

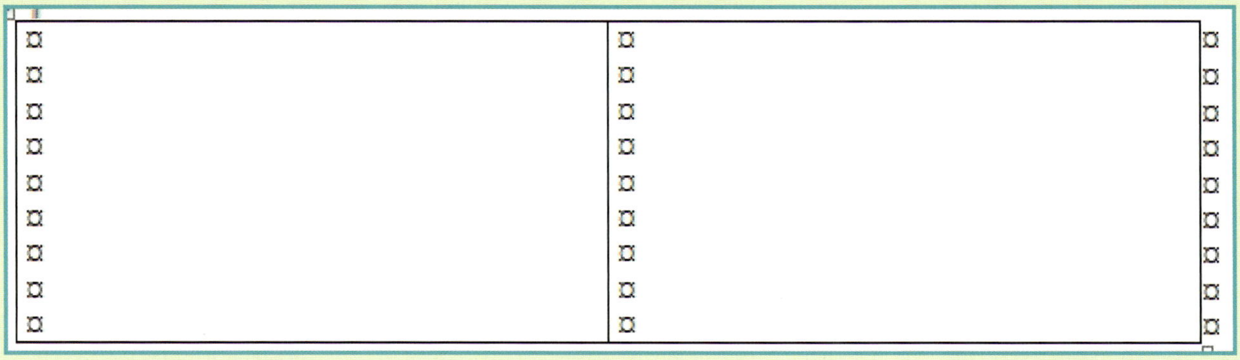

[1] vgl. Anhang D der DIN 5008:2020-04, S. 71 ff.

Übung

Arbeitsanweisungen (Fortsetzung)

- Ergänzen Sie die Rücksendeangabe der Absender*innen, des absendenden Unternehmens bzw. der absendenden Institution selbständig.
- Schreiben Sie die Postfachnummern gemäß DIN 5008 (von rechts beginnend zweistellig gegliedert).
  1. 38108 Braunschweig – Kaufhaus REGO – Express – Herrn Lothar Schmidt – Theodor-Heuss-Allee 177 a
  2. 40668 Krefeld – Herrn Thomas Biermann M. Sc. – Postfach 341249 – Büromarkt Biermann GmbH (Persönliches Schreiben für Herrn Biermann)
  3. Bauvereinsstraße 15 – Nicht nachsenden! – OT Gostenhof – 90429 Nürnberg – Sven Kauschke e. K. (Ortsteilnahmen (OT) dürfen in einer einzelnen Zeile oberhalb der Postfach- bzw. Straßenzeile stehen)
  4. Postfach 93919 – Büromöbelfabrik Thüringen AG – Frau Dr.in Eva Schulz – 99084 Erfurt
  5. Stadt Gera – Postfach 933939 – Herrn/Frau Dr*in Bauer – Hochbauamt – 07545 Gera – Einschreiben Einwurf (unbekannte Geschlechtszugehörigkeit der/des Angeschriebene*n)
  6. Frau Rechtsanwältin Sabine Menne – Anwaltskanzlei Matzek, Menne und Partner*innen – Potsdamer Landstraße 1 – 12683 Berlin – Nicht nachsenden!
- Speichern Sie Ihr Ergebnis.

3.1.1.2.2 Straßennamen

3.1.1.2.2.1 Erläuterungen

Information

Schreibweise von Straßennamen

Straßennamen bestehen in der Regel aus einem Bestimmungswort und einem Grundwort. Bestimmungswörter stellen den eigentlichen Straßennamen dar: ***Haupt***straße, ***Bäcker***gasse u. Ä. Grundwörter sind die Bezeichnungen: ***Straße***, ***Weg***, ***Allee***, ***Gasse*** usw.

Regel 1 Sind diese Bestimmungswörter in ihrer Grundform vorhanden, wird bei Straßennamen die Schreibweise „zusammen" angewandt.

Regel 2 Werden die Bestimmungswörter erweitert, dann muss die getrennte Schreibweise genutzt werden. Beispiel: Münchener Markt, Grüner Weg, Hohe Straße usw.

Regel 3 Bei Straßennamen wie „An der Langen Mauer" werden alle Wörter groß geschrieben. Ausnahme ist der Artikel!

Regel 4 Werden mehrere Namen zu einem Straßennamen aneinandergereiht, so werden sie durch Bindestrich (ohne Leerschritte) verbunden: Willy-Brand-Straße.

Beispiele für die Schreibweise von Straßennamen

zusammen Regel 1 →←	**getrennt** Regel 2 und Regel 3 ←→	**mit Bindestrich** Regel 4 –
Neuweg	Neuer Weg	Nadine-Neu-Weg
Altmarkt	Alter Markt	Franz-Alt-Markt
Duisbergstraße	Neue Duisberger Straße	Carl-Duisberg-Gasse
Uferstraße	An dem Steilen Ufer	Freiherr-vom-Ufer-Straße

3.1.1.2.2.2 Übungsaufgabe „Straßennamen"

Übung

Arbeitsanweisungen

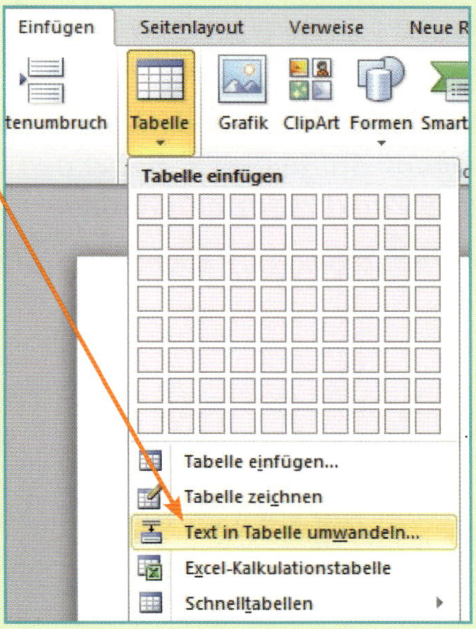

- Öffnen Sie die Datei **Straßennamen**.
- Wandeln Sie die Absätze mit den Straßennamen in eine Tabelle um. Markieren Sie dazu die Straßennamen.
- Fügen Sie rechts zwei Spalten **(Kontextmenü: Einfügen – Spalten rechts einfügen)** ein.
- Formatieren Sie die Tabelle folgendermaßen:

  Spaltenbreite: 1. Spalte = 6 cm;
  2. Spalte = 4 cm;
  3. Spalte = 6 cm

  Zeilenhöhe: 1,2 cm

- Zentrieren Sie den Inhalt der Zellen vertikal.
- Fügen Sie oberhalb der Tabelle eine Zeile mit einer Zeilenhöhe von 2 cm ein. Schreiben Sie in die 1. Spalte „Vorgaben", in die 2. Spalte „Regel-Nr." und in die 3. Spalte „Schreibweise". Formatieren Sie die Leitwörter normgerecht.
- Fügen Sie oberhalb eine weitere Zeile (Zeilenhöhe: 2,5 cm) ein. Verbinden Sie die Zellen dieser Zeile und fügen Sie einen passenden Titel ein. Formatieren Sie den Titel angemessen und normgerecht.
- Füllen Sie die Tabelle aus. Wechseln Sie dabei mit der Tabulatortaste von einer in die nächste Zelle. Die Nummern der Regeln entnehmen Sie dem Info-Kasten „Schreibweisen von Straßennamen" auf der vorigen Seite. Zentrieren Sie die Spalte 2.
- Sortieren Sie die Tabelle nach Spalte 2 aufsteigend und danach nach Spalte 1 aufsteigend.
- Richten Sie die gesamte Tabelle zentriert aus.
- Fügen Sie eine dreizeilige Fußzeile mit folgenden Angaben in **Comic Sans MS, 8 Punkt, fett** ein:

  – linksbündig: Name, Vorname
  – zentriert: Datum (automatisiert)
  – rechtsbündig: Dateiname + Pfad (automatisiert)

- Setzen Sie oberhalb eine doppelte Rahmenlinie in Rot.
- Speichern Sie Ihr Ergebnis und vergleichen Sie es mit der Lösung.

3.1.1.3 Kommunikationsangaben

DIN 5008

Informationsblock

Im Informationsblock (kurz Infoblock) können die Kommunikationsangaben ausgehend vom längsten Leitwort mit angemessenem Abstand (mindestens ein Leerzeichen) an einer Fluchtlinie oder unmittelbar hinter dem Leitwort stehen. (Nutzen Sie Tabulatoren!)

Die im Brief verwendete Schriftart und –größe wird auch für die Angaben im Infoblock verwendet. Sollte dies z. B. bei den E-Mail-Angaben nicht ausreichen, kann die Schriftgröße bis auf 8 Punkt reduziert werden.

Der Infoblock darf auch in Privatbriefen genutzt werden.

Beispiel

Beispiel für einen Infoblock

mit Angaben an einer Fluchtlinie

bedarf Müngsten GmbH

Fluchtlinie

Ihr Zeichen:	
Ihre Nachricht vom:	27.11.20..
Unser Zeichen:	mül
Unsere Nachricht vom:	25.11.20..
Name:	Frau Gabriele Müller
Telefon:	02177 7654-123
E-Mail:	mueller@buero-muengsten.de
Internet:	www.buero-muengsten.de
Datum:	28.11.20..

mit Angaben unmittelbar hinter dem Leitwort

ach GmbH

Ihr Zeichen:
Ihre Nachricht vom:

Unser Zeichen: rüs
Name: Frau Sybille Rüsen

Telefon: 0208 5746-147
E-Mail: ruesen@klettersport-bach.de

Datum: 27.11.20..

Kurzzeichen werden klein geschrieben und bestehen aus maximal drei Buchstaben. Hat Frau Rüsen diktiert und Herr Meier geschrieben, so muss das Kurzzeichen wie folgt ergänzt werden: rüs-mei.

3.1.1.4 Briefinhalt (Betreff, Anrede, Brieftext und Briefabschluss)

DIN 5008

Betreff und Teilbetreff

Der Betreff ist eine prägnante stichwortartige Inhaltsangabe des gesamten Briefs (als Teilbetreff einzelner Briefteile).

Der Betreff hält zwei Leerzeilen Abstand zum Infoblock nach oben und zwei Leerzeilen Abstand zur Anrede nach unten. Er wird ohne Punkt geschrieben und darf durch Fettschrift hervorgehoben werden.

Der Teilbetreff (fett) schließt mit einem Punkt. Es folgt der Text, auf den er sich bezieht.

Beispiel

Beispiel für eine Betreffzeile oberhalb des Geschäftsbrieftextes

Datum: TT.MM.JJJJ

¶
¶ } 2 Leerzeilen zum Infoblock
Ihre Anfrage
¶
¶ } 2 Leerzeilen zur Anrede
Sehr geehrte Frau Liebermann,

Beispiel für zwei Teilbetreffzeilen im Geschäftsbrieftext

...¶
¶
Formulierung von Geschäftsbriefen. Formulieren Sie die Sätze in einem Geschäftsbrief kurz und einfach.
¶
Formatieren von Brieftexten. Formatieren Sie den Brieftext als Blocksatz. Vergessen Sie nicht die Silbentrennung!
¶
...¶

DIN 5008

Anrede und Brieftext

*Die Anrede wird durch eine Leerzeile vom folgenden Text getrennt. Neben den Anreden „Sehr geehrte Frau ...,“, „Sehr geehrter Herr ...,“ oder „Sehr geehrte Damen und Herren,“ etablieren sich zunehmend die Verwendung von speziellen Zeichen zum Gendern z. B. „Sehr geehrte Abteilungsleiter*innen,“. Der DIN-Normenausschuss empfiehlt, die Entwicklung der deutschen Rechtschreibung zu beobachten (vgl. DIN 5008:2020-04, S. 52). Bei anderer, offener oder unbekannter Geschlechterzugehörigkeit kann die Anrede demnach auch „Sehr geehrte*r Kim Bertram,“ lauten. Zusätzlich gibt es die Möglichkeit, Anreden geschlechtsneutral zu formulieren „Sehr geehrtes Team der Müngsten GmbH,“ (vgl. ÜberzeuGENDERe Sprache, S. 16 und 23.)*

Der Brieftext wird in sinnvolle Absätze eingeteilt. Der Zwischenraum zwischen zwei Absätzen beträgt eine Leerzeile.

Die Schriftgröße ist im gesamten Geschäftsbrief einheitlich anzuwenden.

Beispiel

Beispiel für Anrede und Brieftext

Ihre Anfrage
¶
¶ } 2 Leerzeilen zum Betreff
Sehr geehrte Frau Liebermann,
¶ 1 Leerzeile zum Brieftext
Ihr Interesse an unserem Sortiment freut uns sehr. Wunschgemäß senden wir Ihnen ein Angebot.

3.1.1.5 Briefabschluss (Gruß, Unternehmensbezeichnung, zwei Unterschriften, Unterschriftszusätze, Anlagen, Verteiler)

DIN 5008

Gruß

Der Gruß (z. B. „Mit freundlichen Grüßen" oder „Mit freundlichem Gruß") wird vom Text durch eine Leerzeile abgesetzt.

Die Bezeichnung des Unternehmens wird nach der Grußformel (1 Leerzeile) wiederholt.

Der Name des Unterzeichnenden wird mit mindestens 3 Leerzeilen nach der Bezeichnung des Unternehmens aufgeführt. Die Vollmacht des Unterzeichnenden (i. A., i. V., ppa.) kann vor der maschinenschriftlichen Namenswiederholung (siehe Beispiel auf der nächsten Seite) oder mittig zwischen Firmenbezeichnung und maschinenschriftlichen Namen (siehe Beispiel unten) aufgeführt werden. Unterzeichnen zwei Personen, werden beide Namen in einer Zeile nebeneinander aufgeführt (siehe Beispiel auf der nächsten Seite).

Unterschriftszusätze

Die verschiedenen Unterschriftenzusätze ermöglichen Außenstehenden zu erkennen, mit welcher Vollmacht die/der Unterzeichnende handelt. In Geschäftsbriefen stehen Unterschriftszusätze vor der maschinenschriftlichen Wiedergabe des Namens.

Es gibt

- ***Art- und Einzelvollmachten (i. A.),***
- ***Allgemeine Handlungsvollmacht (i. V.) und die***
- ***Handlungsvollmacht für Prokura (ppa.)***

Achten Sie auf Leerschritte und Abkürzungspunkte!

Anlagen

Auf eine Anlage wird im Brieftext und im Briefabschluss hingewiesen. Der Anlagevermerk (fett) folgt mit einer Leerzeile den maschinenschriftlichen Angaben des/der Unterzeichnenden. Aus Platzmangel kann das Wort Anlage/-n bei 10 cm beginnend neben den Gruß gestellt werden. Hinweise: 1 Anlage wird vermerkt als „Anlage"; 2 oder mehr Anlagen werden vermerkt als „Anlagen".

Verteiler

Die Verteilerangabe (fett) steht unter dem Anlagenvermerk mit einer Zeile Abstand. Aus Platznot positioniert man den Verteilervermerk bei 10 cm beginnend neben den Gruß. Gibt es einen Anlagenvermerk folgt der Verteilervermerk mit einer Zeile Abstand.

Beispiel

Beispiel für einen Briefabschluss

Wir freuen uns, bald von Ihnen zu hören.
¶
Mit freundlichen Grüßen
¶
Bürobedarf Müngsten GmbH
¶
i. A.
¶
Gabriele Müller
¶
Anlage

Beispiel für einen Briefabschluss mit zwei Unterzeichnenden

Wir freuen uns auf eine gute Kooperation.
¶
Mit freundlichen Grüßen
¶
Bürobedarf Müngsten GmbH
¶
¶
¶
ppa. Holthausen   i. V. Dürrleben

Beispiel für einen Briefabschluss bei Platzmangel

Unser Außendienstmitarbeiter wird sich in den nächsten Tagen bei Ihnen melden.
¶
Mit freundlichen Grüßen   **Anlagen**
¶
Bürobedarf Müngsten GmbH   **Verteiler**
¶   Herr Schneider
¶
¶
i. A. Müller

3.1.1.6 Geschäftsangaben

DIN 5008

Geschäftsangaben bzw. gesellschaftsrechtliche Angaben von Kapitalgesellschaften

Geschäftliche Angaben (z. B. Postanschrift, wenn nicht als Rücksendeangabe oberhalb des Anschriftfeldes angegeben; Geschäftsräume; Nummern der Hauptanschlüsse aller Kommunikationsmittel und Bankverbindungen) stehen in der Fußzeile. Für Rechnungen sind auch steuerrechtliche Angaben (Steuer-Nr. bzw. USt-IdNr.) aufzuführen.

Kapitalgesellschaften müssen zusätzlich noch folgende Angaben in der Fußzeile machen:

Firmenname und Rechtsform, Sitz der Gesellschaft, USt-IdNr., Vorstandsmitglieder bzw. Geschäftsführer*innen, Vorsitzende*r des Aufsichtsrats, eingetragen beim Amtsgericht Ort, HRB-Nummer.

3.1.2 Aufgabe „Geschäftsbriefvordruck“

Situation

Eine Woche ist vergangen. Sie haben sich intensiv mit der normgerechten Gestaltung eines Geschäftsbriefes auseinandergesetzt. Ihre Chefin, Frau Gabriele Müller, freut sich darüber. Ihr kommt es ganz gelegen, dass Sie schon so fit sind. Sie bittet Sie, ihr zu helfen. Das Unternehmen Klettersport Bach GmbH hat eine Anfrage gestellt. Das Angebot dazu muss heute (28.11.20..) noch raus. Frau Müller hat Ihnen den Brieftext (siehe Arbeitsanweisung) schon vorgeschrieben. Die Anfrage, auf die sich das Angebot beziehen soll, hat sie Ihnen dazugelegt. Sie machen sich sofort an die Arbeit, um das Angebot fertigzustellen.

Klettersport Bach GmbH

Ihr Zeichen:
Ihre Nachricht vom:

Klettersport Bach GmbH ♦ Bachstraße 23 ♦ 46047 Oberhausen
Müngsten GmbH
Aggerstraße 7
40474 Düsseldorf

Unser Zeichen: rüs
Name: Frau Sybille Rüsen

Telefon: 0208 5746-147
E-Mail: ruesen@klettersport-bach.de

Datum: 27.11.20..

Anfrage

Sehr geehrtes Team der Müngsten GmbH,

unser Unternehmen beabsichtigt, eine Filiale in Düsseldorf zu eröffnen. In dieser Filiale ist ein BackOffice mit zwei Arbeitsplätzen auf 35 qm geplant. Jeder Arbeitsplatz soll mit einem Schreib- und einem Computertisch ausgestattet sein. Unser Kundenstamm ist umweltbewusst und auch wir legen Wert auf eine umweltfreundliche Ausstattung. Wir bitten um ein entsprechendes Angebot.

Da wir unsere Filiale schon im Februar eröffnen, sind wir auf eine kurzfristige Lieferung angewiesen.

Sicher können Sie uns ein passendes Angebot unterbreiten.

Mit freundlichen Grüßen

Klettersport Bach GmbH

i. A.

Sybille Rüsen

HRB 1284 Amtsgericht Duisburg
USt-IdNr. DE 142 000 132

Geschäftsführerin
Frederike Bach

Tel.: 0208 5746-0 Zentrale
Internet-Adresse:
www.klettersport-bach.de

Volksbank Rhein-Ruhr
IBAN DE99 3506 0386 6788 9990 32
BIC GENODED1VRR

Beispiel

Arbeitsanweisungen

- Öffnen Sie den **Geschäftsbriefvordruck_Müngsten_GmbH** und speichern Sie diesen unter dem Namen **Angebot_Klettersport_Bach_Name**.

- Verwenden Sie Arial, 11 Punkt.

- Übernehmen Sie alle Angaben aus der Anfrage der Klettersport Bach GmbH, die Sie für das Angebot brauchen. Die Anfrage ist am 28.11.20.. eingegangen. Sie erstellen das Angebot unverzüglich.

- Weitere Angaben:

  – Ihre Chefin, Frau Müller, hat als Kürzel die ersten drei Buchstaben ihres Nachnamens. Ergänzen Sie normgerecht Ihr eigenes Zeichen (vgl. Seite 104 unten: Kurzzeichen).
  – Ihre Durchwahl ist 123.
  – Frau Müller ist unter der E-Mail-Adresse: müller@buero-muengsten.de zu erreichen.
  – Sie hat Artvollmacht und wird den Brief unterschreiben.

- Der Brieftext lautet:

  „vielen Dank, dass Sie uns die Möglichkeit geben, Ihr Büro einzurichten. Wir revanchieren uns und bieten Ihnen die Büromöbel zu besonders günstigen Konditionen an: **[Absatz]** Unser **Schreibtisch** aus der Linie Ergo-Bamboo besticht durch seine Leichtigkeit. Dabei ist er aus widerstandsfähigem Bambus gefertigt. Bambus ist ein nachwachsender Rohstoff, den wir ausschließlich von einer Bio-Plantage beziehen. Die Jury hat unsere Produktlinie aktuell mit dem Umweltzeichen „Der blaue Engel" ausgezeichnet. Wir können Ihnen diesen Artikel (Nr. 7834-01) zum Preis von 345,00 EUR anbieten. **[Absatz]** Der passende **Computertisch** aus der gleichen Linie hat eine höhen- und seitenverstellbare Tastaturauflage und ist ergonomisch geformt. Diesen Artikel (Nr. 7834-03) bieten wir Ihnen für 249,00 EUR an. **[Absatz]** Die genauen Daten entnehmen Sie dem beiliegenden Prospekt „Umwelt-Linie Ergo-Bamboo". Auf alle Preise gewähren wir 15 % Rabatt. **[Absatz]** Wir liefern vier Wochen nach Ihrer Bestellung frei Haus. Den genauen Liefertermin sprechen wir mit Ihnen telefonisch ab. **[Absatz]** Wir freuen uns, bald von Ihnen zu hören."

- Mit dem Brief soll ein Prospekt „Umwelt-Linie Ergo-Bamboo" versendet werden.

- Speichern Sie Ihr Ergebnis.

Notizen

Was Sie in diesem Kapitel lernen

Information

- Formulierungen für das Erstellen von Angeboten
- Arbeiten mit Schnellbausteinen/Textbausteinen
- Bearbeiten von Schreibaufträgen

3.2 Der Geschäftsbrief am Beispiel eines Angebots

3.2.1 Erläuterungen

3.2.1.1 Aufbau eines Angebots

Angebot

Definition:

Ein Angebot beschreibt, unter welchen Voraussetzungen ein Unternehmen bereit ist, einer bestimmten Person Ware zu liefern oder eine Leistung zu erbringen.

Angebotsformen:

schriftlich, mündlich, telefonisch, per Telefax, per E-Mail

Die Bindung an ein Angebot

- erlischt bei zu später Bestellung (befristetes Angebot)
- wird aufgehoben durch Freizeichnungsklauseln (unverbindlich, ohne Gewähr, ohne Obligo, freibleibend, solange der Vorrat reicht etc.)

Verlangtes Angebot	Unterscheidungskriterium	Unverlangtes Angebot
Der/die Interessierte möchte sich konkret über eine Ware/ein Sortiment informieren. Er/sie versendet eine Anfrage.	← **Anlass** →	Der Lieferant hat aus Werbegründen ein Angebot verschickt.
Beide Parteien wollen, wenn die Bedingungen stimmen, einen Vertrag abschließen.	← **Ziel** →	Der Lieferant möchte seine Waren der Öffentlichkeit zur Kenntnis bringen.
Das Angebot ist verbindlich. Es handelt sich um einen Antrag.	← **Rechtliche Wirkung** →	Das Angebot ist unverbindlich. Es handelt sich um eine Anpreisung.

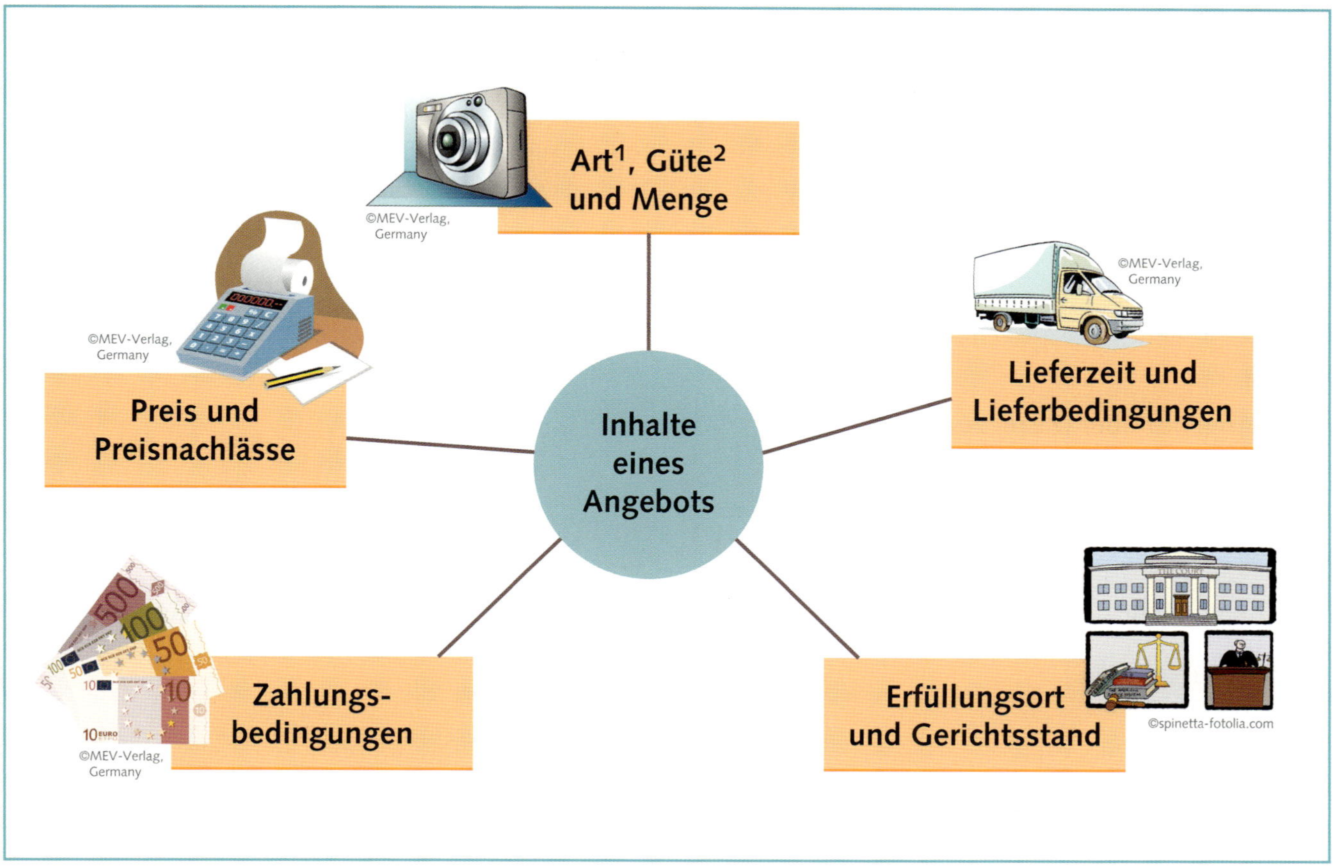

3.2.1.2 Rationelles Arbeiten mit Schnellbausteinen[3]

Situation

Sie schauen Ihrer Kollegin, Frau Sauter, bei der Erstellung eines Geschäftsbriefes über die Schulter. Diese Kollegin tippt einfach irgendwelche Buchstaben-/Zahlenkombinationen in ihren PC ein und – wie von Geisterhand – erscheinen auf einmal ganze Textpassagen. Sie sind begeistert und wollen natürlich wissen, wie so etwas geht. Dabei kann man ja unheimlich viel Zeit sparen!

Frau Sauter erklärt Ihnen, dass es sich um Schnellbausteine handelt. Im Verkauf hat man schon für viele Situationen solche Bausteine in einem Texthandbuch zusammengestellt. Auf einem sogenannten Schreibauftrag werden die gewünschten Passagen notiert. Anhand eines Schreibauftrags wird der Brief schnell und ohne viel Aufwand erstellt.

Sie zeigt Ihnen, wie das geht, und schlägt Ihnen dann vor, eine solche Datei auch für Angebote zu erstellen. Sie hat schon immer wiederkehrende Textpassagen zusammengetragen, die nur noch in Schnellbausteine umgewandelt werden müssen.

Nutzung von Schnellbausteinen

Word bietet Ihnen die Möglichkeit, Textpassagen, die Sie immer wieder in Briefen verwenden, als sogenannte Schnellbausteine zu speichern und über einen Shortcut[4] abzurufen. Sind die Schnellbausteine erfasst und gespeichert, werden sie einzeln über **F3** abgerufen.

---

1 Art = handelsübliche Bezeichnung der Ware
2 Güte = Beschreibung der Qualitätsmerkmale (z. B. Gütezeichen, Handelsklassen)
3 Der Rahmenlehrplan spricht von Textbausteinen in Lernfeld 3.
4 Vgl. Shortcuts im Anhang

Nutzung von Schnellbausteinen

1. Wenn Sie neue Schnellbausteine zu einem bestimmten Thema (z. B. Angebot) erfassen möchten, geben Sie die benötigten Texte und Formulierungen mit den erforderlichen Returnschaltungen untereinander ein:

   Ihre Anfrage

   ¶

   ¶

   ¶

   Angebot über {Bezeichnung der Ware}

   ¶

   ¶

   ¶

   Sehr geehrte Frau {Name},

   ¶

   ¶ usw.

   Fill-In

   Hinweis: Nutzen Sie für die geschweiften Klammern die Tastenkombinationen:

   Alt Gr + 7 ➔ Öffnung {
   Alt Gr + 0 ➔ Schließung }

   Haben Sie alle Schnellbausteine mit den erforderlichen Formatierungen (Fettdruck, Silbentrennung und Blocksatz, Rechtschreibprüfung) eingegeben, können die Schnellbausteine der Reihe nach definiert (gespeichert) werden.

2. Zunächst wird jede variable Angabe (=Fill-in) mit den Klammern markiert und anschließend über Einfügen – Schnellbausteine – Feld – Kategorie (Alle) – Fill-in definiert. Beispiel:

   Angebot über {Bezeichnung der Ware}

   ¶

   ¶

   ¶

   Wenn Sie die Kategorie Fill-in gewählt haben, erhalten Sie über Feldeigenschaften die Aufforderung, den Text für das Fill-in zu vergeben.

   So verfahren Sie mit allen Schnellbausteinen, die ein Fill-in-Feld beinhalten.

   Registerkarte Einfügen – Gruppe Text – Schnellbausteine – Feld

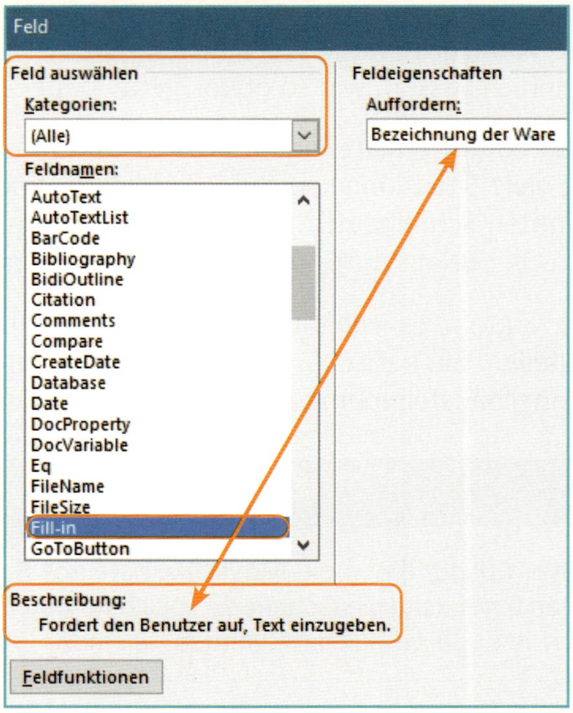

3. Im Anschluss daran werden alle Schnellbausteine einzeln über **Einfügen – Schnellbausteine – Auswahl im Schnellbaustein-Katalog speichern** definiert (gespeichert). Dabei erhält jeder Baustein ein Kürzel. Beispiel:

   Ihre Anfrage

   ¶

   ¶

   ¶

   } ang01

   Wenn Sie in Ihrem Dokument das **Kürzel ang01** eingeben, wird der Text des Bausteins über die **Taste F3** in Ihr Dokument eingefügt.

Verwenden Sie die in der Tabelle angegebene Reihenfolge für die einzelnen Bearbeitungsschritte:

<table>
<tr><th>Reihenfolge</th><th>Vorgehen</th><th>Bearbeitungshinweise</th></tr>
<tr><td>Schritt 1</td><td>Erstellen der Textpassage z. B. Ihre Anfrage.</td><td>Erfassen Sie den gewünschten Text mit den gewünschten variablen-Angaben (Fill-in-Felder). Nach dem Definieren der Fill-in-Felder markieren Sie den Text (mit dazugehörigen Absatzmarken).</td></tr>
<tr><td>Schritt 2</td><td>Abspeichern der Textpassage und Vergabe eines Kürzels, z. B. ang01 = Ihre Anfrage

</td><td>Wählen Sie unter Einfügen (Text) – Schnellbausteine „Auswahl im Schnellbaustein-Katalog speichern“ (Shortcut: Alt-Taste + F3-Taste). Es öffnet sich folgendes Dialogfeld:

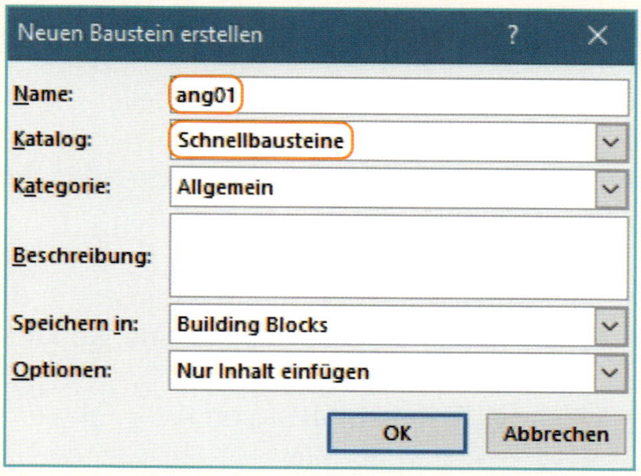

Setzen Sie das gewünschte Kürzel hinter Name, als Katalog wählen Sie Schnellbausteine aus.

Bestätigen Sie Ihre Auswahl mit OK.</td></tr>
<tr><td>Schritt 3</td><td>Aufrufen der Textpassagen durch Eingabe des entsprechenden Kürzels (hier: ang01).

⇒ Ihre Anfrage

Enthält ein Baustein ein Fill-in-Feld, werden Sie beim Abrufen des Bausteins zum Ausfüllen des Fill-in-Feldes aufgefordert.

Beispiel:

ang03

Sehr geehrte Frau {Name},

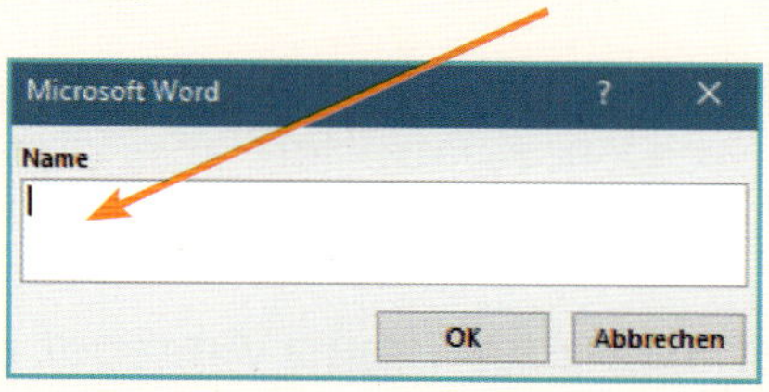

</td><td>Unter Einfügen (Text) – Schnellbausteine finden Sie alle in Schnellbausteine abgespeicherten Textpassagen. Sie können auf den entsprechenden Schnellbaustein klicken oder ihn über das Kürzel und F3 abrufen.

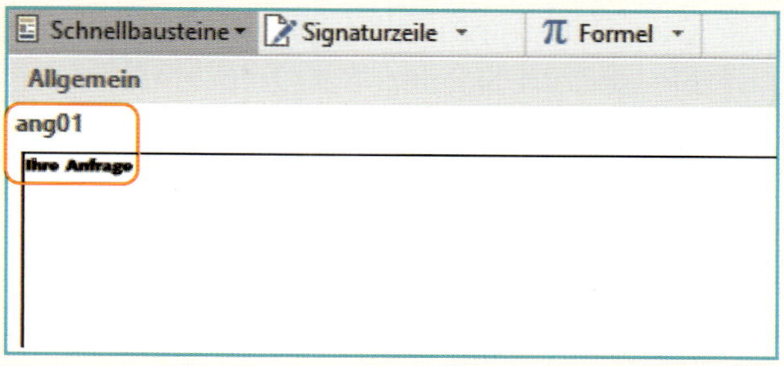

</td></tr>
</table>

3.2.2 Übungen

3.2.2.1 Aufgabe „Schnellbausteine für Angebote"

Übung

Arbeitsanweisungen

- Öffnen Sie die Datei **Schnellbausteine für Angebote**. Dort finden Sie Textpassagen, die Frau Sauter für das Erstellen von Angeboten zusammengetragen hat. Speichern Sie diese gemäß der oben beschriebenen Vorgehensweise als Bausteine. Sie können die Bausteine themenweise in einer Kategorie speichern.

- Füllen Sie dazu das Dialogfeld „Neuen Baustein erstellen" folgendermaßen aus:

  Name: ***entsprechendes Kürzel***
  Katalog: **Schnellbausteine**
  Kategorie: Neue Kategorie erstellen ➔ Angebote

- Denken Sie daran, die entsprechenden **Absatzmarken** mit zu **markieren**. Sie helfen Ihnen, den Brief DIN-gerecht zu gestalten.

- Speichern Sie die Bausteine entweder in **Building Blocks.docx** oder **Normal.dotx**. In beiden Fällen stehen die Schnellbausteine global zur Verfügung.

- Über die Tastenkombination Alt + F9 werden die Fill-in-Felder im Dokument sichtbar:

  ```
  Sehr·geehrte·Frau·{·FILLIN··Name··\*·MERGEFORMAT·}¶
  ```

- Diese Ansicht können Sie über Alt + F9 wieder verlassen.

- Wenn Sie eine **Änderung des eingegebenen Fill-in-Textes** ändern möchten, können Sie das Eingabefeld über **F9** aktivieren und den Text korrigieren oder einen neuen Text eingeben.

- **Änderungen** an Bausteinen können Sie wie folgt vornehmen:
  - Eigenschaften des Bausteins (z. B. den Bausteinnamen) ändern Sie über **Organizer für Schnellbausteine**. **Baustein markieren** und dann **Eigenschaften bearbeiten** anklicken.
  - Den Bausteininhalt (sowohl auf den Text als auch auf Formatierungen bezogen) ändern Sie, indem Sie den Baustein einfügen, ihn nach Ihren Wünschen überarbeiten und unter dem alten Namen erneut als Baustein speichern. Die Frage „Möchten Sie den Baustein neu definieren" bejahen Sie.

Hinweis:

Wenn Sie Schnellbausteine in einem Geschäftsbriefvordruck oder Formular verwenden, kann es passieren, dass die in dem Vordruck vorgegebenen Formatierungen (z. B. Schriftart, Abstand zwischen den Zeilen) verändert dargestellt werden. Kontrollieren Sie diese Formatierungen sorgfältig und nehmen Sie ggf. Korrekturen vor.

Sie finden auf der nächsten Seite eine Übersicht aller zum Thema Angebot einzugebenden Bausteine.

Bausteine für den Tätigkeitsbereich „Angebote erstellen“		
Kategorie	**Textpassage**	**Kürzel**
Betreff	Ihre Anfrage	ang01
	Angebot über {Bezeichnung der Ware}	ang02
Anrede	Sehr geehrte Frau {Name},	ang03
	Sehr geehrter Herr {Name},	ang04
	Sehr geehrte*r {Vorname} {Name},	ang05
Einleitung	vielen Dank für Ihre Anfrage.	ang06
	Ihr Interesse an unserem Sortiment freut uns sehr.	ang07
Art, Güte, Menge und Preis	Den Artikel {Art, Güte} mit der Artikelnummer {Artikelnummer} bieten wir Ihnen für {Betrag} EUR pro Stück an.	ang08
	Den Preis für den Artikel {Art, Güte} mit der Artikelnummer {Artikelnummer} entnehmen Sie bitte der beiliegenden Preisliste.	ang09
	Auf alle Preise gewähren wir Ihnen {Prozentzahl} % Rabatt.	ang10
Lieferbedingungen und Lieferzeit	Bei Aufträgen über {Betrag} EUR liefern wir frei Haus.	ang11
	Die Lieferung der Büromöbel erfolgt {Lieferzeit in Wochen} Wochen nach Ihrer Bestellung. Den genauen Liefertermin sprechen wir mit Ihnen telefonisch ab.	ang12
Zahlungsbedingungen	Unsere Rechnungen sind zahlbar innerhalb von 30 Tagen. Bei Zahlung innerhalb von {Zahlungseingang in Tagen} Tagen gewähren wir {Prozentzahl} % Skonto.	ang13
Bindung an das Angebot	Dieses Angebot ist gültig bis zum {Datum}.	ang14
	Dieses Angebot ist freibleibend.	ang15
Schluss	Wir freuen uns auf Ihre Bestellung und versichern Ihnen, dass wir den Auftrag zu Ihrer vollen Zufriedenheit ausführen.	ang16
	Bitte erteilen Sie uns Ihren Auftrag, den wir sorgfältig erledigen werden.	ang17
Grußformel mit Briefabschluss	Mit freundlichen Grüßen Bürobedarf Müngsten GmbH i. A. {Name}	ang18
Anlage	Anlage	ang19
	Anlagen	ang20

■ 3.2.2.2 Aufgabe „Schreibauftrag Angebot“

Situation

Es ist soweit: Die Kollegin ist im Mutterschutz und Sie haben sich gut darauf vorbereitet, die Kolleg*innen im Verkauf zu unterstützen. Frau Müller, die Verkaufsleiterin, war beeindruckt von den Schnellbausteinen zum Erstellen eines Angebots, die Sie schon eingegeben haben. Sie erhalten gleich am ersten Tag von Frau Müller einen Schreibauftrag mit den neuen Bausteinen. Da Anfragen eine „vergängliche Ware“ sind, machen Sie sich sofort an die Arbeit.

Schreibauftrag

	Ihr Zeichen:
	Ihre Nachricht vom: 06.12.20..
	Unser Zeichen: mü-eigenes Zeichen
Frau	Unsere Nachricht vom:
Dorothea Domeisel	
Kantstraße 47	Name: Frau Gabriele Müller
53111 Bonn	Telefon: 123
	E-Mail: mueller@buero-muengsten.de
	Internet: www.buero-muengsten.de
	Datum: 07.12.20..

Kürzel	Ergänzungen
ang01	
ang03	Domeisel
ang07	
ang08	- Hängeregistratureinsatz für Dokumentenschrank Akkurat, Farbe Schwarz, Format A4, Metall - 3578-3 - 12,50
ang11	150,00
ang13	10; 2
ang14	20.12.20..
ang16	
ang18	

Übung

Arbeitsanweisungen

DIGITAL+

- Öffnen Sie den **Geschäftsbriefvordruck_Müngsten_GmbH** und speichern Sie ihn unter **Angebot_Schreibauftrag**.
- Nutzen Sie die gespeicherten Bausteine zum Erstellen des Briefes.
- Stellen Sie den Brief gemäß dem obigen Schreibauftrag fertig.
- Alle fehlenden Angaben ergänzen Sie normgerecht.

3.2.2.3 Aufgabe „Verändertes Angebot“

Situation

Sie sind Auszubildende*r in der Bürobedarf Müngsten GmbH in Düsseldorf. Das Unternehmen handelt mit Bürobedarf, Bürotechnik und Büromöbeln aller Art. Die Müngsten GmbH beschäftigt 25 Mitarbeiter*innen, davon 2 Auszubildende.

Sie sind zurzeit in der Abteilung Verkauf. Frau Müller, die Abteilungsleiterin, kommt leicht aufgebracht zu Ihnen. „Sie haben doch ein Angebot an Frau Domeisel geschrieben? Jetzt hat sie bei uns bestellt. Sie will die Hängeregistraturen kaufen. Aber nur, wenn sie 20 % Rabatt bekommt und 3 % Skonto bei vorzeitiger Zahlung abziehen kann. Sind wir hier auf einem Basar? Das geht auf keinen Fall! Dann verdienen wir nichts mehr!

Ich habe es mal durchgerechnet. Wir können ihr mit 10 % Rabatt entgegenkommen. Aber nur einmal - quasi als Kennenlernpreis. Skonto können wir ihr 3 % gewähren. Sie zahlt immer sofort nach Erhalt der Rechnung. Bitte schreiben Sie ihr in meinem Namen zurück. Frau Domeisel ist eine gute Kundin von uns. Wir müssen den Brief freundlich verfassen.

Wir bieten ihr auch gleichzeitig unsere neuen Hängemappen und -ordner an, die wir seit Anfang des Monats ins Sortiment aufgenommen haben. Vielleicht können Sie dazu ja einen kleinen Flyer gestalten? Wir müssen diesen Artikel in der nächsten Zeit ein wenig bewerben, damit er gut eingeführt wird. Hier haben Sie den Schreibauftrag und die benötigten Notizen für den Flyer.“

Schreibauftrag

	Ihr Zeichen:
	Ihre Nachricht vom: 10.12.20..
	Unser Zeichen: mü-eigenes Zeichen
Frau	Unsere Nachricht vom: 07.12.20..
Dorothea Domeisel	
Kantstraße 47	Name: Frau Müller
53111 Bonn	Telefon: 123
	Telefax:
	E-Mail: mueller@buero-muengsten.de
	Datum: 11.12.20..

Kürzel	Ergänzungen
	Verändertes Angebot (Betreff)
ang03	Domeisel
ang07	
	Da Sie seit vielen Jahren eine gute Kundin von uns sind, kommen wir Ihnen gerne mit unserem veränderten Angebot entgegen.
ang08	- Hängeregistratureinsatz für Dokumentenschrank Akkurat, Farbe Schwarz, Format A4, Metall - 3578-3 - 12,50
	Auf diesen Preis gewähren wir Ihnen als einmalige Kennenlernaktion einen Rabatt von 10 %.
ang11	150,00

Kürzel	Ergänzungen (Fortsetzung)
ang13	10; 3
	Als Alternative können wir Ihnen ein interessantes Angebot unterbreiten. Wir bieten den Hängeregistratureinsatz für Dokumentenschrank Akkurat mit 5 Hängemappen und 5 Hängeordnern für den Einführungspreis von 25 Euro an. Diese Hängemappen und -ordner sind eine Neuentwicklung aus 100 % Naturfasern, umweltfreundlich hergestellt und so langlebig wie Kunststoff. Auf dieses Angebot können wir keine weiteren Rabatte gewähren. Alles Weitere entnehmen Sie bitte unserem Flyer.
ang14	23.12.20..
ang17	
ang18	Frau Müller
ang19	

Notizen für den Flyer

Neuentwicklung: Umweltfreundliche und langlebige Hängemappen und Hängeordner aus der Serie **KoKraft**, aus 90 % Recyclingpapier, wasserschonend hergestellt, stabilisiert mit 10 % langfaserigem Kokosflies, langlebig wie Kunststoff, beschriftbar wie Papier, kompostierbar wie Gemüse.

Erhältlich in den Farben Rot, Grün, Gelb, Blau und Chamois, Material: Kraftkarton, Papiergewicht: 230 g/qm.

Hängemappen:	1,50 EUR/Stück	7,00 EUR/5 Stück	13,00 EUR/10 Stück
Hängeordner:	2,00 EUR/Stück	9,00 EUR/5 Stück	17,00 EUR/10 Stück

Als Paket 5 Hängemappen und 5 Hängeordner **KoKraft** zusammen mit dem Hängeregistratureinsatz für den Dokumentenschrank Akkurat (Einzelpreis 12,50 EUR) zum Sonderpreis von 25,00 EUR statt 28,50 EUR.

Übung

Arbeitsanweisungen

Teil 1: Verändertes Angebot

DIGITAL+

- Öffnen Sie in Word den **Geschäftsbriefvordruck_Müngsten_GmbH**. Speichern Sie ihn unter dem Namen **Verändertes_Angebot_Name** ab.
- Nutzen Sie Ihre gespeicherten Bausteine zum Erstellen des Briefes.
- Stellen Sie den Brief gemäß dem obigen Schreibauftrag fertig.
- Alle fehlenden Angaben ergänzen Sie normgerecht.
- Speichern Sie Ihr Ergebnis.

Übung

Arbeitsanweisungen (Fortsetzung)

Teil 2: Erstellen des Flyers

- Öffnen Sie ein neues Word-Dokument. Speichern Sie die Datei unter dem Namen **Flyer_verändertes_Angebot_Name**.
- Ändern Sie die Ausrichtung auf **Querformat**.
- Verändern Sie die Seitenränder folgendermaßen:

Seitenränder

Oben:	0,5 cm	Unten:	1,5 cm
Links:	1,5 cm	Rechts:	1,5 cm

- Gestalten Sie mit den Notizen von Frau Müller einen ansprechenden Werbe-Flyer.
- Fügen Sie **Logo_und_Schriftzug** der Bürobedarf Müngsten GmbH ein.
- Geben Sie an geeigneter Stelle die Kontaktdaten zum Bestellen an.
- Ergänzen Sie den Flyer mit grafischen Elementen.
- Nehmen Sie zusätzliche Gestaltungen (farbige Schattierungen, Rahmen, Symbole etc.) nach eigener Vorstellung vor.
- Fügen Sie eine Fußzeile in Arial, Schriftgröße 8, fett ein.
  - links: bearbeitet von *eigener Name*
  - rechts: Stand: *aktuelles Datum*
- Speichern Sie Ihr Ergebnis.

Notizen

3.3 Der Geschäftsbrief am Beispiel einer Auftragsbestätigung

Situation

Sie beobachten in der Abteilung Verkauf Ihre Kollegin, Frau Sauter. Sie nimmt telefonisch eine Bestellung über zwei Schreibtischunterschränke auf. Als sie den Hörer auflegt, sagt sie zu Ihnen: „Jetzt müssen wir aber schnell noch eine Auftragsbestätigung schreiben. Sonst sagt uns der/die Kund*in noch, wir hätten uns verhört. Wollen Sie das übernehmen?"

3.3.1 Erläuterungen

Auftragsbestätigung

Definition:

Unter einer Auftragsbestätigung wird im Allgemeinen eine Mitteilung über die (bedingte oder unbedingte) Annahme einer Bestellung verstanden.

Form von Auftragsbestätigungen:

keine Formvorschrift, meist schriftlich

Unbedingte Annahme	Unterscheidungskriterium	Bedingte Annahme
Der/die Verkäufer*in möchte Missverständnisse (z. B. bei einer telefonischen Bestellungsaufnahme) vermeiden oder bestätigt eine Bestellung, die nicht dem vorausgegangenen Angebot der/des Verkäufer*in entspricht.	← **Anlass** →	Der/die Verkäufer*in will eine vorangegangene Bestellung nur unter bestimmten Bedingungen (z. B. veränderten Lieferfristen, Zahlungsbedingungen) annehmen.
Ein Kaufvertrag soll dadurch zustande kommen.	← **Ziel** →	Ein Kaufvertrag soll dadurch zustande kommen.
Die Auftragsbestätigung ist verbindlich. Es handelt sich um die Annahme eines Antrages von Kund*innen.	← **Rechtliche Wirkung** →	Die Auftragsbestätigung ist verbindlich. Es handelt sich um einen neuen Antrag an den/die Kund*in.

3.3.2 Aufgabe „Schnellbausteine für Auftragsbestätigungen"

Übung

DIGITAL+

Arbeitsanweisungen

- Öffnen Sie die Datei **Schnellbausteine für Auftragsbestätigungen**. Dort finden Sie Textpassagen für das Erstellen von Auftragsbestätigungen. Speichern Sie diese gemäß der auf den Seiten 112 bis 113 beschriebenen Vorgehensweise als Bausteine. Denken Sie daran, als vorbereitende Aufgabe die Fill-in-Felder zu bearbeiten.
- Markieren Sie dafür die Bausteine **mit den dazugehörigen Absatzmarken**, aber ohne das angegebene Kürzel.

Übung

Arbeitsanweisungen (Fortsetzung)

- Füllen Sie das Dialogfeld **„Neuen Baustein erstellen“** folgendermaßen:

  Name: ***entsprechendes Kürzel*** *(siehe Tabelle Bausteine für den Tätigkeitsbereich „Aufträge bestätigen“ unten)*
  Katalog: **Schnellbausteine**
  Kategorie: Neue Kategorie erstellen ➔ **Auftragsbestätigung**
- Speichern Sie die Bausteine in: **Building Blocks.docx** oder **Normal.dotx**. In beiden Fällen stehen die Schnellbausteine global zur Verfügung.
- Öffnen Sie jetzt den **Geschäftsbriefvordruck_Müngsten_GmbH** und speichern Sie ihn unter **Auftragsbestätigung_Schreibauftrag**.
- Arbeiten Sie den Schreibauftrag ab. Nutzen Sie die gespeicherten Bausteine zum Erstellen des Briefes.
- Alle fehlenden Angaben ergänzen Sie normgerecht.

DIGITAL+

Bausteine für den Tätigkeitsbereich „Aufträge bestätigen“

Kategorie	Textpassage	Kürzel
Betreff	Bestellung über {Bezeichnung der Ware}	aufg01
	Bedingte Bestellungsannahme	aufg02
Anrede	Sehr geehrte Frau {Name},	aufg03
	Sehr geehrter Herr {Name},	aufg04
	Sehr geehrte*r {Vorname} {Name},	aufg05
Einleitung	vielen Dank für Ihre Bestellung.	aufg06
	über Ihren Auftrag haben wir uns sehr gefreut.	aufg07
Annahme	Gerne liefern wir den von Ihnen gewünschten Artikel {Art, Güte} mit der Artikelnummer {Artikelnummer} für {Betrag} EUR pro Stück.	aufg08
	Wir bestätigen Ihren Auftrag und sind mit den von Ihnen gewünschten Abweichungen von unserem Angebot vom {Datum} einverstanden.	aufg09
	Mit dem gewünschten Zahlungsziel von {Zeitraum} sind wir einverstanden.	aufg10
	Mit den angegebenen Liefer- und Zahlungsbedingungen sind wir einverstanden.	aufg11
Bedingte Annahme	Aufgrund der ungewöhnlich hohen Nachfrage können wir erst zum {Datum} liefern.	aufg12
	Gerne kommen wir Ihnen entgegen und gewähren Ihnen 60 Tage Zahlungsziel.	aufg13
	Die Preise haben sich in den letzten {Zeitraum} verändert. Wir legen Ihnen die neue Preisliste, die ab dem {Datum} gilt, bei.	aufg14
Bestätigung	Sobald wir Ihre Bestätigung erhalten haben, werden wir die Ware liefern.	aufg15
	Bitte teilen Sie uns mit, ob wir zu den neuen Bedingungen liefern können.	aufg16
Schluss	Wir danken Ihnen nochmals für Ihren Auftrag und versichern Ihnen, dass wir ihn zu Ihrer vollen Zufriedenheit ausführen.	aufg17

Kategorie	Textpassage	Kürzel
Grußformel mit Briefabschluss	Mit freundlichen Grüßen Bürobedarf Müngsten GmbH i. A. {Name}	aufg18
Anlage	Anlage	aufg19
	Anlagen	aufg20

Schreibauftrag

	Ihr Zeichen:
	Ihre Nachricht vom: 08.12.20..
	Unser Zeichen: sa-eigenes Zeichen
Wagner Werke OHG	Unsere Nachricht vom: 07.12.20..
Herrn Wilfried Lurghi	
Wagnerstraße 1 - 4	Name: Frau Aylin Sauter
67433 Neustadt	Telefon: 125
	E-Mail: sauter@buero-muengsten.de
	Internet: www.buero-muengsten.de
	Datum: 08.12.20..

Kürzel	Ergänzungen
aufg01	2 Schreibtischunterschränke
aufg04	Lurghi
aufg06	
aufg08	Schreibtischunterschrank „Toskana" in Buche Furnier, 3 Schubläden, auf Rollen 4765-3 89,90 Die Anzahl beträgt zwei.
aufg10	60 Tagen
aufg17	
aufg18	

Notizen

3.4 Aufgabe zur Prüfungsvorbereitung „Auftragsbestätigung/Datenschutz"

Situation

Seit 4 Monaten sind Sie nun als Auszubildende*r der Bürobedarf Müngsten GmbH in der Verkaufsabteilung eingesetzt und haben sich bereits mit dem Erstellen von Angeboten und dem Verfassen von Auftragsbestätigungen beschäftigt. Der bisherige Kundenstamm besteht sowohl aus Unternehmen als auch aus Privatkund*innen.

Vor 2 Tagen haben Sie einen Auftrag von einem neuen Privatkunden, Herrn Frank Altmann (Kd.-Nr. 12 101), erhalten. Von Ihrem Vorgesetzten werden Sie gebeten, für diesen Kunden eine Auftragsbestätigung anzufertigen. Da es sich um einen Neukunden handelt, müssen Sie daran denken, das Formular für die Datenschutzbestimmungen vorzubereiten und der Auftragsbestätigung beizufügen. Sie haben Artvollmacht. Ihre Durchwahlnummer ist 333; Ihre E-Mail-Adresse lautet eigenerName@buero-muengsten.de.

Weitere Daten zu der Bestellung des Herrn Altmann, Sorpener Straße 47, 40213 Düsseldorf:

100 Pakete Druckerpapier A4 à 250 Blatt pro Paket
Premium Deluxe für Laser, Inkjet Printers und Kopierer
80 g/m^2
koloriert (Farbe: Sand)
Artikel-Nr. 30-1456-A
Preis pro Paket 7,99 €

Übung

Arbeitsanweisungen

Teil 1: Erstellen des Formulars Datenschutz

DIGITAL+

- Öffnen Sie die Datei **Formular Datenschutz**.
- Übertragen Sie alle vorhandenen und Ihnen bekannten Daten in das Formular. Als Absender verwenden Sie die Adresse von Herrn Altmann. Übernehmen Sie im Anschriftfeld Ihren Namen als Ansprechpartner*in.
- Erfassen Sie unter dem Betreff Datenschutzbestimmungen (nach 2 Leerzeilen) folgenden Text:

  „Folgende Daten werden von der Bürobedarf Müngsten GmbH im Zusammenhang mit der Auftragsabwicklung gespeichert:"
- Formatieren Sie die Tabelle wie folgt:
  - erste Spalte in Fettdruck, linksbündig, Spaltenbreite 8 cm
  - zweite Spalte rechtsbündig, Spaltenbreite 5 cm
  - in der zweiten Spalte Daten lt. Situation übernehmen
  - alle Zellen vertikal zentrieren
  - gesamte Tabelle zentrieren
  - Zeilenhöhe für alle Zeilen 0,6 cm
  - alle Rahmenlinien entfernen
- Gestalten Sie jede zweite Zeile der Tabelle mit einem farbigen Hintergrund Ihrer Wahl.
- Lassen Sie unterhalb der Tabelle eine Zeile frei und erfassen Sie in Fettdruck die Überschrift **Zustimmungserklärung**.

Übung

Arbeitsanweisungen (Fortsetzung)

- Fügen Sie nach einem Absatz linksbündig ein Ankreuzkästchen (in Rot) ein und erfassen Sie dahinter mit einem Abstand von 1,5 cm (Hängender Absatz) den Text **Ich stimme der oben aufgelisteten Datenspeicherung zu.**

- Fügen Sie nach einer Leerzeile ein weiteres Ankreuzkästchen (in Rot) ein und übernehmen Sie den Text **Ich nehme zur Kenntnis, dass ich jederzeit das Recht auf Korrektur, Ergänzung/Änderung bzw. Löschung der Daten habe.** Der Abstand zwischen Ankreuzkästchen und Text beträgt ebenfalls 1,5 cm (Hängender Absatz).

- Für Ort, Datum (linksbündig) und Unterschrift (auf Position 10 cm) verwenden Sie (unter Berücksichtigung eines normgerechten Abstandes) folgende Darstellung:

  ____
  Ort, Datum   Unterschrift

- Überarbeiten Sie die Passagen, die einen Fließtext beinhalten, mit einem normgerechten Randausgleich.

DIGITAL+

- Fügen Sie rechts neben dem Anschriftfeld zwei zum Thema passende grafische Elemente ein und ändern Sie deren Farbe nach Ihren Vorstellungen.

- Speichern Sie die Bearbeitung Teil 1 unter dem Namen **Datenschutzformular_Altmann_Name**.

Teil 2: Erstellen der Auftragsbestätigung

DIGITAL+

- Öffnen Sie den **Geschäftsbriefvordruck_Müngsten_GmbH**.

- Füllen Sie das Anschriftfeld sowie den Informationsblock vollständig aus.

- Wählen Sie geeignete Formulierungen für den Betreff, die Anrede sowie für die übliche Auftragsbestätigung. Berücksichtigen Sie folgende inhaltlichen Punkte:

  - Preis pro Paket 7,99 €
  - Preis zuzüglich MwSt.
  - Lieferung innerhalb von 8 Tagen
  - Hinweis auf Anlagen: Allgemeine Lieferungs- und Zahlungsbedingungen und Formular Datenschutz
  - kurze Erklärung zur Speicherung der Daten (siehe auch Informationen in Teil 1)
  - Bitte um Durchsicht/Ergänzung und Unterschrift des Formulars
  - Rücksendung mit frankiertem – ebenfalls beigefügten – Umschlag
  - sorgfältige Lieferung zusichern

- Erstellen Sie einen normgerechten Briefabschluss.

- Speichern Sie den Brief unter dem Namen **Auftragsbestätigung_Altmann_Name**.

3.5 Präsentation „Corporate Design"

Situation

Das **Corporate Design** stellt die **Persönlichkeit** eines Unternehmens dar und basiert auf seinem **unverwechselbaren Wiedererkennungswert**.

Die Bürobedarf Müngsten GmbH verwendet nach dem Prinzip des Corporate Designs die Firmenfarben und das Logo sowohl für das Layout des Briefpapiers, für Geschäftsberichte und interne Schreiben, Formulare, Werbebroschüren, Flyer, Warenauszeichnung, Verpackungsmittel als auch für ihre Internet-Auftritte. Die rötliche Hintergrundfarbe des Firmennamens und des Logos findet sich auch am und im Firmengebäude und an den Firmenfahrzeugen wieder.

Es ist vor Kurzem aufgefallen, dass bei den Visitenkarten der Mitarbeiter*innen die Gestaltungsvorgaben nicht konsequent eingehalten wurden. Der Geschäftsführer, Herr Dr. Robert Müngsten, bittet um einen Vorschlag für einheitliche Visitenkarten für alle Mitarbeiter*innen.

Die Geschäftsführung denkt zudem über die Einführung eines Werbeslogans nach und bittet Sie, auch hierzu einen Vorschlag zu unterbreiten. Stellen Sie Ihre Vorschläge zu dem Thema in einer PowerPoint-Präsentation zusammen.

Inhalte

- kurze Einführung in das Thema mit Auflistung von Beispielen, in denen das Corporate Design in der Bürobedarf Müngsten GmbH bereits angewandt wird
- Vorschläge
  - zu den Visitenkarten (Schriftart, Schriftfarben etc.)
  - zur Anordnung der Angaben auf den Visitenkarten (Muster entwerfen)
- Offene Fragen
  - Papiersorten/-farben
  - Qualität
- Vorschlag für einen Werbeslogan

Bearbeitungshinweise zur Gestaltung

- Firmennamen und Logo verwenden
- geeignete Hintergrundgestaltung wählen
- Fußzeilenbeschriftung vornehmen
  (Datum linksbündig – Thema zentriert – Foliennummern rechtsbündig)
- evtl. grafische Elemente einfügen
- angemessene Animationen anwenden
- weitere Gestaltungen und Anzahl der Folien selbst festlegen

Speichern Sie die Bearbeitung unter dem Namen **Präsentation_Corporate_Design_Name**.

Notizen

Kapitel 4

GESCHÄFTSBRIEFE SELBSTSTÄNDIG ERSTELLEN

4 Geschäftsbriefe selbstständig erstellen

Was Sie in diesem Kapitel lernen

Information

- Eigenständig Geschäftsbriefe zu erstellen
- Briefe modern zu formulieren
- Norm- und fachgerechte Anfragen zu formulieren

4.1 Eigenständiges Formulieren von Geschäftsbriefen

Als Absender eines Briefes sollten Sie einige Überlegungen anstellen, bevor Sie überhaupt mit dem Formulieren beginnen. Dabei können Sie sich an nachfolgendem Fragenkatalog orientieren. So wird Ihr Brief logisch aufgebaut, der Inhalt sachlich richtig und vollständig dargestellt. Denken Sie daran, dass sachliche Fehler in Ihrem Brief schwerwiegende Folgen haben können.

Information

Absender	Empfänger
Welche Absicht verfolge ich mit diesem Brief (z. B. will ich etwas kaufen/verkaufen)?	• Wer ist mein*e Ansprechpartner*in? • Welche Interessen hat der/die Briefempfänger*in? Kann ich darauf eingehen? • Welches Vorwissen besitzt der/die Empfänger*in über den Briefinhalt (z. B. genaue Produktkenntnisse)? • Was erwartet der/die Empfänger*in von mir? Kann ich diese Erwartungen erfüllen, wenn ja: wie? • Wie kann ich meine*n Briefpartner*in überzeugen?
Brieftext	
• Wann und wie war der letzte Kontakt (persönlich, per Telefon, Telefax, E-Mail, Brief)? • Auf welche Inhalte des letzten Kontaktes muss ich eingehen (Fragen, Bitten, Aufforderungen)? • Gibt es Unklarheiten, die ich ausräumen muss? • Kann ich Alternativen anbieten? • Sind Brief-Anlagen erforderlich? • Gibt es Besonderheiten, an die ich denken sollte (z. B. Jubiläum)?	

Inhaltlicher Aufbau eines Brieftextes	
Regel 1	Gliedern Sie Ihren Brieftext in drei Teile: • Einleitung • Hauptteil • Schluss
Regel 2	Bauen Sie Ihren Brief logisch auf: Zusammengehörende Gesichtspunkte gehören in einen Absatz. Sie ermöglichen dem/der Leser*in damit ein schnelles Verständnis für den Text.
Regel 3	Achten Sie auf einen guten Satzbau. Wichtige Dinge stehen immer am Anfang des Satzes.
Regel 4	Versetzen Sie sich in die Lage der Person/Personen, der/denen Sie schreiben. Überlegen Sie, wie Sie auf Ihren Brief reagieren würden. Lassen Sie persönliche Aspekte Ihrer Briefpartner*innen in Ihre Formulierung einfließen.

Sprache und Stil im modernen Geschäftsbrief		
Regel	**Ausführung**	**Beispiel**
Formulieren Sie positiv.	Vermeiden Sie negative Aussagen.	**Nicht:** Somit sehen wir uns gezwungen, gerichtliche Schritte gegen Sie einzuleiten. **Sondern:** Sie können noch vermeiden, dass es zum gerichtlichen Mahnbescheid kommt.
Formulieren Sie aktiv.	Vermeiden Sie passive Formulierung.	**Nicht:** Der Brief ist Ihnen zugesandt worden. **Sondern:** Wir haben Ihnen den Brief zugesandt.
Formulieren Sie knapp, klar und korrekt.	Beschränken Sie sich auf das Wesentliche. Schreiben Sie einfach.	**Nicht:** Ich habe Ihren Auftrag, in dem Sie die Freundlichkeit hatten, mir am ... zukommen zu lassen, mit Dank erhalten. **Sondern:** Wir danken für Ihren Auftrag.
Sprechen Sie den/die Briefpartner*in direkt an.	Schreiben Sie aus Sicht Ihres/Ihrer Briefpartner*in.	**Nicht:** Wir haben Ihr Angebot erhalten. Dafür möchten wir uns bedanken. **Sondern:** Vielen Dank, dass Sie uns Ihr Angebot zugesandt haben.
Verwenden Sie Verben	Verzichten Sie auf Nomen (Substantive), das wirkt bürokratisch und umständlich.	**Nicht:** Wir bitten um Informationen zu Ihren Lieferzeiten. **Sondern:** Informieren Sie uns bitte über Ihre Lieferzeiten.
Verwenden Sie Vollverben.	Verzichten Sie auf Hilfsverben wie „würde", „sollte" oder „könnte".	**Nicht:** Wir würden uns auf Ihr Angebot freuen. **Sondern:** Wir freuen uns auf Ihr Angebot.
Beschreiben Sie korrekt und genau.	Vermeiden Sie Über- oder Untertreibungen sowie Superlative. Diese wirken unglaubwürdig.	**Nicht:** Liefern Sie die Ware bitte schnellstmöglichst. **Sondern:** Liefern Sie die Ware bitte so schnell wie möglich.
Verwenden Sie zeitgemäße Ausdrücke.	Vermeiden Sie veraltete Formulierungen (z. B. hiermit, hinsichtlich, unsererseits, bezugnehmend). Diese wirken altmodisch.	**Nicht:** *Hiermit möchten wir hinsichtlich* Ihres Schreibens unsererseits entgegnen, dass ... **Sondern:** Zu Punkt 1 Ihres Schreibens nehmen wir folgendermaßen Stellung:

4.2 Die Anfrage

4.2.1 Erläuterungen

Situation

Sie sind Auszubildende*r in der Reif KG, in Recklinghausen, Schlossgraben 30. Reif KG ist das größte Zweiradgeschäft der Kreisstadt. Der Zweiradspezialist, bekannt für gute Qualität zu günstigen Preisen, fachliche Beratung und zuverlässigen Service, beschreibt sich selbst als »Kaufhaus rund ums Fahrrad«.

Seit einer Woche sind Sie im Einkauf. Die Abteilungsleiterin, Frau Katharina Höger erklärt Ihnen, dass die Beschaffungsabteilung mit der Vorbereitung des diesjährigen „Tag der Sicherheit" beschäftigt ist, der in zwei Monaten stattfindet. An diesem Tag bietet die Reif KG ihren Kund*innen sichere Produkte rund ums Fahrrad an.

Frau Höger bittet Sie, Angebote für batteriebetriebene LED-Frontleuchten mit einer Lichtstärke von mindestens 30 Lux und einer Leuchtdauer von mindestens 480 Minuten einzuholen. Auch bei diesen Produkten soll das Unternehmensmotto „gute Qualität zu günstigen Preisen“ im Mittelpunkt stehen. Sie hat zwei Lieferanten, die sich auf Fahrradbeleuchtungen spezialisiert haben. Beide sollen angeschrieben werden.

Da Sie noch nie ein Angebot eingeholt haben, fragen Sie Frau Höger, ob Sie etwas Wichtiges bei der Formulierung des Briefes beachten müssen. Frau Höger erklärt Ihnen, dass der Brief, den Sie für sie schreiben, als Anfrage bezeichnet wird. Sie überreicht Ihnen zur Anfrage ein Infoblatt, dem Sie entnehmen können, was eine Anfrage ist und welche inhaltlichen Bestandteile eine Anfrage enthält.

Infoblatt Anfrage

Wir formulieren eine Anfrage, um vom Lieferanten ein Angebot zu erhalten. Anfragen sind grundsätzlich ohne rechtliche Wirkung und deshalb unverbindlich. In der Praxis können zwei Anfragen unterschieden werden, die allgemeine und die bestimmte Anfrage.

Allgemeine Anfrage	Unterscheidungskriterium	Bestimmte Anfrage
Wir möchten den Lieferanten kennenlernen.	← **Anlass** →	Wir möchten zu einer bestimmen Ware genauere Informationen bekommen.
Wir wünschen z. B. Kataloge, Preislisten, Muster oder einen Vertreterbesuch.	← **Ziel** →	Wir möchten vom Lieferanten ein Angebot mit genauen Einzelheiten (Preis, Güte, Beschaffenheit, Menge etc.) über die gewünschte Ware.
Die Anfrage ist unverbindlich.	← **Rechtliche Wirkung** →	Die Anfrage ist unverbindlich.

<table>
<tr><th colspan="2">Einleitung einer Anfrage</th></tr>
<tr><td colspan="2">Begründung der Anfrage (z. B. Geschäftseröffnung, Sortimentserweiterung, Empfehlung, Werbung)</td></tr>
<tr><th colspan="2">Hauptteil einer Anfrage</th></tr>
<tr><td>... bestimmten Anfrage</td><td>• Produktbezeichnung und -beschreibung
• Qualität des Produktes
• Bezugsmengen
• Preis
• evtl. Rabatte und Nachlässe
• Zahlungsbedingungen
• Lieferungsbedingungen
• Lieferzeit</td></tr>
<tr><td>... unbestimmten Anfrage</td><td>Wie bestimmte Anfrage, zusätzlich noch:
• Wunsch nach Katalogen und Preislisten
• Warenproben
• Vertreter*innenbesuch
• Referenzangaben</td></tr>
<tr><th colspan="2">Schluss einer Anfrage</th></tr>
<tr><td colspan="2">Abschließende Formulierung (z. B. Freude auf gute Zusammenarbeit, Wunsch nach guter Geschäftsbeziehung, Bitte um schnelle Bearbeitung)</td></tr>
</table>

4.2.2 Übungen

4.2.2.1 Aufgabe „Anfragen"

Übung

Arbeitsanweisungen

- Öffnen Sie den **Geschäftsbriefvordruck_Reif_KG**. Speichern Sie ihn einmal unter **Reif_KG_Anfrage_Briegelmann_Name** und ein zweites Mal unter **Reif_KG_Anfrage_Heinrich_Busch_Name**.

- Fertigen Sie die Anfragen für beide Lieferanten an.

- Die Angaben der beiden Lieferanten:

  – Briegelmann KG, Herzogstraße 17 – 19, 33428 Harsewinkel. Ihr Ansprechpartner ist Guido Larson, Kurzzeichen lar.
  – Heinrich & Busch GmbH, Kaiser-Wilhelm-Straße 8 a, 30159 Hannover. Frau Teresa Saltik ist für Sie bei der Heinrich & Busch GmbH im Verkauf zuständig.

- Sie schreiben den Brief für Frau Höger am 01.03. dieses Jahres: Die Durchwahl von Frau Höger 02361 2409-87, Telefax: 02361 2410, E-Mail: hoeger@reif.de, Kurzzeichen khö.

- Berücksichtigen Sie die Angaben der Situation und gehen Sie dabei besonders auf folgende Punkte ein:

  Einleitung: Veranstaltung **Tag der Sicherheit** – aus diesem Grund Erweiterung des LED-Fahrradzubehör-Sortiments – Motto des Unternehmens

  Hauptteil: Bitte um Angebot über batteriebetriebene LED-Frontleuchten – Lieferungs- und Zahlungsbedingungen – Mengenrabatt ab 200 Stück – Lieferzeit

- Ergänzen Sie fehlende Angaben nach freier Wahl.

- Beenden Sie den Brieftext mit einem **geeigneten Schlusssatz**.

- Speichern Sie Ihr Ergebnis.

DIGITAL+

Notizen

4.2.2.2 Aufgabe „Fehlerbrief"

Situation

Zwei Tage später erhalten Sie das erste Angebot. Frau Höger legt es Ihnen auf den Tisch und sagt: „Schön, dass die Heinrich & Busch GmbH so schnell auf unsere Anfrage reagiert hat. Allerdings sieht man ja sofort, dass da jemand im Verkauf nicht DIN-gerecht schreiben kann."

Übung

Arbeitsanweisungen

- Arbeiten Sie das untenstehende Angebot durch. Streichen Sie die Stellen rot an, die nicht gemäß DIN 5008 erstellt worden sind.
- Tragen Sie die Fehlerstellen und die Berichtigung bzw. Erläuterungen zu den Fehlern in die folgende Tabelle ein. Es befinden sich **10 Fehler** im Brief.

FEHLERHAFTER BRIEF

Heinrich & Busch GmbH

Vorab per Telefax
Heinrich & Busch GmbH • Kaiser-Wilhelm-Straße 8 a • 30159 Bonn
Reif KG
Katharina Höger
Schlossgraben 30
45657 Recklinghausen

Ihr Zeichen: kjö
Ihre Nachricht vom: 01.03.20..

Unser Zeichen: TS
Unsere Nachricht vom:
Name: Frau Teresa Saltik

Telefon: 0511 8700-35
E-Mail: saltik@busch.de

Datum: 2.3.20..

Ihre Anfrage

Sehr geehrte Frau Höger,

vielen Dank für Ihre Anfrage.

Wir bieten Ihnen den Bilock Batteriefrontscheinwerfer SK 250-RUN IRON mit der Artikelnummer 200-4783 an. Das Modell besitzt einen 2-Stufen-Schalter für Eco- und Power-Mode mit bis zu 30 Lux Lichtleistung. Der integrierte Lithium-Ionen-Akku garantiert eine konstante Leuchtdauer von bis zu 20 Stunden im Eco-Modus.

Den Preis für den Bilock Batteriefrontscheinwerfer SK 250-RUN IRON entnehmen Sie bitte der beiliegenden Preisliste. Wir gewähren ab einer Abnahme von 150 Stück 15 % Rabatt. Ab einer Stückmenge von 250 Stück 25 % Rabatt.
Bestellungen nehmen wir unter ausschließlicher Geltung der auf der Rückseite dieses Angebots abgedruckten lAGB an. Die Lieferung der Scheinwerfer erfolgt 2 Wochen nach Ihrer Bestellung.

Bitte erteilen Sie uns Ihren Auftrag, den wir sorgfältig erledigen werden.

Mit freundlichen Grüßen

Teresa Saltik

Anlagen
Preisliste

HRB 8791 Amtsgericht Hannover
USt-IdNr. DE 855 000 337

Geschäftsführer
Markus Busch
Verona Heinrich

Tel.: 0511 8700-0 Zentrale
Internet-Adresse:
www.heinrich-busch.de

Sparkasse Hannover
IBAN DE23 25050180 4798 7677 32
BIC SPKHDE2HXXX

Gefundene Fehler	Berichtigung oder Erläuterung
1.	
2.	
3.	
4.	
5.	
6.	
7.	
8.	
9.	
10.	

4.2.2.3 Aufgabe „Inhaltsverzeichnis AGB-Reif KG“

Situation

Sie haben den Brief gut durchgearbeitet und Frau Höger war sehr zufrieden, dass Sie alle Fehler im Brief gefunden haben. Jetzt haben Sie aber noch eine Frage an Frau Höger: „Was bedeutet eigentlich die Abkürzung 'AGB' in dem Brief von der Heinrich & Busch GmbH?“ Frau Höger erklärt Ihnen, dass man darunter die Allgemeinen Geschäftsbedingungen eines Unternehmens versteht: „Das sind vorformulierte Vertragsbedingungen, die eine Vertragspartei der anderen bei Abschluss eines Vertrages vorgibt. Im Volksmund werden sie auch als das 'Kleingedruckte' bezeichnet. Die AGB können Sie in unserem Netzwerk einsehen. Am besten erstellen Sie sich ein Inhaltsverzeichnis. Das ist übersichtlicher.“

Übung

Arbeitsanweisungen

DIGITAL+

- Öffnen Sie die Datei **AGB_Reif_KG**. Speichern Sie diese unter **Inhaltsverzeichnis_AGB_Reif_KG_Name**.
- Formatieren Sie den Titel in Arial, 26 Punkt, dunkelblau mit einem türkisen Unterstrich in 1 Punkt. Zentrieren Sie ihn. Passen Sie das Fußnotenzeichen größenmäßig an die Schriftgröße des Titels an.
- Formatieren Sie den Text DIN-gerecht (Absätze, Blocksatz, Silbentrennung).
- Weisen Sie allen Überschriften (nicht dem Titel) die Formatvorlage (s. Abb.) Überschrift 1 zu.

Registerkarte Start – Gruppe Formatvorlagen

- Formatieren Sie die Überschriften in 12 Punkt, türkis und fett.
- Anschließend positionieren Sie den Cursor vor die erste Überschrift und wähen Sie Inhaltsverzeichnis

  Prinzipiell können Sie ein Inhaltsverzeichnis

  – automatisch erstellen oder
  – manuell nach Ihren Wünschen gestalten.
- Wählen Sie **Automatische Tabelle 1**.
- Achten Sie darauf, dass der gesamte Text in Arial formatiert ist.
- Speichern Sie Ihr Ergebnis.

Registerkarte Verweise – Gruppe Inhaltsverzeichnis

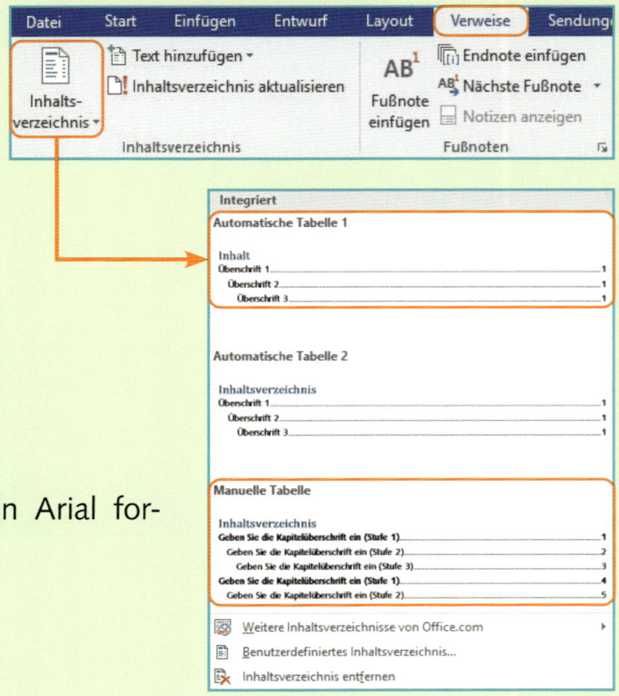

Was Sie in diesem Kapitel lernen

Information

- Normgerecht Bestellungen zu gestalten
- Fachgerecht Bestellungen zu formulieren

4.3 Die Bestellung

4.3.1 Erläuterungen

Situation

Am gleichen Tag kommt Frau Höger und legt Ihnen das Angebot der Briegelmann KG auf den Schreibtisch. „Ich habe die Angebote verglichen. Briegelmanns Angebot ist qualitativ besser und günstiger. Wir werden also die 200 Frontleuchten dort bestellen. Können Sie den Brief für mich erstellen? Er sollte heute noch rausgehen. – Ach so, auch für Bestellungen habe ich eine Kurzinfo zusammengestellt. Anhand der Kurzinfo können Sie sich grundsätzlich darüber informieren, wie Sie eine Bestellung fachgerecht erstellen."

Kurzinfo Bestellung

Bestellung		
Anlass	➔	Antwort auf ein vorangegangenes Angebot, Bezug auf eine Preisliste, einen Katalog oder eine frühere Bestellung.
Ziel	➔	Der/die Kund*in wünscht Ware zu kaufen.
Rechtliche Wirkung	➔	Durch die Bestellung erklärt der/die Kund*in seinen/ihren Willen, die Ware zu erwerben. Sie ist verbindlich.

Einleitung einer Bestellung

- Eingang der Bestellung bestätigen **oder**
- für die Bestellung bedanken

Hauptteil einer Bestellung

- Produktbezeichnung und -beschreibung
- Qualität des Produktes
- Bezugsmengen
- Preis
- evtl. Rabatte und Nachlässe
- vereinbarte Zahlungsbedingungen
- vereinbarte Lieferungsbedingungen
- Liefertermin
- eventuelle Sondervereinbarungen

Schluss einer Bestellung

Abschließende Formulierung (z. B. Bitte um rechtzeitige/schnelle/fristgemäße Lieferung, Freude auf gute Zusammenarbeit, Wunsch nach guter Geschäftsbeziehung, Bitte um schnelle Bearbeitung)

4.3.2 Aufgabe „Bestellung"

Übung

Arbeitsanweisungen

DIGITAL+

- Lesen Sie sich das unten stehende Angebot der Briegelmann KG gründlich durch.
- Öffnen Sie die Datei **Geschäftsbriefvordruck_Reif_KG**. Speichern Sie diese Datei unter **Reif_KG-Bestellung_Name**. Schreiben Sie die Bestellung. Formulieren Sie in ganzen Sätzen.
- Übernehmen Sie die benötigten Informationen aus dem Angebot und der Situation zur Anfrage (vgl. S. 129 f.). Datieren Sie den Brief auf den 03.03.20.. (Kurzzeichen von Herrn Larson: lar). Gehen Sie besonders auf folgende Punkte ein:

  Einleitung und Schluss: siehe Infoblatt Bestellung

  Hauptteil: Beschreiben Sie die Ware, die Sie bestellen, nach Art, Güte und Menge. Wiederholen Sie den Preis des Angebots. Geben Sie die Lieferbedingungen und den Liefertermin an. Geben Sie die Zahlungsbedingungen an.

Briegelmann KG
Fahrräder sind unsere Leidenschaft!

Briegelmann KG · Herzogstraße 17 – 19 · 33428 Harsewinkel
Reif KG
Frau Katharina Höger
Schlossgraben 30
45657 Recklinghausen

Ihr Zeichen: khö
Ihre Nachricht vom: 01.03.20..

Ihr Ansprechpartner: Herr Larson

Telefon: 05247 6888-02
Telefax: 05247 6888-10
E-Mail: larson@briegelmann.de

Datum: 02.03.20..

Angebot über batteriebetriebene Frontleuchte mit der Artikelnummer 276-888-1

Sehr geehrte Frau Höger,

vielen Dank für Ihre Anfrage.

Wir bieten Ihnen die Fahrradfrontleuchte

Floodlit GMX 40 L zum Aktionspreis von 35,90 EUR/Stück (Listenpreis: 56,00 EUR)

an. Die aus eloxiertem Aluminium hergestellte Leuchte mit LED-Leuchtmitteln (40 LUX) ermöglicht bis zu 60 Stunden Leistung und kann in fünf Modi betrieben werden: SOS- oder Blinklicht, 100 %, 50 % oder 10 % Lichtleistung. Drei Batterien (R03/AAA) sind im Lieferumfang enthalten.

Bei einer Abnahme von 200 Stück gewähren wir 20 % Rabatt. Bei Aufträgen über 1.000,00 EUR liefern wir frei Haus. Die Lieferung erfolgt 4 Tage nach Ihrer Bestellung.

Unsere Rechnungen sind zahlbar innerhalb von 30 Tagen. Bei Zahlung innerhalb von 10 Tagen gewähren wir 3 % Skonto.

Dieses Angebot ist bis zum 10.03.20.. gültig.

Wir freuen uns auf Ihre Bestellung.

Mit freundlichen Grüßen

Briegelmann KG

i. A. Guido Larson

Handelsregister: HRA 1222
USt.-IdNr.: DE74975230
Erfüllungsort und Gerichtsstand: Gütersloh

Internet-Adresse:
www.briegelmann.de

Bankverbindung
DKB Deutsche Kreditbank AG
IBAN DE87 1203 0000 0012 3431 21
BIC BYLADEM 1001

Was Sie in diesem Kapitel lernen

Information

- Normgerecht, Kommunikation bei mangelhafter Lieferung und Lieferverzug zu gestalten
- Sachgerecht, Kommunikation bei mangelhafter Lieferung und Lieferverzug zu formulieren

4.4 Kaufvertragsstörungen

4.4.1 Aufgabe „Mängelrüge“

Situation

Die Bestellung ist am 03.03.20.. an die Briegelmann KG gegangen. Fristgerecht erreicht die Lieferung die Reif KG. Nur eine Stunde, nachdem die Lieferung angekommen ist, erhält der Einkauf eine Wareneingangsmeldung des Lagers:

Wareneingangsmeldung	Der Radmarkt – Reif KG Rund ums Rad	
von: Lager	an: ☒ Einkauf ☐ Verkauf	
Artikel-Nummer	**Menge**	**Lieferanten-Nummer**
2 7 6 8 8 8 1	1 9 0	4 4 6 5 1
	Lieferant	Briegelmann KG

Beanstandung: ☐ nein ☒ ja

1. Lieferung von 190 statt von 200 Stück
2. 12 Verpackungen sind eingedrückt und zum Teil eingerissen. Die Kartonagen weisen zusätzlich Wasserflecken auf.

Datum	07.03.20..	Unterschrift	Gertrude Meyer

Frau Höger bittet Sie, auch hier wieder tätig zu werden. Sie sollen noch heute die Mängelrüge für sie schreiben. Die Kurzinfo zur Mängelrüge liegt schon bereit.

Mängelrüge		
Anlass	➔	Der/die Käufer*in ist verpflichtet (bei Handelskäufen), die gelieferte Ware unverzüglich zu prüfen und offene Mängel unverzüglich nach Prüfung und versteckte Mängel unverzüglich nach Entdeckung zu rügen.
Ziel	➔	Der/die Käufer*in wünscht die Lieferung einer Ware, die weder Mängel in Menge und Art (z. B. falsche Ware) noch Sachmängel (beschädigte Ware) aufweist.
Rechtliche Wirkung	➔	Aus einer Mängelrüge kann der/die Käufer*in Rechte geltend machen: z. B. Nacherfüllung (Beseitigung des Mangels oder Lieferung einer mangelfreien Sache). Bezeichnet der/die Käufer*in den Mangel nicht genau, so gilt die Ware als genehmigt.

Einleitung einer Mängelrüge

- Unsere Bestellung vom … oder
- Ihre Lieferung vom …

Hauptteil einer Mängelrüge

a) Hinweis auf unverzügliche Prüfung der Ware

b) Unzufriedenheit ausdrücken

c) Mangelbezeichnung und -beschreibung:

- Bei der Wareneingangskontrolle fehlten einige Kisten.
- Die von uns bestellte Ware ist in mangelhaftem Zustand bei uns angekommen.
- Die gelieferten Waren weisen Funktionsstörungen auf.
- In diesem Zustand ist die Ware unverkäuflich.
- In diesem Zustand nimmt der/die Kund*in die Ware nicht ab.
- Die Ware ist aufgrund der vorgezeigten Mängel wertlos/unbrauchbar.

d) Forderungen und/oder Vorschläge zur Mängelbehebung, z. B.:

- Wir bitten Sie, die fehlenden Artikel so schnell wie möglich nachzuliefern.
- Wir bitten um Ersatzlieferung.
- Wir bitten Sie, uns einen Vorschlag für die Regelung des Schadens zu unterbreiten.
- Wir bitten Sie, die Ware abzuholen.

Schluss einer Mängelrüge

Abschließender Appell an den Lieferanten (z. B.: Wir freuen uns, bald von Ihnen zu hören. Wir erwarten, dass Sie den Schaden schnell beheben. Wir hoffen, dass Sie umgehend alles tun werden, um die vereinbarte Leistung zu erbringen. Wir bitten um eine baldige Stellungnahme.)

Übung

Arbeitsanweisungen

DIGITAL+

- Öffnen Sie die Datei **Geschäftsbriefvordruck_Reif_KG**. Speichern Sie diese Datei unter **Reif_KG_Mängelrüge_Name**.
- Schreiben Sie die Mängelrüge. Formulieren Sie in ganzen Sätzen.
- Übernehmen Sie die benötigten Informationen aus der Situation.
- Gehen Sie besonders auf folgende Punkte ein:

  Einleitung und Schluss: siehe Infoblatt Mängelrüge

  Hauptteil: Weisen Sie auf die unverzügliche Prüfung der Ware hin.
  Drücken Sie Ihre Unzufriedenheit aus.
  Bezeichnen und beschreiben Sie die Mängel.
  Machen Sie Vorschläge zur Mängelbehebung.

- Speichern Sie Ihr Ergebnis.

4.4.2 Aufgabe „Lieferverzug“

Situation

Sie sind Auszubildende*r in der Reif KG, „Das Kaufhaus rund ums Fahrrad“. Das Unternehmen handelt mit Rädern, Fitness- und Heimsportgeräten, Fahrradzubehör und Fahrradbekleidung. Zusätzliche Dienstleistungen der Reif KG sind Lieferung, Montage, Werkstattleistungen, Indoor-Teststrecke, Fahrradverleih und Ladestation für E-Bikes. Die Reif KG hat 30 Mitarbeiter*innen, davon 6 Auszubildende. Sie sind zurzeit in der Abteilung Verkauf.

Sie haben am 8. März 20.. per Fax 24 Pakete, Lotus MTB Fahrradschlauch 26“ mit der Artikelnummer 83 456, zu den im Katalog angegebenen Bedingungen bei Fahrrad und More KG bestellt. Noch am gleichen Tag erhalten Sie eine schriftliche Auftragsbestätigung (siehe unten):

FuM

Fahrrad und More KG

Ihr Zeichen: eigenes Zeichen
Ihre Nachricht vom: 08.03.20..

Fahrrad und More KG, Schneller Weg 37, 46047 Oberhausen
Reif KG
Frau/Herrn eigener Name
Schlossgraben 30
45657 Recklinghausen

Geschäftszeichen: te-sk

Name: Herr Esra Tersteegen
Telefon: 0208 4768-48
E-Mail: tersteegen@fum.com

Datum: 20..-03-08

Auftragsbestätigung

Sehr geehrte*r Frau/Herr eigener Name,

wir danken für Ihre Bestellung vom 08.03.20.., die wir Ihnen wie folgt bestätigen:

Gerne liefern wir Ihnen 24 Pakete des gewünschten Artikels, Lotus MTB Fahrradschlauch 26“ mit der Artikelnummer 83 456. Den Nettopreis entnehmen Sie dem Auszug aus unserem Preiskatalog (siehe unten rechts).

Die Lieferung erfolgt frei Haus. Für Bestellungen mit einem Bestellwert unter 150,00 € brutto werden pauschal 15,00 € Lieferkosten berechnet. Die Lieferzeit beträgt eine Woche. Wir liefern **am 15.03.20..**. Alle angegebenen Preise sind Nettopreise.

Es gelten unsere allgemeinen Lieferungs- und Zahlungsbedingungen, die Sie bitte der beigefügten Anlage entnehmen.

Wir versichern Ihnen, dass wir Ihren Auftrag zu Ihrer Zufriedenheit ausführen.

Mit freundlichen Grüßen

Fahrrad und More KG

i. A. *Esra Tersteegen*

Esra Tersteegen

Anlage

Artikel 83 456	**Lotus MTB Fahrradschlauch 26“**
Schläuche pro Paket	2 Stück
ab Paket	**Nettopreis/ Paket**
1	18,99 EUR
5	16,99 EUR
10	14,99 EUR
15	12,99 EUR
20	10,99 EUR

Handelsregister: HRA 3797
USt.-IdNr.: DE13894023
Erfüllungsort und Gerichtsstand: Oberhausen

Internet-Adresse:
www.fum.com

Bankverbindung
Stadtsparkasse Oberhausen
IBAN DE39 3655 0000 0004 6523 67
BIC WELADED1OBH

Heute ist der 18. März 20... Die Ware ist bisher nicht eingetroffen. Über mögliche Gründe gab es keinerlei Informationen vom Lieferanten.

Frau Katharina Höger, die stellvertretene Abteilungsleiterin, erteilt Ihnen den Auftrag, schriftlich zu reagieren, mit den Worten: „Damit wir uns alle Optionen offenhalten." Sie sollen dem Lieferanten schreiben. Dieser Brief muss so formuliert sein, dass nach Gesetzeslage alle möglichen Rechte offen sind. Zusätzlich möchte Frau Höger, dass Sie für die Abteilung ein Schaubild erstellen. Dieses soll die Rechte bei dem Lieferverzug verdeutlichen.

BGB § 286 Schuldnerverzug (Auszug)

(1) Leistet der Schuldner auf eine Mahnung des Gläubigers nicht, die nach dem Eintritt der Fälligkeit erfolgt, so kommt er durch die Mahnung in Verzug. Der Mahnung stehen die Erhebung der Klage auf die Leistung sowie die Zustellung eines Mahnbescheids im Mahnverfahren gleich.

(2) Der Mahnung bedarf es nicht, wenn

1. für die Leistung eine Zeit nach dem Kalender bestimmt ist,
2. der Leistung ein Ereignis vorauszugehen hat und eine angemessene Zeit für die Leistung in der Weise bestimmt ist, dass sie sich von dem Ereignis an nach dem Kalender berechnen lässt,
3. der Schuldner die Leistung ernsthaft und endgültig verweigert,
4. aus besonderen Gründen unter Abwägung der beiderseitigen Interessen der sofortige Eintritt des Verzugs gerechtfertigt ist.

(3) Der Schuldner kommt nicht in Verzug, solange die Leistung infolge eines Umstands unterbleibt, den er nicht zu vertreten hat.

Auszug Käuferrechte

Die Käuferrechte bei Lieferverzug lauten wahlweise:

- auf Lieferung (Erfüllung) bestehen,
- Erfüllung des Vertrages und Ersatz des Verzögerungsschadens.

Folgende Voraussetzungen müssen dafür erfüllt sein:

- Verkäufer und Käufer haben einen wirksamen Kaufvertrag geschlossen.
- Die Lieferung der Ware war fällig, d. h. der Verkäufer hätte die Ware bereits liefern müssen.
- Eine von dem Käufer gesetzte, angemessene Frist zur Lieferung der Kaufsache ist erfolglos geblieben (entbehrlich ist die Fristsetzung beispielsweise, wenn der Verkäufer die Lieferung ernsthaft und endgültig verweigert sowie bei einem Fix- oder Zweckkauf).

Ist eine Mahnung mit Androhung der Ablehnung einschließlich angemessener Nachfristsetzung erfolglos geblieben, können wahlweise diese Rechte geltend gemacht werden:

- Rücktritt vom Kaufvertrag,
- Schadensersatz wegen Nichterfüllung, Ablehnung der Lieferung, Rücktritt vom Vertrag.

Übung

Arbeitsanweisungen

Teil 1: Mitteilung zum Lieferverzug

- Erstellen Sie einen Brief nach den Vorgaben von Frau Höger.
- Öffnen Sie dafür in Word den **Geschäftsbriefvordruck_Reif_KG**. Speichern Sie die Datei unter **Lieferverzug_Name**.
- Tragen Sie sich als Ansprechpartner*in mit Ihrem Vor- und Nachnamen ein. Unterzeichnen Sie das Schreiben „im Auftrag". Durchwahl und E-Mail-Adresse bilden Sie nach eigener Wahl.
- Berücksichtigen Sie die Angaben der Situation und gehen Sie dabei besonders auf folgende Punkte ein:

  Einleitung: Legen Sie kurz den Sachverhalt dar.

  Hauptteil:

  – Prüfung Sie die Voraussetzungen für einen Lieferverzug.
  – Prüfung Sie die Rechtslage und leiten Sie mögliche Rechte ab.
  – Beschreiben Sie die Konsequenzen und die sich daraus ableitenden Rechte.

  Schluss: Schließen Sie den Brief angemessen ab.

- Stellen Sie den Brief gemäß der obigen Anweisungen fertig.
- Alle fehlenden Angaben ergänzen Sie normgerecht.
- Speichern Sie Ihr Ergebnis.

2. Teil: Erstellen einer Übersicht zum Lieferverzug

- Öffnen Sie ein neues Dokument und speichern Sie es unter **Lieferverzug_Übersicht_Name**.
- Ändern Sie die Seitenränder benutzerdefiniert.

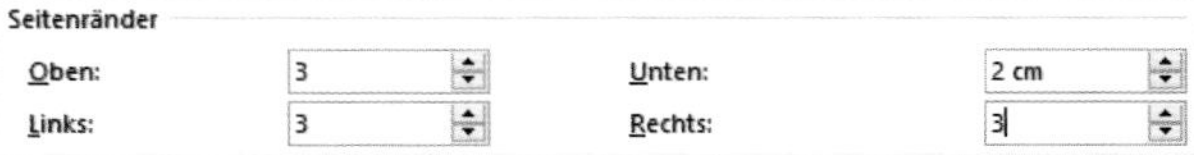

- Erstellen Sie mit den Notizen von Frau Müller eine ansprechende Übersicht zum Thema Lieferverzug. Recherchieren und ergänzen Sie fehlende Angaben.
- Nutzen Sie zur Gestaltung z. B. Piktogramme, SmartArt, Formen, Bilder oder Textfelder.
- Fügen Sie „Reif KG – Verkauf" in die Kopfzeile ein. Wählen Sie eine passende Typographie in Schriftgröße 24 Punkt aus. Zentrieren Sie den Schriftzug.
- Fügen Sie eine Fußzeile in Arial, Schriftgröße 8, fett ein.

  – links: bearbeitet von eigener Name
  – rechts: Stand: aktuelles Datum

- Speichern Sie Ihr Ergebnis.

4.5 Aufgabe zum „Angebotsvergleich"

Situation

Sie haben sich gut im Einkauf eingearbeitet und die Abteilungsleiterin, Frau Höger, gibt Ihnen immer anspruchsvollere Aufgaben. Heute, am 04.05.20.., überreicht sie Ihnen zwei Angebote. Sie erklärt Ihnen: „Wir wollen E-Bikes in unser Sortiment aufnehmen. Wir haben zwei Angebote über 10 Fahrräder eingeholt. Einmal das **Velo Vento 350** vom Hersteller BikeTec GmbH und dann noch das **Move On 47S** von der Bikefactory GmbH. Beide Fahrräder sind gleichwertig.

Und unsere Vorstellungen zum Liefertermin können auch beide Unternehmen erfüllen. Jetzt geht es also nur noch darum, wer günstiger ist. Könnten Sie beide Angebote vergleichen? Bitte bestellen Sie die Fahrräder in meinem Namen bei dem Lieferanten, der uns die günstigsten E-Bikes anbietet. Wann kann ich mit Ihren Unterlagen rechnen? Heute noch? Das wäre schön."

Übung

Arbeitsanweisungen

- Schauen Sie sich die beiden Angebote auf den folgenden Seiten gut an. Machen Sie sich dann an die Arbeit,

  1. beide Angebote zu vergleichen und
  2. beim günstigeren Lieferanten 10 E-Bikes zu bestellen.

Teil 1: Erstellen Sie das Formular für den Angebotsvergleich

- Öffnen Sie dafür die Datei **Angebotsvergleich** und speichern Sie diese unter **Angebotsvergleich_E-Bikes_Name**.
- Oberhalb der Tabelle fügen Sie eine Zeile (Höhe: 3 cm) mit einer Spalte ein. Horizontal und vertikal zentriert fügen Sie den Titel „Angebotsvergleich für 10 E-Bikes" in Schriftgröße 16, Fettdruck und Farbe Orange ein.
- Fügen Sie rechts oben in die Titelzeile die Grafik **Fahrrad.png** ein. Die Höhe der Grafik verändern Sie auf 3 cm. Wandeln Sie die Farbe der Grafik in Orange um. Positionieren Sie die Grafik überlappend über die rechte obere Ecke.

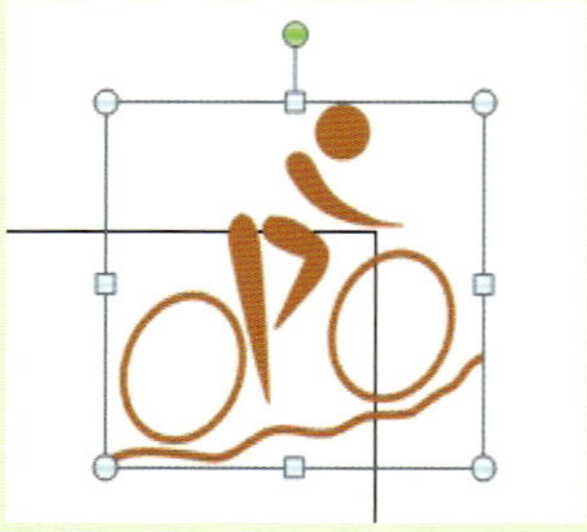

- Die Zeile mit der Zeilenüberschrift: Lieferanten/Kalkulationsschema verändern Sie bitte in der Höhe (= 2,6 cm). Die erste Zelle erhält einen diagonalen Strich von links oben nach rechts unten. Positionieren Sie die beiden Leitwörter angemessen. In die zweite und dritte Zelle schreiben Sie die Namen der Lieferanten (Farbe: Orange).
- Die Vorspalte und der Titel erhalten einen schattierten Hintergrund (helles Grau, 15 %).
- Die Zeilen 3 bis 12 erhalten eine Höhe von 1,3 cm.
- Erstellen Sie den Angebotsvergleich gemäß den Angaben in den Angeboten. Kennzeichnen Sie das günstigste Angebot durch Ankreuzen in der entsprechenden Zelle. Wählen Sie als Schriftfarbe Orange. Zentrieren Sie alle Zellen der Tabelle vertikal. Formatieren Sie angemessen gemäß der DIN 5008.
- Speichern Sie Ihr Ergebnis.

Übung

Arbeitsanweisungen (Fortsetzung)

Teil 2: Schreiben Sie die Bestellung

- Öffnen Sie die Datei **Geschäftsbriefvordruck_Reif_KG**. Speichern Sie diese Datei unter **Reif_KG_Bestellung_E-Bike_Name**. Schreiben Sie die Bestellung. Formulieren Sie in ganzen Sätzen.
- Übernehmen Sie die benötigten Informationen aus der Situation und den nachfolgenden Angeboten. Gehen Sie besonders auf folgende Punkte ein:

  Einleitung und Schluss: siehe Kurzinfo Bestellung auf Seite 135.
  Hauptteil: Bestellen Sie 10 E-Bikes – Nennen Sie die Produktbezeichnung und den Preis – Formulieren Sie die Lieferungs- und Zahlungsbedingungen – Wählen Sie die Farbe aus – Bitten Sie um einen aktuellen Katalog mit Preisliste
- Speichern Sie Ihr Ergebnis.

DIGITAL+

Angebot 1:

BikeTec GmbH · Zeller Straße 139 · 38820 Halberstadt
Reif KG
Frau Katharina Höger
Schlossgraben 30
45657 Recklinghausen

Unser Zeichen: WZ
Unsere Nachricht vom:

Name: Herr Walter Zügner

Telefon: 03941 5577-12
Telefax: 03941 5577-1
E-Mail: zügner@biketec.de

Datum: 03.05.20..

Angebot

Sehr geehrte Frau Höger,

vielen Dank für Ihr Interesse an unseren Produkten. Wir unterbreiten Ihnen gerne folgendes Angebot:

Pos.	Artikel-Nr.	Artikelbezeichnung	Menge	Einzelpreis	Gesamtpreis
001	12 543	Velo Vento 350	10 Stück	1.450,00 €	14.500,00 €

Das Velo Vento 350 mit einem Li-Ion 36 V-Akku besitzt eine Reichweite von 50 bis 120 km (je nach Modi). Die Ladezeit beträgt 4,5 Stunden. Das E-Bike wird mit einem Heckmotor von 250 W angetrieben. Die Gesamtbelastung beträgt 135 kg. Sie können das E-Bike in der Rahmenhöhe 26" oder 28" wählen. Wir bieten 10 Jahre Garantie auf den Rahmen sowie auf den Elektromotor. Das Velo Vento 350 ist in den Farben Schwarz-Grau oder Silber erhältlich.

Sie zahlen innerhalb von 30 Tagen netto oder innerhalb von 10 Tagen mit 2 % Skonto. Die Lieferung, die wir innerhalb von 10 Tagen nach Bestelleingang ausführen, erfolgt innerhalb Deutschland frei Haus.

Zudem gewähren wir Ihnen einen Rabatt in Höhe von 10 % bei Abnahme von 10 E-Bikes. Sollten Sie sich dazu entschließen, 30 E-Bikes zu kaufen, können Sie mit einem Rabatt von 20 % rechnen.

Wir freuen uns auf Ihren Auftrag.

Mit freundlichen Grüßen

BikeTEC GmbH

i. A. *Walter Zügner*

Walter Zügner

Hausanschrift
BikeTec GmbH
Zum Zeller Loch 1
38805 Halberstadt

Geschäftsführer
Peter Schwarz
Handelsregister.: HRB 647683
USt.-IdNr. DE156478984

Bankverbindung
Harzsparkasse
IBAN DE81 0520 0000 8939 8533 49
BIC NOLADE21HRZ

Angebot 2:

Bikefactory

Vorgang: Angebot 20../455

Bikefactory GmbH - Ostwallring 65 - 44328 Dortmund
Reif KG
Frau Katharina Höger
Schlossgraben 30
45657 Recklinghausen

Name: Jana Erdinger
Abteilung: Verkauf

Telefon: 0231 6532-731
E-Mail: erdinger@bikefactory.de
Internet: bikefactory@com

Datum: 03.05.20..

Angebot 20../455

Sehr geehrte Frau Höger,

vielen Dank für Ihre telefonische Anfrage. Gerne unterbreiten wir Ihnen folgendes Angebot:

Pos./Artikelnr.	Artikelbezeichnung	Menge	Einzelpreis
01/14075	Move On 47S	10	1.500,00 EUR
		Gesamtpreis	**15.000,00 EUR**

Unser Move On 47S zeichnet sich durch seine enorme Reichweite von bis zu 130 km aus. Das hohe Leistungsvermögen ist auf den Heckmotor mit einer Leistung von 225 Watt und eine günstige Übersetzung zurückzuführen. Die Ladezeit beträgt 5 Stunden. Maximal kann Move On mit 120 kg belastet werden. Das Move On erhalten Sie in einer Rot-Silber- oder Kaiserblau-Lackierungen.

Wir bieten Ihnen bei Abnahme von 10 Fahrrädern einen Mengenrabatt von 20 %. Bei Zahlung innerhalb von 2 Wochen gewähren wir Ihnen 3 % Skonto, sonst bitten wir um Zahlungsausgleich innerhalb 30 Tage netto. Unsere Versandpauschale beträgt 350,00 €. Wir liefern spätestens 3 Tage nach Bestellung.

Wir freuen uns, wenn Ihnen unser Angebot zusagt.

Mit freundlichen Grüßen

Bikefactory GmbH

i. A. J. Erdinger

Jana Erdinger

Geschäftsräume	Handelsregister-Nr.	Geschäftsführung	Bankverbindung
Bikefactory GmbH Ostwallring 66 - 68 44328 Dortmund	HBR 387 374 Internetadresse www.bikefactory@com	Gisela Waldhauer Gertrude Weinheim	TARGOBANK IBAN DE01 3002 0900 3645 2173 90 BIC CMCIDEDDXXX

4.6 Präsentation „Nachhaltige Beschaffung"

Situation

Sie haben sich sehr gut in der Abteilung Einkauf eingearbeitet. Ihre Chefin, Frau Höger, informiert Sie heute darüber, dass die Geschäftsleitung zu Anfang dieses Jahres beschlossen hat, der Nachhaltigkeit in der Beschaffung in Zukunft einen wachsenden Stellenwert einzuräumen. Die Geschäftsleitung hat sich entschieden, mit der Einführung zweier nachhaltiger Produkte zu beginnen. Diese Entscheidung soll den Mitarbeitenden auf der nächsten Betriebsversammlung nahe gebracht werden. Frau Höger schlägt Ihnen vor, die Präsentation zum Thema **Nachhaltige Beschaffung in der Reif KG** zu erstellen.

Als Grundlage nehmen Sie die Information der Geschäftsleitung zur **Nachhaltigen Beschaffung in der Reif KG** (siehe folgende Seite). Sie finden diese Datei digital auch in dem Ordner Dateien für Schüler_innen.

DIGITAL+

Inhalte

1. Folie 1: Titelfolie (Titel, Betriebsversammlung und frei gewähltes Datum, siehe Muster auf nächster Seite)

2. Folie 2: Was bedeutet nachhaltige Beschaffung für die Reif KG?

3. Folie 3: Warum wollen wir nachhaltig beschaffen?

4. Folie 4: Entstehen durch nachhaltige Beschaffung nicht Mehrkosten?

5. Wir fangen an! Zwei nachhaltige Produkte in unserem Sortiment 20..

   a) Folie 5: Produkt 1: Das Recycling-Fahrrad (mind. 2 Unterpunkte)
   b) Folie 6: Produkt 2: Das Fahrrad aus Bambus (mind. 2 Unterpunkte)

Bearbeitungshinweise zur Gestaltung

1. Firmennamen und Logo verwenden

DIGITAL+

2. geeignete Hintergrundgestaltung wählen

3. Fußzeilenbeschriftung vornehmen
   (Datum linksbündig – Thema zentriert – Foliennummern rechtsbündig)

4. geeignete grafische Elemente für die neuen Produkte einfügen

DIGITAL+

5. angemessene Animationen anwenden

6. weitere Gestaltungen selbst festlegen

Speichern Sie die Bearbeitung unter dem Namen **Präsentation_Nachhaltige_Beschaffung**.

Orientieren Sie sich für Ihre Präsentation an folgendem Muster:

Machen Sie sich hier für die Organisation Ihrer Präsentation Stichpunkte:

Notizen

DIGITAL+

Der Radmarkt

Reif KG
Rund ums Rad

Nachhaltige Beschaffung[1] in der Reif KG (Info: Geschäftsleitung)

1. Was bedeutet nachhaltige Beschaffung für die Reif KG?

Eine nachhaltige Beschaffung soll garantieren, dass soziale und ökologische (Mindest-)Anforderungen bei den Beschaffungsprozessen der Reif KG eingehalten werden. Die Reif KG will sicherstellen, dass die Produkte, die sie einkauft, unter fairen und menschenwürdigen Bedingungen sowie umweltschonend produziert und geliefert werden.

Nachhaltige Beschaffung bedeutet für uns also die Kontrolle und Durchsetzung von Nachhaltigkeitsstandards bei unseren Lieferanten.

2. Warum wollen wir nachhaltig beschaffen?

Dies ist deshalb so wichtig, weil wir, die Reif KG, 60 % unserer Produkte und Vorprodukte im außereuropäischen Raum einkaufen. Wir tragen somit auch eine Verantwortung für die Produktionsbedingungen in diesen Ländern.

Wir wollen verhindern, dass unsere Lieferanten soziale oder ökologische (Mindest-)Standards unterschreiten. Zusätzlich wollen wir mit Ressourcen (Roh-, Hilfs- und Betriebsstoffen sowie Fertigprodukten) ökonomisch umgehen. Wir glauben, dass durch nachhaltige Beschaffung unser Image in der Öffentlichkeit, bei Kund*innen sowie Mitarbeiter*innen und verbessert wird. Und zu guter Letzt sind wir überzeugt, dass wir unsere Produkte qualitativ verbessern, indem wir hochwertige und nachwachsende Rohstoffe und Vorprodukte von unseren Lieferanten beziehen.

3. Verursacht nachhaltige Beschaffung nicht Mehrkosten?

Als Argumente gegen die nachhaltige Beschaffung werden häufig höhere Kosten angeführt. Doch nachhaltige Beschaffung muss nicht zwingend teurer sein. Insbesondere bei der Berücksichtigung ökologischer Kriterien kann oft in der langen Sicht sogar Geld gespart werden. Nachhaltige Produkte und Dienstleistungen haben zwar meist einen höheren Anschaffungspreis, machen diesen Nachteil aber bei einer Betrachtung des gesamten Lebenszyklus (inklusive Nutzungs- und Entsorgungskosten) wieder wett.

4. Wir fangen an! Zwei nachhaltige Produkte in unserem Sortiment 20..

a) Ausgangssituation

Der **Gebrauch** des Fahrrads ist umweltfreundlich. Da es kein CO^2 ausstößt, stellt es eine echte Alternative zu anderen Verkehrsmitteln dar. Dagegen ist die **Fertigung** von Fahrrädern weniger umweltfreundlich. Fahrräder bestehen überwiegend aus endlichen Ressourcen wie Stahl, Aluminium oder Carbon. Ressourcenverbrauch und CO^2-Ausstoß in der Produktion sind die Folgen.

---

[1] Vgl. http://kmu.kompass-nachhaltigkeit.de.

Auf der Suche nach Herstellern, die sich der Herausforderung eines nachhaltig produzierten Fahrrads gestellt haben, sind wir fündig geworden. Unsere beiden zukünftigen Lieferanten bieten Fahrräder an, die in der Herstellung eine positive Ökobilanz aufweisen und dazu auch noch sozial verträglich sind. Ab sofort werden beide Produkte unser Sortiment 20.. ergänzen.

b) Produkt 1: Das Recycling-Fahrrad[2]

Ökologische Nachhaltigkeit. Das süddeutsche Unternehmen Boneshaker KG hat sich darauf spezialisiert, gebrauchte Rahmen sandzustrahlen und mit einem Ultraschallbad aufzubereiten. Diese Vorgehensweise spart Energie und Rohstoffe. Die so hergestellten Fahrräder stehen herkömmlich hergestellten Rädern in Beständigkeit und Langlebigkeit sowie gutem Fahrverhalten in nichts nach. Auf Anfrage können sogar Rennräder oder Mountainbikes der ersten Generation zu Retrorädern „aufgemöbelt“ werden. Durch die hervorragenden Lackierungen können selbst Fachleute einen Unterschied zu konventionellen Rädern kaum erkennen. Das Motto des Unternehmens lautet deshalb treffend: „Altes wieder neu“.

Soziale Nachhaltigkeit. Die Boneshaker KG hat sich zum Ziel gesetzt, jedes Jahr zwei schwer vermittelbare Jugendliche in ihrem Werk als Auszubildende aufzunehmen. Zur sozialen Betreuung steht eine Sozialarbeiterin zur Verfügung, die den Weg der Jugendlichen in ein geordnetes Arbeitsleben begleitet. Die Jugendlichen werden in den Werkstätten zu Zweiradmechanikern und im Büro zu Kaufleuten für Büromanagement ausgebildet. Die Boneshaker KG wirbt mit ihrem sozialen Engagement bei ihren Kund*innen. Pro verkauftem Fahrrad gehen 50 Euro in die Betreuung und Ausbildung dieser Jugendlichen. So konnten schon fünf Jugendliche mit einer abgeschlossenen Berufsausbildung das Unternehmen verlassen.

c) Produkt 2: Das Fahrrad aus Bambus[3]

Ökologische Nachhaltigkeit. Bambus gehört zu der Familie der Gräser und kann bis zu 30 Meter hoch wachsen. Er ist ein unempfindlicher Rohstoff, der sehr beständig ist. Seine Wachstumsfreudigkeit ist beeindruckend. In Japan kennt man eine Bambus-Sorte, die innerhalb von 24 Stunden bis zu 1,20 m wächst. Anders als traditionelle Harthölzer kann Bambus alle 3 bis 5 Jahre geerntet werden. Während des rasanten Wachstums bindet Bambus erheblich mehr CO^2 als ein vergleichbarer Baum und trägt so entscheidend zum Klimaschutz bei. Bei der Bamboo-Bike GmbH wird Guadua-Bambus (Guadua angustifolia) aus Kolumbien als Rohstoff für den Großteil des Fahrrades, den Rahmen, genutzt. Er ist extrem beständig und ermöglicht eine lange Nutzung.

Soziale Nachhaltigkeit. Die Rahmen werden in einer kleinen Genossenschaft in Montería, Kolumbien, gefertigt. Grundsätze des Handels ist ein Fair Trade-Abkommen zwischen Bamboo-Bike GmbH und der Genossenschaft. Dieses Abkommen ermöglicht es der Genossenschaft ihren Mitarbeiter*innen ein angemessenes Einkommen zu garantieren. Darüber hinaus finanziert die Bamboo-Bike GmbH für jedes in Deutschland verkaufte Bambus-Fahrrad ein zweijähriges Schul- oder Studienstipendium in Montería.

---

[2] Die Idee wurde folgendem Artikel entnommen: Fahrradbranche entdeckt Nachhaltigkeit als Trend: http://www.derwesten.de/auto/ fahrradbranche-entdeckt-nachhaltigkeit-als-trend-id6964957.html#plx1496765449 vom 10.08.2012.

[3] Die Geschäftsidee und das Bild eines Bambus-Fahrrads wurden freundlicherweise von dem Unternehmen my Boo GmbH, Kiel, zur Verfügung gestellt.

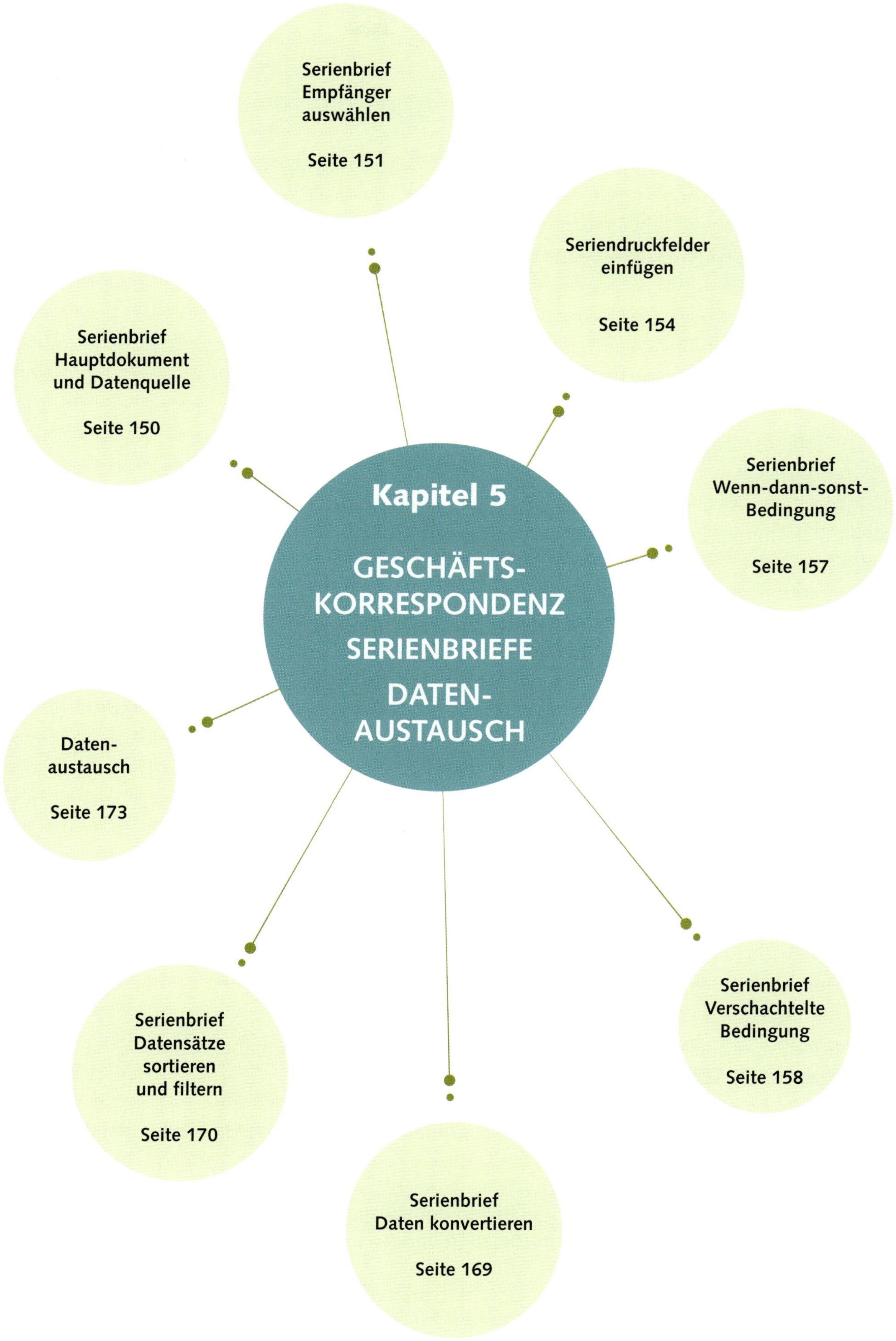
Kapitel 5
GESCHÄFTS-
KORRESPONDENZ
SERIENBRIEFE
DATEN-
AUSTAUSCH
Serienbrief Hauptdokument und Datenquelle
Seite 150
Serienbrief Empfänger auswählen
Seite 151
Seriendruckfelder einfügen
Seite 154
Serienbrief Wenn-dann-sonst-Bedingung
Seite 157
Serienbrief Verschachtelte Bedingung
Seite 158
Serienbrief Daten konvertieren
Seite 169
Serienbrief Datensätze sortieren und filtern
Seite 170
Daten-
austausch
Seite 173

5 Geschäftskorrespondenz – Serienbrief

Was Sie in diesem Kapitel lernen

Information

- Serienbrieferstellung
- Datenquellen in Word und Excel
- Verwendung von Bedingungen – auch verschachtelt
- Feldfunktionen – Druckvarianten

5.1 Seriendruckfunktion

5.1.1 Erläuterungen

Briefe, die bis auf wenige variable Einfügungen (z. B. Namen, Adressen u. Ä.) mit einem gleich bleibendem Text und verschiedenen Anschriften verschickt werden sollen, werden über den Seriendruck als Serienbriefe bearbeitet.

5.1.1.1 Hauptdokument und Datenquelle

Dabei wird der eigentliche Brieftext **einmal** als **Hauptdokument in Word** erstellt. Die variablen Angaben werden mit **Seriendruckfeldern** (Stellvertretern) in das Hauptdokument eingefügt. Die Seriendruckfelder werden beim Druck der Briefe automatisch durch Informationen aus der sogenannten **Datenquelle** (= Datenbank in Word, Excel oder Access) oder einer Kontaktliste (Outlook) ersetzt.

In **Word** oder **Excel** wird für die **Datenquelle** eine Tabelle erstellt.

Beispiel für eine Datenquelle in Word oder Excel

Anrede	Vorname	Name	Straße	PLZ	Ort
Herrn	Erich	Müller	Hauptstr. 9	46145	Oberhausen
Frau	Jessica	Niemann	Marktplatz 17	46045	Oberhausen

← Seriendruckfelder
← 1. Datensatz
← 2. Datensatz

In **Zeile 1** der Datenquelle werden **Spaltenbezeichnungen** (z. B. Vorname, Name) festgelegt, die im Hauptdokument als **Seriendruckfelder** eingefügt werden.

Ab **Zeile 2** werden in der Datenquelle die sogenannten Datensätze erfasst. Verwenden Sie für jeden Datensatz eine Zeile.

Es ist sinnvoll, die Datenquelle vorab zu erstellen und zu speichern. Wird der Seriendruck gestartet, können Sie auf die vorhandene Datenquelle zugreifen.

Wenn Sie einen Serienbrief mit einem Geschäftsbriefvordruck bearbeiten möchten, öffnen Sie zunächst die Datei mit dem Geschäftsbriefvordruck und leiten anschließend die Serienbriefbearbeitung ein.

Beispiel für ein Hauptdokument in Word

MARKGRAF BRUNNEN GmbH

Markgraf Brunnen GmbH • Am Dorfgraben 6 – 9 • 79098 Freiburg
<<Anrede>>
<<Vorname>> <<Nachname>>
<<Straße>>
<<PLZ>> <<Ort>>

Name: Frau I. Jung
Abteilung: Vertrieb

Telefon: 0761 1424-333
Telefax: 0761 1425
E-Mail: info@markgraf-brunnen.de

Datum: TT.MM.JJJJ

Neuer Katalog

<<Anrede als Bedingung>> <<Nachname>>,

wir freuen uns, dass wir Ihnen schon heute unseren neuen Katalog senden können.

Mit freundlichen Grüßen

Markgraf Brunnen GmbH

i. A. Isabelle Jung

Anlage
1 Katalog

5.1.1.2 Empfänger auswählen

Registerkarte Sendungen – Gruppe Seriendruck starten – Empfänger auswählen

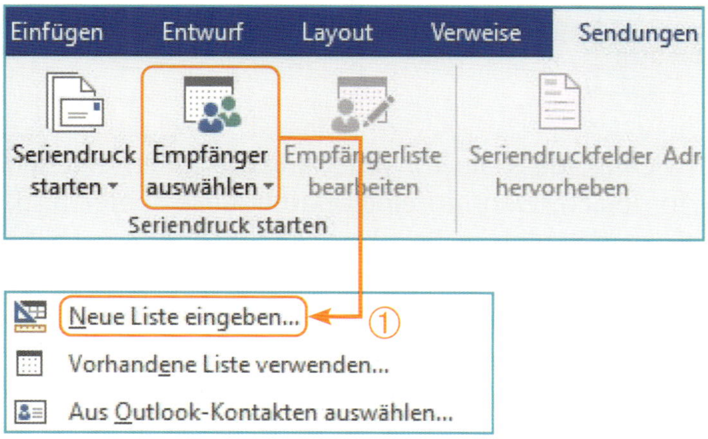

Über Empfänger auswählen können Sie sich zwischen drei Optionen entscheiden.

① Die erste Option **Neue Liste eingeben ...** nutzen Sie, um eine **neue** Datenquelle zu erstellen.

Wenn Sie die erste Option **Neue Liste eingeben ...** wählen, können Sie vorgefertigte Überschriften verwenden oder Spaltenbezeichnungen (hier: Feldnamen) individuell erstellen:

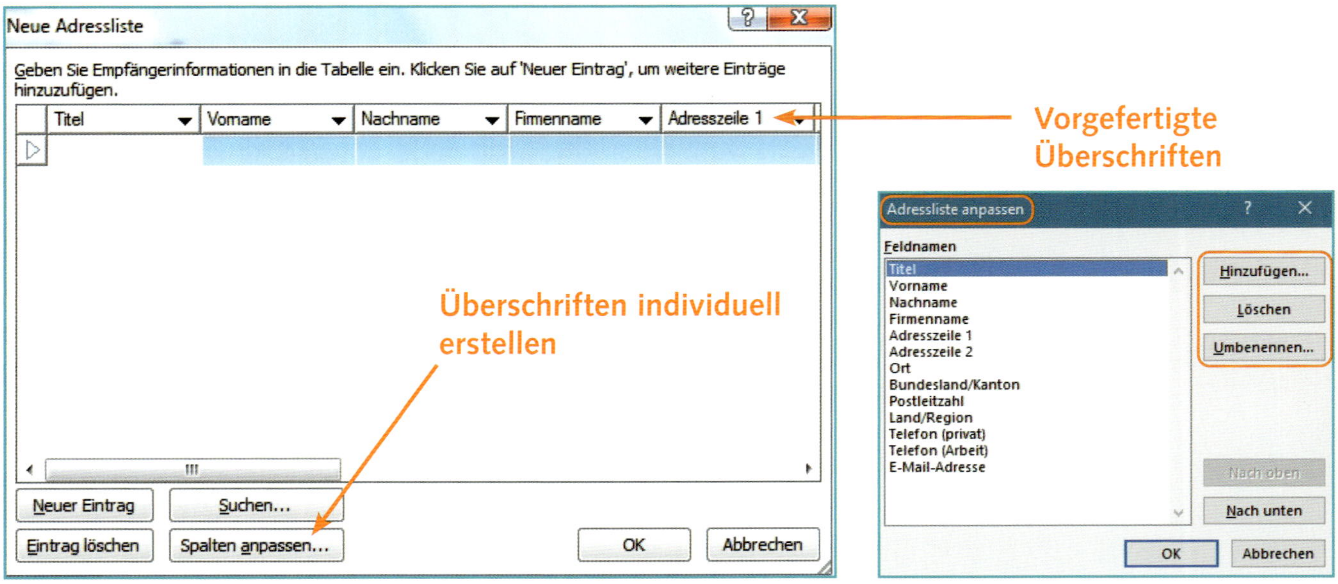

Markieren Sie in der Adressliste die Feldnamen, die Sie nicht benötigen oder verwenden möchten, und entfernen Sie sie über die **Schaltfläche Löschen**. Nutzen Sie nach Bedarf auch die **Schaltflächen Umbenennen und Hinzufügen**.

Hier ein mögliches Ergebnis für eine angepasste Adressliste:

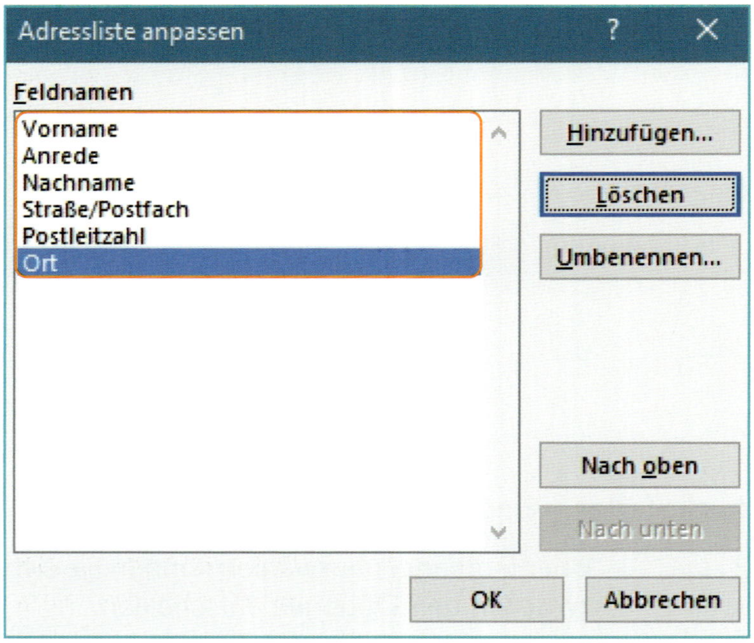

Bearbeitungshinweise:

- **Hinzufügen**
- **Löschen**
- **Umbenennen**
- **Verschieben über die Schaltflächen „nach oben" und „nach unten"**

Merke: Für die Eingabe der Datensätze ist es wichtig, dass Sie für **jede Angabe** einen eigenen Feldnamen verwenden (siehe oben). Das ist erforderlich, wenn in einer Datenquelle später nach verschiedenen Kriterien, z. B. nach Ort oder nach Postleitzahl, sortiert bzw. gefiltert werden soll.

Die gewählten Feldnamen werden durch Bestätigen über die **Schaltfläche OK** übernommen. Sie erhalten dann eine Eingabemaske, um die Datensätze einzugeben.

Ist ein Datensatz vollständig eingegeben, klicken Sie auf die Schaltfläche **Neuer Eintrag**.

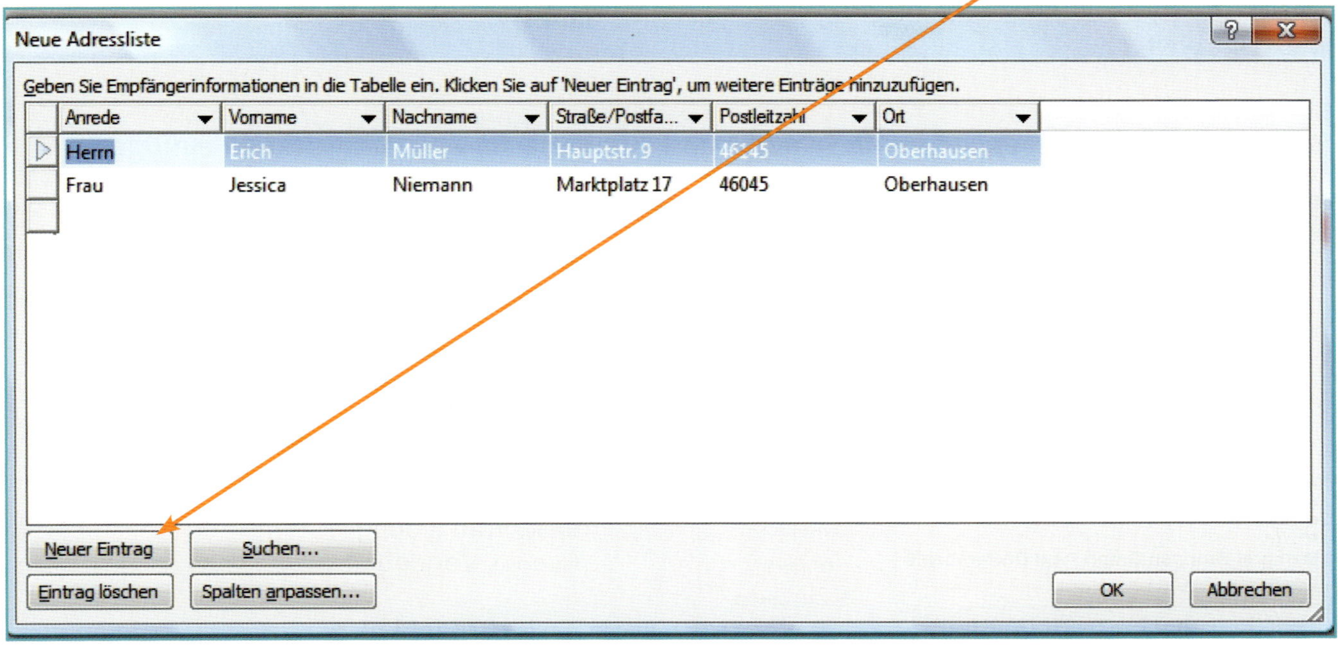

Sind alle Datensätze eingegeben, muss die Datenquelle über die Schaltfläche **OK** gespeichert werden. Achten Sie darauf, wo Sie Ihre Datei speichern, damit Sie sie schnell und sicher wiederfinden!

Registerkarte Sendungen – Gruppe Seriendruck starten – Empfänger auswählen

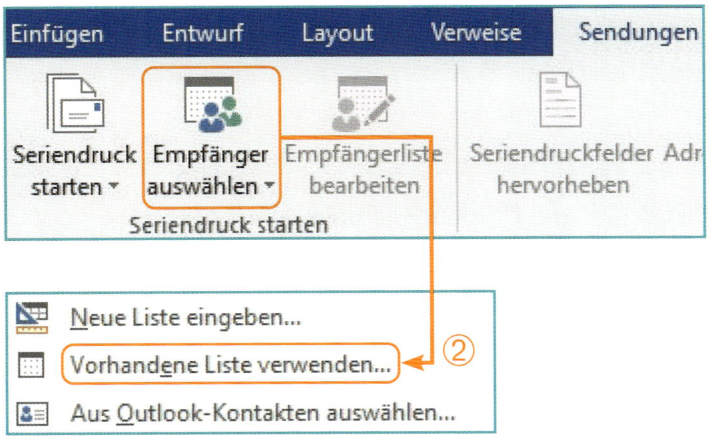

② Die zweite Option **Vorhandene Liste verwenden ...** nutzen Sie, wenn Sie auf eine bereits in Word oder Excel erstellte Datenquelle zugreifen möchten.

In Kapitel 5.1.1.1 finden Sie Bearbeitungshinweise zum Erstellen einer Datenquelle.

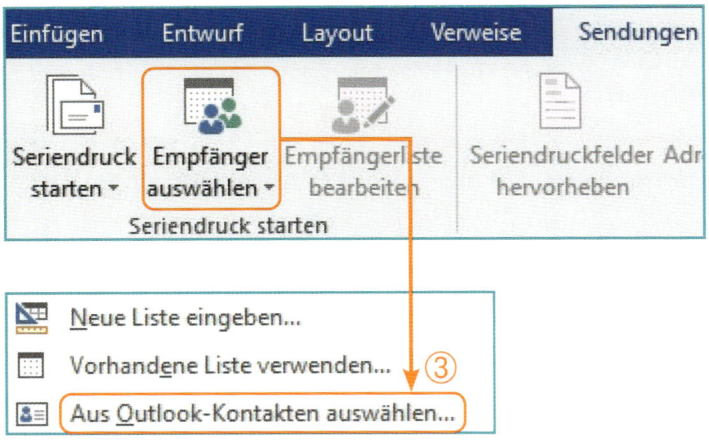

③ Die dritte Option **Aus Outlook-Kontakten auswählen ...** können Sie nutzen, wenn Sie Serienbriefe als E-Mail an einen Empfängerkreis aus Ihren Outlook-Kontakten verwenden möchten.

Die einzelnen Bearbeitungsschritte sind selbsterklärend und werden hier nicht weiter ausgeführt.

5.1.1.3 Seriendruckfelder einfügen

Ist die Datenquelle erfasst/geöffnet, führen Sie im Word-Dokument die Serienbrief-Bearbeitung wie folgt weiter:

Registerkarte Sendungen – Gruppe Schreib- und Einfügefelder – Seriendruckfeld einfügen

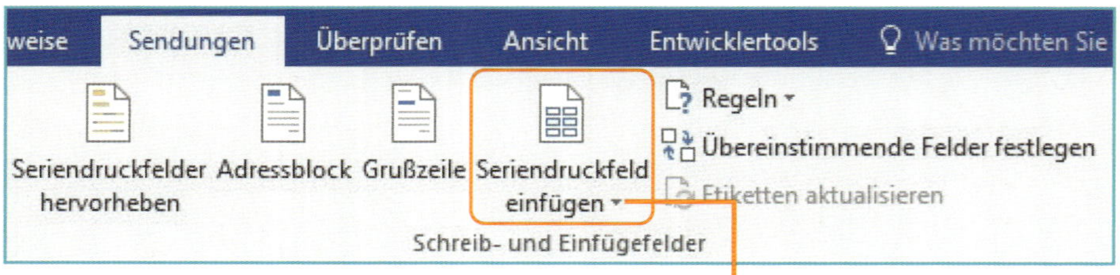

Achten Sie darauf, dass Sie die Seriendruckfelder an den normgerechten Positionen einfügen.

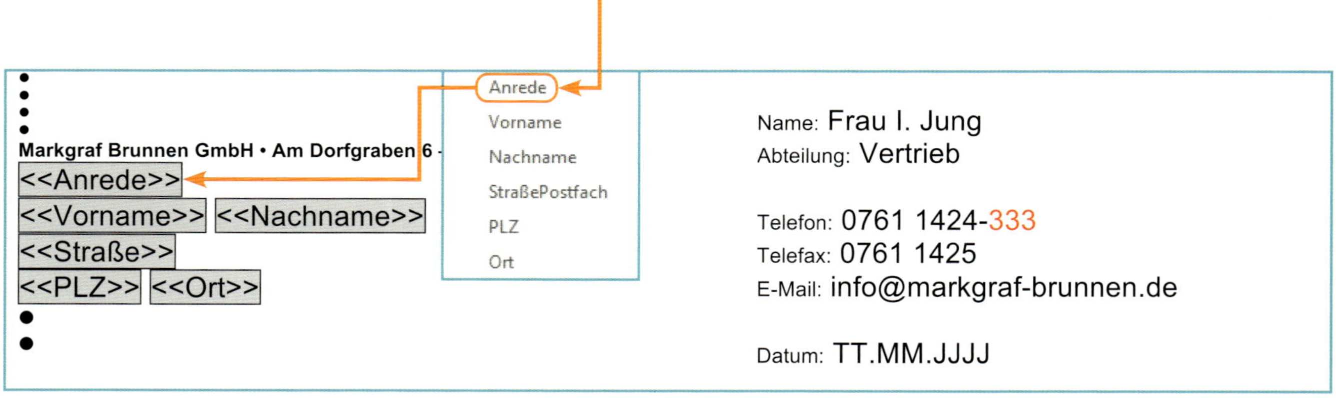

Checkliste für die Serienbriefbearbeitung – Schritt 1: Serienbrief vorbereiten	
☑	Geschäftsbriefvordruck öffnen
☑	Datenquelle öffnen – im entsprechenden Verzeichnis die Datenquelle auswählen oder eine neue Datenquelle erstellen
☑	im Geschäftsbriefvordruck das Seriendruckfeld <<Anrede>> einfügen mit den übrigen Bestandteilen der Anschrift ebenso verfahren
☑	Infoblock im Geschäftsbriefvordruck normgerecht ausfüllen
☑	Betreff formulieren und normgerecht gestalten
☑	Anrede (mit Bedingung) einfügen (vgl. Kap. 5.1.1.4)
☑	nach der Anrede den Brieftext erfassen bzw. formulieren, auf normgerechte Absatzgestaltung und Randausgleich achten
☑	evtl. weitere Seriendruckfelder einfügen (z. B. variable Daten)
☑	den fertigen Brief als Hauptdokument (Word-Datei) speichern

Checkliste für die Serienbriefbearbeitung – Schritt 2: Datensätze kontrollieren

- ☑ Zur Kontrolle können im Hauptdokument die Datensätze überprüft werden, d. h. die im Hauptdokument eingesetzten Seriendruckfelder werden durch die tatsächlichen Daten ersetzt. Dazu in der **Registerkarte Sendungen** die Schaltfläche **Vorschau Ergebnisse** aktivieren. Über die daneben liegende Schaltfläche können die einzelnen Datensätze durchgeblättert und kontrolliert werden.
- ☑ Werden Fehler bei den Daten aus den Seriendruckfeldern festgestellt, müssen diese in der entsprechenden Datenquelle korrigiert werden.
- ☑ Wurde die Datenquelle als Tabelle in Word oder in Excel erstellt, müssen die Dateien geöffnet, geändert und aktualisiert bzw. nach dem Speichern mit dem Hauptdokument verbunden werden.
- ☑ Wurde die Datenquelle in Word über **Neue Liste eingeben** erstellt, wird sie automatisch als Datenbank (in Access) mit dem Dateizusatz **.mdb** gespeichert. Das Ändern, Speichern und Aktualisieren erfolgt über:
Sendungen – Empfängerliste bearbeiten – Datenquelle.mdb anklicken – Bearbeiten (siehe Abbildung)

Registerkarte Sendungen – Gruppe Seriendruck starten – Empfängerliste bearbeiten

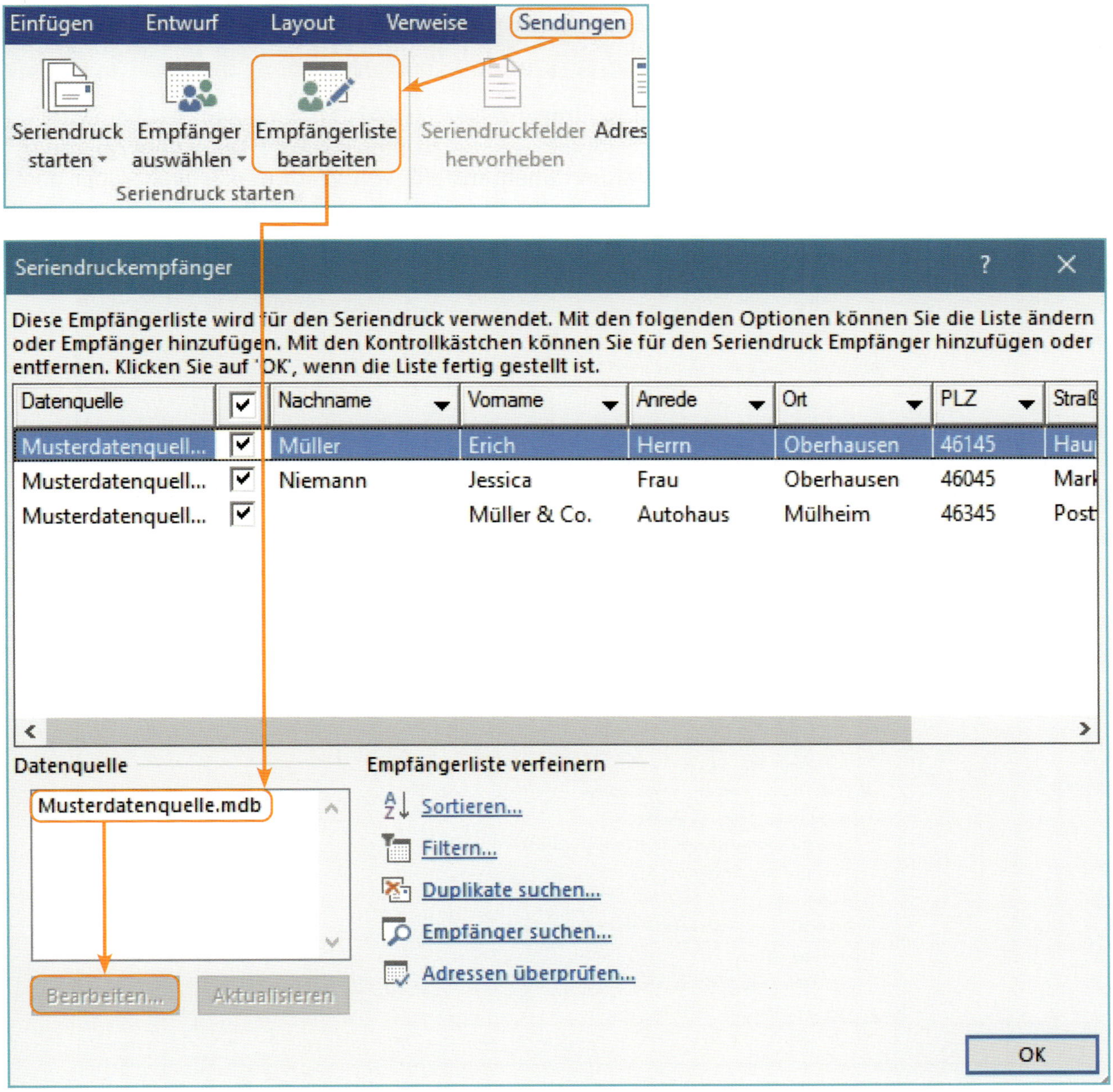

Checkliste für die Serienbriefbearbeitung – Schritt 3: Druck der Serienbriefe und Datenquellen

☑ Den Seriendruck an alle Empfänger*innen können Sie über **Fertig stellen und zusammenführen** anfertigen.

☑ Druck eines einzelnen Datensatzes: Wählen Sie den Datensatz aus und leiten Sie einen normalen Dokumentendruck ein.

☑ Hauptdokument ohne Feldfunktionen:
Hierzu wird die Ansicht mit den Seriendruckfeldern gewählt <<Anrede>> und ein normaler Dokumentendruck eingeleitet.

☑ Hauptdokument mit Feldfunktionen { } Mergefield Anrede :
Für diese Variante muss das Dokument markiert werden; mit der rechten Maustaste können die Feldfunktionen ein- und ausgestellt werden.

Hinweis: Damit Sie sicher gehen können, dass Sie die gewünschte Druckvariante gewählt haben, schauen Sie sich das Layout vor dem Drucken in der Druckvorschau an!

Zusätzlicher Hinweis zum Arbeiten mit Feldfunktionen

☑ Wollen Sie Ihre Feldfunktionen **auf dem Bildschirm** anzeigen lassen? Dann müssen Sie über **Datei – Optionen – Erweitert** (im sich öffnenden Dialogfeld weit nach unten scrollen!) unter dem Abschnitt **Dokumentinhalt anzeigen** die Option **Feldfunktionen anstelle von Werten** aktivieren. Über den Shortcut Alt + F9 lässt sich die Ansicht von Feldfunktionen auch einstellen.

Registerkarte Datei – Optionen – Erweitert – Dokumenteninhalt anzeigen

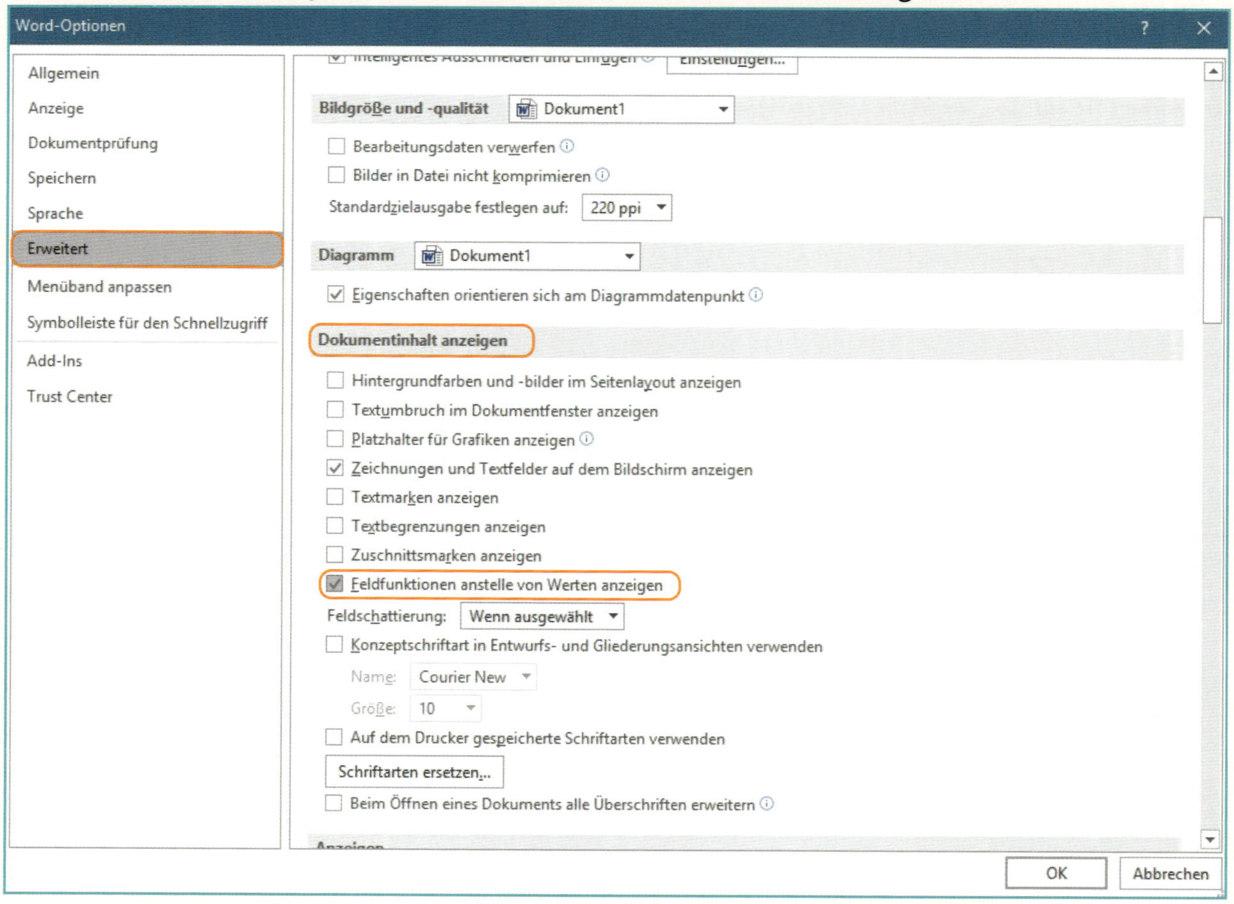

Zusätzlicher Hinweis zum Arbeiten mit Feldfunktionen (Fortsetzung)

☑ Wollen Sie Ihre Formularfelder als Feldfunktionen **ausdrucken** lassen? Dann müssen Sie über **Datei – Optionen – Erweitert** (im sich öffnenden Dialogfeld weit nach unten scrollen!) unter dem Abschnitt **Drucken** die Option **Feldfunktionen anstelle von Werten drucken.**

Registerkarte Datei – Optionen – Erweitert – Drucken

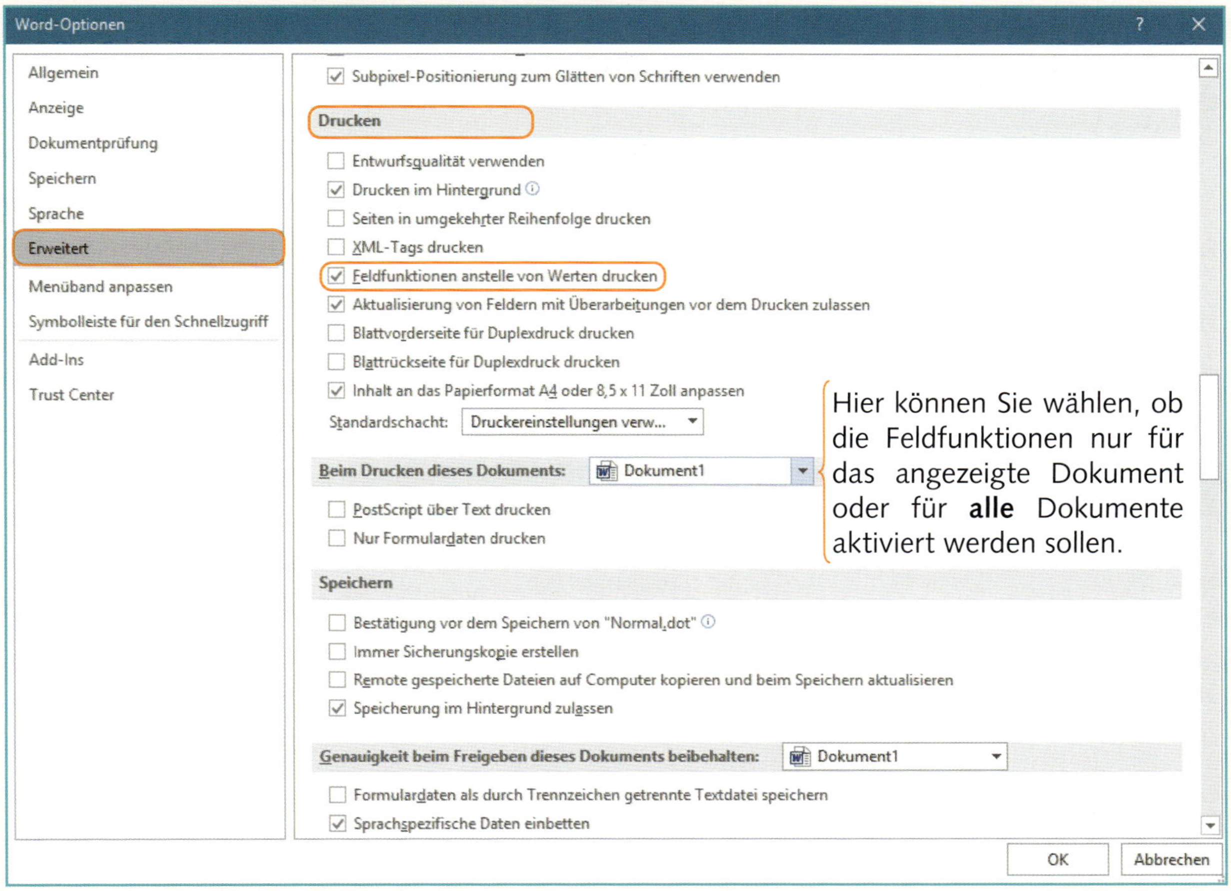

5.1.1.4 Bedingung Wenn-Dann-Sonst

Wie vorab schon erwähnt, wird für eine rationelle Bearbeitung der Anrede im Hauptdokument mit der **Bedingung Wenn-Dann-Sonst** gearbeitet.

Registerkarte Sendungen – Gruppe Schreib- und Einfügefelder – Regeln

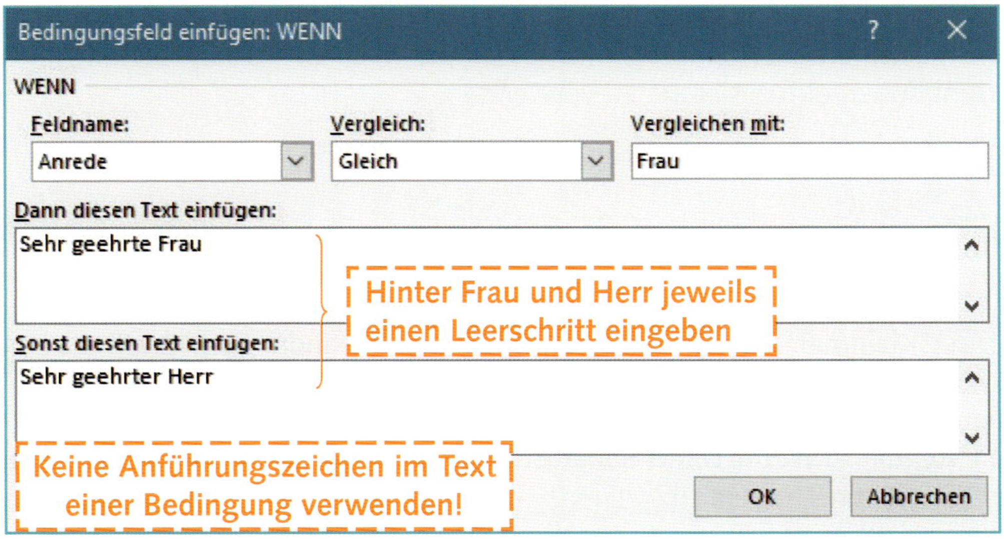

Bedingungen können auch mit allen vorhandenen Feldnamen und anderen Vergleichsoperatoren (z. B. ungleich, kleiner als) im Brieftext genutzt werden.

5.1.1.5 Verschachtelte Bedingung

Wenn Sie mehr als zwei Varianten über die Bedingung abdecken wollen, müssen Sie schrittweise vorgehen. Wie Sie aus nachfolgender Datenquelle ersehen können, sind im Hauptdokument drei Anredevarianten erforderlich:

Anrede	Vorname	Nachname	Straße/Postfach	PLZ	Ort
Herrn	Erich	Müller	Hauptstraße 9	46145	Oberhausen
Frau	Jessica	Niemann	Marktplatz 17	46045	Oberhausen
Autohaus	Müller & Co.		Postfach 12 01	46345	Mülheim

Datensatz 1: **Sehr geehrter Herr Müller,**
Datensatz 2: **Sehr geehrte Frau Niemann,**
Datensatz 3: **Sehr geehrtes Team der Firma Autohaus Müller & Co.,**

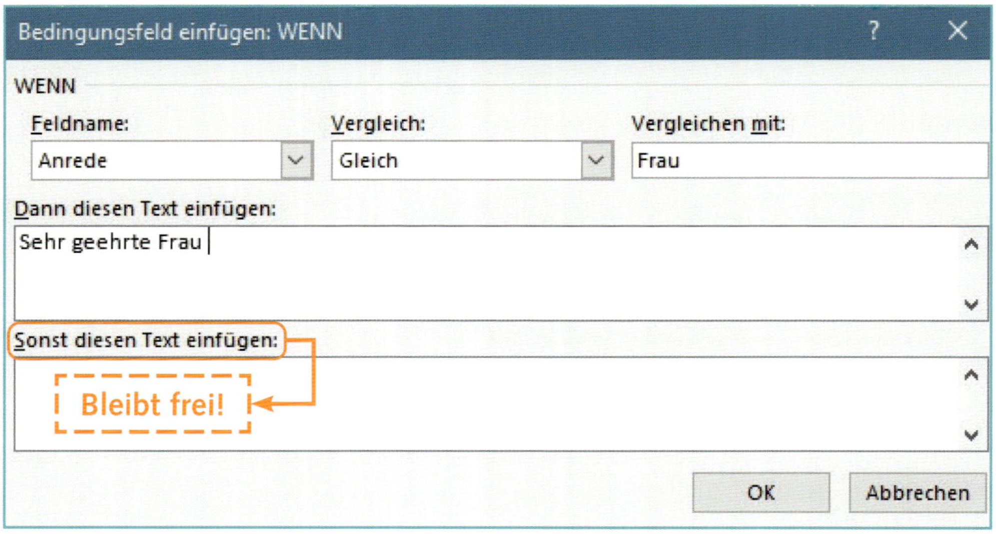

Schritt 1: Sie starten die Eingabe für die verschachtelte Bedingung zunächst wie gewohnt. Allerdings bleibt der Bereich **Sonst diesen Text einfügen** frei.

Im Hauptdokument wird die eingegebene Bedingung wie folgt dargestellt:

„Sehr geehrte Frau "

Schritt 2: Hinter der Anrede ergänzen Sie das Seriendruckfeld Nachname und das Komma. Aktivieren Sie mit **Alt + F9** die Feldfunktionen.

Hinweis: Zum Aktivieren und Bearbeiten der Feldfunktionen können Sie alternativ die eingefügte Bedingung anklicken (sie ist dann grau unterlegt) und mit der rechten Maustaste das Kontextmenü öffnen (Feldfunktionen ein/aus). Vergessen Sie nach der Überarbeitung nicht, die Schaltfläche „Feldfunktionen aktualisieren" zu verwenden.

Durch das Aktivieren der Feldfunktionen verändert sich im Hauptdokument die Darstellung wie folgt:

```
{ IF { MERGEFIELD Anrede } = "Frau" "Sehr geehrte Frau " "" }
```

Schritt 3: In der Klammer am Ende der Feldfunktionen befinden sich zwei zusammenhängende Anführungszeichen, die auf die leere „Sonst-Bedingung" hinweisen. Setzen Sie den Cursor genau zwischen die beiden Anführungszeichen und leiten Sie dann die Eingabe der Bedingung über **Sendungen – Regeln – Wenn-Dann-Sonst** erneut ein. Passen Sie die Schriftart und -größe der Bedingungen an die Ihres Textes an.

Da jetzt nur noch zwei Varianten für die Anrede verbleiben, kann das Bedingungsfeld vollständig ausgefüllt werden.

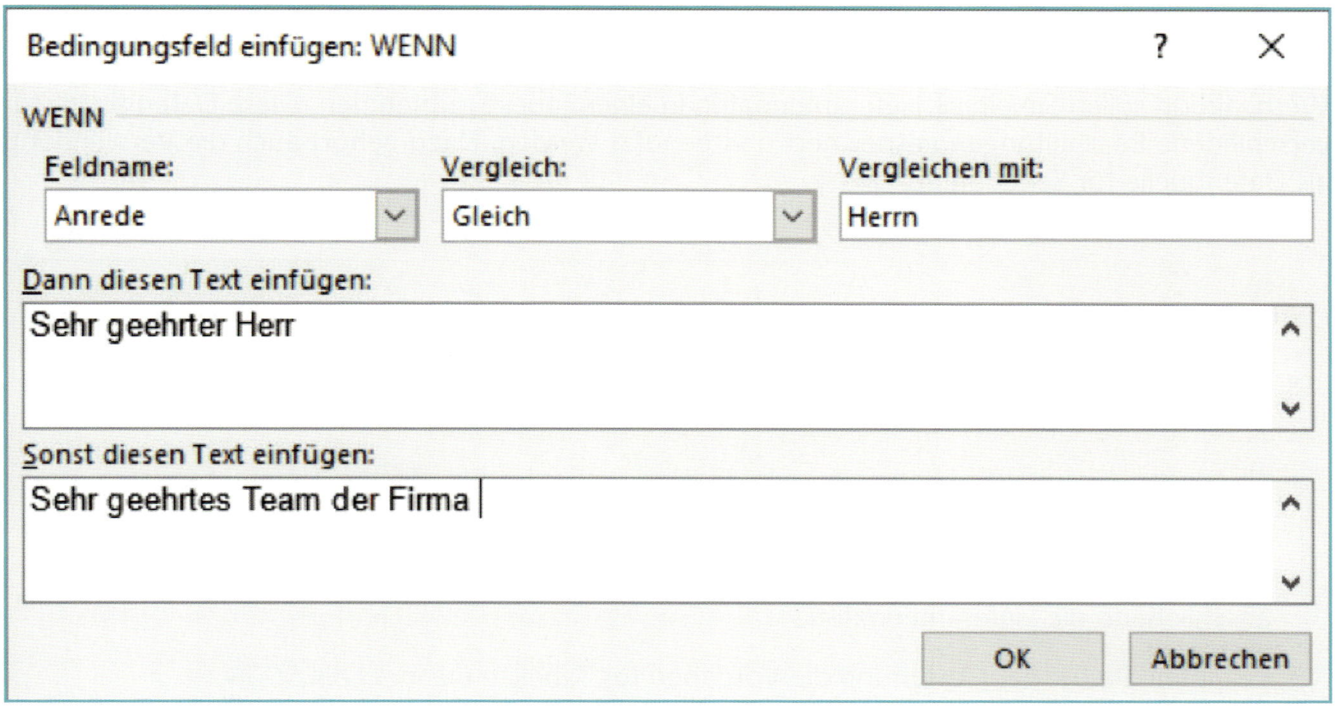

Sind Serienbrieftext und Briefabschluss vollständig erfasst, sollten Sie die Kontrolle der Serienbrieffunktion und der Datensätze (siehe Checkliste) nicht vergessen:

Registerkarte Sendungen – Gruppe Vorschau Ergebnisse

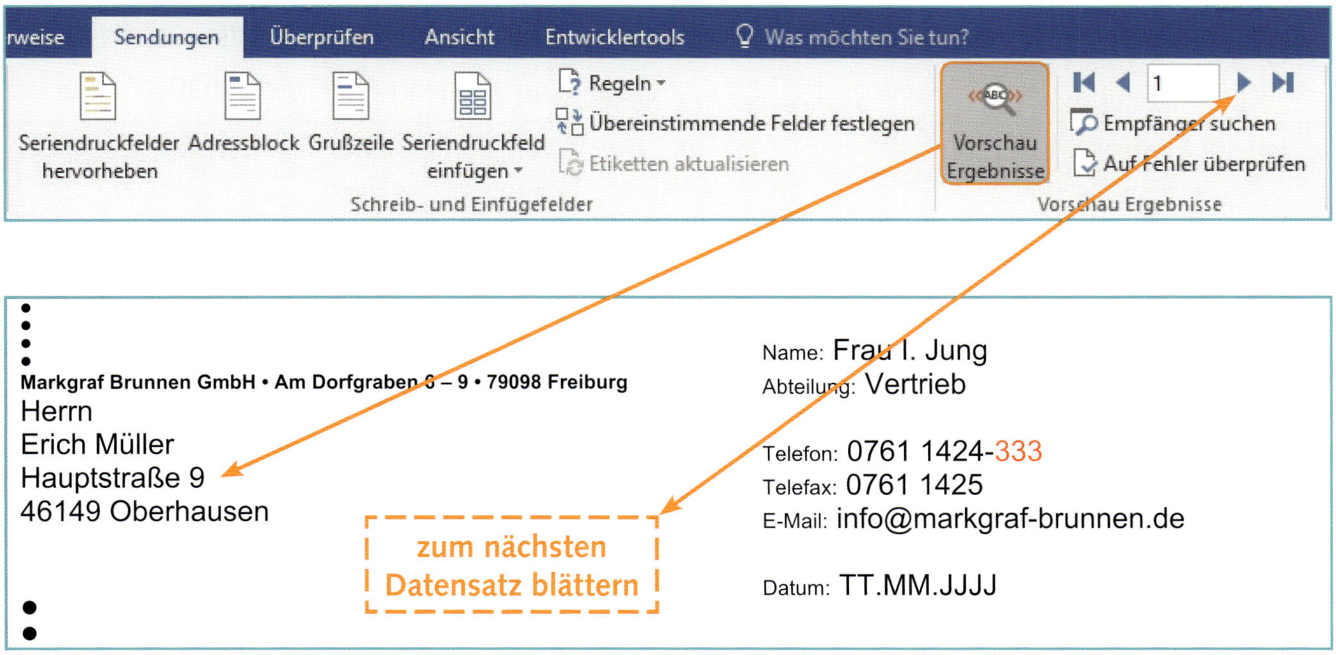

5.1.2 Übungen

5.1.2.1 Aufgabe „Erstellen einer Datenquelle in Word"

Situation

Sie sind in der Abteilung Verwaltung der Markgraf Brunnen GmbH beschäftigt. Für die nächste Werbeaktion sollen Sie einige Lieferantendaten in einer Tabelle aufnehmen. Diese Daten sollen für verschiedene Bearbeitungen gespeichert und genutzt werden. Dazu gehört auch die Verwendung als Datenquelle für Serienbriefe.

Übung

Arbeitsanweisungen

- Öffnen Sie in Word ein neues Dokument und speichern Sie es wie folgt: **Datenquelle_Word_Lieferanten_Name**.
- Überlegen Sie, welche und wie viele Seriendruckfelder Sie für die Lieferantendaten benötigen. Fügen Sie eine entsprechende Tabelle ein.
- Vergeben Sie geeignete Spaltenbezeichnungen für die Seriendruckfelder und erfassen Sie anschließend die Lieferantendaten.
- Beachten Sie bei der Gestaltung die Vorgaben für Tabellen aus der DIN 5008.

Lieferantendaten

Lehmann & Co., Müllerweg 17, 79112 Freiburg, Ansprechpartner Herr Deimler

Großhandel Mutz, Ansprechpartnerin Frau Immig, 79189 Bad Krozingen, Reiterweg 78

Gebr. Klemmer KG, 79183 Waldkirch, Postfach 10 10, Ansprechpartner Herr Wiemann,

Getränke Hultinger e. K., Gewerbestraße 4 a, Ansprechpartner Herr Hultinger, 79206 Breisach

5.1.2.2 Aufgabe „Erstellen einer Datenquelle in Excel"

Situation

Sie sind in der Abteilung Verwaltung der Markgraf Brunnen GmbH beschäftigt. Drei Neukund*innen der letzten Wochen sind noch nicht in einer Datenbank gespeichert. Da die Daten nicht nur für die Auftragsbearbeitung, sondern auch in Serienbriefen (z. B. als Werbebrief) genutzt werden sollen, hat Ihr Vorgesetzter Sie gebeten, eine neue Datenquelle in Excel anzulegen.

Übung

Arbeitsanweisungen

- Öffnen Sie in Excel ein neues Dokument und speichern Sie dieses unter dem Namen **Datenquelle_Excel_Kunden_Name**.
- Gehen Sie wie in vorstehender Übung zu den Lieferantendaten vor.

Daten von Kund*innen

Frank Engel, Teufelsweg 99, 79189 Bad Krozingen, Telefon 07567 57898
Roswitha Langstedt, Telefon 07618 97551, Kleine Gasse 2, 79183 Waldkirch
Lisa Polster, Robert-Schumacher-Str. 15, 79183 Waldkirch, Telefon 07618 39045

5.1.2.3 Aufgabe „Einfügen von Seriendruckfeldern 1"

Übung

Arbeitsanweisungen

- Öffnen Sie die Datei **Geschäftsbriefvordruck_Markgraf_Brunnen_GmbH**.
- Leiten Sie die Serienbrieferstellung ein (Registerkarte Sendungen).
- Verwenden Sie die **Datenquelle_Word_Lieferanten** (Empfänger auswählen – vorhandene Liste verwenden).
- Fügen Sie im Anschriftfeld die erforderlichen Seriendruckfelder (Schaltfläche Seriendruckfeld einfügen) an den richtigen Positionen ein. Prüfen Sie mit der Schaltfläche Vorschau, ob die 4 Datensätze der Lieferantendatei korrekt angezeigt werden.
- Speichern Sie die Datei unter **Vorbereitung_SB_Lieferanten_Name**.
- Drucken Sie den Brief an Getränke Hultinger e. K. aus.

5.1.2.4 Aufgabe „Einfügen von Seriendruckfeldern 2"

Übung

Arbeitsanweisungen

- Öffnen Sie die Datei **Geschäftsbriefvordruck_Markgraf_Brunnen_GmbH**.
- Leiten Sie die Serienbrieferstellung ein (Registerkarte Sendungen).
- Verwenden Sie die für die Empfängerauswahl die **Datenquelle_Excel_Kunden** (Empfänger auswählen – vorhandene Liste verwenden).
- Fügen Sie die erforderlichen Seriendruckfelder für die Empfängeranschrift ein (vgl. Bearbeitung Aufgabe 1).
- Beachten Sie die normgerechte Anordnung, prüfen Sie die Datensätze mit der Vorschau.
- Speichern Sie die Bearbeitung unter **Vorbereitung_SB_Kunden_Name**.
- Drucken Sie den Brief an Frau Polster aus.

5.1.2.5 Aufgabe „Verschachtelte Bedingung“

Übung

Arbeitsanweisungen

DIGITAL+

- Öffnen Sie die Datei **Datenquelle_Excel_Kunden** und ergänzen Sie die Datenquelle um eine weitere Spalte mit der Überschrift „Kundengruppe“. Passen Sie die Formatierung entsprechend an.
- Die Kund*innen sind folgenden Kundengruppen zugeordnet:

Datensatz	Kundengruppe
Frank Engel	A
Roswitha Langstedt	B
Lisa Polster	C

- Speichern Sie die Datei mit den Änderungen in **Quelle_Bedingung_Rabatt_Kunden_Name**.

DIGITAL+

- Öffnen Sie den **Geschäftsbriefvordruck Markgraf Brunnen GmbH** und verknüpfen Sie das Hauptdokument mit der um die Kundengruppe ergänzten Datenquelle.
- Füllen Sie das Anschriftenfeld mithilfe der Seriendruckfelder. Ergänzen Sie die Angaben im Infoblock und den Betreff sinnvoll.
- Fügen Sie nach der Anrede folgenden Text ein:

  wir freuen uns, Sie in unserem Kundenkreis begrüßen zu dürfen. Für Ihren nächsten Auftrag gewähren wir Ihnen einen Rabatt in Höhe von *** %.

  An der Position *** soll ein nach Kundengruppen orientierter Rabattsatz erscheinen. Dafür fügen Sie eine verschachtelte Bedingung mit folgenden Vorgaben ein:

  Kundengruppe A = 5
  Kundengruppe B = 10
  Kundengruppe C = 15

- Formulieren Sie einen kurzen abschließenden Satz. Beenden Sie die Bearbeitung mit einem normgerechten Briefabschluss.
- Speichern Sie die Bearbeitung unter dem Namen **Bedingung_Rabatt_Kunden_Name**.
- Drucken Sie Ihr Ergebnis mit Feldfunktionen aus.

5.1.2.6 Aufgabe „Eröffnung einer neuen Filiale"

Situation

Sie sind Auszubildende*r der Markgraf Brunnen GmbH in Freiburg. Das Unternehmen ist ein bedeutender mittelständischer Getränkehersteller von Mineralwasser, Limonaden und Säften. Als größter regionaler Anbieter von Mineralwasser im Markgräfler Land, Südschwarzwald und in Freiburg und Umgebung beschäftigt der Betrieb zurzeit 110 Mitarbeiter*innen.

Das Unternehmen ist seit vielen Jahren im Familienbesitz der Familien Pitzer und Arnold. Verwaltung und Abfüllbetrieb befinden sich auf dem firmeneigenen Betriebsgelände, von wo aus die Getränkelogistik koordiniert wird.

Im nächsten Monat wird in Freiburg eine weitere Filiale eröffnet. Genaue Anschrift: Am Sternenbusch 15, 79108 Freiburg.

Sie erhalten von dem Prokuristen, Herrn Sebastian Huber, einige Anschriften von Privatpersonen, die Sie mithilfe eines Serienbriefes zur geplanten Eröffnung einladen sollen.

Übung

Arbeitsanweisungen

- Erstellen Sie anhand der nachfolgenden Adressen eine Datenquelle in Excel:

A	B	C	D	E	F
Anrede	**Vorname**	**Nachname**	**Straße**	**PLZ**	**Ort**
Frau	Stefanie	Burmann	Am Alten Weg 15	79102	Freiburg
Herrn	Sven	Kugler	Albert-Schweitzer-Straße 58	79098	Freiburg
Herrn	Tim	Schöbler	Antoniusweg 19 a	79102	Freiburg
Frau	Elena	Gundlach	Mühlenbach 21	79104	Freiburg

- Angaben für die Fußzeile in Excel (über Einfügen – Kopf-/Fußzeile – Wechsel in die Fußzeile)

linker Abschnitt	mittlerer Abschnitt	rechter Abschnitt
Vorname Nachname	Datum	Dateiname + Pfad

- Speichern Sie die Datenquelle unter **Quelle_Filialeröffnung_Name**.
- Öffnen Sie den **Geschäftsbriefvordruck_Markgraf_Brunnen_GmbH**.
- Starten Sie die Serienbrieferstellung und lesen Sie die Datenquelle ein.
- Fügen Sie an den normgerechten Positionen die Seriendruckfelder für die Empfängeranschrift ein.
- Ergänzen Sie den Infoblock mit allen erforderlichen Angaben. Ihre Durchwahl lautet: 333. Beachten Sie die Anordnung nach DIN 5008.
- Geben Sie dem Einladungsschreiben einen aussagekräftigen Betreff.

Übung

Arbeitsanweisungen (Fortsetzung)

- Verwenden Sie für die Anrede im Brief die Wenn-dann-sonst-Bedingung.
- Formulieren Sie einen ansprechenden Brief unter Berücksichtigung folgender Inhalte:
  - Eröffnung einer neuen Filiale in Freiburg
  - Unternehmen kurz vorstellen
  - Produktpalette vorstellen (s. o.)
  - auf die neue Saftsorte – Geschmacksrichtung Feige – hinweisen
  - am … um … einladen
  - Anreiz zum Besuch anbieten
  - Katalog und Wegbeschreibung mitsenden
- Verwenden Sie geeignete Gestaltungsmöglichkeiten und heben Sie wichtige Informationen hervor.
- Überarbeiten Sie die fertige Formulierung mit allen abschließenden Bearbeitungen für die Textverarbeitung.
- Erfassen Sie einen vollständigen Briefabschluss. Sie haben Artvollmacht. Ihr Vorgesetzter wird den Brief mitunterzeichnen.
- Prüfen Sie Ihren Serienbrief anhand der Vorschau und nehmen Sie eventuelle Korrekturen vor.
- Speichern Sie das Hauptdokument unter **Filialeröffnung_Name** und drucken Sie alle Briefe einmal aus.

Notizen

5.1.2.7 Aufgabe „Erweiterung des Sortiments"

Situation

Die Markgraf Brunnen GmbH legt als alteingesessenes Familienunternehmen einerseits großen Wert auf traditionelle Produkte, ist aber andererseits daran interessiert, innovative Wege zu gehen, um mit der Entwicklung und Herstellung neuer trendgerechter Getränke und Geschmacksrichtungen auf die Wünsche ihrer Kund*innen einzugehen.

Seit diesem Monat ist das Saft-Sortiment um die **Fruchtsorte Feige** erweitert worden. Sie arbeiten in der Verkaufsabteilung als Auszubildende*r. Ihr Kollege, Herr Jaques Dumont, hat Ihnen einige Adressen von Stammkund*innen herausgesucht, die Sie über die Sortimentserweiterung mithilfe der Serienbrieffunktion informieren sollen.

Übung

Arbeitsanweisungen

- Erstellen Sie anhand der nachfolgenden Adressen für die Datenquelle eine Tabelle in Word. Anstelle des Seriendruckfeldes „Anrede" verwenden Sie „Geschlecht" und nehmen die entsprechenden Eintragungen vor. Beispiel:

Geschlecht	Vorname	Nachname	...	...	...
w	Monica	Röder	...	...	...
m	Robin	Burgmann	...	...	...

  Dirk Hegerfeld, Moosweg 2, 79109 Freiburg im Breisgau – Getränke Hegerfeld e. K.
  Eva Müllers, Kasernenhof 65, 79104 Freiburg (Neuburg) – Trinkhalle am Markt KG
  Silvana Kozlic, Buchenallee 33, 79112 Freiburg – Das Büdchen in Betzenhausen e. K.

- Speichern Sie die Datenquelle unter **Quelle_Sortimentserweiterung_Name**.

- Öffnen Sie den **Geschäftsbriefvordruck_Markgraf_Brunnen_GmbH** und starten Sie die Serienbrieferstellung. Lesen Sie die Datenquelle ein.

- Verwenden Sie im Anschriftenfeld mithilfe des Seriendruckfeldes **Geschlecht** eine Bedingung, um die Anrede geschlechtsspezifisch darzustellen. Fügen Sie alle übrigen Seriendruckfelder für die Empfängeranschrift ein.

- Ergänzen Sie den Infoblock mit den erforderlichen Angaben. Ihre Durchwahl lautet: 333.

- Geben Sie dem Serienbrief einen aussagekräftigen Betreff und formulieren Sie die Anrede mit der Wenn-dann-sonst-Bedingung.

- Formulieren Sie einen ansprechenden Werbebrief unter Berücksichtigung folgender Inhalte:

  – auf die lange Geschäftsbeziehung hinweisen
  – auf die Erweiterung des Sortiments aufmerksam machen
  – auf Wunsch Besuch durch unseren Außendienst
  – als Anreiz einen Rabatt für Erstbestellung erwähnen
  – für weitere Informationen auf Internet-Adresse hinweisen

  Fügen Sie an geeigneter Stelle in Ihren Brieftext eine Grafik ein.

Übung

Arbeitsanweisungen (Fortsetzung)

- Verwenden Sie geeignete Gestaltungsmöglichkeiten und heben Sie wichtige Informationen hervor.
- Überarbeiten Sie die fertige Formulierung mit allen abschließenden Bearbeitungen für die Textverarbeitung.
- Erfassen Sie einen vollständigen Briefabschluss. Sie unterschreiben mit dem Zusatz i. A.
- Speichern Sie das Hauptdokument unter **Sortimentserweiterung_Name**.
- Drucken Sie die Briefe an **Herrn Hegerfeld** und an **Frau Kozlic** aus.

Welchen Ablauf wählen Sie zur Bearbeitung?		
Schritt 1	→	Datenquelle als Tabelle in Word erstellen und speichern
Schritt 2	→	Geschäftsbriefvordruck Markgraf Brunnen GmbH öffnen
Schritt 3	→	Seriendruckfelder im Anschriftfeld einfügen (Anrede mit Bedingung)
Schritt 4	→	Infoblock normgerecht ausfüllen
Schritt 5	→	Betreff formulieren und Anrede mit der Wenn-dann-sonst-Bedingung bearbeiten
Schritt 6	→	Brieftext lt. Aufgabenstellung formulieren
Schritt 7	→	Briefabschluss erstellen und abschließende Bearbeitungen durchführen
Schritt 8	→	Serienbrief über die Vorschau prüfen – dann speichern
Schritt 9	→	Ausdrucke lt. Aufgabenstellung anfertigen

Notizen

5.1.2.8 Aufgabe „Bezahlverfahren des Onlineshops“

Situation

Als alteingesessenes Familienunternehmen legt die Markgraf Brunnen GmbH großen Wert auf Tradition. Sie geht aber auch innovative Wege – zum Beispiel mit ihrem Getränke-Internetshop. Der Internetshop boomt. Berufstätige und ältere Menschen, aber auch kinderreiche Familien nutzen diesen Service gerne, da der Preis stimmt und die Getränke aufgrund ihres Gewichtes schwer zu transportieren sind. In letzter Zeit gab es aber immer wieder Klagen wegen der begrenzten Zahlungsmöglichkeiten im Internetshop. Jetzt sollen die klassischen Zahlmöglichkeiten Nachnahme, Kreditkarte und Überweisung nach Rechnung durch „moderne“ ergänzt werden.

Frau Arnold, die Geschäftsführerin, bittet Sie, einen Serienbrief zur Information an alle Kund*innen zu senden, die sich über die unzureichenden Zahlungsmöglichkeiten beschwert haben. Sie sollen die Kund*innen informieren, dass unser Unternehmen ab MM.JJJJ erst einmal PayPal als zusätzliche Zahlungsmöglichkeit anbietet. „Sollten die Kund*innen im MM.JJJJ die neuen Zahlungsmöglichkeiten nutzen, erhalten Sie ein ‚kleines Bonbon‘. Lassen Sie sich was einfallen! Zusätzlich sollen Sie den Kund*innen in einer Anlage erläutern, wie sie sich bei PayPal anmelden und wie sie dieses Bezahlportal für Internetkäufe nutzen können.“

Übung

Arbeitsanweisungen

Teil 1: Verändertes Bezahlverfahren

- Erstellen Sie anhand der nachfolgenden Adressen eine Datenquelle in Excel:

	A	B	C	D	E	F	G
1	**Anrede**	**Name**	**Vorname**	**Straße**	**PLZ**	**Ort**	**Beschwerde vom**
2	Frau	Schröder	Gertrud	Am Wegrand 7	68535	Edingen-Neckarhausen	12.10.20..
3	Herrn	Göksel	Mohammad	Raiffeisenstraße 1 a	79539	Lörrach	02.04.20..
4	Frau	Bayülken	Perihan	Färberweg 56	68542	Heddesheim	12.07.20..
5	Herrn	Walter	Elias	Klosergasse 78	79410	Badenweiler	31.10.20..
6	Kim	Antonczyk	Kim	Rebmannsweg 8	79426	Buggingen	03.01.20..
7	Herrn	Hofmann	Jonas	Obere Ortsstraße 8	79576	Weil am Rhein	22.06.20..
8	Frau	Weise	Linda	Scherrbrunnenweg 5	79650	Schopfheim	11.12.20..
9	Herrn	Unger	Emil	Lettenweg 45	74589	Gersbach	04.03.20..
10	Herrn	Eckstein	Adrian	Robert-Bosch-Straße 125	79541	Lörrach	06.12.20..

- Aus den Ihnen vorliegenden Unterlagen können Sie nicht erkennen, welchem Geschlecht Kim Antonczyk (männlich, weiblich oder diverse) zuzuordnen ist. Wählen Sie daher die Anrede **Sehr geehrte*r Kim Antonczyk,**.
- Angaben für die Fußzeile in Excel links: Vorname Nachname, Mitte: Datum und rechts: Dateiname
- Speichern Sie die Datenquelle unter **Onlineshop_Quelle_Name**.
- Starten Sie die die Serienbrieferstellung. Öffnen Sie dafür in Word den **Geschäftsbriefvordruck_Markgraf_Brunnen_GmbH**. Speichern Sie die Datei unter **Onlineshop_Name**.
- Starten Sie die Serienbrieferstellung und lesen Sie die Datenquelle ein.

DIGITAL+

Übung

Arbeitsanweisungen (Fortsetzung)

- Fügen Sie an den normgerechten Positionen die Seriendruckfelder für die Empfängeranschrift ein.
- Weitere Angaben:
  - Frau Arnolds Durchwahl ist 101.
  - Frau Arnold ist unter der E-Mail-Adresse: arnold@markgraf-brunnen.de zu erreichen.
  - Sie ist Geschäftsführerin und wird den Brief unterschreiben.
- Berücksichtigen Sie die Angaben der Situation und gehen Sie dabei besonders auf folgende Punkte ein:
  - Geben Sie dem Schreiben einen aussagekräftigen Betreff.
  - Formulieren Sie eine angemessene Einleitung.
  - Hauptteil:
    - ab MM.JJJJ PayPal als zusätzliche Bezahlmöglichkeit im Internetshop
    - weitere Bezahlmöglichkeiten folgen
    - Merkzettel zur Einrichtung und Nutzung von PayPal beigefügt
    - Dankeschön für den Hinweis
  - Schließen Sie den Brief angemessen ab.
- Stellen Sie den Brief gemäß den obigen Anweisungen fertig.
- Alle fehlenden Angaben ergänzen Sie normgerecht.
- Speichern Sie Ihr Ergebnis.

2. Teil: PayPal-Information für die Nutzung des Online-Shops

- Öffnen Sie ein neues Dokument und speichern Sie es unter **Onlineshop_PayPal_Information_Name**.
- Recherchieren Sie für die Gestaltung Ihres Informationsblattes die Nutzung von PayPal.
- DIGITAL+ Fügen Sie das Logo und den Schriftzug der Markgraf Brunnen GmbH ein.
- DIGITAL+ Ergänzen Sie das Informationsblatt mit grafischen Elementen.
- Fügen Sie eine Fußzeile in Arial, Schriftgröße 8, fett ein:
  - links: bearbeitet von *eigener Name*
  - rechts: Stand: *aktuelles Datum*
- Speichern Sie Ihr Ergebnis.

Was Sie in diesem Kapitel lernen

Information

- Daten konvertieren (z. B. Datum und Uhrzeit)
- Serienbriefe filtern und sortieren

5.2 Daten konvertieren und Serienbriefe sortieren und filtern

5.2.1 Erläuterungen

5.2.1.1 Daten konvertieren

Diese Datenquelle ist in Excel erstellt worden und enthält Datumsangaben und Uhrzeiten:

Geschlecht	Vorname	Name	Straße	PLZ	Ort	Einladung am	Uhrzeit
m	Erich	Müller	Hauptstr. 9	46145	Oberhausen	01.01.2017	09:00
w	Jessica	Niemann	Marktplatz 17	46045	Oberhausen	01.01.2017	10:30
m	Jan	Beiersdorf	Robert-Koch-Allee 50	46045	Oberhausen	01.01.2017	12:00

Wenn Sie diese Seriendruckfelder in Ihren Brief einfügen und die Seriendruck-Vorschau aktivieren, sieht die Darstellung wie folgt aus: **1/1/2017** um **9:00:00 AM**. Um die korrekte Schreibweise für das Datum und die Uhrzeit zu erhalten, müssen Sie **in Word** eine Konvertierung vornehmen:

Registerkarte Datei – Optionen – Erweitert – Allgemein

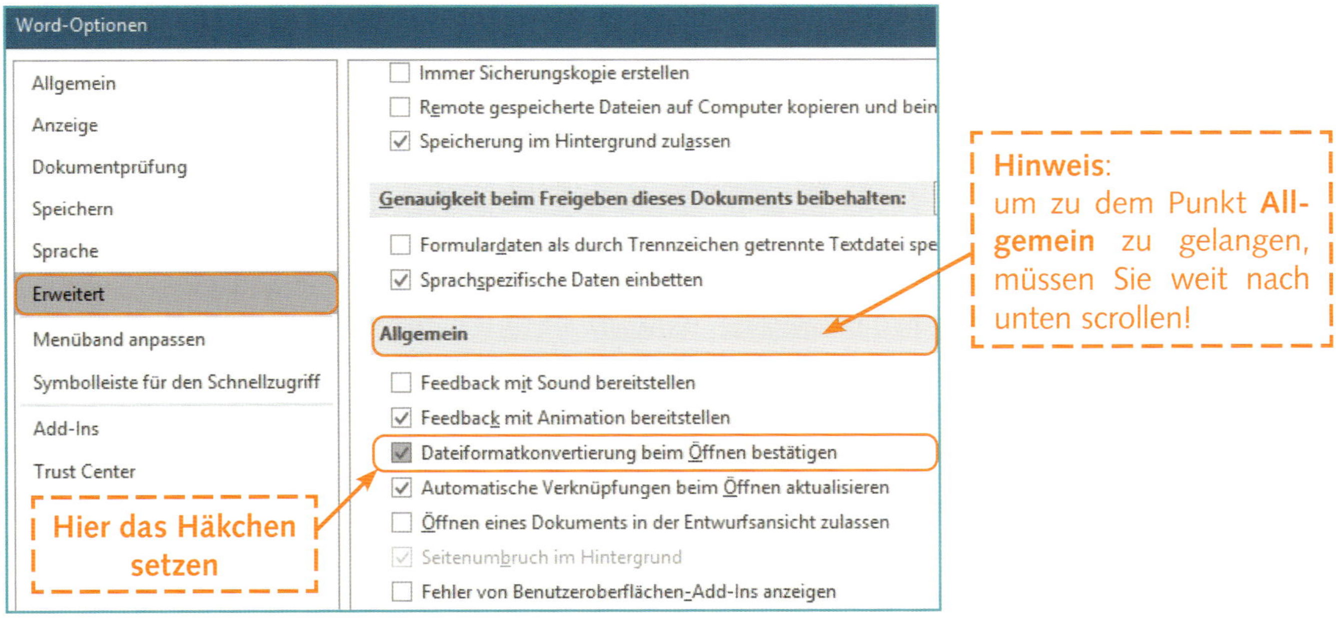

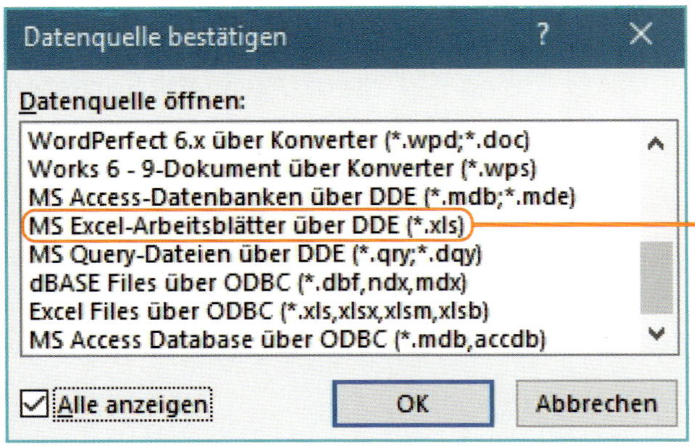

Vergessen Sie nicht, dass anschließend die Datenquelle **erneut** im Hauptdokument eingelesen werden muss.

Dabei wird beim Öffnen der Excel-Datei eine Abfrage erforderlich. Hier wählen Sie **Alle anzeigen** und klicken dann auf

MS Excel-Arbeitsblätter über DDE (*.xls).

Erfolgt eine weitere Abfrage wählen Sie **Gesamtes Tabellenblatt**.

5.2.1.2 Datensätze sortieren und filtern

Registerkarte Sendungen – Gruppe Seriendruck starten – Empfängerliste bearbeiten

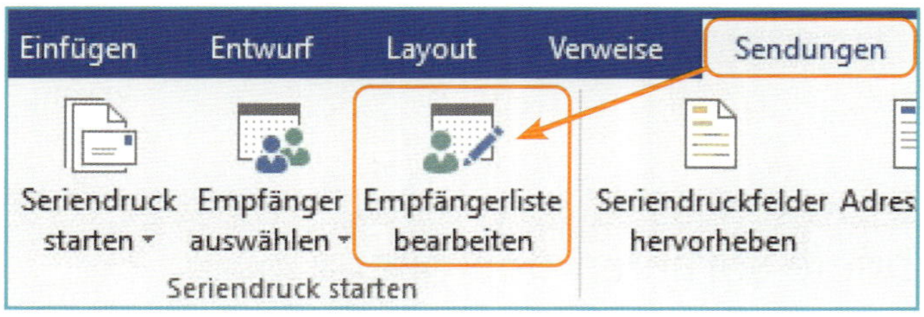

Hier finden Sie einige Bearbeitungsmöglichkeiten zu den Datensätzen einer Datenquelle, unter anderem auch die beiden Bearbeitungen **Sortieren** und **Filtern**, die beim Serienbrief häufig genutzt werden und die Sie nun kennenlernen:

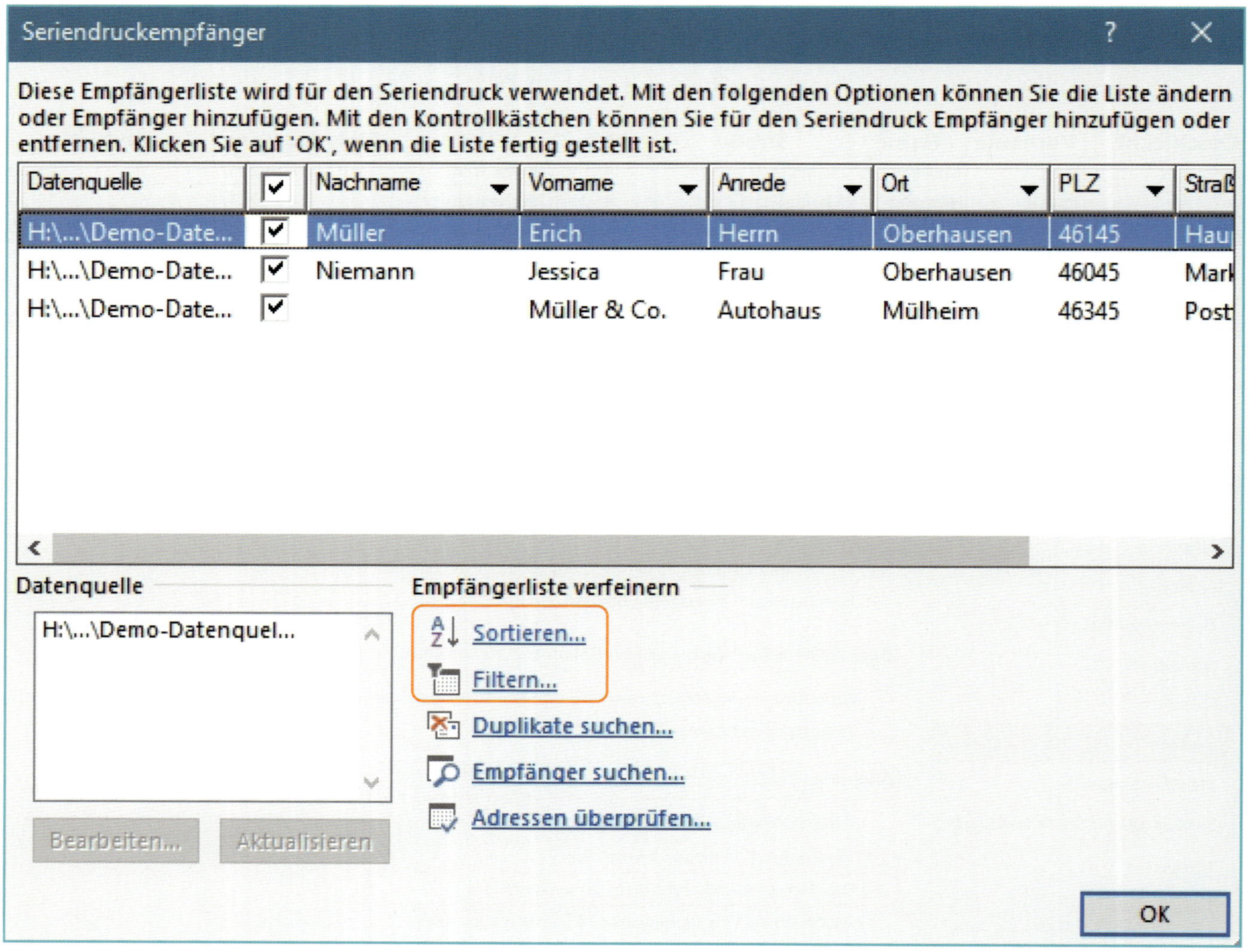

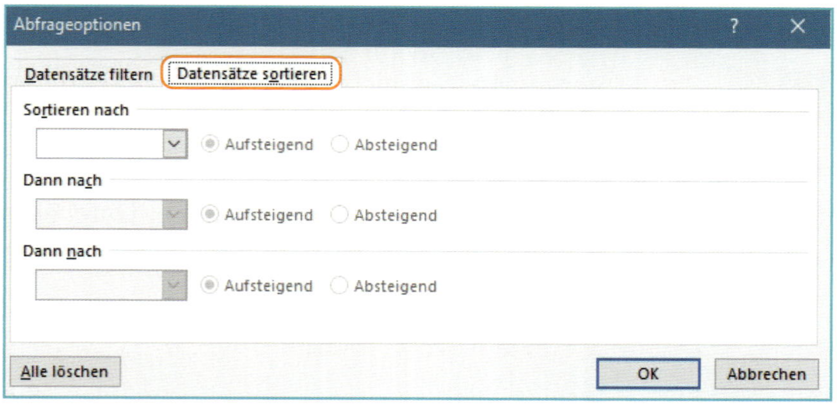

Das **Sortieren** bietet sich hauptsächlich für das alphabetische Sortieren von Namen an. Haben Sie diese Auswahl Sortieren gewählt, öffnet sich das Fenster **Datensätze sortieren**. Klicken Sie die einzelnen Bereiche an und informieren Sie sich über die angebotenen Möglichkeiten.

Beim **Filtern** von Datensätzen können Sie eine Auswahl aus den Datensätzen bestimmen. Im nachfolgenden Beispiel sollen

alle Empfänger*innen mit der Postleitzahl (PLZ) 46100 und höher

(Operator: größer oder gleich)

gefiltert werden:

Registerkarte Datensätze filtern

Feld: PLZ auswählen

Vergleich: Größer oder gleich

Vergleichen mit: 46100

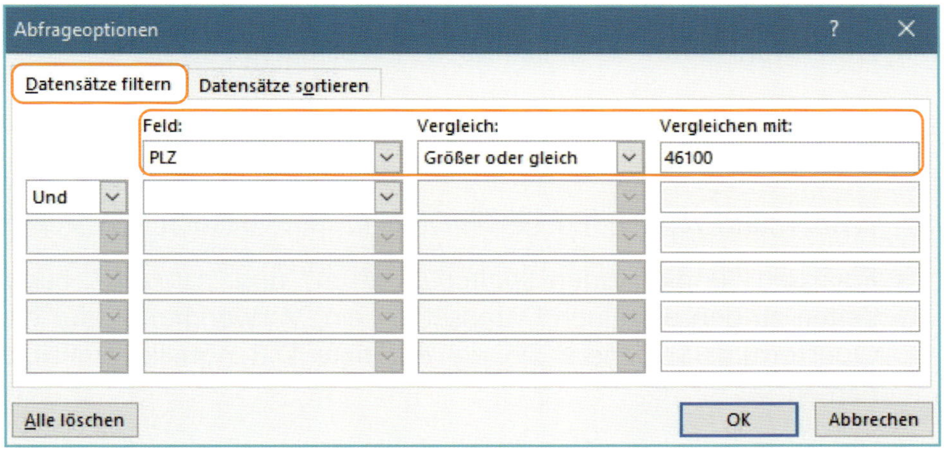

Im Bereich **Feld** finden Sie alle Seriendruckfelder wieder. Im Bereich **Vergleich** können Sie die Vergleichsoperatoren (vgl. Excel-Formeln) auswählen und im Bereich **Vergleichen mit** geben Sie das Filterkriterium an. Informieren Sie sich über die angebotenen Auswahlmöglichkeiten:

Hier ein weiteres Beispiel:

Filterkriterium = PLZ größer oder gleich 70000

oder **alternativ**

Filterkriterium = PLZ größer als 69999

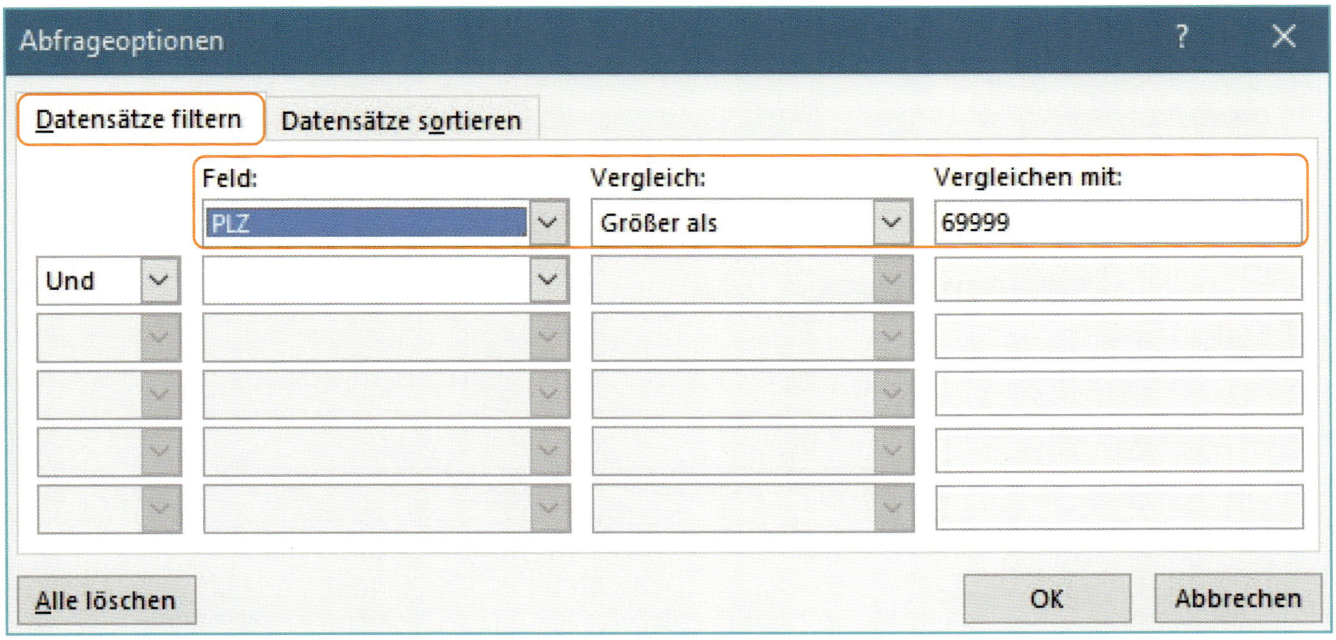

5.2.2 Aufgabe „Besuch unseres Außendienstes“

Situation

Im Zusammenhang mit der Erweiterung des Saft-Sortiments (Geschmacksrichtung Feige) haben Sie die Stammkundschaft angeschrieben und den Besuch des Außendienstes angeboten. Sie haben bereits telefonisch die Termine und Uhrzeiten vereinbart.

Schreiben Sie mithilfe der Serienbrieffunktion die Kund*innen an und bestätigen Sie die Vereinbarung. Bei dieser Gelegenheit fügen Sie den neuen Prospekt für das Saft-Sortiment bei.

Ihre Durchwahl lautet: 333; Sie haben Artvollmacht.

Übung

Arbeitsanweisungen

- Öffnen und verwenden Sie die Datei **Quelle_Besuch_des_Außendienstes**.
- Ergänzen Sie die beiden Spalten „Datum“ und „Uhrzeit“. Fügen Sie passende Daten und Zeiten zu den einzelnen Datensätzen ein. Verwenden Sie für die ergänzte Datenquelle das Querformat. Speichern Sie die ergänzte Datenquelle erneut unter dem gleichen Dateinamen.
- Verwenden Sie den **Geschäftsbriefvordruck_Markgraf_Brunnen_GmbH** und erstellen Sie einen kompletten Serienbrief. Verwenden Sie nach Bedarf grafische Elemente.
- Verwenden Sie für die Anrede im Anschriftfeld und im Brieftext eine Bedingung.
- Beachten Sie für die Formulierung folgende Inhalte:
  - Auf das Telefonat hinweisen
  - Termin und Uhrzeit für den Besuch des Außendienstmitarbeiters (Herr Krüger) nennen
  - Anlage erwähnen
- Überprüfen Sie die eingefügten Termine und Uhrzeiten und stellen Sie – falls erforderlich – die **Konvertierung von Daten** ein.
- Speichern Sie das Hauptdokument unter **Anschreiben_Besuch_Außendienst**.
- Sortieren Sie die Datenquelle alphabetisch. Filtern Sie anschließend die Datensätze aus Freiburg heraus und drucken Sie nur diese Serienbriefe einmal aus.
- Hierfür geben Sie das Suchkriterium „Ort = Freiburg“ ein:

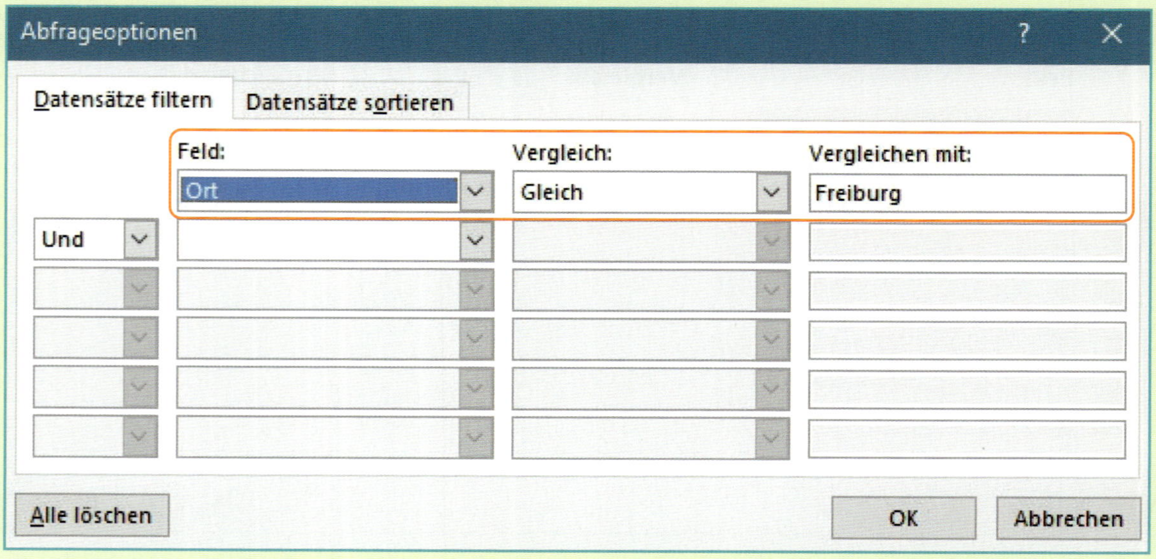

5.3 Datenaustausch

5.3.1 Erläuterungen

Jede Information (in Wort, Zahl oder Bild), die mithilfe eines Windows-Anwenderprogramms erstellt und in das Dokument einer anderen Anwendung übertragen wird, heißt im Windows-Sprachgebrauch **Objekt**.

Objekte werden von einer **Quelldatei** in eine **Zieldatei** übertragen, z. B. eine Excel-Datei (Tabelle oder Diagramm) in ein Word-Dokument oder auch eine PowerPoint-Folie in ein Excel- bzw. Word-Dokument. Hier wird von einer **Verknüpfung** gesprochen.

Hierbei wird eine Verbindung zwischen der Quelldatei und der entsprechenden Stelle in der Zieldatei hergestellt.

Wird das Objekt in der Quelldatei verändert, wirken sich die Änderungen sowohl in der Quelldatei als auch in der Zieldatei aus.

Verknüpfungen können nur mit gespeicherten Dateien erfolgen. Wenn Sie z. B. eine Excel-Tabelle in einem Word-Dokument einbinden möchten, beachten Sie folgende Bearbeitungsschritte, bei denen beide Anwendungen geöffnet sind:

- **Excel-Tabelle bzw. Bereiche der Tabelle kopieren**
- **Wechsel in die Wordanwendung**
- **Registerkarte Start – Einfügen – Inhalte einfügen – Verknüpfung einfügen**

Auswahl: Microsoft Excel-Arbeitsmappe-Objekt

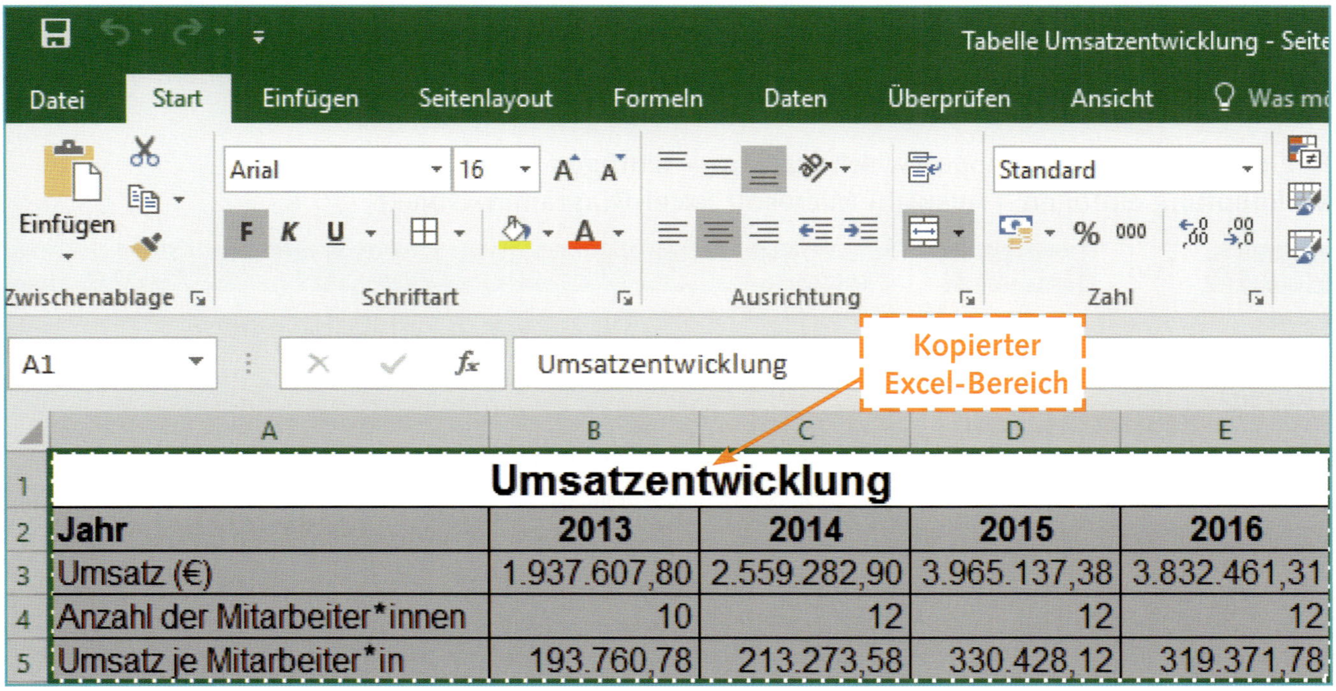

Bearbeitungshinweis: Sollen die Gitternetzlinien der Excel-Tabelle **nicht** in der Zieldatei erscheinen, müssen Sie vorab in der Excel-Anwendung diese Einstellung korrigieren. Verwenden Sie dazu die **Registerkarte Ansicht – Gruppe Anzeigen – Gitternetzlinien** und entfernen Sie das Häkchen.

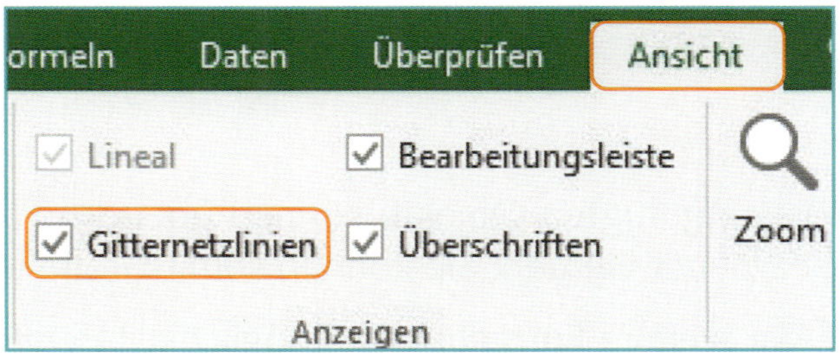

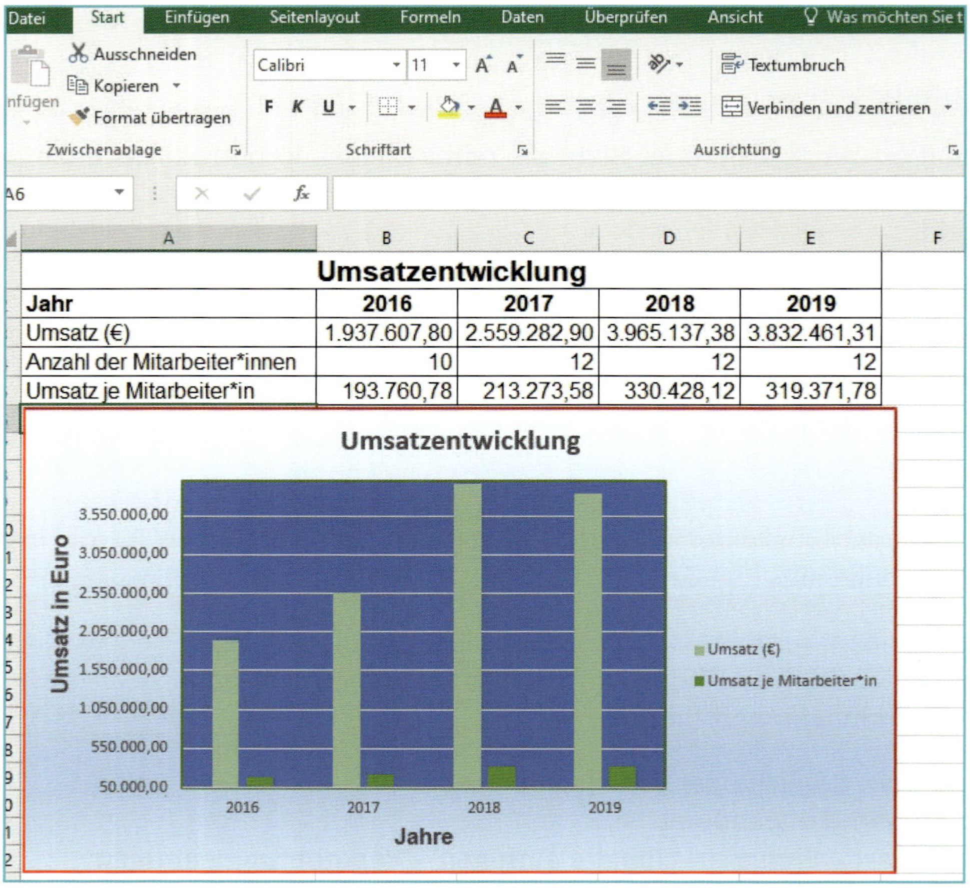

Um ein Diagramm aus Excel in Word einzufügen, verwenden Sie die gleichen Bearbeitungsschritte wie bei einer Excel-Tabelle. Den Markierbereich erkennen Sie hier an der roten Umrandung.

Wenn Sie die Markierung vorgenommen haben, wechseln Sie über die Task-Leiste in die Anwendung (hier Word), in der Sie das Objekt einfügen möchten. Verwenden Sie anschließend folgenden Weg:

Registerkarte Start – Gruppe Zwischenablage – Einfügen – Inhalte einfügen – Verknüpfung einfügen – Auswahl Microsoft Excel-Diagramm-Objekt

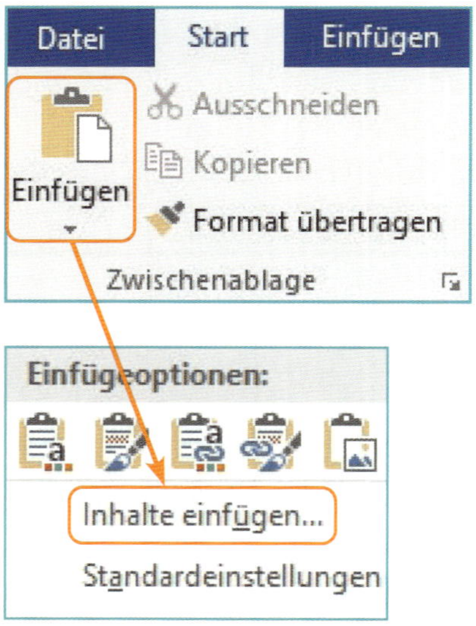

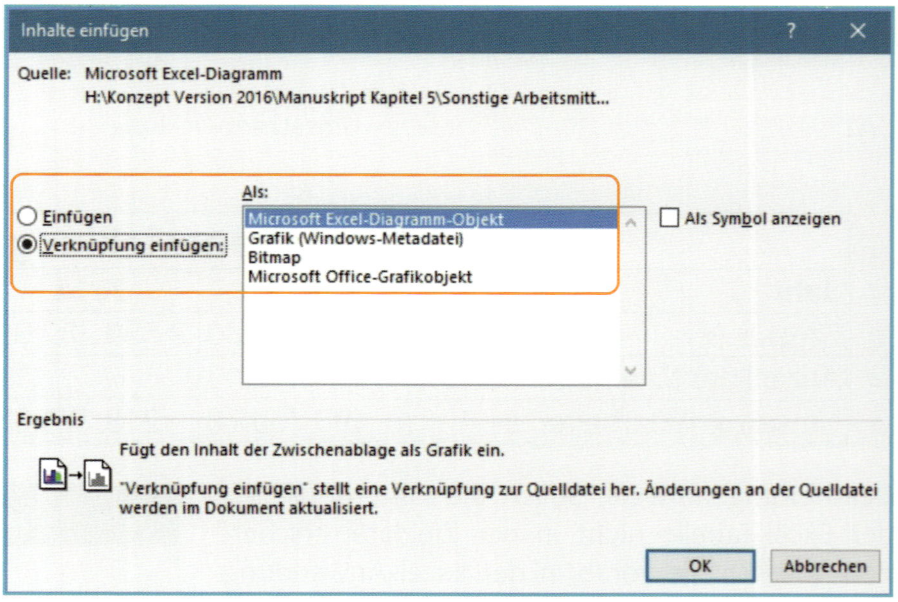

Die eingefügten Objekte können über das Fadenkreuz sowie die Anfasser wie grafische Elemente bearbeitet werden. Sie können somit Größe und Position der eingefügten Objekte ändern.

Über weitere Formatierungsmöglichkeiten informiert Sie das Kontextmenü.

5.3.2 Aufgabe „Hausmitteilung Umsatzstatistik"

Situation

Die Geschäftsleitung der Markgraf Brunnen KG denkt über neue Werbemaßnahmen zur Umsatzsteigerung für die Mineralwassersorten nach. Sie werden gebeten, zu der genannten Produktgruppe die Umsatzzahlen in einer Excel-Tabelle und zur besseren Veranschaulichung zusätzlich in Diagrammform zusammenzustellen.

Erstellen Sie eine interne Mitteilung an Frau Arnold und Herrn Pitzer, in der Sie die Tabelle mit den Umsatzzahlen des letzten Quartals sowie das daraus entwickelte Diagramm einfügen. Erläutern Sie kurz die Entwicklung für jede Wassersorte.

Übung

Arbeitsanweisungen

- Öffnen Sie die Datei **Vordruck_interne_Schreiben_Markgraf_Brunnen_GmbH**.
- Erstellen Sie gemäß oben aufgeführter Situation eine Hausmitteilung an die Geschäftsführung der Markgraf Brunnen GmbH.
- Öffnen Sie in **Excel** die Datei **Umsatzstatistik_Mineralwasser**. Fügen Sie die Tabelle sowie das dazugehörige Diagramm an geeigneter Stelle in die Hausmitteilung ein und verknüpfen Sie diese Dateien mit Ihrem Word-Dokument.
- Speichern Sie Ihre Bearbeitung unter dem Dateinamen **Hausmitteilung_Umsatzstatistik_Name**.
- In der Tabelle „Umsätze im letzten Quartal in €" hat sich ein Fehler eingeschlichen. Ändern Sie folgende Angaben:

„Quartal III" ändern in „2. Quartal"

Umsätze im letzten Quartal in €				
	Wasser			
Quartal III	**Still**	**Medium**	**mit Kohlensäure**	**mit Fruchtgeschmack**
1. Monat	9.459,44	11.987,33	14.327,87	8.567,88
2. Monat	10.567,56	12.450,67	14.120,22	8.100,52
3. Monat	8.450,61	13.007,45	11.560,56	8.709,25
Gesamt	**28.477,61**	**37.445,45**	**40.008,65**	**25.377,65**

- Kontrollieren Sie, ob sich die Änderungen auch in Ihrer Hausmitteilung ausgewirkt haben. Sollte dies nicht der Fall sein, markieren Sie die Tabelle und aktualisieren Sie die Verknüpfung über das Kontextmenü.
- Speichern Sie die Änderungen sowohl in Excel als auch in Word.

5.4 Aufgabe zum „Flyer Privatkunden"

Situation

Die Geschäftsführerin der Markgraf Brunnen GmbH, Frau Arnold, bittet Sie als Mitarbeiter*in der Verkaufsabteilung einen Werbe-Flyer im A5-Format zu entwerfen. Mit diesem Flyer sollen Privatkund*innen im näheren Umkreis (PLZ-Gebiet 79098) angesprochen werden. Dazu muss eine vorhandene Datei für Kund*innen entsprechend überarbeitet werden. Frau Arnold wünscht, dass der Flyer mit der Serienbrieffunktion erstellt wird, damit eine persönliche Anrede möglich ist.

Frau Arnold bittet Sie, ihr die Vorschläge zur Auswahl der Kundschaft sowie zum Flyer per E-Mail zuzusenden. Der Geschäftsführer, Herr Pfitzer, soll die Informationen per Kopie erhalten.

Übung

Arbeitsanweisungen

Teil 1: Mitteilung an Frau Arnold per E-Mail

- Öffnen Sie ein neues (leeres) Dokument in Word und ändern Sie den rechten Rand auf 1 cm.
- Erstellen Sie mit der Tabellenfunktion die Kopfangaben für ein E-Mail-Formular. Übertragen Sie die Leitwörter „An:", „Cc:", „Bcc:", „Betreff:" und „Anhang:" und füllen Sie die Bereiche gemäß der Situationsbeschreibung aus.
- Informieren Sie Frau Arnold über die inhaltlichen Punkte (siehe nachfolgende Stichpunkte), die Sie für den Flyer vorsehen:

  1. Angebotswoche in der Zeit vom ... *(Datum einsetzen)*
  2. bis zu 20 % Rabatt
  3. Flyer beinhaltet einen 5-€-Gutschein
  4. Einlösung gegen Vorlage im Geschäft
  5. Hinweis auf kostenlosen Lieferservice im Umkreis von 5 km
  6. Lieferservice ist abhängig von einer Mindestabnahme in Höhe von 50 € im Monat

- Weisen Sie auf den ausgewählten Kreis Ihrer Kundschaft hin. Die selektierte Datenquelle sowie den Entwurf für den Flyer fügen Sie der E-Mail als Anhang bei.
- Erstellen Sie gemäß den Gepflogenheiten in der Markgraf Brunnen GmbH einen normgerechten Abschluss der E-Mail.
- Speichern Sie die Bearbeitung unter **E-Mail_Flyer_Name**.

Teil 2: Entwurf des Flyers

DIGITAL+

- Bearbeiten Sie als Vorbereitung zunächst die Auswahl der Kund*innen. Öffnen Sie dazu die in Word erstellte Datei **Quelle_Privatkund_innen_Freiburg**.
- Sortieren Sie in der Datenquelle die Spalte PLZ aufsteigend. Löschen Sie alle Datensätze, die nicht der PLZ 79098 entsprechen. Sortieren Sie die verbleibenden Datensätze alphabetisch.
- Optimieren Sie die Spaltenbreiten und formatieren Sie die Datenquelle nach DIN 5008 und speichern Sie die überarbeitete Datenquelle unter dem Namen **Quelle_Flyer_Name**.

Übung

Arbeitsanweisungen (Fortsetzung)

- Um den Werbe-Flyer mit abtrennbarem Gutschein zu erstellen, öffnen Sie ein neues leeres Dokument in Word.
- Wählen Sie das Querformat und stellen Sie alle Seitenränder auf 2 cm ein.
- Fügen Sie eine Tabelle mit einer Zeile und 2 Spalten ein: 1. Spalte 26 cm, 2. Spalte 7,25 cm. Ziehen Sie die Spalten bis zum unteren Seitenrand auf.
- Verwenden Sie zwischen den beiden Spalten eine gestrichelte Linie (2 ¼ Punkt) als Abtrennlinie. Verwenden Sie einen Rahmen Ihrer Wahl.
- Zentrieren Sie die gesamte Tabelle.
- Bereiten Sie einen Seriendruck vor und greifen Sie dazu über Empfänger auswählen auf die Datei **Quelle_Flyer** zurück.
- Formulieren Sie eine persönliche Anrede.
- Erstellen Sie in der ersten Spalte einen optisch ansprechenden Werbe-Flyer nach den Vorgaben der Situation.
- Fügen Sie an geeigneter Stelle das Logo der Markgraf Brunnen GmbH und die Datei **Produkte_Markgraf_Brunnen.jpg** ein.
- Weisen Sie auf eine Auswahl von Produkten hin, auf die die Markgraf Brunnen GmbH in der Angebotswoche 20 % Rabatt gewährt:

– Fruchtsäfte:	Orange, Limette, Kirsch, Banane, Feige
– Mineralwasser:	still, mit Kohlensäure, medium, Fruchtgeschmack
– Neu im Sortiment:	Wein-Mixgetränke (alkoholfrei) Geschmacksrichtungen: Minze, Holunder, Brombeer

- Ergänzen Sie diese Produkte mit grafischen Elementen.
- Die rechte Spalte dient als Abtrennabschnitt für den 5-€-Gutschein.
- Formulieren Sie in diesem Gutschein eine persönliche Empfängeranrede.
- Verwenden Sie in diesem Abschnitt (auch für evtl. grafische Bestandteile und wichtige Textteile) die Farbe Rot.
- Nehmen Sie zusätzliche Gestaltungen nach eigener Vorstellung vor.
- Speichern Sie den Flyer unter dem Namen **Flyer_als_Seriendruck_Name**.
- **Hinweise zum Drucken**

  E-Mail und selektierte Datenquelle ohne Feldfunktionen
  Flyer mit und ohne Feldfunktionen

5.5 Präsentation „Neues Produkt“

Situation

Die Markgraf Brunnen GmbH hat eine neue Produktidee und denkt über die Einführung und Vermarktung eines alkoholfreien Wein-Mixgetränkes (alternativ oder ergänzend Sekt-Mixgetränke bzw. Prosecco-Mixgetränke) nach. Der Alkohol wird durch einen aufwändigen Destillationsprozess dem Wein entzogen.

Das Mixgetränk soll mit unterschiedlichen Geschmacksrichtungen (z. B. Minze, Holunder, Brombeer) angeboten werden. Die Konzentrate sollen zusätzlich zum Selbstmixen oder für den „puren“ Genuss angeboten werden.

Der Prokurist, Herr Huber, hat Ergebnisse eines Marktforschungsinstituts vorliegen. Er bittet Sie, als Grundlage für die geplante Besprechung mit der Geschäftsleitung in der nächsten Woche einige Informationen in Form einer PowerPoint-Präsentation zusammenzustellen:

1. Erwähnen Sie die Einführung von Wein-Mixgetränken mit den geplanten Geschmacksrichtungen.
2. Ergänzen Sie das zusätzliche Angebot von Konzentraten und der evtl. Produkterweiterung mit Sekt-Mixgetränken bzw. Prosecco-Mixgetränken.
3. Fügen Sie den nachfolgenden Auszug aus den Ergebnissen des Marktforschungsinstituts durch Verknüpfung als eigene Folie ein. Die Datei befindet sich unter gleichem Namen im Ordner Dateien für Schüler_innen.
4. In den nächsten 10 Tagen reichen Sie eine Übersicht über die genauen Produktionskosten nach.

Auszug aus den Ergebnissen des Marktforschungsinstituts (Fragen/Ergebnisse) (n = 897)
Liegen alkoholfreie Wein-Mixgetränke im Trend?
59 % aller Befragten würden alkoholfreie Mixgetränke begrüßen.
Geschmackstest
Die Testpersonen bevorzugen fruchtige und frische Geschmacksrichtungen.
Genuss ohne Promille?
21 % aller Befragten haben nicht bemerkt, dass die Proben alkoholfrei waren. 74 % fanden den Geschmack gut bis sehr gut.
Zielgruppen/Trends
• Viele wollen nicht immer und regelmäßig Alkohol konsumieren, wollen aber auf den Geschmack nicht verzichten. • Andere dürfen keinen Alkohol konsumieren: z. B. bei Krankheit wegen Medikamenteneinnahme, bei Schwangerschaft, Autofahrer usw.
Präsentation im Handel
Bisher undeutliche Kennzeichnung alkoholfreier Getränke Wichtig: Platzierung im Regal – deutliche Werbehinweise

Bearbeitungshinweise

- Erstellen Sie eine optisch ansprechende Startfolie.
- Gestalten Sie den Hintergrund sowie die Fußzeilenbeschriftung nach eigener Wahl.
- Verwenden Sie angemessene Animationen und geeignete grafische Elemente.
- Wählen Sie Folienübergänge aus.
- Setzen Sie jeweils 1 „Leerfolie“ an den Anfang und das Ende der Präsentation.
- Speichern Sie die Bearbeitung unter dem Namen **Präsentation_Neues_Produkt_Name**.

Lösungen zu den Übungsaufgaben

Ergebnis: Duale_Berufsausbildung

Duale Berufsausbildung

Den Zukunftsbezug Ihrer Ausbildung sichert der Staat durch Gesetze und Verordnungen. Grundlage einer einheitlich geordneten Berufsausbildung für die Bundesrepublik Deutschland ist das **Berufsbildungsgesetz (BBiG)**.

Es sieht unter anderem vor, dass die Berufsausbildung ***in den beiden Lernorten Betrieb und Berufsschule*** stattfindet.

Das Berufsbildungsgesetz bestimmt, dass die Berufsausbildung dual, also an den zwei Lernorten Betrieb und Berufsschule, durchzuführen ist. Überwiegend praktisch und berufsbezogen wird nach den Vorgaben des Ausbildungsrahmenplans im Betrieb ausgebildet (siehe Ausbildungsordnung). Überwiegend theoretisch, berufsbezogen und berufsübergreifend wird nach den Lehrplänen der Bundesländer in der Berufsschule unterrichtet.

Grundlage dieser Lehrpläne ist der von der Konferenz der Kultusminister erarbeitete Rahmenlehrplan (KMK-Rahmenlehrplan).

Vorname Nachname

Duale Berufsausbildung
Datum

Ergebnis: Ausbildungsrahmen

DIGITAL+

Ausbildungsrahmenplan

Jede der im Ausbildungsberufsbild aufgeführten Positionen wird im Ausbildungsrahmenplan durch eine Aufzählung einzelner Tätigkeiten näher beschrieben **(sachliche Gliederung)** und den einzelnen Ausbildungsjahren zugeordnet **(zeitliche Gliederung)**.

Grundsätzlich gilt, dass die zu vermittelnden Kenntnisse und Fertigkeiten sich in den einzelnen Ausbildungsjahren wiederholen und ein wachsendes Maß an Selbstständigkeit verlangen.

Der ***Ausbildungsbetrieb*** hat die bezeichneten Tätigkeiten in seinen **Ausbildungsplänen** den **Ausbildungsjahren** zuzuordnen. Bei der Entscheidung über die Zuordnung der Ausbildungsinhalte kann er betriebliche Notwendigkeiten berücksichtigen. Ihm ist lediglich ein grober Rahmen vorgegeben.

Vorname Nachname

heutiges Datum

DIGITAL+

Ergebnis: Jugendarbeitsschutzgesetz

Auszug aus dem JArbSchG[1] (2020)

§ 8 Dauer der Arbeitszeit

(1) Jugendliche dürfen nicht mehr als acht Stunden täglich und nicht mehr als 40 Stunden wöchentlich beschäftigt werden.

(2) Wenn in Verbindung mit Feiertagen an Werktagen nicht gearbeitet wird, damit die Beschäftigten eine längere zusammenhängende Freizeit haben, so darf die ausfallende Arbeitszeit auf die Werktage von fünf zusammenhängenden, die Ausfalltage einschließenden Wochen nur dergestalt verteilt werden, dass die Wochenarbeitszeit im Durchschnitt dieser fünf Wochen 40 Stunden nicht überschreitet. *Die tägliche Arbeitszeit darf hierbei achteinhalb Stunden nicht überschreiten.*

(2a) Wenn an einzelnen Werktagen die Arbeitszeit auf weniger als acht Stunden verkürzt ist, können Jugendliche an den übrigen Werktagen derselben Woche achteinhalb Stunden beschäftigt werden.

(3) In der Landwirtschaft dürfen Jugendliche über 16 Jahre während der Erntezeit nicht mehr als neun Stunden täglich und nicht mehr als ***85 Stunden*** *in der Doppelwoche beschäftigt werden.*

[1] JArbSchG = Jugendarbeitsschutzgesetz

Name
Datum

Dateiname + Pfad

Mögliches Ergebnis: Wege_zur_weiteren_Qualifizierung

Wege zur weiteren Qualifizierung

Die fortschreitende technische Entwicklung in den Bereichen der Informations- und Kommunikationstechnologien sowie die fortschreitende Internationalisierung der Wirtschaftsbeziehungen werden neben anderen Änderungen immer neue Anforderungen an Ihre beruflichen Tätigkeiten stellen. **Ergänzende berufliche Qualifizierungen** und eine dauernde Weiterbildung werden für Sie **unumgänglich** sein.

Schon während der Ausbildung können Sie ...[1] Ihre Qualifizierung verbessern und ergänzen. Im Anschluss an die Ausbildung bieten sich vielfältige Möglichkeiten der Weiterqualifizierung an Schulen (insbesondere an Fachschulen) durch die Kammern und durch weitere Träger.

Informationen über das Weiterbildungsangebot erhalten Sie an Ihrer Berufsschule und unter anderem über die Bundesagentur für Arbeit.

Beruflich Qualifizierte können sich unter bestimmten Voraussetzungen auch ohne Hochschulreife um einen Studienplatz bewerben.

[1] Gekürzte Textpassage.

Name
Datum

Dateiname + Pfad

Mögliches Ergebnis: Handlungskompetenzen

Handlungskompetenzen

Wichtige Information

Die betriebliche und schulische Ausbildung soll auf berufliche und gesellschaftliche Aufgaben – verbunden mit einer Förderung der individuellen Entfaltung zu einer mündigen und sozial verantwortlichen Persönlichkeit – vorbereiten.

Neue Herausforderungen auf dem Arbeitsmarkt, Innovationen und Veränderungen im Bereich neuer Technologien, betriebliche Anforderungen insbesondere bei Kund*innen und Lieferantenbeziehungen einschließlich des Logistikbereichs, die fortschreitende Internationalisierung der wirtschaftlichen Beziehungen sowie die Lage auf dem Ausbildungsmarkt erfordern die Entwicklung der Handlungskompetenz, die deutlich mehr als die Beherrschung von Fachwissen umfasst.

Dazu gehört die Fähigkeit und Bereitschaft, auf Veränderungen des Arbeitsmarktes kompetent und sachgerecht zu reagieren. Dabei sind nicht nur die auf den Arbeitsmarkt bezogenen sachlichen und fachlichen Qualifikationen in den Blick zu nehmen, sondern es geht um die Entfaltung einer Handlungskompetenz in den Dimensionen von

Fachkompetenz
Humankompetenz
Sozialkompetenz

verbunden jeweils mit

Methodenkompetenz
kommunikativer Kompetenz und
Lernkompetenz

Kompetenz bezeichnet den Lernerfolg in Bezug auf den einzelnen Lernenden und seine Befähigung zu eigenverantwortlichem Handeln in beruflichen, gesellschaftlichen und privaten Situationen.

Demgegenüber wird unter Qualifikation der Lernerfolg in Bezug auf die Verwertbarkeit, d. h. aus der Sicht der Nachfrage in beruflichen, gesellschaftlichen und privaten Situationen, verstanden (Deutscher Bildungsrat).

Ergebnis: Tabulator_Adressen

Nachname	**Vorname**	**Straße**	**Ort**
Haas	Otto	Fichtestraße 10	Neckarhausen
Hack	Hans-Georg	Richard-Lenel-Str. 42	Mannheim
Mayer	Albert	Bergstraße 10	Bruchsal

Nachname	**Vorname**	**Straße**	**Ort**
Haas	Otto	Fichtestraße 10	Neckarhausen
Hack	Hans-Georg	Richard-Lenel-Str. 42	Mannheim
Mayer	Albert	Bergstraße 10	Bruchsal

Nachname	**Vorname**	**Straße**	**Ort**
Haas	Otto	Fichtestraße 10	Neckarhausen
Hack	Hans-Georg	Richard-Lenel-Str. 42	Mannheim
Mayer	Albert	Bergstraße 10	Bruchsal

Mögliches Ergebnis: Tabulator_Offene_Posten

Rechnung	Nr.	Kunde	Betrag
Rechnung	12/00	Müller & Co.--	12,34 €
Rechnung	123/00	Heinrich OHG ---------------------------------------	764,45 €
Rechnung	1 234/00	Gerd Sowade e. K. -----------------------------	1.356,56 €

Rechnung	Nr.	Kunde	Betrag
Rechnung	12/00	Müller & Co.--	12,34 €
Rechnung	123/00	Heinrich OHG ---------------------------------------	764,45 €
Rechnung	1 234/00	Gerd Sowade e. K. -----------------------------	1.356,56 €

DIGITAL+

Mögliches Ergebnis: Tabulator_Preisliste

Preisliste für geplante Schulungsangebote

WOHNTAL GMBH

Weitere Schulungen auf Anfrage

Word 2016	210,00 €	Access 2016	250,00 €
Excel 2016	210,00 €	Frontpage 2016	250,00 €
PowerPoint 2016	190,00 €	SAP-Schulung	250,00 €
Outlook 2016	190,00 €	Branchenspezifische Buchhaltung	250,00 €

Bei allen Schulungen handelt es sich um eintägige Veranstaltungen.

Mögliches Ergebnis: Aufzählungszeichen

Der Ausbildungsvertrag verpflichtet

die Auszubildenden u. a. zur

- Lernpflicht
- Einhalt der Betriebsordnung
- Bewahrung von Betriebsgeheimnissen
- Befolgung von Anweisungen
- Ausbildungsnachweisführung (Berichtsheft)
- Teilnahme an Ausbildungsmaßnahmen
- Teilnahme am Berufsschulunterricht

die Ausbildenden u. a. zur

- qualifizierten Ausbildung
- Fürsorge
- Vergütung
- Freistellung für den Berufsschulunterricht
- Bereitstellung von Arbeitsmitteln
- Ausstellung eines Zeugnisses

Mögliches Ergebnis: Nummerierungen

Der Ausbildungsvertrag verpflichtet

die Auszubildenden u. a. zur

1. Lernpflicht
2. Einhalt der Betriebsordnung
3. Bewahrung von Betriebsgeheimnissen
4. Befolgung von Anweisungen
5. Ausbildungsnachweisführung (Berichtsheft)
6. Teilnahme an Ausbildungsmaßnahmen
7. Teilnahme am Berufsschulunterricht

die Ausbildenden u. a. zur

1. qualifizierten Ausbildung
2. Fürsorge
3. Vergütung
4. Freistellung für den Berufsschulunterricht
5. Bereitstellung von Arbeitsmitteln
6. Ausstellung eines Zeugnisses

Mögliches Ergebnis: Gliederungshilfen

Zusammenfassung
Aufzählungszeichen und Nummerierungen

a) Text linksbündig erfassen

b) Absätze beachten

c) zu bearbeitende Textpassagen markieren

d) Registerkarte Start – Absatz – Aufzählungszeichen oder Nummerierung wählen

e) Einzug verkleinern (d. h. linksbündig ausrichten)

f) Aufzählungszeichen verändern bzw. Nummerierungsart verändern (Kontextmenü)

g) Abstand zwischen Aufzählungszeichen/Nummerierungen verändern (Kontextmenü)

Mögliches Ergebnis: Aufzählungen

Ausbildungsrahmenplan

1. *Jede der im Ausbildungsberufsbild aufgeführten Positionen wird im Ausbildungsrahmenplan durch eine Aufzählung einzelner Tätigkeiten näher beschrieben (sachliche Gliederung) und den einzelnen Ausbildungsjahren zugeordnet (zeitliche Gliederung).*

2. *Grundsätzlich gilt, dass die zu vermittelnden Kenntnisse und Fertigkeiten sich in den einzelnen Ausbildungsjahren wiederholen und ein wachsendes Maß an Selbstständigkeit verlangen.*

3. *Der Ausbildungsbetrieb hat die bezeichneten Tätigkeiten in seinen Ausbildungsplänen den Ausbildungsjahren zuzuordnen. Bei der Entscheidung über die Zuordnung der Ausbildungsinhalte kann er betriebliche Notwendigkeiten berücksichtigen. Ihm ist lediglich ein grober Rahmen vorgegeben.*

Ausbildungsrahmenplan

1) Jede der im Ausbildungsberufsbild aufgeführten Positionen wird im Ausbildungsrahmenplan durch eine Aufzählung einzelner Tätigkeiten näher beschrieben (sachliche Gliederung) und den einzelnen Ausbildungsjahren zugeordnet (zeitliche Gliederung).

2) Grundsätzlich gilt, dass die zu vermittelnden Kenntnisse und Fertigkeiten sich in den einzelnen Ausbildungsjahren wiederholen und ein wachsendes Maß an Selbstständigkeit verlangen.

3) Der Ausbildungsbetrieb hat die bezeichneten Tätigkeiten in seinen Ausbildungsplänen den Ausbildungsjahren zuzuordnen. Bei der Entscheidung über die Zuordnung der Ausbildungsinhalte kann er betriebliche Notwendigkeiten berücksichtigen. Ihm ist lediglich ein grober Rahmen vorgegeben.

Ausbildungsrahmenplan

1. Jede der im Ausbildungsberufsbild aufgeführten Positionen wird im Ausbildungsrahmenplan durch eine Aufzählung einzelner Tätigkeiten näher beschrieben (sachliche Gliederung) und den einzelnen Ausbildungsjahren zugeordnet (zeitliche Gliederung).

2. Grundsätzlich gilt, dass die zu vermittelnden Kenntnisse und Fertigkeiten sich in den einzelnen Ausbildungsjahren wiederholen und ein wachsendes Maß an Selbstständigkeit verlangen.

3. Der Ausbildungsbetrieb hat die bezeichneten Tätigkeiten in seinen Ausbildungsplänen den Ausbildungsjahren zuzuordnen. Bei der Entscheidung über die Zuordnung der Ausbildungsinhalte kann er betriebliche Notwendigkeiten berücksichtigen. Ihm ist lediglich ein grober Rahmen vorgegeben.

DIGITAL+ Mögliches Ergebnis: Auflistung_Handlungskompetenzen

Drei wichtige Handlungskompetenzen

Fachkompetenz ⇨ *bezeichnet die Bereitschaft und Fähigkeit, auf der Grundlage fachlichen Wissens und Könnens Aufgaben und Probleme zielorientiert, sachgerecht, methodengeleitet und selbstständig zu lösen und das Ergebnis zu beurteilen.*

Selbstkompetenz ⇨ *bezeichnet die Bereitschaft und Fähigkeit, als individuelle Persönlichkeit die Entwicklungschancen, Anforderungen und Einschränkungen in Familie, Beruf und öffentlichem Leben zu klären, zu durchdenken und zu beurteilen, eigene Begabungen zu entfalten sowie Lebenspläne zu fassen und fortzuentwickeln. Sie umfasst personale Eigenschaften wie Selbstständigkeit, Kritikfähigkeit, Selbstvertrauen, Zuverlässigkeit, Verantwortungs- und Pflichtbewusstsein. Zu ihr gehören insbesondere auch die Entwicklung durchdachter Wertvorstellungen und die selbstbestimmende Bindung an Werte.*

Sozialkompetenz ⇨ *bezeichnet die Bereitschaft und Fähigkeit, soziale Beziehungen zu leben und zu gestalten, Zuwendungen und Spannungen zu erfassen, zu verstehen sowie sich mit Anderen rational und verantwortungsbewusst auseinander zu setzen und zu verständigen. Hierzu gehört insbesondere auch die Entwicklung sozialer Verantwortung und Solidarität.*

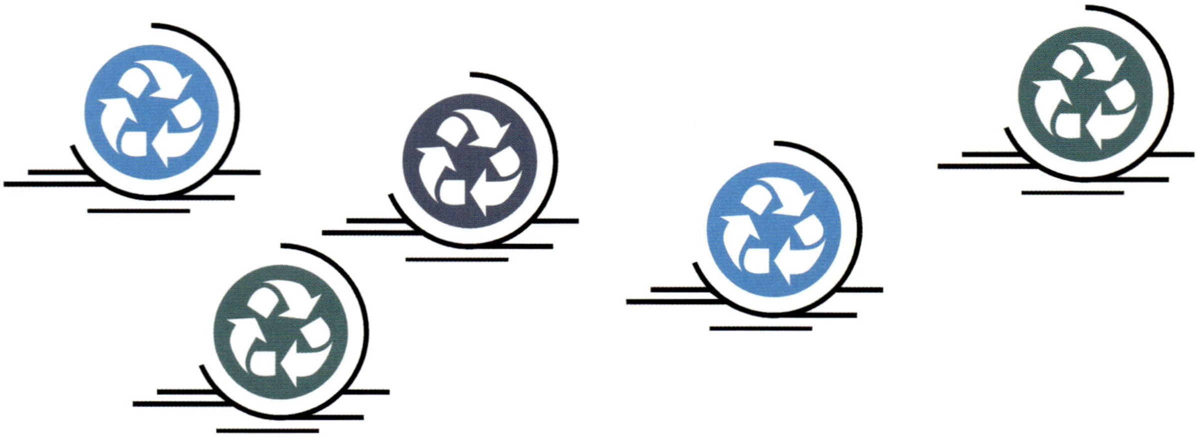

Mögliches Ergebnis: PowerPoint_Vortrag

DIGITAL+

Informationsblatt

PowerPoint – Der Vortrag

Achten Sie bei Ihrem PowerPoint-Vortrag besonders auf Sprache und Stil:

- **deutliche Aussprache und angemessene Lautstärke**
- **Wechsel des Sprachtempos**
- **Sprechpausen**
- **Betonung bei wichtigen Informationen**
- **kurz und knapp formulieren**
- **Redezeit einhalten**
- **Aktiv- statt Passivformulierungen**
- **keine negativen Formulierungen verwenden**
- **Erklärungen anhand von Beispielen geben**

DIGITAL+ Mögliches Ergebnis – Seite 1: Bildschirm-Präsentationen

Informationsschrift

Bildschirm-Präsentationen

Jeder weiß, dass **„präsentieren"** die Bedeutung von **„vorstellen"** hat. Spontan fällt einem der Jahrmarkt ein, wo Töpfe und Pfannen, Mittel gegen körperliche und sonstige Beschwerden, Kleidung mit besonderen Eigenschaften usw. wortreich, eindringlich und vor allem unterhaltsam und anschaulich „präsentiert" werden.

Mithilfe einer Präsentation soll also ein Produkt oder eine Thematik durch eine schöne Optik, kombiniert mit komprimierten Informationen, optimal dargestellt werden.

Nicht nur im Verkauf und in der Werbung fördert eine gute Präsentation den Verkaufserfolg, auch im Unterricht (z. B. bei Projekten) können **gute zielgruppenorientierte Präsentationen** mithilfe eines Multimedia-PCs zu einem **positiven Ergebnis** führen. Es ist möglich, Seiten einer größeren Präsentation für spezielle Zielgruppen neu zusammenzustellen (zielgruppenorientierte Präsentation).

Für die Erstellung einer Bildschirmpräsentation stehen so genannte Präsentationsprogramme, z. B. **PowerPoint** oder Mediator zur Verfügung. Ein Präsentationsprogramm bietet Musterlayouts, vielfältige Möglichkeiten der Textgestaltung, Grafikmodule zur Erzeugung von Diagrammen aus Tabellen, ClipArt-Bibliotheken u. v. a. m.

Das Programm macht es möglich, Texte, Bilder, Grafiken und Diagramme auf einzelnen Folien anzuordnen und zu gestalten. Wie bei einer Diashow können diese Folien dem Betrachter vorgeführt werden; zur Vergrößerung wird in der Regel ein **Beamer** eingesetzt, der die Folien auf eine Leinwand projiziert.

Mögliches Ergebnis – Seite 2: Bildschirm-Präsentationen

DIGITAL+

Informationsschrift

Bildschirm-Präsentationen

Es ist möglich, Texte zu **„animieren“**, z. B. können einzelne Vortragspunkte nacheinander am Bildschirm erscheinen, die Folienübergänge werden durch verschiedene Möglichkeiten des Ein- und Ausblendens individuell gestaltet, außerdem können Klänge, Videos, Stimmaufzeichnungen oder eine Hintergrundmusik eingebunden werden.

Eine Präsentation kann automatisch ablaufen oder so gestaltet werden, dass sie von einem Vortragenden moderiert wird.

Es wird empfohlen, die **einzelnen Folien plakativ** zu gestalten, sie sollten wenig Elemente (pro Seite nur ein Thema, eine Idee), keine Details, aber kräftige Farben und starke Kontraste enthalten.

Texte müssen sauber strukturiert werden; außerdem ist eine **große Schrift** zu verwenden, damit die Lesbarkeit bis in die letzte Reihe des Vortragsraums gewährleistet ist. Auf einer Folie sollen möglichst wenige Zeilen stehen.

Als Grundregel gilt, dass ein Vortrag nicht mehr als 30 Folien enthalten soll.

Im Übrigen gelten für Präsentationen dieselben typografischen Regeln wie für die Gestaltung von Texten, so sollen sich die Schriftgrößen von Überschriften und sonstigem Text deutlich unterscheiden, viele unterschiedliche Schriftarten, Schriftgrößen und Schriftattribute sind zu vermeiden.

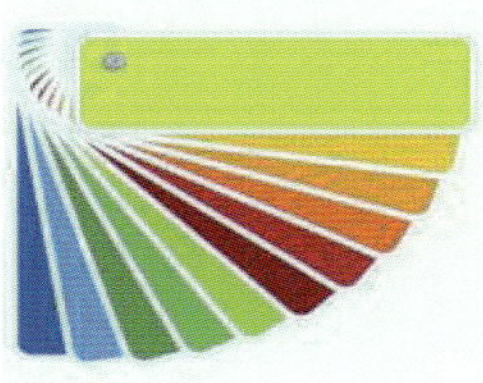

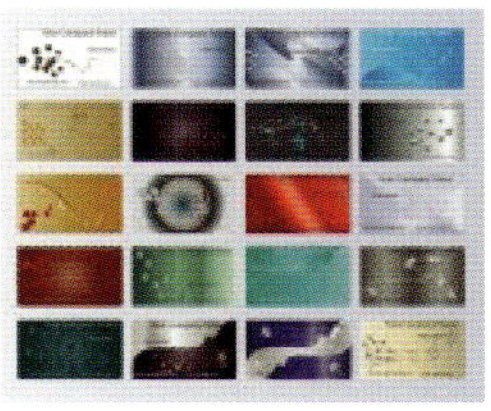

Seite 2 von 2

Informationsschrift Bildschirm-Präsentationen
Erstellt von (Namen einsetzen)
Datum

DIGITAL+

Mögliches Ergebnis: Handout Seite 1

Die Wohntal GmbH – Ihr neuer Ausbildungsbetrieb

Das Sachziel der Wohntal GmbH

Das Sachziel der Wohntal GmbH ist das Handeln mit Möbeln.

Die Wohntal GmbH stellt Büromöbel selbst her und bietet Möbel führender Hersteller in folgenden Bereichen an: Wohnmöbel, Polstermöbel, Esszimmer, Jugendzimmer, Küchen und Wohnaccessoires. Zusätzlich liefert, montiert sie die Möbel bei Bedarf bei den Kund*innen und entsorgt alte Möbel und Verpackungen umweltfreundlich.

Die Gesamtaufgabe der Wohntal GmbH

Diese Gesamtaufgabe gliedert sich in drei Hauptaufgaben: Einkaufen, Lagern und Verkaufen.

Zum Einkauf	gehören die Teilaufgaben der Warenbeschaffung und der Warenannahme.
Zum Lager	gehören die Warenlagerung, Warenpflege und die Lagerbuchhaltung.
Die Aufgaben des Verkaufs	sind unter anderem die Kommissionierung und Warenausgabe.

Mögliches Ergebnis: Handout Seite 2

DIGITAL+

Die Wohntal GmbH – Ihr neuer Ausbildungsbetrieb

Die Formalziele der Wohntal GmbH

Die Wohntal GmbH verfolgt unterschiedliche formale Ziele. Diese können den drei Kategorien soziale Ziele, wirtschaftliche Ziele und ökologische Ziele zugeordnet werden. Die Gesellschafter*innen der Wohntal GmbH haben sich auf diese Ziele geeinigt, um die Wohntal GmbH im Interesse der Eigentümer*innen, Mitarbeiter*innen aber auch Kund*innen und Lieferanten weiterzuentwickeln.

Wirtschaftliche Ziele

- stetiges Wachstum
- kontinuierliche Produktivitätssteigerung

- gute Behauptung auf dem Markt für Wohnmöbel und Büromöbel

Ökologische Ziele

- hochwertige wiederverwendbare Sperrholzkisten
- Transport per Bahn oder per elektrobetriebenen Lkw
- kein Verpackungsmüll für die Kund*innen

Soziale Ziele

- sicherer Arbeitsplatz
- Mahlzeiten zu einem sehr günstigen Preis
- sehr hohe Qualität der Ausbildung
- 13. Monatsgehalt
- Urlaubsgeld
- Personalrabatt

Mögliches Ergebnis: Handout Seite 3

Die Wohntal GmbH – Ihr neuer Ausbildungsbetrieb

Die Organisationsstruktur der Wohntal GmbH

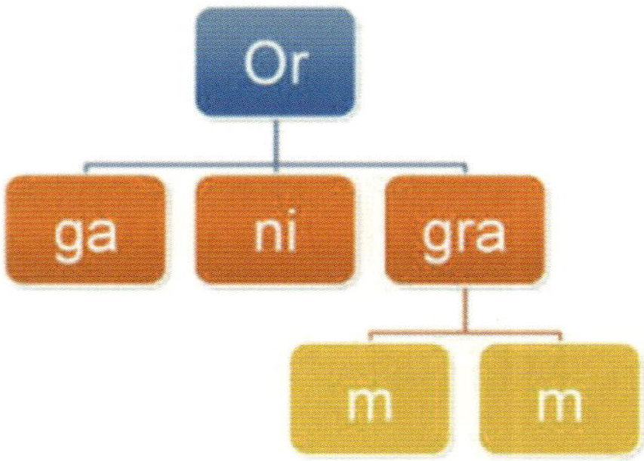

Die Wohntal GmbH gehört den beiden Gesellschafter*innen Frau Lea Busch und Jens Keller. Jens Keller ist auch Geschäftsführer und leitet gemeinsam mit der Geschäftsführerin Frau Anja Pietsch die Wohntal GmbH. Zusätzlich gibt es noch zwei weitere Führungskräfte, die Prokura besitzen. Dies sind Frau Petra Schulz aus dem Einkauf und Herr Dietmar Klopp aus dem Verkauf. Sie können alle Arten von gerichtlichen und außergerichtlichen Geschäften und Rechtshandlungen, die der Betrieb eines Handelsgewerbes mit sich bringt, durchführen. Den Führungskräften arbeiten insgesamt 250 Mitarbeiter*innen und 18 Auszubildende zu.

Sie sind auf die Abteilungen Einkauf, Verkauf, Technik und Entwicklung, Außendienst, Marketing und Produktion verteilt. Unterstützt werden diese Abteilungen durch Mitarbeiter*innen in der Personalabteilung, der Buchhaltung und der Finanzabteilung. Frau Gerdes aus der Personalabteilung betreut Sie als Auszubildenden. Sie wird dabei von Herrn Marks unterstützt.

Die Ausbildung in der Wohntal GmbH

Die Probezeit ist vertraglich für alle Auszubildenden auf vier Monate festgelegt. In dieser Zeit erhalten die Auszubildenden einen auf die betrieblichen Gegebenheiten zugeschnittenen Ausbildungsplan. Beispielhaft wird der Ausbildungsplan von dem Auszubildenden Mark Messmer vorgestellt.

Mögliches Ergebnis: Handout Seite 4

Die Wohntal GmbH – Ihr neuer Ausbildungsbetrieb

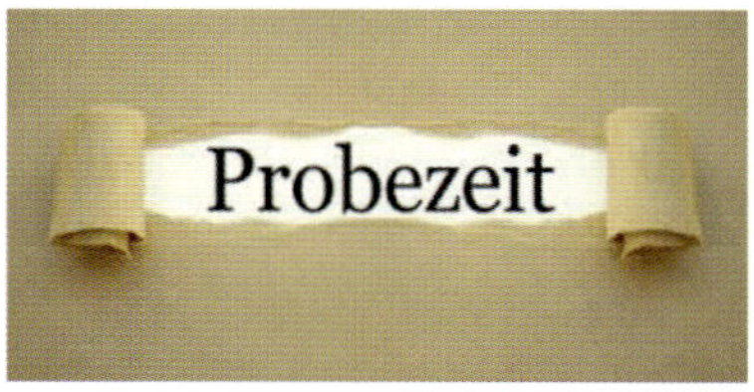

Mark Messmer beginnt seine Ausbildung in der Registratur, wechselt erst in die Telefonzentrale, dann in die Personalabteilung und abschließend in den Einkauf. In jeder Abteilung verweilt Mark Messmer 4 Wochen. Zur Beurteilung der Auszubildenden lässt Herr Marks von den Leitungen der einzelnen Abteilungen ein Eignungsprofil erstellen. Zum Abschluss der Probezeit sollen diese Unterlagen Grundlage des Beurteilungsgesprächs sein, das mit jedem Auszubildenden geführt wird. Gegenstand der Beurteilung sind die Oberkriterien äußere Erscheinung, Arbeitsverhalten und Sozialverhalten. Ist die Beurteilung insgesamt positiv, wird das Ausbildungsverhältnis nach der Probezeit fortgesetzt, wenn die Auszubildenden dies möchten.

Beobachtet werden diese Kriterien durch Ausprägungsmerkmale:

1. Äußere Erscheinung
   a) gepflegt
   b) freundlich

2. Arbeitsverhalten
   a) Qualität
   b) Arbeitstempo
   c) systematisches Vorgehen

3. Sozialverhalten
   a) Kooperationsbereitschaft
   b) Hilfsbereitschaft

Seite 4 von 4

Handout_Name

Stand: ***heutiges Datum***

Mögliches Ergebnis: Startfolie 1

Mögliches Ergebnis: Folie 2

Mögliche Ergebnisse: Folien 3 und 4

Mögliche Ergebnisse: Folien 5 und 6

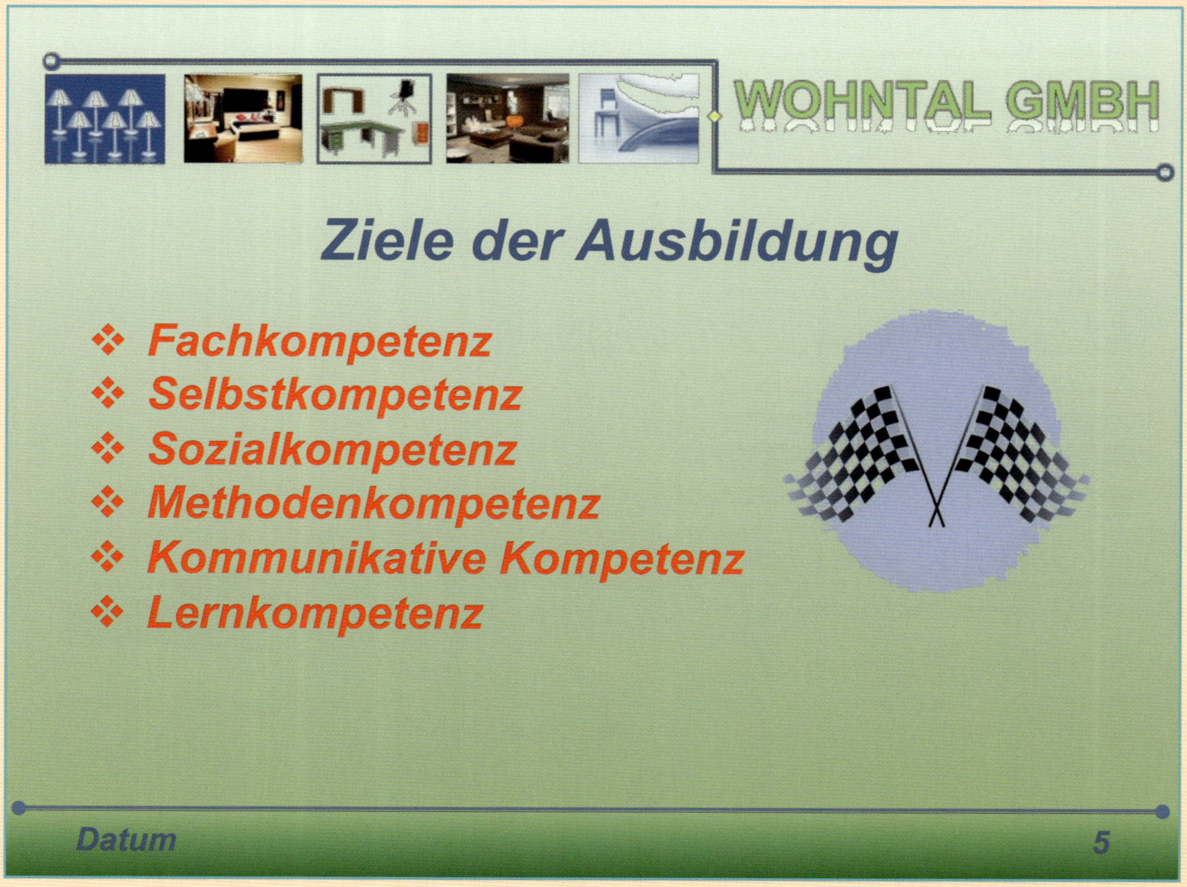

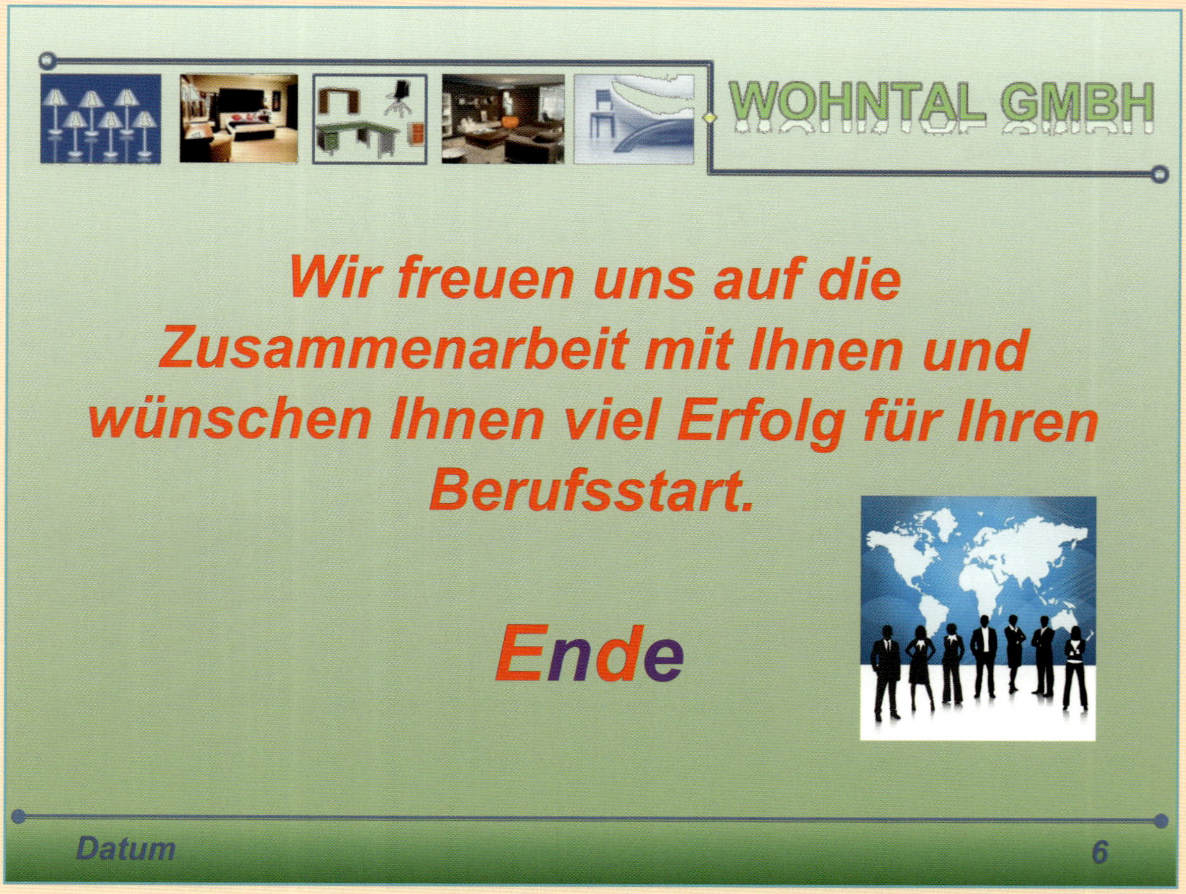

Mögliches Ergebnis: Wochenplan_1

DIGITAL+

Wochenplan		
Termin	**Gesprächspartner*innen**	**Gesprächsanlass**
08.10.20.., 10:15 Uhr	Helle Hansen	Neue Kollektion
07.10.20.., 13:00 Uhr	Marliese Beyer	Planung ihrer Elternzeit
09.10.20.., 10:00 Uhr	Abteilung Printmedien	Jour Fix
06.10.20.., 17:00 Uhr	Ralf Rasmuss	Gespräch mit Mitarbeiter*innen

DIGITAL+

Mögliches Ergebnis: Wochenplan_2

Wochenplan[1]		
Termin	**Gesprächspartner*innen**	**Gesprächsanlass**
06.10.20.., 17:00 Uhr	Ralf Rasmuss	Gespräch mit Mitarbeiter*innen
07.10.20.., 13:00 Uhr	Marliese Beyer	Planung ihrer Elternzeit
08.10.20.., 10:15 Uhr	Helle Hansen	Neue Kollektion
09.10.20.., 10:00 Uhr	Abteilung Printmedien	Jour Fix

[1] Stand: *heutiges Datum*

Mögliches Ergebnis (verkleinerte Darstellung): Urlaubsplanung

Urlaubsplan der Abteilung Printmedien – 4. Quartal													
Mitarbeiter*innen	**40. KW**	**41. KW**	**42. KW**	**43. KW**	**44. KW**	**45. KW**	**46. KW**	**47. KW**	**48. KW**	**49. KW**	**50. KW**	**51. KW**	**52. KW**
Frau Trost											✈	✈	
Herr Mierbach			☯	☯	☯	☯							👪
Herr Ludger	☼											❄	❄

Mögliches Ergebnis: Checkliste

Checkliste für das Veranstaltungsmanagement

Vorbereitung einer Veranstaltung	erledigt	
	am	von
Zweck der Tagung/Zielsetzung		
Aufgabenverteilung, Zuständigkeiten		
Teilnehmerkreis		
Zeitplan		
Tagungsort		
Tagungsraum		
Referenten		
Tagesordnung		
Einladungen		
Protokollführung		
Bewirtung (Getränke, Snacks, Essen)		
Namensschilder/Tischkarten		
Informationsmappe		
Rahmenprogramm		
Pressemitteilung, Presseempfang		
Durchführung einer Veranstaltung	erledigt	
	am	von
Gästeempfang		
Liste der Teilnehmer*innen erstellen		
Informationsmappe verteilen		
Gästebetreuung		
Protokollführung		
Teilnahmebescheinigungen aushändigen		
Veranstaltungsfeedback einholen, z. B. durch Interview, Abschlussrunde (Blitzlicht), Feedbackbögen		
Nachbereitung einer Veranstaltung	erledigt	
	am	von
Protokollversand an die Teilnehmer*innen		
Pressebericht erstellen bzw. Veröffentlichungen in der Presse verfolgen		
Festlegen und Überwachen von Terminen für erforderliche Maßnahmen		
Auswertung der Feedbackbögen		
Kostenzusammenstellung (Rechnungen begleichen z. B. Hotelrechnung)		
Reisekosten abrechnen		

Blue Design GmbH

Stand: heutiges Datum

Mögliches Ergebnis: Poststelle_Fehlermeldung

DIGITAL+

Poststelle - Fehlermeldung

Von: Poststelle

An:

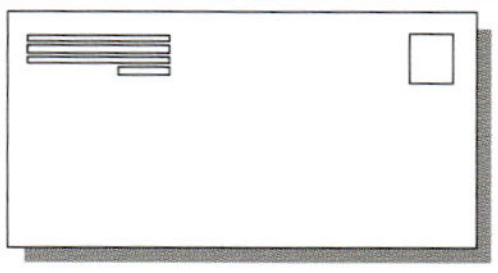

Bei der

☐ Anlagenkontrolle
☐ Datumskontrolle

ist eine Unstimmigkeit festgestellt worden.

Beschreibung der Unstimmigkeit:

Bearbeitet durch:	Datum:	Unterschrift:

DIGITAL+

Mögliches Ergebnis: Telefonzentrale_Telefonnotiz

lue Design GmbH

Telefonnotiz

Angenommen durch Abteilung	Telefonzentrale	Name	Klicken Sie hier, um Text einzugeben.
Für Abteilung	Wählen Sie ein Element aus.	Name	Klicken Sie hier, um Text einzugeben.
Datum des Anrufs	Klicken Sie hier, um ein Datum einzugeben.	Uhrzeit des Anrufs	Klicken Sie hier, um Text einzugeben.
Name des Anrufenden	Klicken Sie hier, um Text einzugeben.	Firma des Anrufenden	Klicken Sie hier, um Text einzugeben.
Telefonnr. des Anrufenden	Klicken Sie hier, um Text einzugeben.		
☐ hat angerufen	☐ ruft wieder an	☐ erbittet Rückruf	☐ hat zurückgerufen
Nachricht: Klicken Sie hier, um Text einzugeben.			
Datum	Klicken Sie hier, um ein Datum einzugeben.	Unterschrift	

Mögliches Ergebnis mit geöffnetem Kombinations- und Datumsauswahlfeld: Telefonzentrale_Telefonnotiz

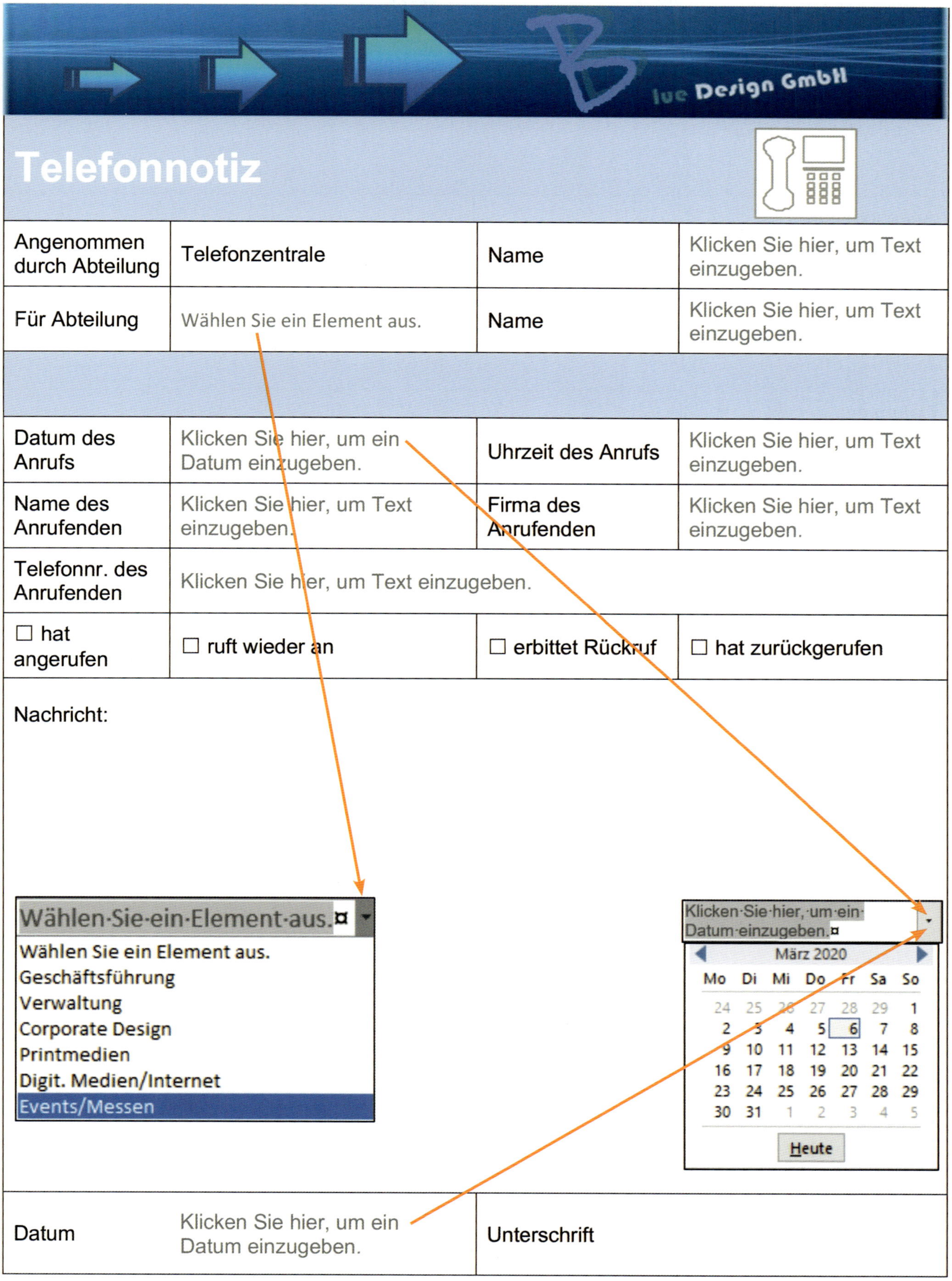

Blue Design GmbH

Telefonnotiz

Angenommen durch Abteilung	Telefonzentrale	Name	Klicken Sie hier, um Text einzugeben.
Für Abteilung	Wählen Sie ein Element aus.	Name	Klicken Sie hier, um Text einzugeben.
Datum des Anrufs	Klicken Sie hier, um ein Datum einzugeben.	Uhrzeit des Anrufs	Klicken Sie hier, um Text einzugeben.
Name des Anrufenden	Klicken Sie hier, um Text einzugeben.	Firma des Anrufenden	Klicken Sie hier, um Text einzugeben.
Telefonnr. des Anrufenden	Klicken Sie hier, um Text einzugeben.		
☐ hat angerufen	☐ ruft wieder an	☐ erbittet Rückruf	☐ hat zurückgerufen
Nachricht:			
Datum	Klicken Sie hier, um ein Datum einzugeben.	Unterschrift	

Wählen·Sie·ein·Element·aus.¤

- Wählen Sie ein Element aus.
- Geschäftsführung
- Verwaltung
- Corporate Design
- Printmedien
- Digit. Medien/Internet
- Events/Messen

Klicken·Sie·hier,·um·ein·Datum·einzugeben.¤

März 2020

Mo	Di	Mi	Do	Fr	Sa	So
24	25	26	27	28	29	1
2	3	4	5	6	7	8
9	10	11	12	13	14	15
16	17	18	19	20	21	22
23	24	25	26	27	28	29
30	31	1	2	3	4	5

Heute

DIGITAL+

Mögliches Ergebnis: Telefonzentrale_Telefonnotiz_ausgefüllt

lue Design GmbH

Telefonnotiz

Angenommen durch Abteilung	Telefonzentrale	Name	eigener Name
Für Abteilung	Printmedien	Name	Jan Hausmann
Datum des Anrufs	heutiges Datum	Uhrzeit des Anrufs	12:30 Uhr
Name des Anrufenden	Herr Müller	Firma des Anrufenden	Klicken Sie hier, um Text einzugeben.
Telefonnr. des Anrufenden	Klicken Sie hier, um Text einzugeben.		
☐ hat angerufen	☐ ruft wieder an	☒ erbittet Rückruf	☐ hat zurückgerufen
Nachricht: Herr Müller möchte eine Sonderbestellung aufgeben.			
Datum	heutiges Datum	Unterschrift	Unterschrift

Mögliches Ergebnis: Poststelle_Postaufkommen

Blue Design GmbH Postaufkommen

Abteilung: Wählen Sie ein Element aus.	**Datum:** Klicken Sie hier, um ein Datum einzugeben.

Art der Postsendung		Zusatzleistungen	Anzahl
Briefe	Standardbrief	Einschreiben	Klicken Sie hier, um Text einzugeben.
		Einschreiben Eigenhändig	Klicken Sie hier, um Text einzugeben.
		Einschreiben mit Rückschein	Klicken Sie hier, um Text einzugeben.
		Einschreiben Einwurf	Klicken Sie hier, um Text einzugeben.
	Kompaktbrief	Einschreiben	Klicken Sie hier, um Text einzugeben.
		Einschreiben Eigenhändig	Klicken Sie hier, um Text einzugeben.
		Einschreiben mit Rückschein	Klicken Sie hier, um Text einzugeben.
		Einschreiben Einwurf	Klicken Sie hier, um Text einzugeben.
	Großbrief	Einschreiben	Klicken Sie hier, um Text einzugeben.
		Einschreiben Eigenhändig	Klicken Sie hier, um Text einzugeben.
		Einschreiben mit Rückschein	Klicken Sie hier, um Text einzugeben.
		Einschreiben Einwurf	Klicken Sie hier, um Text einzugeben.
	Maxibrief	Einschreiben	Klicken Sie hier, um Text einzugeben.
		Einschreiben Eigenhändig	Klicken Sie hier, um Text einzugeben.
		Einschreiben mit Rückschein	Klicken Sie hier, um Text einzugeben.
		Einschreiben Einwurf	Klicken Sie hier, um Text einzugeben.
Büchersendung			Klicken Sie hier, um Text einzugeben.
Warensendung			Klicken Sie hier, um Text einzugeben.
Päckchen			Klicken Sie hier, um Text einzugeben.
Pakete		Wählen Sie ein Element aus.	Klicken Sie hier, um Text einzugeben.
		Wählen Sie ein Element aus.	Klicken Sie hier, um Text einzugeben.
		Wählen Sie ein Element aus.	Klicken Sie hier, um Text einzugeben.

☐ **Heute haben wir keine Postsendungen verschickt!**

Bearbeiter*in: Klicken Sie hier, um Text einzugeben.	**Unterschrift:**

Mögliches Ergebnis: Ergebnisprotokoll

Ergebnisprotokoll

Thema:	**Planung der alljährlichen Befragung der Mitarbeiter*innen**
Ort:	**Sitzungszimmer der Blue Design GmbH**
Datum:	***heutiges Datum***
Zeit:	**10:00 – 10:30 Uhr**
Teilnehmer*innen:	**s. Anlage**
Tagesordnung:	**s. Anlage**

TOP 1: Befragung	**Termine/Aktionen Ergebnisse**
Antrag: Es soll wieder eine schriftliche Befragung durchgeführt werden.	
Beschluss: Die Sitzungsteilnehmer*innen stimmen dem Antrag ohne Gegenstimmen und Enthaltungen zu.	
TOP 2: Fragebogen	
Antrag: Der Fragebogen aus dem Vorjahr wird für die Befragung der Mitarbeiter*innen genutzt. Er wird um eine Frage ergänzt: Haben die Mitarbeiter*innen Interesse an einem Betriebskindergarten?	*Herr Tauber erstellt den Fragebogen, den alle Mitarbeiter*innen erhalten sollen.*
Beschluss: Die Sitzungsteilnehmer*innen stimmen dem Antrag ohne Gegenstimmen und Enthaltungen zu.	*Nächste Sitzung (heutiges Datum (+ 30 Tage) im Sitzungszimmer um 10:00 Uhr*

Mannheim, *heutiges Datum*

Matthias Blau/Sitzungsleiter

Freia Mertens/Protokollführerin

Anlagen
Liste der Teilnehmer*innen
Tagesordnung

Verteiler
alle Sitzungsteilnehmer*innen

Mögliches Ergebnis: Verlaufsprotokoll

Verlaufsprotokoll

Thema:	**Planung der alljährlichen Befragung der Mitarbeiter*innen**
Ort:	**Sitzungszimmer der Blue Design GmbH**
Datum:	***heutiges Datum***
Zeit:	**10:00 – 10:30 Uhr**
Teilnehmer*innen:	**Herr Blau (Sitzungsleiter, Geschäftsführer)** **Herr Tauber (Betriebsratsmitglied)** **Frau Kettel (Betriebsratsmitglied)** **Frau Mertens (Protokollantin)**
Tagesordnung:	**TOP 1: Entscheidung über die Durchführung einer Befragung** **TOP 2: Inhaltliche Ausgestaltung einer schriftlichen Befragung**

TOP 1: Entscheidung über die Durchführung einer Befragung	**Termine/Aktionen Ergebnisse**
Herr Tauber bemerkt, dass die Befragung der Mitarbeiter*innen eine gute Tradition im Unternehmen sei und von der Belegschaft sehr befürwortet werde. Er ist der Meinung, dass Befragungen eine Grundlage für Verbesserungen im Unternehmen seien.	
Herr Blau stellt folgenden Antrag: Es soll wieder eine schriftliche Befragung durchgeführt werden.	
Die Sitzungsteilnehmer*innen stimmen dem Antrag ohne Gegenstimmen und Enthaltungen zu.	*Antrag einstimmig angenommen*
TOP 2: Inhaltliche Ausgestaltung einer schriftlichen Befragung	
Frau Kettel schlägt vor, auf die alten Fragen zurückgreifen. Dies biete den Vorteil zwischen den alten und den neuen Ergebnissen vergleichen zu können. Herr Blau und Herr Tauber unterstützen den Vorschlag von Frau Kettel. Herr Tauber ergänzt, dass ihn Frau Marx, die für das Corporate Design zuständig sei, gestern angesprochen habe. Sie habe ab dem nächsten Jahr ein Betreuungsproblem, das durch einen Betriebskindergarten gelöst werden könne. Herr Blau stimmt zu. Dies sei eine großartige Idee und man denke schon länger über die Einführung eines Betriebskindergartens nach.	*Antrag einstimmig angenommen* *Herr Tauber erstellt Fragebogen*
Herr Tauber stellt den Antrag, den Fragebogen aus dem Vorjahr für die Befragung der Mitarbeiter*innen zu nutzen. Er wird um die Frage ergänzt: Haben die Mitarbeiter*innen Interesse an einem Betriebskindergarten?	
Die Sitzungsteilnehmer*innen stimmen dem Antrag ohne Gegenstimmen und Enthaltungen zu.	
Der nächste Sitzungstermin wird festgelegt.	*Termin* ***(heute in 30 Tagen)*** *10 Uhr Sitzungsraum*

Mannheim, *heutiges Datum*

Matthias Blau/Sitzungsleiter

Freia Mertens/Protokollführerin

Verteiler
alle Sitzungsteilnehmer*innen

Mögliches Ergebnis: E-Mail_zum_Verlaufsprotokoll

An:	m.blau@bluedesign.de
Cc:	
Bcc:	
Betreff:	Protokoll zur Sitzung „Planung der jährlichen Befragung der Mitarbeiter*innen
Anhang:	Verlaufsprotokoll.docx

Sehr geehrter Herr Blau,

im Anhang erhalten Sie das fertiggestellte Verlaufsprotokoll zur Sitzung „Planung der jährlichen Befragung der Mitarbeiter*innen“. Die Datei ist in Word verfasst.

Bevor Sie das Protokoll unterschreiben, bitte ich Sie es gegenzulesen. Sollten Sie noch Korrekturen für notwendig erachten, arbeite ich diese selbstverständlich gerne ein. Ansonsten bitte ich Sie, das Protokoll unterschrieben an mich zurückzusenden.

Ich werde dann die entsprechenden Kopien erstellen und gemäß des Verteilers an die Teilnehmer*innen versenden.

Gerne können Sie mich bei Rückfragen telefonisch erreichen.

Mit freundlichen Grüßen

Blue Design GmbH

Freia Mertens

Telefon: 0621 200103-0 Zentrale
Fax: 0621 200103-99
E-Mail: info@bluedesign.de
Internet: www.bluedesign.de
¶
Postanschrift: Heidelberger Landstraße 51, 68199 Mannheim
Geschäftsführer: Matthias Blau
Handelsregister: HRB 1255

Mögliches Ergebnis: Tabelle_Registratur

Papierhafte Registratur der Abteilung Printmedien der Blue Design GmbH, Mannheim			
Dokumentenart	**Ablageort**	**Aufbewahrungsgrund**	**Aufbewahrungsdauer**
Allgemeine Dokumente			
• **Werbung** • **unverlangte Angebote**	Arbeitsplatz	ohne Wert	keine
• **Einladungen**	Arbeitsplatz	Tageswert	Vernichtung nach Termin
• **Preislisten** • **Kataloge der Lieferanten**	Arbeitsplatz von Frau Hochgreve	Prüfwert	solange aktuell
Handelsgeschäfte mit Kund*innen			
• **Anfrage** • **Angebot** • **Bestellung** • **Auftragsbestätigung** • **Ausgangsrechnung**	in Bearbeitung: Arbeitsplatz[1)]	Prüfwert	Bearbeitungszeit
	abgeschlossenes Handelsgeschäft: Abteilungsablage	Gesetzeswert	6 Jahre
	nicht zustande gekommene Handelsgeschäfte: 1 Jahr Arbeitsplatzablage[1)], dann vernichten	Prüfwert (für zukünftige Handelsgeschäfte)	1 Jahr
Produkte			
• **Entwürfe für Kundenaufträge**	Arbeitsplatz[1)]	Prüfwert	Bearbeitungszeit
• **Fertige Flyer, Folder und Broschüren**	Abteilungsablage	Prüfwert (für zukünftige Produktentwicklungen)	lt. Abteilungsbeschluss 2 Jahre
• **Preisliste der Blue Design GmbH für Printmedien**	an jedem Arbeitsplatz	Prüfwert	solange aktuell
Handelsgeschäfte mit Lieferanten			
• **Anfrage** • **Angebot** • **Bestellung** • **Auftragsbestätigung** • **Eingangsrechnung**	in Bearbeitung: Arbeitsplatz Frau Hochgreve	Prüfwert	Bearbeitungszeit
	abgeschlossenes Handelsgeschäft: Abteilungsablage	Gesetzeswert	6 Jahre
	nicht zustande gekommene Handelsgeschäfte: 1 Jahr Arbeitsplatzablage Frau Hochgreve, dann vernichten	Prüfwert (für zukünftige Handelsgeschäfte)	1 Jahr

[1)] **Arbeitsplatzablage, alphabetische Zuordnung der Kund*innen**

Frau Öztürk	Kund*innen mit den Anfangsbuchstaben A bis F	Herr Salecker	Kund*innen mit den Anfangsbuchstaben M bis R
Herr Teller	Kund*innen mit den Anfangsbuchstaben G bis L	Frau Salvagente	Kund*innen mit den Anfangsbuchstaben S bis Z

Tabelle_Registratur.docx **bearbeitet durch** *eigener Name*

DIGITAL+

DIGITAL+

Mögliches Ergebnis: E-Mail_Registratur

An:	j.hausmann@bluedesign.de
Cc:	
Bcc:	
Betreff:	Papierhafte Registratur der Abteilung Printmedien
Anhang:	Tabelle_Registratur_Name.docx

Sehr geehrter Herr Hausmann,

wie mit Ihnen besprochen, habe ich die Übersicht über die papierhafte Registratur Ihrer Abteilung fertiggestellt. Die entsprechende Datei finden Sie als Anhang der E-Mail.

Ich bitte Sie, meine Ausarbeitungen gegenzulesen und bei Bedarf Korrekturen vorzunehmen.

Die Tabelle enthält in einer **ersten Spalte** die in der Abteilung Printmedien anfallenden Dokumente. Vorangestellt sind allgemeine Dokumente, gefolgt von den Dokumenten, die für das Handelsgeschäft mit Kund*innen verwendet werden. Unsere Produkte sowohl in Entwurfs- als auch in Endform folgen. Danach die Handelsgeschäfte mit den Lieferanten.

In einer **zweiten Spalte** ist der Ablageort aufgeführt. Die Arbeitsablage bei Handelsgeschäften mit den Kund*innen trägt eine hochgestellte 1). Unterhalb der Tabelle ist aufgeführt, welcher Mitarbeitende für welche Kundschaft zuständig ist. Diese*r führt die entsprechende Ablage.

Spalte drei mit der Überschrift Aufbewahrungsgrund gibt die Wertstufe der entsprechenden Dokumente von **ohne Wert** bis **Gesetzeswert** an. Dokumente mit Dauerwert habe ich in der Abteilung nicht vorgefunden.

In **Spalte vier** finden sich Hinweise auf die Aufbewahrungsdauer, die teilweise betrieblich, teilweise aber auch gesetzlich bedingt ist.

Ich bin gespannt auf Ihr Feedback.

Gerne können Sie mich bei Rückfragen telefonisch unter der Durchwahl 374 erreichen.

Mit freundlichen Grüßen

Blue Design GmbH

eigener Name

[Automatische Signatur des Unternehmens]

Mögliches Ergebnis: Interne_Mitteilung_Betriebskindergarten

Interne Mitteilung

An:	Herrn Blau, Geschäftsführer Frau Kettel, Betriebsratsmitglied Frau Mallmanns, Gleichstellungsbeauftragte
Von:	eigener Name
Thema:	Fragebogen zur Einführung eines Betriebskindergartens
Datum:	TT.MM.JJJJ

Liebe Mitarbeiter*innen,

im Namen von Herrn Tauber übersende ich Ihnen als Anlage den Entwurf des Fragebogens zur Einführung eines Betriebskindergartens.

Der Anteil für Eltern eines zu betreuenden Kindes liegt bei ca. 400 €; für Geschwisterkinder wird es eine Ermäßigung geben. Die Höhe des Betrages müssen wir noch ermitteln.

Wie Sie aus dem Fragebogen ersehen können, hat Herr Tauber als Zusatzangebot die Wahl zwischen Musikunterricht, Sporterziehung, Pflanzenkunde und Sprachunterricht vorgesehen. Welche Fremdsprache ausgewählt wird, kann erst nach Auswertung der Fragebogen benannt werden, da hier die Wünsche der Mitarbeiter*innen einfließen sollen.

Ich bitte Sie um Durchsicht des Fragebogens und um Mitteilung Ihrer Ergänzungs- bzw. Änderungswünsche bis zur nächsten Monatssitzung am ***(Termin einsetzen)***.

Herr Tauber freut sich auf Ihre Anregungen.

Mit freundlichen Grüßen

eigener Name

Anlage
Fragebogen Betriebskindergarten

DIGITAL+

Mögliches Ergebnis: Fragebogen_Betriebskindergarten

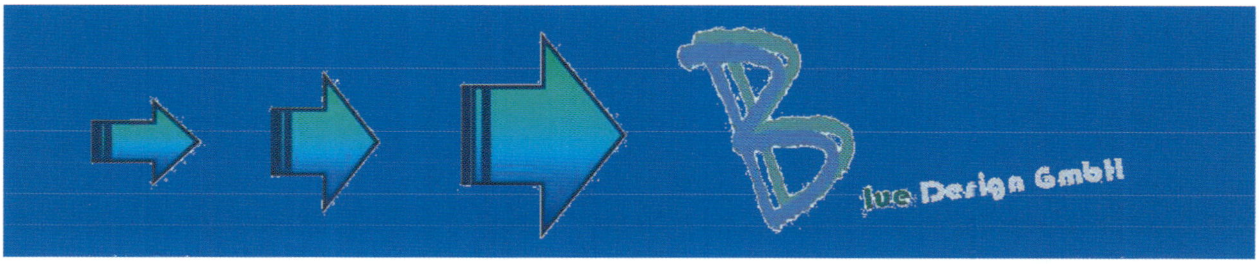

Fragebogen zum Betriebskindergarten

Mitarbeiter*in: Klicken Sie hier, um Text einzugeben.

Abteilung: Wählen Sie ein Element aus.

Besteht Interesse an der Einrichtung eines Betriebskindergartens?	☐ ja	☐ nein
Anzahl der zu betreuenden Kinder	Klicken Sie hier, um Text einzugeben.	
Altersgruppe der zu betreuenden Kinder	☐ unter 3 Jahren	☐ bis 6 Jahre
Betreuungszeit	☐ 07:30 – 13:00 Uhr	☐ ganztags bis 17 Uhr
Verpflegungswunsch	☐ Frühstück ☐ Mittagessen	☐ Zwischenmahlzeiten ☐ Vegetarisches Essen
Zusatzangebot	☐ Sporterziehung ☐ Sprachunterricht ☐ Englisch ☐ Spanisch ☐	☐ Musikunterricht ☐ Pflanzenkunde
Besondere Anregungen/Wünsche	Klicken Sie hier, um Text einzugeben.	
Datum, Unterschrift	Klicken Sie hier, um Text einzugeben.	

Mögliches Ergebnis: Leerfolie (am Anfang)

Mögliches Ergebnis: Folie 1

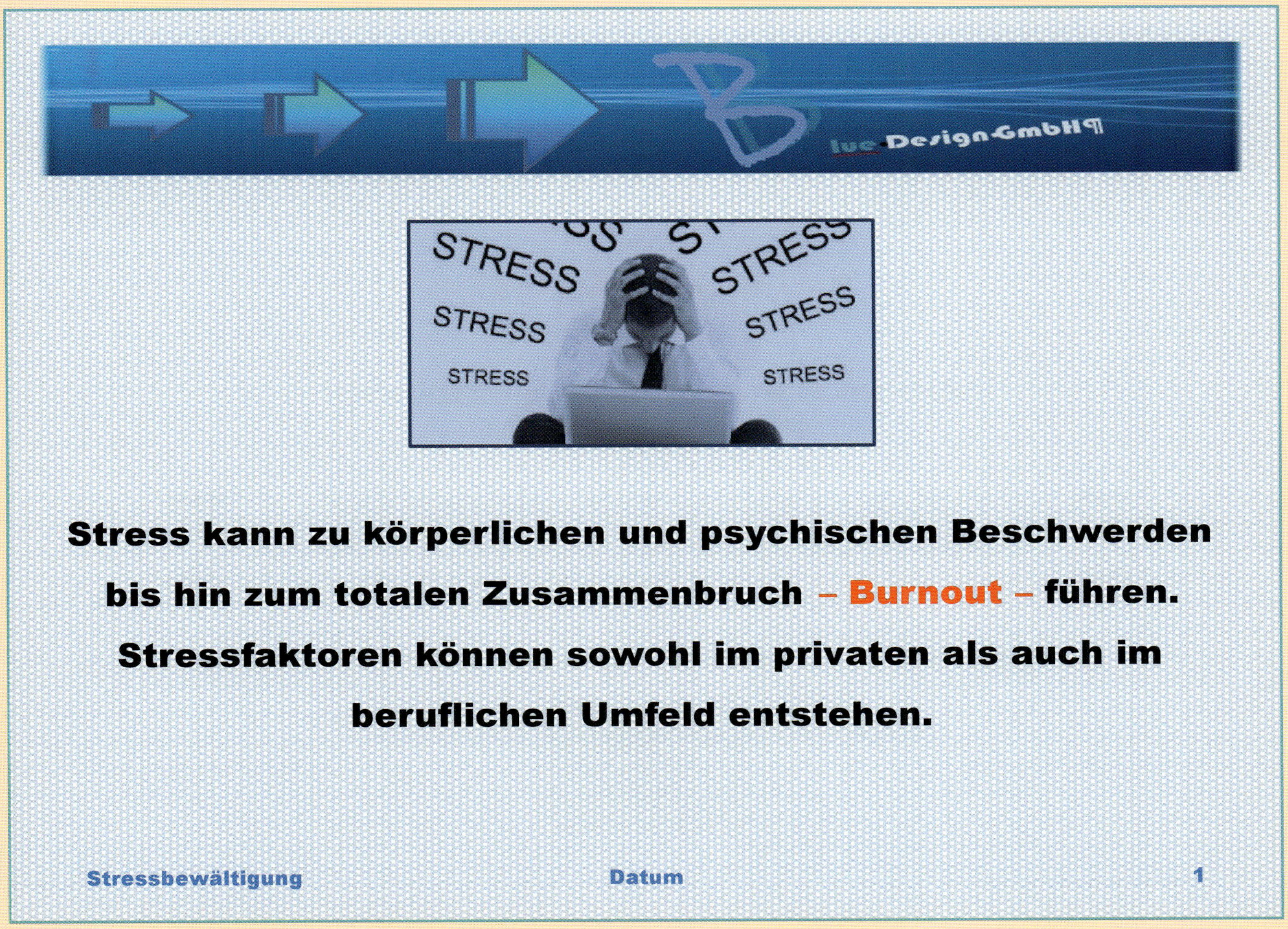

Mögliches Ergebnis: Folie 2

Mögliches Ergebnis: Folie 3

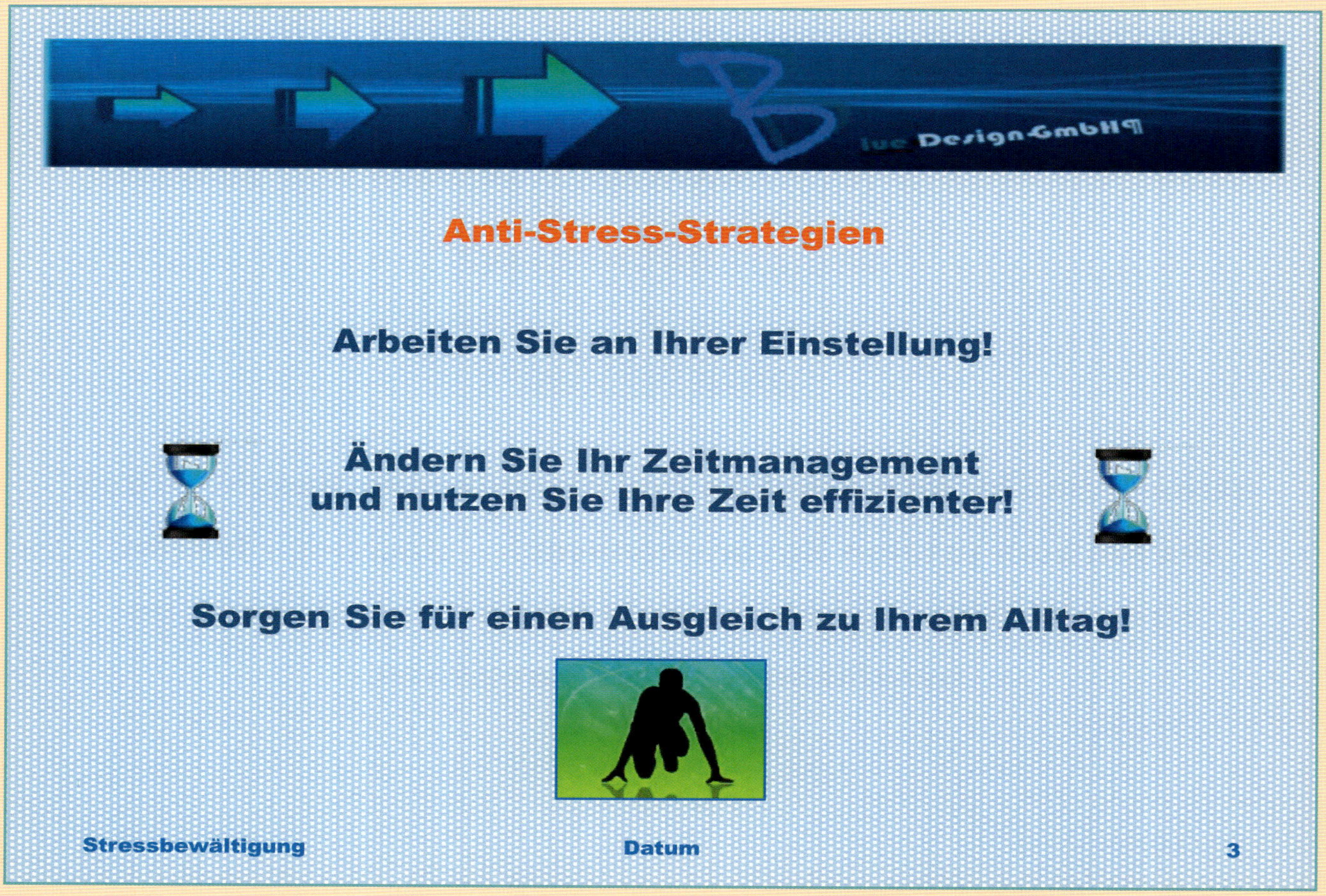

Mögliches Ergebnis: Folie 4

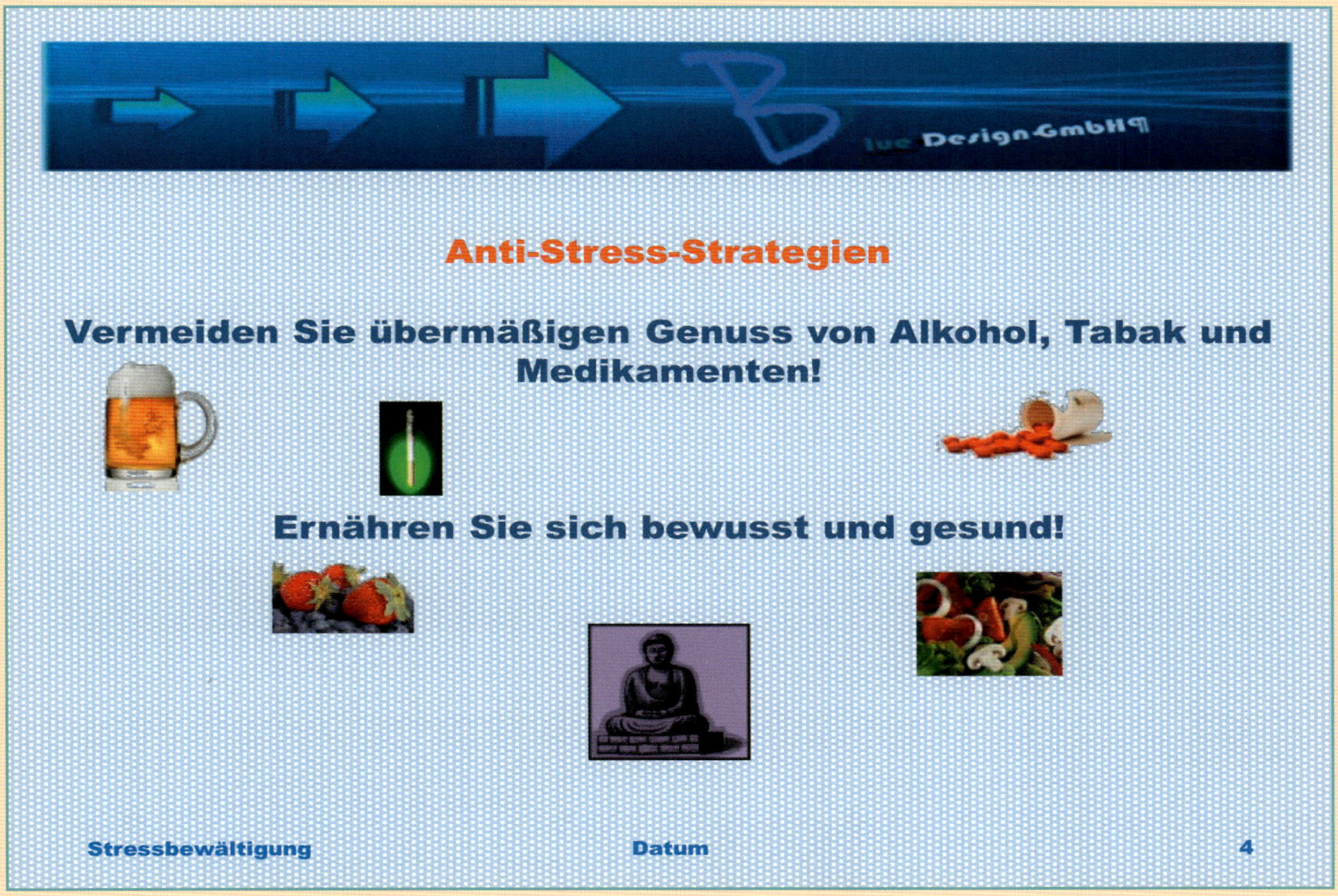

Mögliches Ergebnis: Leerfolie (am Ende)

Mögliches Ergebnis: Handzetteldruck

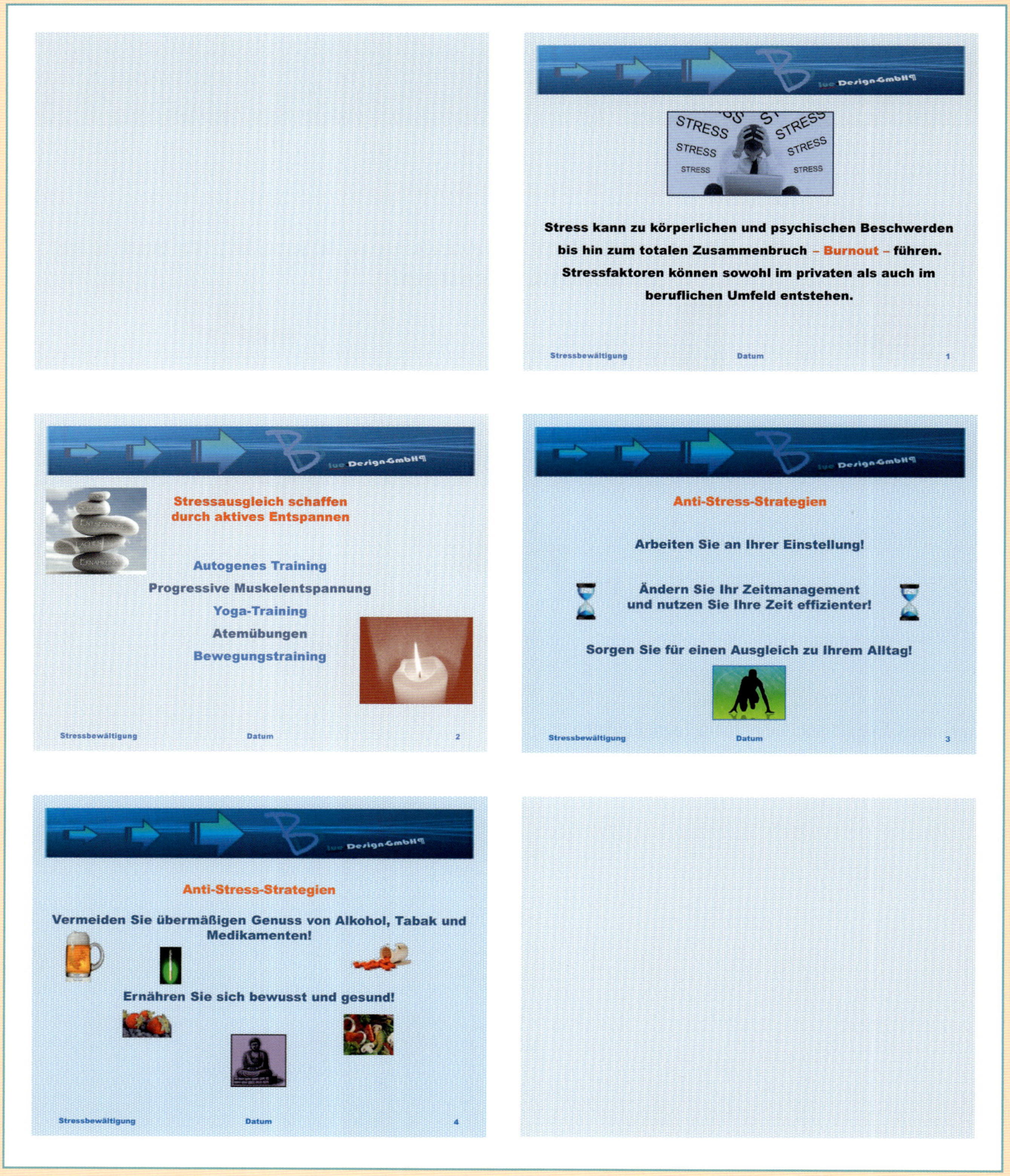

Mögliches Ergebnis: Anschriften

Textilfabrik Zwirn & Co. KG, Maschweg 7, 31224 Peine Express Kaufhaus REGO Herrn Lothar Schmidt Theodor-Heuss-Allee 177 a 38108 Braunschweig	Franziska Biermann, Marktstraße 155, 46045 Oberhausen Herrn Thomas Biermann M. Sc. Büromarkt Biermann GmbH Postfach 34 12 49 40668 Krefeld
Müngsten GmbH, Aggerstraße 7, 40474 Düsseldorf Nicht nachsenden! Sven Kauschke e. K. OT Gostenhof Bauvereinsstraße 15 90429 Nürnberg	Stoples KG, Mülheimer Straße 234, 46045 Oberhausen Büromöbelfabrik Thüringen AG Frau Dr.in Eva Schulz Postfach 9 39 19 99084 Erfurt
Dietmar Dürrhals, Am Steinwurf 3, 07545 Gera Einschreiben Einwurf! Stadt Gera Hochbauamt Frau/Herrn Dr*in Bauer Postfach 93 39 39 07545 Gera	Gisela Becker, Neringstraße 27, 16515 Oranienburg Nicht nachsenden! Anwaltskanzlei Matzek, Menne und Partner*innen Frau Rechtsanwältin Sabine Menne Potsdamer Landstraße 1 12683 Berlin

DIGITAL+

Mögliches Ergebnis: Straßennamen

Schreibweisen von Straßennamen

Vorgaben	Regel-Nr.	Schreibweise
bäckergasse	1	Bäckergasse
Bauweg	1	Bauweg
franzosenweg	1	Franzosenweg
goethestraße	1	Goethestraße
hohlweg	1	Hohlweg
musterweg	1	Musterweg
berlinerstraße	2	Berliner Straße
hamburgerstraße	2	Hamburger Straße
hohlegasse	2	Hohle Gasse
überdenweiden	3	Über den Weiden
zurhohenweide	3	Zur Hohen Weide
annefrankweg	4	Anne-Frank-Weg
hansböcklerstraße	4	Hans-Böckler-Straße
kaiserwilhelmallee	4	Kaiser-Wilhelm-Allee

Name, Vorname Datum Pfad + Datei

Mögliches Ergebnis: Angebot_Klettersport_Bach

DIGITAL+

Bürobedarf **Müngsten** GmbH

Müngsten GmbH ♦ Aggerstraße 7 ♦ 40474 Düsseldorf
Klettersport Bach GmbH
Frau Sybille Rüsen
Bachstraße 23
46047 Oberhausen

Ihr Zeichen:	
Ihre Nachricht vom:	27.11.20..
Unser Zeichen:	mül-*eigenes Zeichen*
Unsere Nachricht vom:	
Name:	Frau Gabriele Müller
Telefon:	02177 7654-123
E-Mail:	mueller@buero-muengsten.de
Internet:	www.buero-muengsten.de
Datum:	28.11.20..

Angebot

Sehr geehrte Frau Rüsen,

wir danken Ihnen für Ihr Interesse. Gerne richten wir Ihr Büro ein und bieten Ihnen dazu unsere Möbel zu besonders günstigen Konditionen an:

Unser **Schreibtisch** aus der Linie Ergo-Bamboo besticht durch seine Leichtigkeit. Dabei ist er aus widerstandsfähigem Bambus gefertigt. Bambus ist ein nachwachsender Rohstoff, den wir ausschließlich von einer Bio-Plantage beziehen. Mit dieser Produktlinie sind wir von der Jury Umweltzeichen aktuell mit „Der blaue Engel" ausgezeichnet worden. Wir können Ihnen diesen Artikel (Nr. 7834-01) zum Preis von 345,00 EUR anbieten.

Der passende **Computertisch** aus der gleichen Linie hat eine höhen- und seitenverstellbare Tastaturauflage und ist ergonomisch geformt. Diesen Artikel (Nr. 7834-03) bieten wir Ihnen für 249,00 EUR an.

Die genauen Daten entnehmen Sie dem beiliegenden Prospekt „Umwelt-Linie Ergo-Bamboo". Auf alle Preise gewähren wir 15 % Rabatt.

Wir liefern vier Wochen nach Ihrer Bestellung frei Haus. Den genauen Liefertermin sprechen wir mit Ihnen telefonisch ab.

Wir freuen uns, bald von Ihnen zu hören.

Mit freundlichen Grüßen

Bürobedarf Müngsten GmbH

i. A. Gabriele Müller

Anlage
Prospekt „Umwelt-Linie Ergo-Bamboo"

HRB 2244 Amtsgericht Düsseldorf
USt-IdNr. DE 147 000 234

Geschäftsführer
Dr. Robert Müngsten

Tel.: 02177 7654-0 Zentrale
Internet-Adresse:
www.buero-muengsten.de

Volksbank Düsseldorf-Neuss e. G.
IBAN DE99 3016 0213 2407 7254 28
BIC GENODED1DNE

Mögliches Ergebnis: Angebot_Schreibauftrag

Bürobedarf Müngsten GmbH

Müngsten GmbH ♦ Aggerstraße 7 ♦ 40474 Düsseldorf
Frau
Dorothea Domeisel
Kantstraße 47
53111 Bonn

Ihr Zeichen:	
Ihre Nachricht vom:	06.12.20..
Unser Zeichen:	mül-*eigenes Zeichen*
Unsere Nachricht vom:	
Name:	Frau Müller
Telefon:	02177 7654-123
E-Mail:	mueller@buero-muengsten.de
Internet:	www.buero-muengsten.de
Datum:	07.12.20..

Ihre Anfrage

Sehr geehrte Frau Domeisel,

Ihr Interesse an unserem Sortiment freut uns sehr.

Den Artikel Hängeregistratureinsatz für Dokumentenschrank Akkurat, Farbe Schwarz, Format A4, Metall mit der Artikelnummer 3578-3 bieten wir Ihnen für 12,50 EUR pro Stück an.

Bei Aufträgen über 150,00 EUR liefern wir frei Haus.

Unsere Rechnungen sind zahlbar innerhalb von 30 Tagen. Bei Zahlung innerhalb von 10 Tagen gewähren wir 2 % Skonto.

Dieses Angebot ist gültig bis zum 20.12.20..

Wir freuen uns auf Ihre Bestellung.

Mit freundlichen Grüßen

Bürobedarf Müngsten GmbH

i. A. Müller

HRB 2244 Amtsgericht Düsseldorf
USt-IdNr. DE 147 000 234

Geschäftsführer
Dr. Robert Müngsten

Tel.: 02177 7654-0 Zentrale
Internet-Adresse:
www.buero-muengsten.de

Volksbank Düsseldorf-Neuss e. G.
IBAN DE99 3016 0213 2407 7254 28
BIC GENODED1DNE

Mögliches Ergebnis: Verändertes_Angebot

DIGITAL+

Bürobedarf **Müngsten** GmbH

Müngsten GmbH ♦ Aggerstraße 7 ♦ 40474 Düsseldorf
Frau
Dorothea Domeisel
Kantstraße 47
53111 Bonn

Ihr Zeichen:	
Ihre Nachricht vom:	10.12.20..
Unser Zeichen:	mül-*eigenes Zeichen*
Unsere Nachricht vom:	07.12.20..
Name:	Frau Müller
Telefon:	0211 7654-123
E-Mail:	mueller@buero-muengsten.de
Internet:	www.buero-muengsten.de
Datum:	11.12.20..

Verändertes Angebot

Sehr geehrte Frau Domeisel,

Ihr Interesse an unserem Sortiment freut uns sehr. Da Sie seit vielen Jahren eine gute Kundin von uns sind, kommen wir Ihnen gerne mit unserem veränderten Angebot entgegen.

Den Artikel Hängeregistratureinsatz für Dokumentenschrank Akkurat, Farbe Schwarz, Format A4, Metall mit der Artikelnummer 3578-3 bieten wir Ihnen für 12,50 EUR pro Stück an. Auf diesen Preis gewähren wir Ihnen als einmalige Kennenlernaktion einen Rabatt von 10 %.

Bei Aufträgen über 150,00 EUR liefern wir frei Haus. Unsere Rechnungen sind zahlbar innerhalb von 30 Tagen. Bei Zahlung innerhalb von 10 Tagen gewähren wir 3 % Skonto.

Als Alternative können wir Ihnen ein interessantes Angebot unterbreiten. Wir bieten den Hängeregistratureinsatz für den Dokumentenschrank Akkurat mit 5 Hängemappen und 5 Hängeordnern für den Einführungspreis von **25 Euro** an. Diese Hängemappen und -ordner sind eine Neuentwicklung aus 100 % Naturfasern, umweltfreundlich hergestellt und so langlebig wie Kunststoff. Auf dieses Angebot können wir keine weiteren Rabatte gewähren. Alles Weitere entnehmen Sie bitte unserem Flyer.

Dieses Angebot ist gültig bis zum 23.12.20..

Bitte erteilen Sie uns Ihren Auftrag, den wir sorgfältig erledigen werden.

Mit freundlichen Grüßen

Bürobedarf Müngsten GmbH

i. A. Frau Müller

Anlage

HRB 2244 Amtsgericht Düsseldorf **USt-IdNr. DE 147 000 234**	**Geschäftsführer** **Dr. Robert Müngsten**	**Tel.: 0211 7654-0 Zentrale** **Telefax: 0211 7654-40** **Internet-Adresse:** **www.buero-muengsten.de**	**Volksbank Düsseldorf-Neuss e. G.** **IBAN DE99 3016 0213 2407 7254 28** **BIC GENODED1DNE**

Mögliches Ergebnis: Flyer_verändertes_Angebot

Bürobedarf **Müngsten** GmbH

Neuentwicklung * Neuentwicklung * Neuentwicklung * Neuentwicklung * Neuentwicklung

umweltfreundliche und langlebige

Hängemappen und Hängeordner aus der Serie **KoKraft**

aus 90 % Recyclingpapier, wasserschonend hergestellt, stabilisiert mit 10 % langfaserigem Kokosflies

Bestellen Sie noch heute!
Telefon: 0211 7654-0
E-Mail: info@buero-muengsten.de
Homepage: buero-muengsten.de

☞ langlebig wie Kunststoff

☞ beschriftbar wie Papier

☞ kompostierbar wie Gemüse

erhältlich in den Farben
Rot, Grün, Gelb, Blau und Chamois

Material: Kraftkarton
Papiergewicht: 230 g/qm

Hängemappen: Stückpreis	**1,50 EUR/Stück**	**7,00 EUR/5 Stück**	**13,00 EUR/10 Stück**
Hängeordner: Stückpreis	**2,00 EUR/Stück**	**9,00 EUR/5 Stück**	**17,00 EUR/10 Stück**

Als Paket 5 Hängemappen **KoKraft** und 5 Hängeordner **KoKraft** zusammen mit dem Hängeregistratureinsatz für den Dokumentenschrank Akkurat (Einzelpreis 12,50 EUR)

zum Sonderpreis von 25,00 EUR statt ~~28,50 EUR!~~

Bearbeitet von *eigener Name*

Stand: *aktuelles Datum*

Mögliches Ergebnis: Auftragsbestätigung_Schreibauftrag

DIGITAL+

Bürobedarf **Müngsten** GmbH

Müngsten GmbH ♦ Aggerstraße 7 ♦ 40474 Düsseldorf
Wagner Werke OHG
Herrn Wilfried Lurghi
Wagnerstraße 1 - 4
67433 Neustadt

Ihr Zeichen:	
Ihre Nachricht vom:	08.12.20..
Unser Zeichen:	sa-*eigenes Zeichen*
Unsere Nachricht vom:	
Name:	Frau Aylin Sauter
Telefon:	02177 7654-125
E-Mail:	sauter@buero-muengsten.de
Internet:	www.buero-muengsten.de
Datum:	08.12.20..

Bestellung über 2 Schreibtischunterschränke

Sehr geehrter Herr Lurghi,

vielen Dank für Ihre Bestellung.

Gern liefern wir Ihnen zwei Schreibtischunterschränke "Toskana" in Buche Furnier, 3 Schubladen, auf Rollen mit der Artikelnummer 4765-3 für 89,90 EUR pro Stück.

Mit dem gewünschten Zahlungsziel von 60 Tagen sind wir einverstanden.

Wir danken Ihnen nochmals für Ihren Auftrag.

Mit freundlichen Grüßen

Bürobedarf Müngsten GmbH

i. A. Aylin Sauter

HRB 2244 Amtsgericht Düsseldorf
USt-IdNr. DE 147 000 234

Geschäftsführer
Dr. Robert Müngsten

Tel.: 02177 7654-0 Zentrale
Internet-Adresse:
www.buero-muengsten.de

Volksbank Düsseldorf-Neuss e. G.
IBAN DE99 3016 0213 2407 7254 28
BIC GENODED1DNE

Mögliches Ergebnis Teil 1: Datenschutzformular_Altmann

Frank Altmann, Sorpener Straße 47,40213 Düsseldorf
Bürobedarf Müngsten GmbH
eigener Name als Ansprechpartner*in
Aggerstraße 7
40474 Düsseldorf

Datenschutzbestimmungen

Folgende Daten werden von der Bürobedarf Müngsten GmbH im Zusammenhang mit der Auftragsabwicklung gespeichert:

Kd.-Nr.	12 101
Geschlecht	männlich
Vorname	Frank
Nachname	Altmann
Straße	Sorpener Straße 47
Postleitzahl	40213
Ort	Düsseldorf
Geburtsdatum ***(kein Pflichtfeld)***	26.12.1957
Bestellte/-r Artikel	30-1456-A
Menge	100 Pakete
Datum der Bestellung	TT.MM.JJJJ
Gesamtbetrag netto (in €) der Bestellung	799,00 €

Zustimmungserklärung

❑ Ich stimme der oben aufgelisteten Datenspeicherung zu.

❑ Ich nehme zur Kenntnis, dass ich jederzeit das Recht auf Korrektur, Ergänzung/Änderung bzw. Löschung der Daten habe.

Ort, Datum Unterschrift

Mögliches Ergebnis Teil 2: Auftragsbestätigung_Altmann

DIGITAL+

Bürobedarf Müngsten GmbH

Ihr Zeichen:
Ihre Nachricht vom: (Datum des Auftrags)

Unser Zeichen: *eigenes Zeichen*
Unsere Nachricht vom:
Name: *eigener Name*

Telefon: 02177 7654-333
E-Mail: *Name*@buero-muengsten.de
Internet: www.buero-muengsten.de

Datum: TT.MM.JJJJ

Müngsten GmbH ♦ Aggerstraße 7 ♦ 40474 Düsseldorf
Herrn
Frank Altmann
Sorpener Straße 47
40213 Düsseldorf

Auftragsbestätigung

Sehr geehrter Herr Altmann,

wir freuen uns über Ihren Auftrag, den wir Ihnen gern wie folgt bestätigen:

100 Pakete Druckerpapier A4 à 250 Blatt pro Paket
Premium Deluxe für Laser, Inkjet Printers und Kopierer
80 g/m²
koloriert (Farbe: Sand)
Artikel-Nr. 30-1456-A
Preis: 7,99 € pro Paket zuzüglich der gesetzlichen MwSt.
Lieferzeit: innerhalb von 8 Tagen

Es gelten unsere Allgemeinen Lieferungs- und Zahlungsbedingungen, die Sie bitte der beigefügten Anlage entnehmen.

Des Weiteren fügen wir als Anlage ein Formular bei. Daraus können Sie entnehmen, welche Daten im Zusammenhang mit der Auftragsabwicklung in unserem Hause von Ihnen gespeichert werden. Bitte prüfen Sie die Angaben und erteilen Sie mit Ihrer Unterschrift Ihre Zustimmung zu unseren Datenschutzbestimmungen. Senden Sie uns bitte das Formular mit dem – ebenfalls beigefügten – frankierten Umschlag zurück.

Wir bedanken uns nochmals für den erteilten Auftrag und sichern Ihnen eine sorgfältige und termingerechte Ausführung Ihres Auftrages zu.

Mit freundlichen Grüßen

Bürobedarf Müngsten GmbH

i. A. *eigener Name*

Anlagen

HRB 2244 Amtsgericht Düsseldorf USt-IdNr. DE 147 000 234	Geschäftsführer Dr. Robert Müngsten	Tel.: 02177 7654-0 Zentrale Internet-Adresse: www.buero-muengsten.de	Volksbank Düsseldorf-Neuss e. G. IBAN DE99 3016 0213 2407 7254 28 BIC GENODED1DNE

Mögliches Ergebnis: Folie 1

Mögliches Ergebnis: Folie 2

Mögliches Ergebnis: Folie 3

Mögliches Ergebnis: Folie 4

Mögliches Ergebnis: Folie 5

Mögliches Ergebnis: Folie 6

Mögliches Ergebnis zu Situation 1: Reif_KG_Anfrage_Briegelmann (vgl. Brief an Heinrich_&_Busch_GmbH auf der CD)

DIGITAL+

Der Radmarkt

Reif KG
Rund ums Rad

Ihr Zeichen:
Ihre Nachricht vom:

Reif KG, Schlossgraben 30, 45657 Recklinghausen
Briegelmann KG
Herrn Guido Larson
Herzogstraße 17 - 19
33428 Harsewinkel

Abteilung: Einkauf
Name: Katharina Höger

Telefon: 02361 2409-87
E-Mail: name@reif.de

Datum: 01.03.20

Anfrage

Sehr geehrter Herr Larson,

wir beabsichtigen, in zwei Monaten einen Tag der Sicherheit in unseren Verkaufsräumen durchzuführen. Aus Anlass dieses Tages wollen wir unser Sortiment an LED-Fahrradzubehör erweitern. Auch bei diesen Produkten soll uns unser Motto „gute Qualität zu vernünftigen Preisen" leiten.

Unterbreiten Sie uns bitte ein Angebot über

**batteriebetriebene LED-Frontleuchten
mit einer Lichtstärke von mindestens 30 Lux und
einer Leuchtdauer von mindestens 480 Minuten.**

Bitte informieren Sie uns über Ihre Lieferzeit und Ihre Liefer- und Zahlungsbedingungen. Gewähren Sie uns ab einer Menge von 200 Stück Mengenrabatt?

Gerne können Sie uns ein günstiges Angebot unterbreiten.

Mit freundlichen Grüßen

Reif KG

i. A. Katharina Höger

Handelsregister: HRA 1222
USt.-IdNr.: DE14627991
Erfüllungsort und Gerichtsstand: Recklinghausen

Internet-Adresse: www.reif.com
☎ 02361 2409-0 Zentrale
🖷 02361 240911

Bankverbindung
Sparkasse Vest Kto. 170642
IBAN DE45 4265 0100 0000 1706 42
BIC WELADED1REK

DIGITAL+

Mögliches Ergebnis: Fehlerbrief_Heinrich_&_Busch_GmbH

Heinrich & Busch GmbH

Vorab per Telefax ①
Heinrich & Busch GmbH • Kaiser-Wilhelm-Straße 8 a • 30159 Bonn
Reif KG
Katharina Höger ②
Schlossgraben 30
45657 Recklinghausen

Ihr Zeichen: kjö
Ihre Nachricht vom: 01.03.20..

Unser Zeichen: TS ③
Unsere Nachricht vom:
Name: Frau Teresa Saltik

Telefon: 0511 8700-35
E-Mail: saltik@busch.de

Datum: 2.3.20.. ④

Ihre Anfrage ⑤
¶ ⑥
Sehr geehrte Frau Höger,

vielen Dank für Ihre Anfrage.

Wir bieten Ihnen den Bilock Batteriefrontscheinwerfer SK 250-RUN IRON mit der Artikelnummer 200-4783 an. Das Modell besitzt einen 2-Stufen-Schalter für Eco- und Power-Mode mit bis zu 30 Lux Lichtleistung. Der integrierte Lithium-Ionen-Akku garantiert eine konstante Leuchtdauer von bis zu 20 Stunden im Eco-Modus. ⑦

Den Preis für den Bilock Batteriefrontscheinwerfer SK 250-RUN IRON entnehmen Sie bitte der beiliegenden Preisliste. Wir gewähren ab einer Abnahme von 150 Stück 15% Rabatt. Ab einer Stückmenge von 250 Stück 25 % Rabatt.¶ ⑧
Bestellungen nehmen wir unter ausschließlicher Geltung der auf der Rückseite dieses Angebots abgedruckten IAGB an. Die Lieferung der Scheinwerfer erfolgt 2 Wochen nach Ihrer Bestellung.

Gern erwarten wir Ihnen Auftrag.

Mit freundlichen Grüßen
¶
¶ ⑨
¶
Teresa Saltik

Anlagen ⑩
Preisliste

HRB 8791 Amtsgericht Hannover
USt-IdNr. DE 855 000 337

Geschäftsführer
Markus Busch
Verona Heinrich

Tel.: 0511 8700-0 Zentrale
Internet-Adresse:
www.heinrich-busch.de

Sparkasse Hannover
IBAN DE23 25050180 4798 7677 32
BIC SPKHDE2HXXX

Gefundene Fehler	Berichtigung und/oder Erläuterung
1. Position der Anschrift	die Absenderangaben stehen über dem postalischen Vermerk; die Schriftgröße des postalischen Vermerks muss angepasst werden
2. Name der Sachbearbeiterin	Anrede fehlt: Frau …
3. Unser Zeichen	Kleinschreibung: ts
4. numerisches Datum	richtig: 02.03.20..
5. Betreff	Hervorhebung durch Fettdruck: **Ihre Anfrage**
6. Abstand zwischen Betreff und Anrede	Formatierung: 2 Leerzeilen
7. Randausgleich	Formatierung: Silbentrennung
8. Absatzgestaltung	1 Leerzeile einfügen
9. unterhalb des Grußes	mit einer Leerzeile: Name des Unternehmens, danach 3 Zeilen für den Unterschriftsraum
10. Anlagenvermerk	Einzahl; richtig: **Anlage**

Mögliches Ergebnis: Korrektur_Fehlerbrief_Heinrich_&_Busch_GmbH

DIGITAL+

KORREKTUR FEHLERBRIEF

Heinrich & Busch GmbH

Heinrich & Busch GmbH • Kaiser-Wilhelm-Straße 8 a • 30159 Bonn
Vorab per Telefax
Reif KG
Frau Katharina Höger
Schlossgraben 30
45657 Recklinghausen

Ihr Zeichen: kjö
Ihre Nachricht vom: 01.03.20..

Unser Zeichen: ts
Unsere Nachricht vom:
Name: Frau Teresa Saltik

Telefon: 0511 8700-35
E-Mail: saltik@busch.de

Datum: 02.03.20..

Ihre Anfrage

Sehr geehrte Frau Höger,

vielen Dank für Ihre Anfrage.

Wir bieten Ihnen den Bilock Batteriefrontscheinwerfer SK 250-RUN IRON mit der Artikelnummer 200-4783 an. Das Modell besitzt einen 2-Stufen-Schalter für Eco- und Power-Mode mit bis zu 30 Lux Lichtleistung. Der integrierte Lithium-Ionen-Akku garantiert eine konstante Leuchtdauer von bis zu 20 Stunden im Eco-Modus.

Den Preis für den Bilock Batteriefrontscheinwerfer SK 250-RUN IRON entnehmen Sie bitte der beiliegenden Preisliste. Wir gewähren ab einer Abnahme von 150 Stück 15 % Rabatt. Ab einer Stückmenge von 250 Stück 25 % Rabatt.

Bestellungen nehmen wir unter ausschließlicher Geltung der auf der Rückseite dieses Angebots abgedruckten AGB an. Die Lieferung der Scheinwerfer erfolgt 2 Wochen nach Ihrer Bestellung.

Gern erwarten wir Ihnen Auftrag.

Mit freundlichen Grüßen

Heinrich & Busch GmbH

Teresa Saltik

Anlage
Preisliste

HRB 8791 Amtsgericht Hannover USt-IdNr. DE 855 000 337	Geschäftsführer Markus Busch Verona Heinrich	Tel.: 0511 8700-0 Zentrale Internet-Adresse: www.heinrich-busch.de	Sparkasse Hannover IBAN DE23 25050180 4798 7677 32 BIC SPKHDE2HXXX

Mögliches Ergebnis: Inhaltsverzeichnis_AGB-Reif_KG (Ausschnitt: 1. Seite)

Allgemeine Geschäftsbedingungen (AGB)[1] der Reif KG

Inhalt

§ 1 Angebot und Vertragsabschluss

Die von dem/der Besteller*in unterzeichnete Bestellung ist ein bindendes Angebot. Wir können dieses Angebot innerhalb von zwei Wochen durch Zusendung einer Auftragsbestätigung annehmen oder innerhalb dieser Frist die bestellte Ware zusenden.

§ 2 Preise und Zahlung

(1) In unseren Preisen sind die Umsatzsteuer und Verpackungskosten enthalten. Lieferkosten sind in unseren Preisen nicht enthalten.

(2) Die Zahlung des Kaufpreises hat ausschließlich auf das umseitig genannte Konto zu erfolgen. Der Abzug von Skonto ist nur bei schriftlicher besonderer Vereinbarung zulässig.

(3) Sofern nichts anderes vereinbart wird, ist der Kaufpreis innerhalb von 10 Tagen nach Lieferung zu zahlen. Verzugszinsen werden in Höhe von 5 % über dem jeweiligen Basiszinssatz p. a. berechnet. Die Geltendmachung eines höheren Verzugsschadens bleibt vorbehalten. Für den Fall, dass wir einen höheren Verzugsschaden geltend machen, hat der/die Besteller*in die Möglichkeit, uns nachzuweisen, dass der geltend gemachte Verzugsschaden überhaupt nicht oder in zumindest wesentlich niedrigerer Höhe angefallen ist.

§ 3 Aufrechnung und Zurückbehaltungsrechte

Dem/der Besteller*in steht das Recht zur Aufrechnung nur zu, wenn seine Forderungen rechtskräftig festgestellt oder unbestritten sind. Zur Aufrechnung gegen unsere Ansprüche ist der/die Besteller*in auch berechtigt, wenn er Mängelrügen oder Gegenansprüche aus demselben Kaufvertrag geltend macht. Zur Ausübung eines Zurückbehaltungsrechts ist der/die Besteller*in nur insoweit befugt, als sein Gegenanspruch auf dem gleichen Vertragsverhältnis beruht.

[1] Als Grundlage für die AGB des Modellunternehmens diente der zum Downloaden bereitgestellte Mustervertrag der IHK Frankfurt am Main, vgl. http://www.frankfurt-main.ihk.de/recht/mustervertrag/verkaufsbedingungen/index.html.

Mögliches Ergebnis: Reif_KG_Bestellung

Der Radmarkt

Reif KG
Rund ums Rad

Reif KG, Schlossgraben 30, 45657 Recklinghausen
Briegelmann KG
Herrn Guido Larson
Herzogstraße 17 - 19
33428 Harsewinkel

Ihr Zeichen:	lar
Ihre Nachricht vom:	02.03.20..
Abteilung:	Einkauf
Name:	Katharina Höger
Telefon:	02361 2409-87
E-Mail:	hoeger@reif.de
Datum:	03.03.20..

Bestellung

Sehr geehrter Herr Larson,

vielen Dank für Ihr Angebot.

Wir bestellen:

200 Floodlit GMX 40 L (Artikelnummer 276-888-1)
zum Aktionspreis von 35,90 EUR/Stück.

Sie gewähren uns 20 % Rabatt und liefern die Ware innerhalb von 4 Tagen frei Haus.

Ihre Liefer- und Zahlungsbedingungen haben wir zur Kenntnis genommen, und zwar 30 Tage netto oder innerhalb von 10 Tagen 3 % Skonto.

Wir erwarten Ihre Lieferung.

Mit freundlichen Grüßen

Reif KG

i. V. Katharina Höger

Handelsregister: HRA 1222
USt.-IdNr.: DE14627991
Erfüllungsort und Gerichtsstand:
Recklinghausen

Internet-Adresse: www.reif.com
☎ 02361 2409-0 Zentrale
🖷 02361 240911

Bankverbindung
Sparkasse Vest Kto. 170642
IBAN DE45 4265 0100 0000 1706 42
BIC WELADED1REK

Mögliches Ergebnis: Reif_KG_Mängelrüge

Der Radmarkt

Reif KG
Rund ums Rad

Ihr Zeichen:	lar
Ihre Nachricht vom:	07.03.20..
Abteilung:	Einkauf
Name:	Katharina Höger
Telefon:	02361 2409-87
E-Mail:	hoeger@reif.de
Datum:	07.03.20..

Reif KG, Schlossgraben 30, 45657 Recklinghausen
Briegelmann KG
Herrn Guido Larson
Herzogstraße 17 - 19
33428 Harsewinkel

Ihre Lieferung der batteriebetriebenen Frontleuchten

Sehr geehrter Herr Larson,

die 200 Frontlichter Floodlit GMX 40 L (Artikelnummer 276-888-1), die wir am 03.03.20.. bei Ihnen bestellt haben, sind heute eingetroffen.

Sie entsprechen nicht der gewünschten Qualität und Menge.

Im Einzelnen haben wir Folgendes zu bemängeln:

Sie lieferten statt der bestellten 200 nur 190 Stück. Wir bitten um Nachlieferung der fehlenden Frontlichter.

12 Verpackungen waren eingedrückt und zum Teil auch eingerissen. Die Kartonagen weisen zusätzlich Wasserflecken auf. In diesem Zustand ist die Ware unverkäuflich. Wir bitten Sie, die Ware wieder abzuholen und uns Ersatz zu liefern.

Wir gehen davon aus, dass Sie die Angelegenheit zu unserer Zufriedenheit regeln.

Mit freundlichen Grüßen

Reif KG

i. V. Katharina Höger

Handelsregister: HRA 1222
USt.-IdNr.: DE14627991
Erfüllungsort und Gerichtsstand: Recklinghausen

Internet-Adresse: www.reif.com
☎ 02361 2409-0 Zentrale
🖷 02361 240911

Bankverbindung
Sparkasse Vest Kto. 170642
IBAN DE45 4265 0100 0000 1706 42
BIC WELADED1REK

Mögliches Ergebnis: Lieferverzug

DIGITAL+

Der Radmarkt

Reif KG
Rund ums Rad

Reif KG, Schlossgraben 30, 45657 Recklinghausen
Fahrrad und More KG
Herrn Esra Tersteegen
Schneller Weg 37
46047 Oberhausen

Ihr Zeichen:	te-sk
Ihre Nachricht vom:	08.03.20..
Geschäftszeichen:	
Name:	*eigener Name*
Telefon:	02361 2409-88
E-Mail:	*eigener name*@reif.de
Datum:	18.03.20..

Lieferverzug

Sehr geehrter Herr Tersteegen,

am 08.03.20.. haben wir 24 Pakete mit der Artikelnummer 83 456 (Lotus MTB Fahrradschlauch 26") bei Ihnen bestellt. Sie haben uns diesen Auftrag mit Ihrem Schreiben vom 08.03.20.. bestätigt.

Der Liefertermin, 15.03.20.., wurde in Ihrem Brief vom 08.03.20.. ausdrücklich zugesichert. Sie haben offensichtlich aufgrund eines fahrlässigen Verschuldens nicht geliefert. Somit liegt ein automatischer Verzug ohne Mahnung vor.

Wir setzen Ihnen eine Frist bis zum 25.03., um den Vertrag zu erfüllen. Die Forderung eines Schadensersatzes wegen Verzögerung behalten wir uns vor.

Lassen Sie auch diesen Termin verstreichen, ohne zu liefern, machen wir von unserem Rücktrittsrecht Gebrauch. Eine Lieferung nach dem 25.03.20.. werden wir nicht annehmen und vom Vertrag zurücktreten; ferner werden wir die Einforderung eines Schadensersatzes prüfen.

Mit freundlichen Grüßen

Reif KG

i. A. *eigener Name*

Handelsregister: HRA 1222
USt.-IdNr.: DE14627991
Erfüllungsort und Gerichtsstand: Recklinghausen

Internet-Adresse: www.reif.com
☎ 02361 2409-0 Zentrale
Fax 02361 240911

Bankverbindung
Sparkasse Vest Kto. 170642
IBAN DE45 4265 0100 0000 1706 42
BIC WELADED1REK

DIGITAL+

Mögliches Ergebnis: Lieferverzug_Übersicht

Reif KG - Verkauf

Lieferverzug (Nicht-rechtzeitig-Lieferung)

Prüfung der Voraussetzungen

- Liegt eine Fälligkeit der Lieferung vor?
  - Mahnung erforderlich
    - Es besteht keine vertragliche Vereinbarung des Liefertermins.
  - Mahnung nicht erforderlich
    - Lieferung ist kalendermäßig bestimmt/bestimmbar.
    - Zweckkauf bzw. Fixkauf wurde vereinbart.
- Liegt ein Verschulden des Lieferanten vor?
  - Fahrlässigkeit?
    - Lieferant lässt erforderliche Sorgfalt außer Acht.
  - Vorsatz?
    - Lieferant handelt mit Absicht rechtswidrig.

Es liegt Lieferungsverzug vor.

Unsere Rechte bei Lieferungsverzug

1 Schritt

Angemessene Nachfristsetzung

- Bestehen auf Erfüllung des Vertrags
- Schadensersatz wegen verspäteter Lieferung (neben der Lieferung)

2 Schritt

Nach erfolgloser Nachfristsetzung

- Rücktritt vom Kaufvertrag
- Schadensersatz wegen Nichterfüllung (anstatt der Lieferung)
- Ersatz vergeblicher Aufwendungen

eigener Name Stand: 18.03.20..

Mögliches Ergebnis: Angebotsvergleich_E-Bikes (Teil 1)

DIGITAL+

Angebotsvergleich für 10 E-Bikes

Lieferanten / Kalkulationsschema	BikeTec GmbH		Bikefactory GmbH	
	Prozent	Angaben aus dem Angebot	Prozent	Angaben aus dem Angebot
Bestellmenge		10 Stück		10 Stück
Listenverkaufspreis (pro Stück)		1.450,00 €		1.500,00 €
Listenverkaufspreis (gesamt)		14.500,00 €		15.000,00 €
- Rabatt	10 %	1.450,00 €	20 %	3.000,00 €
= Zielverkaufspreis		13.050,00 €		12.000,00 €
- Skonto	2 %	261,00 €	3 %	360,00 €
= Barverkaufspreis		12.789,00 €		11.640,00 €
+ Bezugskosten		0,00 €		350,00 €
= Bezugsgesamtpreis		12.789,00 €		11.990,00 €
= Bezugseinzelpreis		1.278,90 €		1.199,00 €
Entscheidung nach Preisvergleich (bitte ankreuzen!)			x	

Mögliches Ergebnis: Reif_KG_Bestellung_E-Bikes (Teil 2)

Der Radmarkt

Reif KG
Rund ums Rad

Reif KG, Schlossgraben 30, 45657 Recklinghausen
Bikefactory GmbH
Frau Jana Erdinger
Ostwallring 65
44328 Dortmund

Ihr Zeichen:	je
Ihre Nachricht vom:	03.05.20..
Abteilung:	Einkauf
Name:	Katharina Höger
Telefon:	02361 2409-87
E-Mail:	hoeger@reif.de
Datum:	04.05.20..

Bestellung

Sehr geehrte Frau Erdinger,

wir bedanken uns für Ihr Angebot. Wir bestellen

10 E-Bikes Move On 47S mit der Artikelnummer 14 075
zum Preis von 1.500,00 EUR/Stück.

Liefern Sie bitte fünf E-Bikes in der Farbe Rot-Silber und fünf weitere in Kaiserblau.

Wir erhalten bei der Abnahme von 10 E-Bikes 20 % Rabatt. Bei Zahlung innerhalb von 2 Wochen können wir 3 % Skonto abziehen. Es fallen 350,00 EUR Versandpauschale an. Sie liefern die Ware innerhalb von 3 Tagen nach Erhalt unserer Bestellung.

Ihr Sortiment interessiert uns sehr. Senden Sie uns deshalb bitte den neuen Katalog zu.

Bitte liefern Sie die Artikel fristgemäß.

Mit freundlichen Grüßen

Reif KG

i. V. Katharina Höger

Handelsregister: HRA 1222
USt.-IdNr.: DE14627991
Erfüllungsort und Gerichtsstand: Recklinghausen

Internet-Adresse: www.reif.com
☎ 02361 2409-0 Zentrale
🖷 02361 240911

Bankverbindung
Sparkasse Vest Kto. 170642
IBAN DE45 4265 0100 0000 1706 42
BIC WELADED1REK

DIGITAL+

Mögliches Ergebnis: Folie 1

Der Radmarkt

Reif KG
Rund ums Rad

Nachhaltige Beschaffung in der Reif KG

Betriebsversammlung
am TT.MM.JJJJ

TT.MM.JJJJ | Nachhaltige Beschaffung in der Reif KG | 1

Mögliches Ergebnis: Folie 2

Was bedeutet nachhaltige Beschaffung für die Reif KG?

- Einhaltung sozialer und ökologischer (Mindest-)Anforderungen bei den Beschaffungsprozessen
- Umweltschonende Produktion und Lieferung der Produkte unter fairen und menschenwürdigen Bedingungen

➔ Kontrolle und Durchsetzung von Nachhaltigkeitsstandards bei unseren Lieferanten

TT.MM.JJJJ | Nachhaltige Beschaffung in der Reif KG | 2

Mögliches Ergebnis: Folie 3

Warum wollen wir nachhaltig beschaffen?

- Keine Unterschreitung sozialer oder ökologischer (Mindest-)Standards bei unseren weltweiten Lieferanten
- Ökonomischer Umgang mit Ressourcen (Roh-, Hilfs- und Betriebsstoffen sowie Fertigprodukten)
- Verbesserung unseres Images in der Öffentlichkeit, bei Kundinnen und Kunden sowie Mitarbeiterinnen und Mitarbeitern
- Verbesserung unserer Produkte durch hochwertige und nachwachsende Rohstoffe und Vorprodukte

TT.MM.JJJJ Nachhaltige Beschaffung in der Reif KG 3

Mögliches Ergebnis: Folie 4

Entstehen durch nachhaltige Beschaffung nicht Mehrkosten?

Nachhaltige Beschaffung muss nicht zwingend teuer sein!

- Berücksichtigung ökologischer Kriterien kann auf lange Sicht Geld sparen
- nachhaltige Produkte und Dienstleistungen haben meist einen höheren Anschaffungspreis, aber:
- bei einer Betrachtung des gesamten Lebenszyklus (inklusive Nutzungs- und Entsorgungskosten) sind sie günstiger als konventionelle Produkte

TT.MM.JJJJ Nachhaltige Beschaffung in der Reif KG 4

Mögliches Ergebnis: Folie 5

Wir fangen an! Zwei nachhaltige Produkte in unserem Sortiment 20..

Produkt 1: Das Recycling-Fahrrad der Boneshaker KG

Ökologische Nachhaltigkeit

- Recycling von gebrauchten Rahmen
- Einsparung von Energie und Rohstoffen

Soziale Nachhaltigkeit

- Jedes Jahr beginnen zwei schwer vermittelbare Jugendliche eine Ausbildung.
- 50 Euro pro verkauftem Fahrrad gehen in die Betreuung und Ausbildung dieser Jugendlichen.

TT.MM.JJJJ
Nachhaltige Beschaffung
in der Reif KG
5

Mögliches Ergebnis: Folie 6

Wir fangen an! Zwei nachhaltige Produkte in unserem Sortiment 20..

Produkt 2: Das Fahrrad aus Bambus der Bamboo-Bike GmbH

Ökologische Nachhaltigkeit

- Bambus ist ein unempfindlicher, beständiger Rohstoff.
- Bambus bindet erheblich mehr CO^2 als ein vergleichbarer Baum während des Wachstums. ➔ Klimaschutz

Soziale Nachhaltigkeit

- Fertigung der Rahmen in einer kleinen Genossenschaft in Montería, Kolumbien
- Finanzierung von zweijährigen Schul- oder Studienstipendien in Kolumbien über den Verkauf von Bambusfahrrädern

TT.MM.JJJJ
Nachhaltige Beschaffung
in der Reif KG
6

Mögliches Ergebnis: Datenquelle_Word_Lieferanten

Firma	Anrede	Name	Straße/Postfach	PLZ	Ort
Lehmann & Co.	Herrn	Deimler	Müllerweg 17	79112	Freiburg
Großhandel Mutz	Frau	Immig	Reiterweg 78	79189	Bad Krozingen
Gebr. Klemmer KG	Herrn	Wiemann	Postfach 10 10	79183	Waldkirch
Getränke Hultinger e. K.	Herrn	Hultinger	Gewerbestraße 4 a	79206	Breisach

Mögliches Ergebnis: Datenquelle_Excel_Kunden

Anrede	Name	Straße	PLZ	Ort	Telefon
Herrn	Frank Engel	Teufelsweg 99	79189	Bad Krozingen	07567 57898
Frau	Roswitha Langstedt	Kleine Gasse 2	79183	Waldkirch	07618 97551
Frau	Lisa Polster	Robert-Schumacher-Str. 15	79183	Waldkirch	07618 39045

Mögliches Ergebnis: Vorbereitung_SB_Lieferanten (Hauptdokument mit Seriendruckfeldern – ohne Feldfunktionen)

DIGITAL+

MARKGRAF BRUNNEN GmbH

¶

¶ ¶ ¶ ¶ Markgraf·Brunnen·GmbH·→·Am·Dorfgraben·6·—·9·→·79098·Freiburg¶ «Firma»¶ «Anrede»·«Name»¶ «StraßePostfach»¶ «PLZ»·«Ort»¶ ¶ ¤	¤	¶ Name:·¶ Abteilung:·¶ ¶ Telefon:·0761·1424-¶ Telefax:·0761·1425¶ E-Mail:·info@markgraf-brunnen.de¶ ¶ Datum:·¤
¶ ¤		

¶
¶
¶

Ergebnis: Vorbereitung_SB_Lieferanten (Hauptdokument mit Seriendruckfeldern – letzter Datensatz)

DIGITAL+

MARKGRAF BRUNNEN GmbH

¶

¶ ¶ ¶ ¶ Markgraf·Brunnen·GmbH·→·Am·Dorfgraben·6·—·9·→·79098·Freiburg¶ Getränke·Hultinger·e.·K.¶ Herrn·Hultinger¶ Gewerbestraße·4·a¶ 79206·Breisach¶ ¶ ¤	¤	¶ Name:·¶ Abteilung:·¶ ¶ Telefon:·0761·1424-¶ Telefax:·0761·1425¶ E-Mail:·info@markgraf-brunnen.de¶ ¶ Datum:·¤
¶ ¤		

¶
¶
¶

DIGITAL+

Mögliches Ergebnis: Vorbereitung_SB_Kunden (Hauptdokument mit Seriendruckfeldern – ohne Feldfunktionen)

MARKGRAF **BRUNNEN** GmbH

Markgraf·Brunnen·GmbH·•·Am·Dorfgraben·6·—·9·•·79098·Freiburg «Anrede» «Name» «Straße» «PLZ»·«Ort»		Name:· Abteilung:· Telefon:·0761·1424- Telefax:·0761·1425 E-Mail:·info@markgraf-brunnen.de Datum:·

DIGITAL+

Ergebnis: Vorbereitung_SB_Kunden (Hauptdokument mit Seriendruckfeldern – letzter Datensatz)

MARKGRAF **BRUNNEN** GmbH

Markgraf·Brunnen·GmbH·•·Am·Dorfgraben·6·—·9·•·79098·Freiburg Frau Lisa·Polster Robert-Schumacher-Str.·15 79183·Waldkirch		Name:· Abteilung:· Telefon:·0761·1424- Telefax:·0761·1425 E-Mail:·info@markgraf-brunnen.de Datum:·

Mögliches Ergebnis: Bedingung_Rabatt_Kunden (mit Feldfunktionen)

DIGITAL+

MARKGRAF **BRUNNEN** GmbH

Name: *eigener Name*
Abteilung: *eintragen*

Telefon: 0761 1424-487
Telefax: 0761 1425
E-Mail: info@markgraf-brunnen.de

Datum: TT.MM.JJJJ

Markgraf Brunnen GmbH • Am Dorfgraben 6 – 9 • 79098 Freiburg
{ MERGEFIELD Anrede **}**
{ MERGEFIELD Name **}**
{ MERGEFIELD Straße **}**
{ MERGEFIELD PLZ **} {** MERGEFIELD Ort **}**

Rabattaktion

Rabattaktion

{ IF **{** MERGEFIELD Anrede **}** = "Frau" "Sehr geehrte Frau " "Sehr geehrter Herr " **}{** MERGEFIELD Name **}**,

wir freuen uns, Sie in unserem Kundenkreis begrüßen zu dürfen. Für Ihren nächsten Auftrag gewähren wir Ihnen einen Rabatt in Höhe von **{ IF { MERGEFIELD Kundengruppe } = "A" "5" "{ IF { MERGEFIELD Kundengruppe } = "B" "10" "15" }" }** %.

Wir freuen uns auf eine gute Zusammenarbeit.

Mit freundlichen Grüßen

Markgraf Brunnen GmbH

i. A. *eigener Name*

Bankverbindung
Deutsche Bank Freiburg im Breisgau
IBAN DE10 6807 0030 0000 0445 00
BIC DEUTDE6FXXX

Geschäftsführerin Frau Frieda Arnold
Geschäftsführer Herr Peter Pitzer
USt-IdNr.: DE 142109946
HRB 0172

Tel. 0761 1424-0 Zentrale
Fax 0761 1425
Internet: www.markgraf-brunnen.de
E-Mail: info@markgraf-brunnen.de

Mögliches Ergebnis: Filialeröffnung (Datensatz 1)

MARKGRAF **BRUNNEN** GmbH

Name: *eigener Name*
Abteilung: Verwaltung

Telefon: 0761 1424-333
Telefax: 0761 1425
E-Mail: info@markgraf-brunnen.de

Datum: TT.MM.JJJJ

Markgraf Brunnen GmbH • Am Dorfgraben 6 – 9 • 79098 Freiburg
Frau
Stefanie Burmann
Am Alten Weg 15
79102 Freiburg

Einladung zur Filialeröffnung

Sehr geehrte Frau Burmann,

wir sind der größte regionale Anbieter von **Mineralwasser, Limonaden und Säften** und legen großen Wert auf qualitativ hochwertige Produkte sowie Kundennähe. Daher eröffnen wir im nächsten Monat eine Filiale ganz in Ihrer Nähe. Zu unserer Filialeröffnung laden wir Sie recht herzlich

am (Termin einsetzen) um 10 Uhr
Am Sternenbusch 15, 79108 Freiburg

ein. Wir halten viele Überraschungen für Sie bereit: Zum einen erhalten Sie zur Begrüßung eine Probeflasche unserer neuesten ***Saft-Kreation*** mit der ***Geschmacksrichtung Feige***. Zum anderen können Sie an unserem Gewinnspiel teilnehmen und mit etwas Glück ein Wellness-Wochenende für 2 Personen gewinnen. Zur Mittagszeit steht ein kleiner Imbiss für Sie bereit. Auch für die Unterhaltung unserer kleinen Gäste ist gesorgt.

Als Anlage senden wir Ihnen unseren aktuellen Katalog und eine Wegbeschreibung, damit Sie schnell und sicher zu uns finden. Wir freuen uns sehr auf Ihren Besuch.

Mit freundlichen Grüßen

Markgraf Brunnen GmbH

ppa. S. Huber i. A. eigener Name

Anlagen

Bankverbindung
Deutsche Bank Freiburg im Breisgau
IBAN DE10 6807 0030 0000 0445 00
BIC DEUTDE6FXXX

Geschäftsführerin Frau Frieda Arnold
Geschäftsführer Herr Peter Pitzer
USt-IdNr.: DE 142109946
HRB 0172

Tel. 0761 1424-0 Zentrale
Fax 0761 1425
Internet: www.markgraf-brunnen.de
E-Mail: info@markgraf-brunnen.de

Mögliches Ergebnis: Sortimentserweiterung (Datensatz 1)

MARKGRAF **BRUNNEN** GmbH

Name: *eigener Name*
Abteilung: Verkauf

Telefon: 0761 1424-333
Telefax: 0761 1425
E-Mail: info@markgraf-brunnen.de

Datum: TT.MM.JJJJ

Markgraf Brunnen GmbH • Am Dorfgraben 6 – 9 • 79098 Freiburg
Herrn
Dirk Hegerfeld
Moosweg 2
79183 Waldkirch

Neu in unserem Saft-Sortiment: Fruchtsorte Feige

Sehr geehrter Herr Hegerfeld,

schon seit vielen Jahren beziehen Sie bei uns Mineralwasser, Limonaden und auch Säfte. Wir freuen uns, Ihnen heute unsere

neue Saft-Kreation Feige
mit 100 % Fruchtanteil – ohne Zuckerzusatz

vorstellen zu dürfen. Damit wir Sie von den Vorzügen dieses Saftes überzeugen können, bieten wir Ihnen an, dass Sie unser Außendienstmitarbeiter in der nächsten Woche besucht. Er wird Proben für Sie und Ihre Kundschaft mitbringen. Bestimmt werden Sie von der gewohnten Qualität und der neuen Geschmacksrichtung begeistert sein.

Schauen Sie auf unserer Internetseite nach und informieren Sie sich vorab ausführlich über unser neues Angebot. Auf Ihre Erstbestellung gewähren wir Ihnen 15 % Rabatt.

Rufen Sie uns an und vereinbaren Sie einen Termin mit uns.

Mit freundlichen Grüßen

Markgraf Brunnen GmbH

i. A. *eigener Name*

Bankverbindung
Deutsche Bank Freiburg im Breisgau
IBAN DE10 6807 0030 0000 0445 00
BIC DEUTDE6FXXX

Geschäftsführerin Frau Frieda Arnold
Geschäftsführer Herr Peter Pitzer
USt-IdNr.: DE 142109946
HRB 0172

Tel. 0761 1424-0 Zentrale
Fax 0761 1425
Internet: www.markgraf-brunnen.de
E-Mail: info@markgraf-brunnen.de

Mögliches Ergebnis: Onlineshop_Quelle

Anrede	Name	Vorname	Straße	PLZ	Ort	Beschwerde vom
Frau	Schröder	Gertrud	Am Wegrand 7	68535	Edingen-Neckarhausen	12.10.20..
Herrn	Göksel	Mohammad	Raiffeisenstraße 1 a	79539	Lörrach	02.04.20..
Frau	Bayülken	Perihan	Färberweg 56	68542	Heddesheim	12.07.20..
Herrn	Walter	Elias	Klosergasse 78	79410	Badenweiler	31.10.20..
Kim	Antonczyk	Kim	Rebmannsweg 8	79426	Buggingen	03.01.20..
Herrn	Hofmann	Jonas	Obere Ortsstraße 8	79576	Weil am Rhein	22.06.20..
Frau	Weise	Linda	Scherrbrunnenweg 5	79650	Schopfheim	11.12.20..
Herrn	Unger	Emil	Lettenweg 45	74589	Gersbach	04.03.20..
Herrn	Eckstein	Adrian	Robert-Bosch-Straße 125	79541	Lörrach	06.12.20..

Vorname Nachname

aktualisierbares Datum

Onlineshop_Quelle

Mögliches Ergebnis: Onlineshop

DIGITAL+

MARKGRAF BRUNNEN GmbH

Markgraf Brunnen GmbH • Am Dorfgraben 6 – 9 • 79098 Freiburg
Kim Antonczyk
Rebmannsweg 8
79426 Buggingen

Name: Frau Frieda Arnold
Abteilung: Verkauf

Telefon: 0761 1424-101
Telefax: 0761 1425
E-Mail: arnold@markgraf-brunnen.de

Datum: TT.MM.JJJJ

Neue Bezahlmöglichkeiten im Online-Shop

Sehr geehrte*r Kim Antonczyk,

herzlichen Dank für Ihren Hinweis zur Verbesserung unseres Online-Shops. Ihr Anliegen war uns wichtig. Wir haben uns darum gekümmert.

Ab April können Sie Ihre Bestellung auch mit PayPal zahlen. Weitere Zahlungsmöglichkeiten folgen in den nächsten Wochen.

Damit Sie sich sicher im Umgang mit der neuen Zahlungsmöglichkeit fühlen, haben wir für Sie einen Merkzettel mit den wichtigsten Hinweisen zur Einrichtung und Nutzung eines PayPal-Accounts beigelegt. Damit kann nichts mehr schiefgehen!

Für Ihren wichtigen Hinweis bedanken wir uns bei Ihnen. Besuchen Sie uns auf www.markgraf-brunnen.de/shop und kaufen Sie im MM versandkostenfrei per PayPal ein.

Ihr Angebotscode: paypal-MM
Gültig bis: TT.MM.JJJJ

Wir hoffen, Sie auch weiterhin zufriedenzustellen.

Mit freundlichen Grüßen

Markgraf Brunnen GmbH

i. A. Frau Arnold

Anlage

Bankverbindung
Deutsche Bank Freiburg im Breisgau
IBAN DE10 6807 0030 0000 0445 00
BIC DEUTDE6FXXX

Geschäftsführerin Frau Frieda Arnold
Geschäftsführer Herr Peter Pitzer
USt-IdNr.: DE 142109946
HRB 0172

Tel. 0761 1424-0 Zentrale
Fax 0761 1425
Internet: www.markgraf-brunnen.de
E-Mail: info@markgraf-brunnen.de

Mögliches Ergebnis: Onlineshop_Paypal_Information

MARKGRAF **BRUNNEN** GmbH

Neues Bezahlverfahren: Vielseitig, einfach, sicher

PayPal

PayPal ist ein Finanzdienstleister, den Sie jetzt auch bei der Markgraf Brunnen GmbH nutzen können. Sämtliche Bezahlvorgänge sind kostenlos. Sie hinterlegen bei PayPal Ihr Bankkonto/Ihre Kreditkarte. Darüber werden sämtliche Zahlungen abgerechnet. Damit Sie immer wissen, wann Geld abgebucht wird, erhalten Sie über jede Transaktion eine E-Mail.

Erst anmelden, dann zahlen!

Klicken Sie auf der PayPal-Webseite oben rechts auf "Neu anmelden". Wählen Sie dann "Privat". Geben Sie im darauffolgenden Fenster Ihren Namen sowie Ihre E-Mail-Adresse und ein Passwort an. Im nächsten Schritt hinterlegen Sie Ihre Bank bzw. Kreditkartendaten.

Zur Verifikation wird Ihnen in den nächsten Tagen ein geringer Betrag von PayPal auf dem jeweiligen Konto gutgeschrieben. Im Verwendungszweck finden Sie dann den Code zur Bestätigung. Erst nachdem Sie Ihr Bankkonto oder Ihre Kreditkarte bestätigt haben, können Sie PayPal in vollem Umfang nutzen.

Mit PayPal zahlen bei der Markgraf Brunnen GmbH

Bei Markgraf Brunnen GmbH können Sie zwischen verschiedenen Zahlmöglichkeiten wählen.

Wählen Sie beim Bezahlen PayPal aus, gelangen Sie auf eine abgesicherte Zahlungsseite von PayPal. Nachdem Sie bezahlt haben, wird Ihr Artikel verschickt, ohne dass wir Ihre Bankdaten sehen. Vorteil: Sie brauchen keine Lieferadresse mehr anzugeben. Die bei PayPal hinterlegte Adresse wird uns automatisch übermittelt.

→ Online Getränke bestellen, war noch nie so einfach!

bearbeitet von *eigener Name* **Stand:** *aktuelles Datum*

Mögliches Ergebnis: Anschreiben_Besuch_Außendienst (Datensatz 1)

MARKGRAF **BRUNNEN** GmbH

Markgraf Brunnen GmbH • Am Dorfgraben 6 – 9 • 79098 Freiburg
Herrn
Dirk Hegerfeld
Getränke Hegerfeld e. K.
Moosweg 2
79183 Waldkirch

Name: *eigener Name*
Abteilung: Verkauf

Telefon: 0761 1424-333
Telefax: 0761 1425
E-Mail: info@markgraf-brunnen.de

Datum: TT.MM.JJJJ

Besuch unseres Außendienstmitarbeiters

Sehr geehrter Herr Hegerfeld,

wie mit Ihnen telefonisch vereinbart, wird Sie unser Außendienstmitarbeiter, Herr Krüger, am

20.02.2020 um 09:30 Uhr

besuchen, um Ihnen unsere neue **Saft-Kreation Feige** vorzustellen.

Als Anlage fügen wir heute unseren Prospekt zum erweiterten Saft-Sortiment bei.

Mit freundlichen Grüßen

Markgraf Brunnen GmbH

i. A. *eigener Name*

Anlage

Bankverbindung
Deutsche Bank Freiburg im Breisgau
IBAN DE10 6807 0030 0000 0445 00
BIC DEUTDE6FXXX

Geschäftsführerin Frau Frieda Arnold
Geschäftsführer Herr Peter Pitzer
USt-IdNr.: DE 142109946
HRB 0172

Tel. 0761 1424-0 Zentrale
Fax 0761 1425
Internet: www.markgraf-brunnen.de
E-Mail: info@markgraf-brunnen.de

DIGITAL+

Mögliches Ergebnis: Quelle_Besuch_des_Außendienstes_ergänzt_um_Datum_und_Uhrzeit

Seriendruckempfänger

Diese Empfängerliste wird für den Seriendruck verwendet. Mit den folgenden Optionen können Sie die Liste ändern oder Empfänger hinzufügen. Mit den Kontrollkästchen können Sie für den Seriendruck Empfänger hinzufügen oder entfernen. Klicken Sie auf 'OK', wenn die Liste fertig gestellt ist.

Datenquelle	☑	Name	Vorname	Firma	Ort	PLZ	Geschlecht	Straße	Datum	Uhrzeit
H:\Konzept Versio...	☑	Hegerfeld	Dirk	Getränke Hegerfeld e. K.	Waldkirch	79183	m	Moosweg 2	20.02.2017	09:30
H:\Konzept Versio...	☑	Müller	Eva	Trinkhalle am Markt KG	Denzlingen	79211	w	Kasernenhof 65	21.02.2017	10:00
H:\Konzept Versio...	☑	Kozlic	Silvana	Das Büdchen in Betzen...	Freiburg	79112	w	Buchenallee 33	22.02.2017	10:00
H:\Konzept Versio...	☑	Kantor	Lars	Getränke Kantor e. K.	Freiburg	79098	m	Lohweg 13 a	22.02.2017	11:30
H:\Konzept Versio...	☑	Bauer	Klaus	Das Saftdepot GmbH	Gundelfingen	79184	m	Burghof 78	23.02.2017	09:30
H:\Konzept Versio...	☑	Wichmann	Maximilia	Gebr. Kohler KG	Bad Krozingen	79189	w	Wiesenallee 45	23.02.2017	14:00
H:\Konzept Versio...	☑	Klüvers	Andreas	Getränkewelt in Breisac...	Breisach	79206	m	Hermannstr. 9	24.02.2017	13:45

Mögliches Ergebnis: Quelle_Besuch_des_Außendienstes

Diese Empfängerliste wird für den Seriendruck verwendet. Mit den folgenden Optionen können Sie die Liste ändern oder Empfänger hinzufügen. Mit den Kontrollkästchen können Sie für den Seriendruck Empfänger hinzufügen oder entfernen. Klicken Sie auf 'OK', wenn die Liste fertig gestellt ist.

☑	Name	Vorname	Firma	Ort	PLZ	Geschlecht
☑	Bauer	Klaus	Das Saftdepot GmbH	Gundelfingen	79184	m
☑	Hegerfeld	Dirk	Getränke Hegerfeld e. K.	Waldkirch	79183	m
☑	Kantor	Lars	Getränke Kantor e. K.	Freiburg	79098	m
☑	Klüvers	Andreas	Getränkewelt in Breisac...	Breisach	79206	m
☑	Kozlic	Silvana	Das Büdchen in Betzen...	Freiburg	79112	w
☑	Müller	Eva	Trinkhalle am Markt KG	Denzlingen	79211	w
☑	Wichmann	Maximilia	Gebr. Kohler KG	Bad Krozingen	79189	w

Mögliches Ergebnis: Quelle_Besuch_des_Außendienstes_gefiltert

Diese Empfängerliste wird für den Seriendruck verwendet. Mit den folgenden Optionen können Sie die Liste ändern oder Empfänger hinzufügen. Mit den Kontrollkästchen können Sie für den Seriendruck Empfänger hinzufügen oder entfernen. Klicken Sie auf 'OK', wenn die Liste fertig gestellt ist.

☑	Name	Vorname	Firma	Ort	PLZ	Geschlecht
☑	Kantor	Lars	Getränke Kantor e. K.	Freiburg	79098	m
☑	Kozlic	Silvana	Das Büdchen in Betzen...	Freiburg	79112	w

Mögliches Ergebnis: Hausmitteilung_Umsatzstatistik

MARKGRAF **BRUNNEN** GmbH

Hausmitteilung

An:	die Geschäftsleitung/Frau Arnold und Herrn Pitzer
Von:	*eigener Name/Abteilung*
Thema:	Umsätze Mineralwasser im letzten Quartal
Datum:	TT.MM.JJJJ

Sehr geehrte Frau Arnold,
sehr geehrter Herr Pitzer,

wie gewünscht, habe ich eine Umsatzstatistik für unsere Mineralwassersorten für das letzte Quartal erstellt:

Umsätze im letzten Quartal in €				
2. Quartal	**Wasser**			
	Still	**Medium**	**mit Kohlensäure**	**mit Fruchtgeschmack**
1. Monat	9.459,44	11.987,33	14.327,87	8.567,88
2. Monat	10.567,56	12.450,67	14.120,22	8.100,52
3. Monat	8.450,61	13.007,45	11.560,56	8.709,25
Gesamt	**28.477,61**	**37.445,45**	**40.008,65**	**25.377,65**

Die Umsatzentwicklungen pro Monat – nach Wassersorten sortiert – werden in der Diagrammform besonders deutlich:

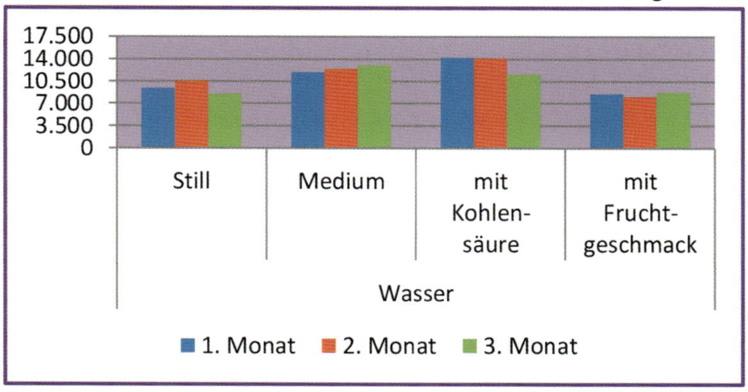

Bei der Medium-Sorte ist eine beständige Umsatzsteigerung zu verzeichnen.

Bei dem stillen Wasser und unserem Standardwasser mit Kohlensäure sind besonders im letzten Quartalsmonat Umsatzeinbußen zu erkennen.

Der Umsatz bei unserem Wasser mit Fruchtgeschmack ist zwar im 2. Quartalsmonat etwas niedriger ausgefallen, allerdings hat sich im 3. Quartalsmonat der Umsatz dann wieder deutlich verbessert.

Sollten sich für Sie noch Rückfragen ergeben, stehe ich Ihnen zu einer ausführlichen Stellungnahme gerne zur Verfügung.

Mit freundlichen Grüßen

eigener Name

Mögliches Ergebnis: E-Mail_Flyer

An:	arnold@markgraf-brunnen.de
Cc:	pitzer@markgraf-brunnen.de
Bcc:	
Betreff:	Werbe-Flyer an Privathaushalte in 79098 Freiburg
Anhang	Quelle Flyer.docx; Flyer als Seriendruck.docx

Sehr geehrte Frau Arnold,

wie mit Ihnen besprochen, habe ich einen Werbe-Flyer mit folgendem Inhalt entworfen:

- Hinweis auf die Angebotswoche in der Zeit vom TT.MM.JJJJ bis TT.MM.JJJJ
- Überblick über die bis zu 20 % Rabatt reduzierten Produkte
- Angebot eines Lieferservices im Umkreis von 5 km bei einem Bestellumfang von mind. 50 €
- Angehängter 5-€-Gutschein (gegen Vorlage in unserer Freiburger Filiale)

Aus den Datensätzen für die Privatkund*innen habe ich den PLZ-Bereich 79098 ausgewählt.

Die Datenquelle und den Entwurf des Flyers füge ich dieser Mitteilung bei.

Ich hoffe, die Unterlagen entsprechen Ihren Vorstellungen. Gern stehe ich Ihnen für Fragen zur Verfügung.

Mit freundlichen Grüßen

Markgraf Brunnen GmbH

eigener Name

Mögliches Ergebnis: Quelle_Flyer

Geschlecht	Vorname	Nachname	Straße/Postfach	PLZ	Ort
m	Björn	Fromme	Igelweg 22	79098	Freiburg
m	Ingo	Grabbe	Breitenbruck 1	79098	Freiburg
m	Erdem	Güngör	Bahnhofstr. 79	79098	Freiburg
m	Hardy	Isenburg	Robert-Koch-Str. 98	79098	Freiburg
w	Christel	Schlutzius	Ulmenallee 3	79098	Freiburg
w	Eva	Tintrop	Fürstenstr. 23	79098	Freiburg

Mögliches Ergebnis: Flyer_als_Seriendruck (ohne Feldfunktionen)

DIGITAL+

MARKGRAF BRUNNEN GmbH

Sehr geehrter Herr «Nachname»,

es ist wieder soweit: *Angebotswoche* in der Zeit
vom TT.MM.JJJJ bis TT.MM.JJJJ mit supergünstigen Preisen!

Selbstverständlich bieten wir auch bei den absoluten Niedrigpreisen unserer Getränke die gewohnte Qualität und unseren Service an.

Im Umkreis von 5 km liefern wir bei einem Bestellumfang von 50 € die Getränke kostenlos zu Ihnen nach Hause.

Hier ein kleiner Überblick über unser Produktangebot, auf das wir 20 % Rabatt gewähren:

Fruchtsäfte: Orange, Limette, Kirsch, Banane, Feige

Mineralwasser: still, mit Kohlensäure, medium, Fruchtgeschmack

Neu im Sortiment: Wein-Mixgetränke (alkoholfrei)
Geschmacksrichtungen: Minze, Holunder, Brombeer

Das sollen Sie sich nicht entgehen lassen.

Besuchen Sie uns in unserer Filiale Am Dorfgraben 6 und Sie erhalten bis zu 20 % Rabatt auf unsere beliebtesten Getränkesorten. Vergessen Sie nicht, den angehängten Gutschein mitzubringen. Wir erstatten Ihnen sofort vor Ort 5 € für Ihren Einkauf.

Wir freuen uns auf Ihren Besuch, Herr «Nachname».

Gutschein
über 5 €

für Herrn «Nachname»

Gegen Vorlage dieses Gutscheins erstatten wir Ihnen in unserer

Filiale Am Dorfgraben 6

in der Angebotswoche vom
TT.MM.JJJJ bis TT.MM.JJJJ
5 € auf Ihren Einkauf.

Mögliches Ergebnis: Folie 1

MARKGRAF BRUNNEN GmbH

Einführung von alkoholfreien Wein-Mixgetränken

Geschmacksrichtungen

Minze

Holunder

Brombeer

Zusätzliches Angebot als Essenz zum „puren“ Genuss oder zum Selbstmixen

Neues Produkt – Besprechung am TT.MM.JJJJ 1

Mögliches Ergebnis: Folie 2

MARKGRAF BRUNNEN GmbH

Mögliche Produkterweiterung für

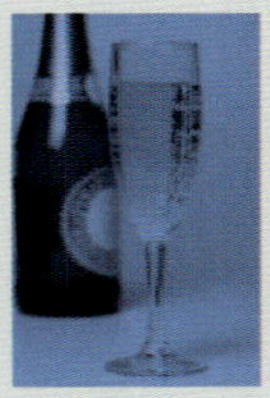

Sekt-Mixgetränke

und Prosecco-Mixgetränke

Neues Produkt – Besprechung am TT.MM.JJJJ 2

Mögliches Ergebnis: Folie 3

MARKGRAF **BRUNNEN** GmbH

Auszug aus den Ergebnissen des Markforschungsinstituts (Fragen/Ergebnisse) (n = 897)
Liegen alkoholfreie Wein-Mixgetränke im Trend?
59 % aller Befragten würden alkoholfreie Mixgetränke begrüßen.
Geschmackstest
Die Testpersonen bevorzugen fruchtige und frische Geschmacksrichtungen.
Genuss ohne Promille?
21 % aller Befragten haben nicht bemerkt, dass die Proben alkoholfrei waren. 74 % fanden den Geschmack gut bis sehr gut.
Zielgruppen/Trends
• Viele wollen nicht immer und regelmäßig Alkohol konsumieren, wollen aber auf den Geschmack nicht verzichten. • Andere dürfen keinen Alkohol konsumieren: z. B. bei Krankheit wegen Medikamenteneinnahme, bei Schwangerschaft, Autofahrer usw.
Präsentation im Handel
Bisher undeutliche Kennzeichnung alkoholfreier Getränke Wichtig: Platzierung im Regal – deutliche Werbehinweise

Neues Produkt – Besprechung am TT.MM.JJJJ 3

Mögliches Ergebnis: Folie 4

MARKGRAF **BRUNNEN** GmbH

Abschließender Hinweis

Innerhalb der nächsten 10 Tage liegt eine Aufstellung über die Höhe der gesamten Produktionskosten (inkl. über das aufwändige Destillationsverfahren) vor.

Neues Produkt – Besprechung am TT.MM.JJJJ 4

Notizen

Anhang

1 DIN 5008:2020-04 lt. Beuth-Verlag

Hier eine Übersicht der DIN-Änderungen, die für Bearbeitungen in unserem/diesem Buch relevant sind:

1.1 Allgemein

- Anwendung von bedingten/geschützten Zeichen
- Schreibweisen von

  a) Abkürzungen
  b) Zahlengliederungen
  c) Auslassungspunkten
  d) Wortvertretern
  e) Telefon- und Telefaxnummern

1.2 Gestaltung von Schriftstücken

- Wegfall der Unterstreichung als Hervorhebungsart
- Papierformat für Formulare und Checklisten (ausschließlich Verwendung des Formats A4)
- Fußnoten ausschließlich am Seitenende
- keine Silbentrennung bei mehrzeiligen Überschriften

1.3 Geschäftsbriefe

1.3.1 Geschäftsbriefvordrucke

Es stehen nach der neuer DIN 5008 die beiden Geschäftsbriefvordruck Form A und Form B zur Verfügung. Da Form A fast ausschließlich von Behörden und Ämtern benutzt wird, haben wir uns entschieden, in diesem Buch für die Geschäftskorrespondenz durchgängig den **Geschäftsbriefvordruck Form B mit tiefgestelltem Anschriftfeld und integrierter Rücksendeangabe** zu verwenden.

Besonders weisen wir darauf hin, dass der **Infoblock variabel gestaltet** werden kann.

1.3.2 Anschriftfeld

Aus postalischen Gründen muss auf die Angabe der **Länderkennzeichnung** vor der Postleitzahl verzichtet werden.

1.3.3 Protokolle

Bei den Protokollen wird der Protokollrahmen mit der Tabellenfunktion erstellt. Hier soll eine Spalte rechts neben dem Protokollinhalt eingerichtet werden, um eine **To-do-Liste** für Beschlüsse, Aufgabenverteilungen, Termine etc. darzustellen.

2 Shortcuts[1]

2.1 Shortcuts für bedingte/geschützte Zeichen

Durch die automatische Silbentrennung können sich fehlerhafte bzw. unerwünschte Trennungen ergeben. Um die Regeln der DIN 5008 richtig umzusetzen, können Sie in diesen Fällen eine manuelle Korrektur vornehmen. Ihnen stehen dafür **weiche Returnschaltungen, bedingte Trennstriche, geschützte Bindestriche** sowie **geschützte Leerzeichen** zur Verfügung. Achten Sie darauf, dass Sie das Formatierungssymbol ¶ aktiviert haben, damit Sie die Sonderzeichen auf dem Monitor angezeigt bekommen.

Shortcut	Ansicht	Erläuterung
Shift + Return	↵	**Weiche Returnschaltung** Die Eingabe muss **vor** dem Textteil erfolgen, den Sie auf die neue Zeile verschieben möchten.
Strg + -	¬	**Bedingter Trennstrich** Haus¬aufgaben Spar¬gelder
Strg + Shift + -	-	**Geschützter Bindestrich** 100-PS-Motor 4-Zimmer-Wohnung
Strg + Shift + Leerzeichen	°	**Geschütztes Leerzeichen** Dr.°Franko°Sommerfeld z.°B. 15°%°Nachlass 12.°Januar°2020

2.2 Shortcuts für Schnellbausteine

Alt + F3	Schnellbausteine speichern (den entsprechenden Text vorab markieren)
F3	Gespeicherte Schnellbausteine abrufen (den Namen des Schnellbausteins vorab eingeben)
AltGr + 7 oder AltGr + O	Fill-in-Felder einfügen {geschweifte Klammern verwenden}

2.3 Sonstige Shortcuts

Strg + Return	Manueller Seitenumbruch
Strg + Shift + Return	Manueller Spaltenumbruch
Alt + F9	Feldfunktionen anzeigen lassen
Strg + Tab	eine gesetzte Tabulatorposition innerhalb einer Tabelle aufsuchen
F1	Hilfefunktion (nur online möglich)

[1] Es handelt sich um eine Auswahl in der Textverarbeitung gebräuchlicher Shortcuts.
[2] Da der geschützte Bindestrich nicht durch eine besondere Darstellung/Ansicht bei der Eingabe erkennbar ist, wird er hier farbig unterlegt.

3 Zahlengliederungen[1]

3.1 Beträge

Beträge werden an den Tausenderstellen mit Punkt gegliedert. Bei glatten Beträgen darf die Kennzeichnung von dezimalen Teilen fehlen: €°1.000 oder 1.000°EUR.

Dezimale Teilungen werden mit dem Komma gekennzeichnet: 1.050.500,50°€.

Die Währungsbezeichnungen können vor oder hinter den Beträgen stehen; für den Euro kann sowohl das Euro-Zeichen (€) oder die Abkürzung (EUR) genutzt werden.

3.2 Sonstige größere Zahlenangaben

Wenn es sich nicht um Beträge handelt, werden größere Zahlenangaben an den Tausenderstellen mit Leerzeichen gegliedert: 2°500°000°Exemplare, Bestellnummer°47°089.

Eine Ausnahme bilden 4-stellige Angaben: 9000 Mitarbeiter*innen.

3.3 Telefon-/Telefaxnummern

Telefon-/Telefaxnummern werden zwischen Ländervorwahl, Ortsnetzkennzahl und der Rufnummer mit einem Leerzeichen gegliedert: +49°209°123456.

Die Nummer für die Telefonzentrale sowie Durchwahlnummern werden mit einem Strich unmittelbar an die Rufnummer angefügt: 030°9876-0 Telefonzentrale 030°9876-333 Durchwahl.

Funktionsbezogene Teile von Telefon- und Telefaxnummern dürfen durch Fettschrift oder Farbe hervorgehoben werden. Zur Kennzeichnung können vor den Nummern Leitwörter und Symbole verwendet werden:

Telefon:°+49°2432°65778-**250**	Telefax:°+49°2432°65778-200
Tel.:°02432°65778-250	Fax: °02432°65778-**200**
☎°02432°65778-250	📠°02432°65778-200

3.4 Postfachnummern

Postfachnummern werden von rechts nach links in Zweiergruppen durch Leerzeichen gegliedert:

Postfach°3°20 Postfach°11°12 Postfach°34°30°50

4 Schreibweisen[1]

4.1 Hausnummern

Die Hausnummern werden entweder mit dem Zeichen für „bis" oder mit dem Schrägstrich geschrieben: Bruchstraße°5°–°6 oder Bruchstraße°5/7.

Zwischen der Hausnummer und dem nachfolgenden Buchstaben wird ein Leerzeichen eingefügt: Kölner°Allee°102°a°(auch Kölner°Allee°102°A).

Beispiele für die Zusatzangaben von Wohnungsnummern und Etagenzahl:
Robert-Koch-Allee°122°//°W°27, Grüner°Weg°15°//°4.°Stock

[1] Es handelt sich um eine Auswahl von häufig verwendeten Zahlengliederungen und Schreibweisen. Verwenden Sie geschützte Leerzeichen, um unerwünschte Zeilenumbrüche zu vermeiden. Siehe auch Shortcuts 2.1.

4.2 Kalenderdaten

Bei numerischen Schreibweisen wird die Reihenfolge JJJJ-MM-TT verwendet. Für Briefe im Inland kann auch die für uns gebräuchlichere Reihenfolge TT.MM.JJJJ benutzt werden. Bei alphanumerischer Schreibweise gilt die Reihenfolge Tag Monat Jahr. Bei einstelligen Tagangaben entfällt die führende Null. Beispiele: 2020-04-15, 15.04.2020 und 15.°April°2020; 1.°April°2020

4.3 Überschriften

Nach Überschriften wird kein Punkt gesetzt. Vermeiden Sie bei mehrzeiligen Überschriften Worttrennungen.

4.4 Schrägstrich

Vor und nach dem Schrägstrich werden **keine** Leerzeichen geschrieben:

Geschäftsjahr°2020/21
Robert-Koch-Straße°24/26
Ein-/Ausgang

4.5 Uhrzeiten

Werden Uhrzeiten in Stunden, Minuten und/oder Sekunden angegeben, wird jede Einheit zweistellig geschrieben und mit Doppelpunkt gegliedert:
00:08:37°Uhr
10:08°Uhr
10:00°Uhr
08:00°Uhr aber: 8°Uhr (bei einstelligen Angaben entfällt die führende Null)

4.6 Auslassungspunkte

Für ausgelassene Textteile werden 3 Punkte mit Leerzeichen davor und danach verwendet:
Einladung am°...°um°...°

Bei weggelassenen Wortteilen stehen die Punkte ohne Leerzeichen direkt hinter dem Wort: Immer diese verd...°Störungen!

Bei ausgelassenen Jahreszahlen werden nur zwei Punkte gesetzt: 20..

Für Auslassungen in Zitaten, die nicht vom Autor stammen, werden die Auslassungspunkte in eckige Klammern gesetzt: „Im Bereich EDV°[...]°wurden keine Änderungen gemacht."

4.7 Wortvertreter

Bei den Wortvertretern steht jeweils vor und nach dem Zeichen ein Leerzeichen. Verwenden Sie geschützte Leerzeichen, um unerwünschte Zeilenumbrüche zu vermeiden (siehe auch Shortcuts 2.1).

Prozentzeichen/Promillezeichen: Sie erhalten 10°%°Rabatt. - Alkoholgrenze 0,5°‰[1]

Paragrafzeichen: Nach §°3 Abs.°1°BGB ...

Zeichen für „bis": Der Strich als Wortvertreter für „bis" wird ausschließlich zwischen Zahlenangaben und zwischen abgekürzten Wochentagen verwendet:
Marktstraße 10°–°12
9°–°10°Uhr
von Fr.°–°So. geöffnet
aber: von Freitag bis Sonntag geöffnet

[1] Das Promillezeichen finden Sie über Registerkarte Einfügen – Symbol – Sonderzeichen.

Zeichen für „gegen“

Der Strich kann in folgenden Beispielen für das Wort „gegen“ verwendet werden:

Das Volleyballspiel Deutschland°– Schweiz findet am … in … statt.

Das Leerzeichen **vor** dem Strich für „gegen“ muss geschützt werden.

Zeichen für „gegen“ ./.

In Rechtsstreitigkeiten wird das Wort „gegen“ durch folgende Zusammensetzung gebildet: Klage Surmann°./.°Höffner.

Streckenzeichen für „nach“

Zugverbindung Düsseldorf°– Hannover

Das Leerzeichen **vor** dem Streckenzeichen muss geschützt werden.

Zeichen für „und(et)“ &

Das „und-Zeichen“ darf nur in Firmenname und bei zusammengehörigen Wortpaaren in Titeln und Überschriften benutzt werden (nicht in Fließtexten und anderen Zusammenhängen):

Kfz-Handel Müller°&°Söhne
Abteilungen Organisation°&°Planung
Begriffe°&°Regelwerk

5 Abkürzungen[1]

Hinweis bei der Anwendung: Stehen Abkürzungen mit Punkt am Satzende, wird auf den Satzschlusspunkt verzichtet. Verwenden Sie bei Leerzeichen zwischen Abkürzungen geschützte Leerzeichen:

Abb.	Abbildung	**JArbSchG**	Jugendarbeitsschutzgesetz
AG	Aktiengesellschaft	**Kfz**	Kraftfahrzeug
B.	Bachelor (akademischer Titel)	**KG**	Kommanditgesellschaft
B.°A.	Bachelor of Arts	**KMK**	Kultusministerkonferenz
B.°Sc.	Bachelor of Science	**lt.**	laut
BBiG	Berufsbildungsgesetz	**M.**	Master (akademischer Titel)
BGB	Bundesgesetzbuch	**M.°A.**	Master of Arts
bzw.	beziehungsweise	**M.°Sc.**	Master of Science
d.°h.	das heißt	**Mio.**	Millionen
DIN	Deutsche Industrie-Norm	**OHG**	Offene Handelsgesellschaft
Dipl.-Kfr.	Diplomkauffrau (akademischer Titel)	**ppa.**	per procura (Handlungsvollmacht Prokura)
Dipl.-Kfm.	Diplomkaufmann (akademischer Titel)	**S.**	Seite
Dr., Dr*in	Doktor, Doktorin (akademischer Titel)	**s.°Abb.**	siehe Abbildung
e.°K. oder e.°Kfm. e.°Kfr.	eingetragener Kaufmann (für Einzelunternehmen) eingetragene Kauffrau	**s.°o.**	siehe oben
		s.°u.	siehe unten
		TOP	Tagesordnungspunkt
etc.	et cetera	**u.°a.**	unter anderem
evtl.	eventuell	**u.°Ä.**	und Ähnliches
ff.	folgende (Seiten)	**u.°v.°m.**	und vieles mehr
GmbH	Gesellschaft mit beschränkter Haftung	**vgl.**	vergleiche
i.°A.	im Auftrag (Art- und Einzelvollmacht)	**z.°B.**	zum Beispiel
i.°V.	in Vollmacht/in Vertretung (Allgemeine Handlungsvollmacht)	**zz.**	zurzeit

[1] Es handelt sich um eine Auswahl von häufig verwendeten und in der Geschäftskorrespondenz üblichen Abkürzungen.